■新编高等院校经济类“十二五”规划系列教材

政治经济学

主　编　张洪亚　程　莉　袁立新
副主编　李　燕　冯冰冶　闫琳琳

中国商业出版社

图书在版编目(CIP)数据

政治经济学/张洪亚,程莉,袁立新主编. —北京:中国商业出版社, 2015.1
ISBN 978-7-5044-8098-9

Ⅰ. ①政… Ⅱ. ①张…②程…③袁… Ⅲ. ①政治经济学 Ⅳ. ①F0

中国版本图书馆 CIP 数据核字(2013)第 116510 号

责任编辑:蔡凯

中国商业出版社出版发行
010-63180647 www.c-cbook.com
(100053 北京广安门内报国寺 1 号)
新华书店总店北京发行所经销
北京市书林印刷有限公司印刷

* * * * *

开本:787×1092 毫米 1/16 印张:17.75 字数:320 千字
2015 年 1 月第 1 版 2015 年 1 月第 2 次印刷

定价:39.80 元

* *

(如有印装质量问题可更换)

前　言

政治经济学是财经类专业重要的基础课程，在财经类专业的课程体系改革中，大家都在探索适合当前经济形势发展教学理论体系的道路。党的“十八大”报告又就加快完善社会主义市场经济体制和加快转变经济的发展方式进行了深刻阐述。随着我国社会主义市场经济改革的日益深入，政治经济学也获得了较快的发展。

政治经济学教学体系的改革坚持两个原则：一是坚持；二是发展和创新。也就是坚持唯物史观，力求辩证地、实事求是地分析当代资本主义的新变化。内容有创新，教材尽可能地吸收学术界和我们教学研究新成果。以对引导当代青年学子尊重科学，传播马克思主义科学经济思想起到抛砖引玉的作用。

本书主要阐述了商品经济一般理论、资本与剩余价值、资本的积累及其历史趋势、资本的流通过程、剩余价值的分配、垄断资本主义的发展演变与经济全球化、社会主义初级阶段的基本经济制度及中国特色社会主义、社会主义市场经济体制、社会主义市场经济的微观基础、宏观经济运行与政府的宏观调控、社会主义市场经济中的对外关系、社会主义经济增长与经济发展等内容。

本书主要由北京工业大学张洪亚（第一、二、三章）、武警北京指挥学院程莉（第七、八、九章）、武警北京指挥学院袁立新（第四、五六章）担任主编，由武警北京指挥学院李燕（第十章）、冯冰冶（第十一章）、闫琳琳（第十二章）担任副主编。

尽管我们做了许多积极地准备和尝试，但由于水平有限，我们的主观愿望与实际成果之间，难免存在差距，希望广大读者多提宝贵意见。

编者

2015 年 1 月

目 录

◆导 论

政治经济学是一门古老的经济学科。政治经济学在我国之所以能保持其主流经济学地位，根本原因是它的与时俱进，是随着实践的发展常青的经济学科。政治经济学作为一门科学，有其形成和发展的过程、特定的研究对象、特定的研究任务和特定的研究方法。

第一节　政治经济学的产生和发展

一、“经济”的含义以及“经济学”一词的出现

“经济”在我国古代早就出现，把“经”与“济”连起来使用最初见于隋代王通的《文中子·礼乐篇》。书中有“经济之道”的用语，是指“经国济民”或“经邦济世”，即治理国家、拯救贫民的意思，与现代语言中的“经济”一词的含义有所不同。

在西方，经济与经济学(economics)的含义经历了一个不断演变的过程。在西方最先使用“经济”一词的是古希腊思想家色诺芬(公元前430～公元前354)。在他所著的《经济论》中，他把奴隶主阶级对奴隶生产活动的组织和管理首次用“oikovouia(经济)”一词来概括，意指家庭管理。色诺芬《经济论》的问世，表明西方正式出现了经济学。

此后，古希腊杰出的思想家亚里士多德(公元前384～公元前322)写了一本《政治学》。该书第一篇文章讨论的就是治家问题。他详细探讨了经济学的对象和任务，认为“经济”是研究家务，即奴隶主经济问题。他的这种观点在欧洲流行了近两千年。

由于最早的经济学出现在奴隶制社会，所以当时占统治地位的经济学便是奴隶主阶级的经济思想。奴隶主阶级的思想家竭力维护奴隶制度，颂扬自然经济。

进入封建社会后，欧洲社会的全部精神生活为僧侣所控制，并表现为宗教的经院哲学形式。因此，中世纪的经济思想是神学论著中一个独特的部分。随着商品货币关系的出现，货币贷放行为增多，僧侣本身也加入了这一行列，因而对商品货币行为日益采取宽容和妥协的态度。

虽然早在奴隶社会和封建社会，经济学原理被一些思想家所重视，但它们只是在一门统一的、尚未分开的科学范围内形成经济理论的某些要素。因此，古代世界的经济学还未形成一门独立的学科。

二、政治经济学的由来和形成

政治经济学作为一门独立的社会科学，是随着资本主义生产方式的产生与发展而逐渐形成的。

“政治经济学”一词，最早出现于法国重商主义的代表人物安·德·蒙克莱田(1575～

1622）在1615年出版的《献给国王和王后的政治经济学》一书中。他以“政治经济学”为书名，目的在于表明他所论述的经济问题已超出家庭或庄园经济范围，而涉及国家或社会的经济问题。此后，“政治经济学”一词就逐渐被广泛使用，表示对整个社会经济问题的研究。

封建社会末期，西欧一些国家的资本主义生产方式开始萌芽和发展，到16世纪，资本时代已经开始。当时，由于商业和海外贸易的发展，商业资本在社会经济生活中起着重要作用，商业资本家成为新兴的资产阶级的代表人物。作为商业资本家思想和要求体现的重商主义，对现代生产方式进行了最早的理论探讨，成为资产阶级经济学说的第一个学派。

重商主义分为早期重商主义和晚期重商主义两个阶段。早期重商主义活动于15世纪初至16世纪中叶，主要代表人物是英国的海尔斯和法国的蒙克莱田。

早期重商主义，由于非常注重货币（金银），所以又被称为重金主义。而晚期重商主义则认为，只有本国的商品充足，手工业发达，才能使国家富足。因此，晚期重商主义又被称为重工主义。晚期重商主义的代表人物是英国的托马斯·孟和斯图亚特。1767年，斯图亚特第一个把“政治经济学”用作书名。

从17世纪中叶开始，工场手工业先后在英国、法国等国家成为资本生产的主要形式。但封建制度以及比重很大且受商人资本控制的小生产，严重妨碍大工业的发展和产业资本全面统治的需要，新兴资产阶级同封建地主阶级之间的矛盾日益尖锐。这反映在思想理论上，是资产阶级急迫要求冲破封建思想文化的束缚，兴起资产阶级自由主义的思想。于是，代表产业资本家利益的资产阶级古典政治经济学便产生了。

古典政治经济学在英国是由威廉·配第（1623～1687）创始、亚当·斯密（1723～1790）集其大成、大卫·李嘉图（1772～1823）最后完成的。1776年，亚当·斯密出版了他的代表作《国民财富的性质和原因的研究》，也称《国富论》。1817年，大卫·李嘉图出版了《政治经济学赋税原理》一书，成为英国古典政治经济学的完成者。在法国，古典政治经济学从比埃尔·布阿吉尔贝尔（1646～1714）开始，经过以弗朗斯瓦·魁奈（1694～1774）为代表的重农学派的发展，到西斯蒙第完成。1819年，法国古典政治经济学的完成者西斯蒙第在《政治经济学新原理》一书中明确指出：“我们已经不是按文字学把经济理解为理家之道了，而是把它看做对财产的保护和节约性的管理；而且我们分别把对私人财产的管理称为家庭经济，把对国家的财产管理称为政治经济。”

从19世纪开始，资产阶级庸俗经济学家也都把自己的著作称为政治经济学。1820年，英国庸俗政治经济学的创始人马尔萨斯出版了《政治经济学原理》。在此之后，政治经济学的著作相继出版，如詹姆斯·穆勒的《政治经济学概论》、萨伊的《政治经济学概论》、李斯特的《政治经济学原理》等。直到1890年马歇尔出版了《经济学原理》一书后，这门学科的名称才逐渐由政治经济学改为经济学。后来的资产阶级经济学家一般都采用经济学这个名称。但是，马歇尔认为，政治经济学与经济学是通用的，政治经济学或经济学是一门研究人类一般生活事务的学科。

可见，“政治经济学”这个学科名称不是马克思的发明，也不是马克思主义的专用词。但政治经济学往往被区分为马克思主义政治经济学和非马克思主义政治经济学，这是由于它们的理论框架、理论观点和研究目的等存在根本的不同。

三、马克思主义政治经济学的创立

19 世纪中叶，马克思和恩格斯在批判地继承古典政治经济学和空想社会主义经济理论科学因素的基础上，搜集和研究了资本发展历史的大量材料，详细地分析了资本经济结构，揭示了它的运动规律，创立了无产阶级政治经济学，马克思主义政治经济学科学体系的最终建立，以马克思的伟大著作《资本论》的完成为标志。恩格斯把《资本论》称为工人阶级的圣经，认为地球上有资本家和工人以来，没有一本书像《资本论》那样，对于工人具有如此重要的意义。资本和劳动的关系，是资本社会所赖以旋转的中心，这种关系在这里第一次作了科学的说明。

资产阶级古典政治经济学家在经济学说史上第一次把经济理论的考察从流通领域转移到生产领域，并对资本生产关系的内部联系作了一些科学分析。如亚当·斯密比较深刻地分析了资本经济的内在联系，从理论上阐述了财富的增长和分配的规律，并奠定了劳动价值论的基础。大卫·李嘉图在理论上坚持并发展了劳动价值论，更加深刻地揭示了资本经济制度和经济关系的运行机制和内在联系，代表了当时资本主义经济学说的最高成就。他还在不同程度上研究了剩余价值的各种表现形式，努力寻找剩余价值量的变化原因。此外，以魁奈为首的法国重农学派所创立的社会总资本的再生产和流通理论，以及西斯蒙第关于以消费不足说明资本生产存在普遍过剩危机的理论，都是古典政治经济学的思想精华。

资产阶级古典政治经济学在一定程度上揭示了资本生产、分配、交换和消费的内在矛盾和运行机制，触及资本经济运动的本质，对经济学的形成作出了开创性的贡献，为马克思主义政治经济学的建立提供了丰富的营养。

以圣西门、傅立叶、欧文为代表的法国空想社会主义的经济学说，在对资本社会的尖锐批判中，也提出了许多有价值的见解。如他们对现存的资本制度进行的深刻批判，揭露了资本制度的种种矛盾和罪恶，对未来的“和谐”社会作了许多天才的构想等，这些都为马克思、恩格斯实现政治经济学上的伟大变革提供了思想和理论材料。

马克思主义政治经济学阐明了人类社会各个发展阶段上支配物质资料生产、交换以及与之相适应的产品分配的规律；第一次发现了劳动二重性，建立了科学的劳动价值论，并以此为基础，创立了剩余价值学说；第一次明确指出政治经济学所要研究的不是物，而是物掩盖下的人与人之间的关系，这种关系在阶级社会中表现为阶级之间的关系。

四、马克思主义政治经济学的发展

继马克思和恩格斯之后，第一个对马克思主义政治经济学作出重大贡献的人就是列宁。19 世纪末 20 世纪初，列宁把马克思、恩格斯提出的政治经济学原理与资本主义发展新阶段的具体历史条件相结合，根据资本主义发展的新变化、新特点，创造性地提出了马克思主义的帝国主义理论。列宁还分析了资本主义经济、政治发展不平衡规律的新特点，提出了社会主义可以首先在一个或几个国家取得胜利的结论，创造性地发展了马克思主义，并领导建立了世界上第一个无产阶级专政的社会主义国家——苏维埃俄国。列宁还对社会主义的经济关系和经济运行问题进行了开创性研究，确立了社会主义还不能消除而是必须利用商品、货币关系来发展社会主义经济的理论。

列宁之后，斯大林在领导苏联社会主义建设中，对社会主义经济建设的许多重大问题进行了探索，也为社会主义政治经济学的发展作出了一定贡献。以斯大林所著的《苏联社会主义经济问题》为基础，苏联科学院于20世纪50年代出版了《政治经济学教科书》，阐述了社会主义社会经济建设的一些经济规律，曾经一段时间流行于包括中国在内的各个社会主义国家。

毛泽东把马克思列宁主义的普遍真理同中国革命的具体实践相结合，提出了新民主主义革命的理论和纲领，实现了马克思主义在中国的第一次历史性飞跃，进一步丰富和发展了包括马克思主义政治经济学在内的马克思主义理论体系。在转向社会主义的新时期，毛泽东又进一步提出建设和发展社会主义的新思路，对探索适合我国国情的社会主义建设道路进行了艰苦而有益的尝试。

邓小平根据当代经济发展的实际情况，提出了建设有中国特色的社会主义理论，实现了马克思主义在中国历史上的第二次飞跃，把马克思主义政治经济学发展到新的阶段。邓小平建设有中国特色社会主义经济理论极大地丰富了马克思主义经济理论宝库，对马克思主义政治经济学的发展作出了划时代的贡献；同时这一理论把马克思主义经济学大胆地向西方经济学开放，跟踪西方经济学的最新发展，不断吸收其最新的、反映社会化大生产和市场经济规律的科学成果，极大地丰富和发展了马克思主义政治经济学理论。

江泽民在科学判断中国共产党的历史地位以及邓小平建设有中国特色的社会主义理论的基础上，提出了“三个代表”重要思想。“三个代表”重要思想强调：“我们党必然始终代表中国先进生产力的发展要求，代表中国先进文化的前进方向，代表中国最广大人民的根本利益”。“三个代表”重要思想深化了对中国特色社会主义的认识，发展了马克思主义政治经济学。

胡锦涛在人类进入21世纪后的新形势下，提出了科学发展观的重要思想。“科学发展观，是立足社会主义初级阶段基本国情，总结我国发展实践，借鉴国外发展经验，适应新的发展要求提出来的。”它是马克思主义关于发展的世界观和方法论的集中体现，是既同马克思列宁主义、毛泽东思想、邓小平理论和“三个代表”重要思想一脉相承又与时俱进的科学理论，是我国经济社会发展的重要指导方针，是发展中国特色社会主义必须坚持和贯彻的重大战略思想。科学发展观的第一要义是发展，核心是以人为本，基本要求是全面协调可持续发展，根本方法是统筹兼顾。要坚持把发展作为党执政兴国的第一要务，牢牢抓住经济建设这个中心，不断解放和发展社会生产力，实现又好又快发展，为发展中国特色社会主义打下坚实基础。要坚持以人为本，把实现好、维护好、发展好最广大人民的根本利益作为党和国家一切工作的出发点和落脚点。做到发展为了人民，发展依靠人民，发展成果由人民共享。要坚持全面协调可持续发展，全面推进经济、政治、文化和社会建设，协调现代化建设的各个环节、各个方面，以及促进生产关系与生产力、上层建筑与经济基础相协调。可持续发展就是走生产发展、生活富裕、生态良好的文明发展道路，实现经济社会永续发展。要坚持统筹兼顾，正确认识和妥善处理中国特色社会主义事业中的各种重大关系。科学发展观运用辩证唯物主义和历史唯物主义的立场、观点和方法，进一步回答了实现什么样的发展、怎样发展等重大问题，是与时俱进的马克思主义发展观，体现了对社会主义建设规律和人类社会发展规律的新认识，是对马克思主义政治经济学的重大发展。

第二节 政治经济学的研究对象

要了解政治经济学是一门什么样的学科，首先要从物质资料的生产谈起。物质资料的生产是政治经济学研究的出发点。

一、政治经济学的研究基础

马克思说过:“面前的对象，首先是物质生产。”①人们要能够生存和发展，必须有衣、食、住等生活资料。这些生活资料从哪里来？只能靠人们自己的生产活动来创造。一个社会如果离开了生产活动，也就失去了基本生活保障，人们便无法生存，更谈不上从事政治、教育、科学、艺术等其他社会活动。马克思说:“任何一个民族，如果停止劳动，不用说一年，就是几个星期，也要灭亡，这是每一个小孩都知道的。”②因此，人类的生产活动是最基本的实践活动，是决定其他一切社会活动的东西。物质资料的生产是人类社会生存和发展的基础。

在物质资料的生产过程中，人们首先要与自然界发生关系。物质资料的生产过程，就是人们利用和改造自然，使其适合人们需要的过程。农民为了生产粮食，就要去耕地除草，与干旱等作斗争;人们为了有地方居住，就要去烧砖制瓦，平地盖房。人们利用和改造自然、创造物质财富的能力，叫做生产力。生产力是推动社会生产发展的决定因素。生产力越高，社会生产发展水平也就越高，创造的物质财富也就越丰富。生产力发展水平的高低，直接与劳动者的劳动经验和劳动技能的状况、生产工具的完善程度、自然物质的优劣有关。因此，生产力包括劳动对象、劳动资料和劳动者三个要素。

劳动对象是人们在物质生产过程中将劳动加于其上的东西，它是被劳动直接加工改造的对象。木工把木材做成人们需要的桌子、椅子时，木材就是木工加工、改造的对象。劳动对象可以分为两类:一类是没有经过人类劳动加工过的自然物质。如天然水域中的鱼类，即捕鱼者的劳动对象;原始森林中自然生长的树木，是伐木者的劳动对象。另一类是经过人类劳动加工过的物质。如机器制造厂用的钢材，即炼钢工人的劳动产品;纺纱厂用的棉花，即农民劳动的产物。这种经过人类劳动加工过的劳动对象，又称为原料。一切原料都是劳动对象，但劳动对象并不都是原料。随着科学技术的发展，人们逐渐发现了自然物质的许多新的有用属性，并创造出许多新的材料，加上海底资源的利用、深层矿产的开采，扩大了劳动对象的范围和种类，提高了劳动对象的数量和品质。这对劳动生产的发展产生了重大影响。在花费同样的劳动、使用同样的工具的前提下，人们用良种可以获得更多的粮食、从富矿可以提炼出更多的金属。

劳动资料也称劳动手段，是人们在劳动过程中用以改变或影响劳动对象的一切物质资料和物质条件。劳动者利用这些物质的物理性质和化学性质，改变和影响劳动对象，使其变成适合人们需要的物品。例如:铁匠用洪炉、铁锤，把钢和铁做成刀子和斧头。洪炉和铁锤等就是劳动资料。劳动资料中最重要的是生产工具。它相当于人的器官的延长和扩大。马克思把

---

① 《马克思恩格斯选集》，人民出版社，1972 年版，第 2 卷，第 86 页。

② 《马克思恩格斯选集》，人民出版社，1972 年版，第 4 卷，第 368 页。

生产工具称为"生产的骨骼系统和肌肉系统"。随着生产和科学技术的发展，生产工具不断完善。从原始人使用的石块、木棒，到今天的自动机器体系，生产工具发生了根本性的变化。生产工具的发展状况，是社会生产力发展水平的物质标志。除了生产工具以外，劳动资料还包括除了劳动对象以外的一切物质条件，如生产用建筑物、道路、灯光照明等；没有它们，劳动过程就不能正常进行。

生产力的第三个因素是具有劳动经验和劳动技能的劳动者。劳动者是生产力构成要素中最重要的决定性的因素，因为任何先进的生产工具都需要劳动者来创造和使用。如果没有劳动者的操作，任何先进的工具都将变成一堆废物。

生产力的三个要素中，劳动者是生产过程中的人的因素，劳动者的劳动称为生产劳动。劳动对象和劳动资料是生产过程中的物的因素，它们又称为生产资料。生产力中的这三个要素，都与一定的科学技术水平紧密联系着。劳动者的科学技术知识愈丰富，劳动技术就愈高；科学技术愈发展，生产工具就愈先进，劳动对象的范围就愈大，品质就愈高。目前，世界科学技术革命正在蓬勃发展，成为提高生产力的重要源泉，因此，科学技术也是一种生产力，而且是第一生产力。不过，科学技术是通过影响生产力的三个构成要素来影响生产力的发展的，它本身并不构成生产力的一个独立要素。

二、政治经济学的研究对象

马克思主义政治经济学与资产阶级政治经济学的一个根本区别就在于，资产阶级政治经济学往往只研究生产过程中的表面现象，只看到了人与物的关系和物与物的关系，不愿意研究生产关系的本质问题；而马克思主义政治经济学是透过人与物、物与物的关系，研究生产过程中的人与人的关系，即生产关系。马克思明确指出，《资本论》的研究对象是资本主义生产方式及与之相适应的生产关系和交换关系。因此，马克思主义政治经济学的研究对象是生产关系，是阐明人类社会中支配物质资料生产、交换、分配及消费的客观规律的科学。

在物质资料的生产过程中，人们不仅同自然界发生关系，人们彼此之间也要发生关系。由于单个的人无法与自然力量抗衡，因而孤立的生产实际上是不存在的。物质资料的生产总是社会的生产。在生产过程中，人们只有结成一定的关系进行共同活动和相互交换的活动，才能与自然界发生联系。人们在生产过程中结成的这种关系，叫做生产关系。由于生产活动是最基本的实践活动，因而生产关系是人们最基本的社会关系。生产关系包括三个方面：生产资料的所有制形式、人们在直接生产过程中所处的地位和关系、产品的分配关系。其中，生产资料所有制是整个生产关系的基础，它决定着生产关系中的其他方面。例如：在资本主义制度下，由于生产资料归资本家所有，资本家在生产过程中处于统治和支配的地位，决定了劳动产品的分配形式有利于资本家。但是，生产关系的其他两个方面对生产资料所有制又具有反作用。

三、政治经济学的研究范围

马克思主义政治经济学并不是孤立地研究生产关系，而是要联系相关的领域来研究生产关系。

1. 要联系生产力来研究生产关系

生产力和生产关系的统一，构成物质资料的生产方式。生产力是生产方式的物质内容，生产关系是生产方式的社会形式。它们既矛盾又统一，推动了人类社会生产方式的发展运动。

在生产力和生产关系的矛盾统一体中，生产力是矛盾的主要方面。生产力是最革命、最活跃的因素，社会生产的发展、变化总是先从生产力的发展变化开始的。生产力的发展，使旧的生产关系与它不相适应，要求建立新的生产关系，引起生产关系的相应变化。有什么样的生产力，就会有什么样的生产关系与它相适应。历史上每一种生产关系的出现，归根到底，都是生产力发展的结果。

但是，生产关系并不纯粹是消极的、被动的因素，它可以积极地反作用于生产力。同生产力相适应的生产关系，会促进生产力的发展；同生产力不相适应的落后的或者超前的生产关系，会阻碍生产力的发展。而且，生产关系不能长久地处于与生产力发展不相适应的状态，它迟早要被能适应生产力性质的新的生产关系所代替。生产关系一定要适应生产力，这是人类社会发展的客观规律。

新的生产关系代替旧的生产关系的过程，在不同的社会条件下是不同的。在存在阶级对抗的社会里，这一过程表现为激烈的阶级斗争。这是因为代表腐朽的、陈旧的生产关系的剥削阶级，为了维护自身的阶级利益，总是拼命反对生产关系的变革，维护旧的生产关系。这时，代表新的生产关系的阶级就会通过阶级斗争和社会革命，摧毁腐朽的生产关系，建立适合生产力发展的新的生产关系，从而为生产力的进一步发展开辟道路。所以，在阶级社会里，阶级斗争是社会发展的动力之一。

生产关系要适合生产力性质这个规律，是马克思和恩格斯的伟大科学发现。这一发现使人们科学地认识了人类社会发展的客观过程。在马克思和恩格斯以前，许多资产阶级学者不是把人类社会的变化看做由客观规律支配的客观过程，而是看做由人的理性、道德、良心等心理因素决定的。他们完全用人的意识来解释社会现象，因此，他们是历史唯心主义者。马克思和恩格斯把复杂的社会现象归结为经济关系，即生产关系，而把生产关系的变化又归结为生产力的发展变化。所以，马克思和恩格斯没有借助于道德、良心等意识来说明社会的变化，而是从客观的生产力水平出发，揭示了社会发展的客观规律。列宁说："只有把社会关系归结于生产关系，把生产关系归结于生产力的高度，才能有可靠的根据把社会形态的发展看做自然历史过程，不言而喻，没有这种观点，也就不会有社会科学。"①

2. 要联系上层建筑来研究生产关系

生产关系和生产力的矛盾，是推动人类社会发展的基本动力。经济基础和上层建筑的矛盾，是制约社会生产力发展的又一重要因素。生产关系实际上是人们的物质利益关系。生产关系的总和构成社会的经济基础，而在这个经济基础之上建立起来的政治法律制度以及与它相适应的政治、法律、哲学、宗教、文艺等意识形态，统称为上层建筑。经济基础决定上层建筑。有什么样的经济基础，就要求建立什么样的上层建筑为它服务。经济基础的发展变化，要求改变旧的上层建筑，建立与经济基础相适应的新的上层建筑。但是，上层建筑对经济基础也有反作用：与经济基础相适应的上层建筑，会对经济基础起保护、巩固的作用，促进其发展；当经济基础已发生变化，原来的上层建筑不适应已经变化了的经济基础时，它就会阻碍经济基础的发展，甚至还会动员一切力量来破坏经济基础的变革。不过，经济基础的发展最终会摧毁旧的上层建筑，建立起与经济基础相适应的新的上层建筑。

---

① 《列宁选集》，人民出版社，1972年版，第1卷，第8页。

政治经济学是研究生产关系的一门科学。但是，政治经济学不是孤立地、静止地研究生产关系，因为生产关系并不是一成不变的，它总是按照一定的规律在发展、变化着。生产关系的发展，既是由生产力发展水平决定的，又要受上层建筑的制约。所以，政治经济学既要联系生产力，又要联系上层建筑，来揭示生产关系发展、变化的规律性。在人类社会发展的不同历史阶段上，生产关系具有不同的性质和运动规律，所以，政治经济学本质上是一门历史的科学。

3. 要联系物质资料生产的总过程来研究生产关系

物质资料的生产过程是一个经济运动过程。作为政治经济学研究对象的生产关系，是具体体现在经济运动的各个环节上的。因此，我们还必须从物质资料生产总过程的各个环节，来说明生产关系内在的一般关系。

物质资料生产的总过程，是由生产、分配、交换、消费四个环节组成的有机整体。生产是起点，消费是终点，分配和交换则是连接生产与消费的中间环节。生产、分配、交换、消费互相制约、互相依赖，构成生产总过程的矛盾运动。

生产与消费。生产是指人们直接利用和改造自然、创造物质财富的过程。消费分为生产消费和个人消费。生产消费是指生产过程中生产工具、原料、燃料等各种物质资料的使用和活劳动消耗。生产消费的过程本身就是生产过程，它不属于我们要讨论的消费范围。个人消费是指人们为了满足物质文化的需要，对各种物质资料的消耗。通常说的“消费”，就是指的这种个人消费。生产决定消费，这表现在:第一，生产为消费提供对象。如果没有生产创造出来的各种物质资料，就不会有人们对劳动产品的各种消费。生产出来的物质资料的数量和种类，决定了消费的水平和结构。第二，生产决定了消费的方式。生产出什么样的消费工具，就会形成什么样的消费方式。马克思说:“饥饿总是饥饿，但是用刀叉吃熟肉来解除的饥饿不同于用手、指甲和牙齿啃生肉来解除的饥饿。”①第三，生产的性质决定了消费的性质。资本主义生产不同于社会主义生产，因而资本主义消费也不同于社会主义消费。当然，消费对生产来说并不完全是被动的、消极的，它会反作用于生产。首先，消费使生产得到最终实现。生产出来的产品，如果不进入消费，它就不是现实的产品。只有当产品进入消费，生产行为才算最后完成。其次，消费为生产提供目的和动力。如果没有消费，生产也就失去了意义，人们就不会去从事各种生产活动。单纯为生产而生产，为完成生产指标而生产，实际上是行不通的。

生产与分配。分配包括生产资料的分配和消费品的分配。生产资料的分配是说明生产资料归谁所有的问题，它是进行物质生产的前提，因而它本身也属于生产。消费品的分配是确定个人对消费品的占有份额。这里讲的分配主要是指个人消费品的分配。生产决定分配。首先，被分配的产品只是生产的成果，所以，生产的发展水平决定了可分配的产品和数量。其次，生产的社会性质决定了分配的社会形式，比如资本主义生产就决定了有利于资本家阶级的分配形式。分配对生产也有反作用。与生产相适应的分配制度，会推动生产的发展;反之，则会阻碍生产的发展。

生产与交换。交换包括劳动活动的交换和劳动产品的交换。广义地说，只要有劳动分工，就必然有交换。在原始社会，有的人制造工具，有的人打猎，有的人从事采集、料理家务等，而每个人为满足自己的多种需要，必须相互交换自己的活动。狭义地说，交换是指在等价基础上

① 《马克思恩格斯全集》，人民出版社，1979 年版，第 46 卷上册，第 29 页。

进行的商品交换。通常说的“交换”就是指这种交换。生产决定交换，是指生产过程中，社会劳动分工的程度决定了交换的范围和规模。分工愈细，交换范围愈广，交换规模愈大。交换对生产也有反作用。交换的发展，又会推动社会劳动分工的发展。比如，商品交换的发展，就有利于促进自然经济向商品经济的转化，有利于传统农业向现代化大农业的转化。

可见，政治经济学研究的生产关系，并不只是直接生产过程中的关系，还包括分配关系、交换关系和消费关系。也就是说，政治经济学要从物质资料生产过程的各个环节，全面考察人们的生产、分配、交换、消费的各种经济关系。

第三节 政治经济学的研究方法

一、唯物辩证法

马克思主义政治经济学的研究方法，最根本的就是唯物辩证法。马克思在摘引了《欧洲通报》杂志评论《资本论》的一段话后说：“这位作者先生把他称为我的实际方法的东西描述得这样恰当，并且在考察我个人对这种方法的运用时又抱着这样的好感，那他所描述的不正是辩证方法吗?” 政治经济学的工作者，必须运用唯物辩证法，来研究社会经济发展的规律。

唯物辩证法的规律即质量互变规律、对立统一规律和否定之否定规律，是自然界事物发展规律在哲学上的反映，也是人类社会经济发展规律在哲学上的反映。同时又被人们用来作为研究自然界事物和社会经济发展时的基本方法。

质量互变规律。社会经济的发展，先是量的变化，这种量变，是某种经济现象的局部变化，当量变积累到一定程度，达到一定阶段时，也就是量变达到对经济现象产生根本性的影响时，这种经济现象就要发生质变。运用量变和质变规律来研究社会经济现象，就是研究在一定社会发展阶段上的经济现象有些什么量变，这些量变是由什么引起的，由于量变，在经济现象上出现什么新的特征，这些量变对经济现象的整体所产生的影响，量变对整个经济现象所引起的状况是否达到了引起质变的阶段，如果还没有达到质变的阶段，怎样推动这种社会经济现象的发展，去为质变创造条件；如果已经达到了质变的阶段，又怎样使这种经济现象的质变得以实现，使人们的社会经济制度发展到更高阶段。人们的生产关系，随着生产力的发展，就发生着由量变到质变的过程。当生产力在这种生产关系内逐步发展起来时，生产关系的某些环节便不能适应生产力发展的要求，需要有局部的变化，这种局部变化，还不会引起这种生产关系根本性质的变化，所以只是量变，只有当量变积累达到一定程度时，才会引起整个社会生产关系发生根本性质的变化。运用由量变到质变方法，来研究社会经济现象，才能很好地理解和认识社会经济发展的趋势。

对立统一规律。运用对立统一规律来研究社会经济现象，就是研究在一定历史阶段上的经济现象时，应研究这种经济现象当中所包含的矛盾和矛盾推动经济发展的趋势。经济现象的内部是包含矛盾的，它们是对立的统一体。如果人们不能认识社会经济观象的这种性质，也就不可能真正认识这种社会经济现象发展的动力。必须运用对立统一规律，来研究社会经济现象内部存在着的矛盾、矛盾双方所处的状况、矛盾解决的途径和方法。只有这样，才会真正认识社会经济现象发展的规律性。例如，生产方式就是一个矛盾的统一体。要揭示某种生产方式的运动，就要研究这种生产方式内部所包含的矛盾，研究这种矛盾的状况和已经达到的程度;研究这种矛盾解决的途径，了解经济发展的趋势，以推动社会经济的发展。

否定之否定规律。社会经济的发展，和其他任何自然界事物的发展一样，都是由低级阶段向高级阶段发展的。运用否定之否定规律来研究社会经济现象，是要揭示出社会经济现象绝不会停留在某一个阶段上，而是不断向前发展的。例如:在社会主义社会，经济发展过程原来是平衡的，由于各部门、分部门在采用先进技术、改善经营管理、提高劳动者技术熟练程度及其他方面的不同，会出现不平衡现象，这种不平衡否定了前者的平衡，经过对各部门、分部门的调整之后，使它们又回到了新的平衡，新的平衡又否定了不平衡，这是否定之否定。新的平衡和以前的平衡相比，固然也是平衡，但它是在新基础上的平衡，从而促进社会经济得到更好更快的发展。社会经济现象的发展，经过否定之否定，似乎又回到了它原来的出发点，实际上它是在一个新阶段上的经济现象，而且也包含了新的内容。经过否定之否定过程，某种经济现象经历着从低级阶段向高级阶段的发展。

马克思和恩格斯运用唯物辩证法研究人类社会历史的发展，创立了历史唯物主义，历史唯物主义是关于人类社会发展最一般规律的科学。运用历史唯物主义研究政治经济学，要依据社会历史发展自身所固有的客观规律，分析物质资料生产方式对社会经济发展的决定作用，阐明生产力和生产关系之间的矛盾、经济基础和上层建筑之间的矛盾是社会发展的基本矛盾，这个矛盾的运动，决定着一种新的社会经济制度取代旧的过时的社会经济制度的必然性，以及人类社会逐渐由低级阶段向高级阶段发展过渡的历史趋势，同时也决定着同一社会经济制度内不同阶段的发展变化。

二、抽象法

抽象法是唯物辩证法的一个方法。运用抽象法来研究政治经济学的对象，是要在研究社会经济现象时，经过分析，抽象掉它们的表象，揭示出经济现象的本质。马克思说:“分析经济形式，既不能用显微镜，也不能用化学试剂。二者都必须用抽象力来代替。”运用抽象法研究的经济现象，应是在一定历史条件下的经济现象。社会经济现象和人们的经济活动是密切联结在一起的。政治经济学在研究某种社会经济现象时，必须透过这种经济的表象来揭示出这种现象的本质。分析作为整体的相互联系的经济现象时，一步又一步地抽象掉经济现象中的表现形式，最终揭示出它们共同的本质。在商品经济中，商品交换是社会经济现象，各种商品的相互交换要按照一定比例进行。而各种商品要相互成比例，其中必有一种共同的东西，才使它们能够相互比较。各种商品的使用价值是不相同的，不能相互比较，生产不同商品的具体劳动也是不相同的，同样不能相互比较，都必须抽象掉。抽象掉商品的使用价值和生产商品的具体劳动之后，所有的商品，在生产它们时，都要支出人们的体力和脑力，即都要支出人们的抽象劳动，凝结在商品中的抽象劳动，就是商品的价值。包含在各种商品里的价值，只有量的不同，没有质的差别，因而是能够相互比较的，各种商品就是按照它们的价值进行交换的。所以，运用抽象法，逐步把商品的表象形式抽象出去之后，商品等价交换的本质便被揭示出来了。

三、归纳和演绎法

归纳法是从研究个别经济现象中得出一般的结论。演绎法是运用一般原理去研究个别的经济现象。运用归纳法来研究某种经济现象，并从研究中得出一般结论时，所研究的经济现象对于其他经济现象，必须具有代表性，能够表现出其他经济现象的性质，如果所研究的个别经济现象和其他经济现象并不具有共同性，所得出的一般结论也会是错误的，这种一般结论不可能用来说明其他经济现象的本质。例如，研究资本主义企业中工人阶级的经济状况时，所得出的一般结论是，在资本主义社会中，工人阶级都失去了生产资料、不得不出卖劳动力给资本家；研究社会主义公有制企业中工人阶级的经济状况时，所得出的一般结论是，在社会主义企业中，工人阶级都是生产资料的主人，他们运用公有的生产资料，为自己和为自己的社会进行生产。运用演绎法，把一般原理运用于研究个别经济现象时，所研究的个别经济现象和一般原理所由以概括出的经济现象，其性质也必须是相同的。政治经济学的科学结论，是在研究一定社会阶段上的经济现象时得出来的，运用这个理论所研究的个别经济现象，必须是在相同历史条件下的经济现象，否则便不能对这种经济现象做出科学的说明。经济现象是受一定历史条件制约的，而用来分析这种经济现象的理论，也应是在分析相同社会经济条件的基础上得出的理论。

四、分析和综合法

分析法是在研究某种经济现象时，分析它所表现出的一些形式，从而揭示出它的实质。一种经济现象的实质和它的表现形式并不是一致的，只有分析经济现象的表现形式，才能进而认清其本质。综合法是在分析出经济现象的本质后，对经济现象的一些形式加以综合，研究出它所采取那些表现形式的原因。例如，在资本主义制度下，资本家支付给工人的工资，有些是计时工资，有些是计件工资，不论计时工资还是计件工资，都是工人在必要劳动时间内为自己生产的劳动力的价值，应用分析法，揭示出了资本主义制度下雇佣劳动者所得工资的本质。既然雇佣劳动者所得到的工资都是他们劳动力的价值，为什么又要采取不同形式呢？原因在于资本家要考虑采取哪种工资形式更有利于加强对工人的剥削。对于某些经济现象，既运用分析方法揭示出它的本质，又运用综合方法研究出它采取那些表现形式的原因，就能更深刻更完整地认识这种经济现象的本质。

五、数学方法

数学是研究事物数量关系变化的科学。在研究社会经济现象时，不仅要研究经济现象质的变化，同时要研究经济现象量的变化。因此，对某些经济现象应该运用数学方法来进行研究。在研究商品流通中所需要的货币量、分析社会资本实现和流通的条件时，就采用了数学的方法。研究社会主义经济，也需要运用数学方法。在经济管理中，使用投入产出法就要运用数学方法。但是数学只适用于研究经济的数量变化，它对于研究经济现象的质变是不适用的。

六、逻辑和历史法

逻辑法是在研究社会经济现象时所采用的思维推理法。在研究社会经济现象时，依照思维进程，推断出社会经济现象的发展进程。历史方法是在研究社会经济现象时，按照它的历史发展过程来进行研究的方法。运用历史方法来研究社会经济现象，必须排除对历史起干扰作用的偶然因素，排除掉经济发展历史中的曲折过程，按照历史发展的真实过程来研究经济现象的发展。只有这样，才是对历史正确的理解，才能从理论上把历史再现出来。在运用逻辑方法时，从根本上说，思维进程要符合经济现象历史的发展过程，脱离开历史发展过程的思维推论，就要导致唯心主义。思维进程必须是社会经济历史发展过程的反映，思维进程和历史进程应是一致的，思维逻辑和历史逻辑必须是统一的。例如，在资本主义条件下，商品的价值是比商品的生产价格先发生的，生产价格是价值的转化形式。运用历史方法，是按照商品价值和商品生产价格发生的顺序来进行研究的；运用逻辑方法，思维的推理，也应是先分析出商品的价值，进而再研究商品的生产价格。

运用上述各种方法来研究各种社会经济现象，有时需要采取某种方法作为主要方法，有时则需要同时采用各种方法。而所有这些方法，都是为了在研究社会经济现象时，能够揭示出这种经济现象的本质及其发展的规律性。

第四节　学习政治经济学的意义

政治经济学是马克思主义的三个组成部分之一。作为经济分析指导思想和理论基础的科学的马克思主义政治经济学，不仅提供阶级斗争的思想武器，也提供经济建设的指南。当代资本主义和社会主义，都经历着新的发展和变化，出现了许多新现象、新特点和新问题。如何认识现代资本主义，如何认识实践中的社会主义，是在新的历史条件下对马克思主义政治经济学提出的新课题，对此需要由发展了的马克思主义政治经济学做出回答。

首先是对现代资本主义的认识。自20世纪50年代以来，资本主义世界处于相对稳定和发展状态。在发达的资本主义国家首先产生新技术革命，20世纪90年代以后又出现以信息和网络为代表的“新经济”，由此引起了生产力的迅速发展，人民的平均生活水平也明显提高，资本主义制度所固有的各种矛盾也有不同程度的缓和。对资本主义的新发展的说明，不能简单地套用传统的马克思主义政治经济学中的某些现成结论，应该依据新的研究做出说明。但是，新的认识、新的研究，要有正确的立场、科学的世界观和方法论。应该承认，面对现代资本主义，马克思主义政治经济学的个别结论可能已经过时，但其作为一种认识社会的科学体系并没有过时。它仍然可以为认识和研究现代资本主义提供科学的世界观和方法论，成为研究现代资本主义的指导思想的理论基础。马克思主义政治经济学也因此而得到新发展。

其次是对实践中的社会主义的认识。马克思在分析资本主义经济矛盾时合乎逻辑地推导了未来社会主义社会的某些经济特征。应该说马克思在《资本论》中推导出的关于替代资本主义后的未来社会的规定是合乎逻辑的、是科学的。根据马克思的逻辑，这些规定是在发育成熟的资本主义社会的基础上建立起来的成熟的社会主义社会的经济特征。而在我国，目前所处的社会主义社会还是社会主义初级阶段，当我们在实践马克思关于社会主义的要求时，就不能教条式地对待这些规定，而应该结合我国社会主义现阶段的现实条件来研究社会主义规定性。这就提出了对《资本论》有关社会主义的理论的坚持和发展问题。所谓发展，就是要仔细研究《资本论》作这些规定所需要的经济条件，在此基础上根据《资本论》的逻辑得出在社会主义初级阶段不可能完全实现这些规定的要求的结论。所谓坚持，就是要明确，马克思的这些规定仍然可以成为建设社会主义的奋斗目标，而根据马克思的思想方法，实现这些社会主义目标的基本途径是创造实现这些规定性的经济条件，特别是依靠发展生产力创造实现其社会主义规定性的物质基础。

最后是寻求指导市场经济运行的一般经济理论。马克思主义政治经济学为现实的社会主义经济提供的指导思想，不仅是其关于社会主义经济特征的论述，更为重要的是其一般经济理论。其一般经济理论最重要的是市场经济理论。尽管《资本论》是在资本主义经济形式中阐述市场经济理论的。其中的许多理论在抽去资本主义经济关系的规定性后，对现阶段的社会主义经济的指导作用也非常明显。我国的经济体制在转向社会主义市场经济体制后，商品货币理论、竞争理论、资本积累理论、资本有机构成理论、资本循环和周转理论、社会总产品实现条件理论、平均利润率规律理论、流通费用理论、地租理论、信用经济理论、经济周期理论等，对我国现阶段的经济研究和经济实践都有明显的指导作用。

以往的社会主义政治经济学，主要限于研究社会主义经济关系的本质和规律，而撇开了社会主义经济运行及其机制方面的研究。这在社会主义经济制度产生的初期阶段是可以理解的。随着社会主义经济建设事业的发展，经济学仅仅限于这一层次的研究就很不够了。社会主义经济学作为建设性经济学，不仅需要研究什么是社会主义，还要研究如何建设社会主义。目标涉及经济制度的优化，经济运行的效益，经济的增长和发展。与此相应，研究现阶段的中国经济必然需要进行多层面的研究。首先是生产关系层次即经济制度层面的研究。其次是经济运行层面的研究。第三是经济发展层面的分析。在这里需要阐述科学发展观。

经济科学是一门经验科学。中国经济建设的实践要求马克思主义经济学成为指导中国经济改革和经济发展的理论经济学科。这就使这门理论经济学具有应用性特点。在西方，经济学家要给政府提出诸如以凯恩斯主义、供给主义、货币主义、新制度主义等理论为基础的政策主张，供政府选择。实践需要马克思主义经济学也具有这种功能。为此，政治经济学要以现代化建设中提出的重大理论和实践问题为主攻方向，研究经济运行机制、经济体制、宏观经济政策，研究战略性、全局性、前瞻性的重大课题，为国家和企业的经济决策提供理论依据，为社会主义物质文明和精神文明的建设作出贡献。政治经济学应该为发展中国先进社会生产力、发展中国先进文化、代表最广大人民群众的根本利益作出应有的理论贡献。

马克思主义的认识论告诉我们，真理是相对的，“我们只能在我们时代的条件下进行认识，而且这些条件达到什么程度，我们便认识到什么程度”。①马克思主义经济学也不例外。就对社会主义经济关系的认识程度来说，现阶段也只能认识社会主义初级阶段的经济关系和经济规律，而且这种认识程度也是相对的。随着实践的发展，人们的认识也会进一步深入，许多经济理论也会随着实践的发展而发展。

思考题：

1. 政治经济学的对象是什么？
2. 马克思主义政治经济学是怎样产生的？
3. 怎样认识和利用经济规律？
4. 政治经济学的研究方法是怎样的？

---

① 《马克思恩格斯选集》，人民出版社，1972 年版，第 3 卷，第 562 页。

第一章 商品经济一般理论

商品经济是随着人类社会生产力的发展而发展的，是社会生产力发展到一定程度的产物。现代资本主义市场经济就是由商品经济发展而来的。在资本主义社会，商品生产成为占统治地位的生产形式，商品是资本主义的经济细胞，商品的内在矛盾，孕育着资本主义经济的一切矛盾的萌芽。

第一节 自然经济转化为商品经济

一、自然经济

(一)自然经济的形成

自然经济是在社会生产力水平极低、社会分工极不发达的社会中，为了直接满足生产者个人及其家庭或本经济单位自身需要而进行的以自给自足生产为特征的经济形式。简单地讲就是自给自足的经济。

自然经济是存在于市场范围相对比较小的情况下的一种经济形态，是社会生产力水平低下和社会分工不发达的产物。可以说从有人类社会起，一直到资本主义生产方式建立以前，在这漫长的历史时期内，基本上是自然经济占统治地位。商品经济只起到从属和补充的作用，这种经济形态占统治地位的持续时间涵盖原始社会、封建社会、早期的资本主义社会以及半殖民地、半封建社会。

自然经济与社会生产力的这种较低的发展水平相适应，在自然经济条件下，物质生产过程中人与人之间的关系，具有很大的狭隘性和单纯性。这种经济形式，有的是以血缘关系为基础(如原始氏族社会)，有的则是以直接的统治和服从关系为基础(如奴隶占有制度和封建制度)。但无论如何，它们存在着共同的特点:生产过程中人与人的关系十分简单明了，而不像在商品经济条件下那样，人与人的关系总是被物与物的关系掩盖着，采取物和物的关系曲折地表现出来。由于生产力低下，生产规模十分狭小，同时各个经济单位又彼此处于分散、孤立的状态，因此，正如列宁指出的，因循守旧、墨守成规、闭关自守等，也就成了这种经济必然具有的特征。

在封建社会末期，由于商品货币关系的迅速发展，自然经济逐渐趋于瓦解，并终于为资本主义经济所代替。在资本主义制度下，占统治地位的是资本主义性质的商品生产，自然经济只是作为一种落后的经济残余而存在。不过，在殖民地和附属国里，由于帝国主义的长期控制和奴役，社会生产力得不到充分的发展，自然经济仍然被大量保留下来。

在自然经济条件下，社会是由许多各自独立的经济单位(如原始氏族公社、奴隶主庄园、宗法式的农民家庭和封建主庄园等)所组成。每一个这样的单位，除了主要经营农业(少数则是畜牧业)以外，还从事其他各种经济活动:从采掘原料开始，直到最后把这些原料加工成消费品，都在本单位内部实现，和外界的经济联系很少。例如，在封建制度下，农民个体经济就是一种自然经济，它们一家一户就是一个生产单位，家庭成员按照性别、年龄所形成的自然分工，从事各种不同的劳动，如耕作、放牧、砍柴、纺线等，劳动产品也主要供家庭成员集体消费。另外，农民"不但生产自己需要的农产品，而且生产自己需要的大部分手工业品"。农业同家庭手工业相结合就成为自然经济的一个重要特点。

(二)自然经济的基本特征

1. 自然经济是一种生产力水平极为低下的经济

自然经济是与极其低下的社会生产力水平相适应的经济形式。各个生产者或经济单位的生产规模狭小，使用简单的手工工具，劳动生产率极为低下。社会分工也很不发达。

2. 自然经济是一种自给自足的封闭性和保守性经济

在自然经济条件下，原始部落、奴隶主庄园、封建主庄园以及农民家庭，都各自成为一个相对独立的生产和生活单位，人们在这样一个个狭小的单位空间内部，进行着自给自足的经济活动，生产和生活上所需要的绝大多数产品都自行生产，各个家庭或经济单位之间是相互隔绝或者基本隔绝的，很少进行经济联系和经济交往。这就使得生产和生活被封闭在一个个分散而孤立的经济单位之内，从而决定了自然经济是一种封闭性和保守性的经济，闭关自守和墨守成规也就表现为它的特点。

3. 自然经济是一种发展缓慢、规模有限、对自然界依附性很强的经济

自然经济的狭小生产范围和落后的生产方式，使生产力的发展受到自然条件的限制。若是风调雨顺的年景，还能够维持简单再生产，如果自然条件稍有恶化则易陷于萎缩再生产。生产出的数量很少的物质资料一般只能维持生存的最低需要，或者只有很少的剩余产品，这就使得整个社会经济的发展十分缓慢，生产规模的扩张速度迟缓，对自然界的依附性很强。

二、自然经济发展为商品经济

商品经济是直接以市场交换为目的的经济形式，是商品生产和商品交换的统一。社会经济形式从自然经济发展为商品经济，是一个渐进而漫长的历史进程，这一转变是伴随着新的生产工具的出现和发展，从而社会分工的发展，导致社会生产力的发展而逐渐实现的。在人类利用自然界的物质改造成为人类需要的生活资料的实践中，生产经验不断积累，生产方式、方法和生产工具不断发展，逐渐推动了社会分工的发展。于是，到了原始社会后期，出现了以畜牧部落从其他原始部落中分离出来的第一次社会大分工。然后农业部落的产生，又进一步地扩大和加深了第一次社会大分工。这就有力地推动了劳动生产率的提高，使得产品在满足自身需要以外还有剩余，而且从事畜牧业的部落和从事农业生产的部落之间相互需要对方的产品来满足需要，从而导致了牲畜和谷物之间的交换。之后到了原始社会末期，随着耕作工具和手工工具的进一步发展，又引起了手工业从农业中分离出来，这是第二次社会大分工。这样一来，从事手工业生产的劳动者由于不生产农产品，但又需要一定的农产品来满足自身的生活需要，于是手工业劳动者就用自己生产的手工产品和农业生产者生产的农产品来进行交换，因此从这时候起就出现了为交换而生产的商品生产。之后随着原始社会的瓦解和

奴隶社会的形成，又出现了第三次社会大分工，即出现了专门从事商品买卖的商人阶层。这就进一步地推动了商品交换的发展，市场不断扩展，商品经济也就逐渐发展起来。

三、商品经济

商品既然是为市场交换而生产的有用的劳动产品，因而，这种以交换为目的而进行的生产，就是商品生产；商品的相互让渡或买卖，就是商品交换；而以商品生产和商品交换为内容，直接以交换为目的而进行生产的经济形式，就是商品经济。商品经济是商品生产和商品交换的总称。

(一)商品经济产生的条件

在人类社会发展的历史长河中，商品经济并不是从来就有的，将来也不会永远存在，它是在一定历史条件下才产生、发展和存在的。

在漫长的原始社会中，社会生产力水平十分低下，人们在集体劳动中，实行简单的协作，劳动过程不存在社会分工，只有按年龄和性别的自然分工。当时，生产工具极为落后，劳动生产率很低，氏族公社成员通过狩猎和采集所获得的产品非常稀少。为了保证每个公社成员都能够生存下去，只能实行平均主义的分配方式。人们生产的全部产品，除了用以维持自身生存的最低需要外，没有什么剩余，既不可能，也没有必要进行产品的交换，因而原始社会，在很长时期并不存在商品经济，完全是一种自给自足的自然经济。

在原始社会末期的第一次社会大分工出现以前，交换只是一种极为偶然的现象，也就是在氏族公社之间，偶然才把自己公社所生产的极少量多余产品，拿去同别的氏族公社的产品相交换。这种交换只是商品交换的原始萌芽形式。到了原始社会晚期，随着社会生产力的发展，人们生产的产品除了满足自身需要以外，有了一定的剩余。同时，随着社会生产力水平的提高，出现了第二次社会大分工和生产资料私有制，商品经济才产生和发展起来。第一次社会大分工是畜牧部落从其他农业原始部落中分离出来，形成了畜牧部落和其他农业原始部落之间的分工。这时，交换发展成为比较经常的现象，但还没有真正意义上的商品生产。以后，随着金属工具的出现，又发生了第二次社会大分工，即农业和手工业的分工。第二次社会大分工出现以后，以氏族公社为单位的集体劳动，逐渐地被以一家一户为单位的个体劳动所代替，生产资料和劳动产品也逐渐由个体劳动者所占有和支配，原始公社的生产资料公有制，也就逐渐地转变为个体家庭私有制。在这个基础上，商品交换进一步发展，出现了以市场交换为目的的生产，即商品生产。到了原始社会最后解体和奴隶社会逐步形成的时期，又出现了第三次社会大分工，即产生了专门从事商品交换的商人阶层。随着奴隶社会私有制的形成和发展，商品经济也得到进一步发展。

从商品经济产生的历史过程可以看出，商品经济的产生和存在需要两个基本条件。

第一个条件是社会生产力的发展和社会分工的存在。社会分工是在生产力发展的基础上出现的。所谓社会分工，是指社会劳动划分和独立化为不同部门和行业的分工。随着社会分工的产生和发展，形成了专门生产各种不同产品的生产者或经济单位。各行各业的生产者为了满足自身在生产和生活方面的多种需要，都需要互通有无，以取得对方的产品作为生产资料或消费资料，因而产生了相互交换产品的要求。社会分工越是发展，生产专业化的程度越高，交换的范围就越是扩展。正如马克思所指出：分工是商品生产存在的条件，构成一切商品生产的一般基础。但是，仅仅存在社会分工，并不能决定商品经济的存在。例如，在古代印度公社中就存在着社会分工，但产品并不称为商品。因此，商品经济的产生和存在还有赖于第二个条件。

商品经济产生和存在的第二个条件是生产资料和劳动产品属于不同的所有者（简单来讲就是私有制的产生），这是商品经济产生和存在的决定性条件。因为不同的生产资料所有者，是各自产品的所有者，又都是具有自身经济利益的经济主体，所以各个经济主体为了维护自身经济利益，在彼此发生经济联系和相互交换产品时，要求遵循等价交换原则，因而劳动产品便必然采取商品的形式，产品的生产和交换便必然采取商品生产和商品交换的形式，从而导致商品经济的产生。这个决定性条件，在人类社会发展历史上，是伴随着生产资料私有制的产生而出现的。具有各自独立经济利益的不同私有者的存在，是商品经济产生的决定性条件。正如马克思在分析私有制条件下的商品经济时所说：只有独立的互不依赖的私人劳动的产品，才作为商品互相独立。而在生产资料社会主义公有制条件下，在全民所有制与集体所有制之间，在不同的集体所有制之间，以及在全民所有制的不同企业之间，也存在着商品经济关系。这需要有另外的分析与说明，这是社会主义政治经济学的任务。

在人类社会发展历史上，商品经济自原始社会末期产生以来，经历了奴隶社会、封建社会、资本主义社会和社会主义社会。一方面，商品经济与不同性质的生产资料所有制相联系，存在着不同类型的商品经济，包括简单商品经济（即以小私有制为基础的简单商品经济）、资本主义商品经济和社会主义商品经济。在奴隶社会和封建社会中，商品经济在社会经济生活中只处于从属的和补充的地位，占据统治地位的是自然经济。只有到了资本主义社会，商品经济才成为占据统治地位的、最普遍和最一般的经济形式。在社会主义社会中，商品经济也是居于统治地位的经济形式。另一方面，作为经济形式，商品经济又经历了与生产力水平相适应的不同层次：1. 与分散的个体经济生产力、简单协作的资本主义生产力水平相适应的商品经济；2. 与生产力水平较高的、商品经济占统治地位的社会化大生产相适应的市场经济。我国目前仍处于社会主义初级阶段，商品经济正在逐渐的发展中，而商品经济的充分发展是社会经济发展不可逾越的阶段，因此，我国仍须大力发展商品经济，以促进社会经济的快速发展。

（二）商品经济的基本特征

1. 商品经济是竞争性经济

商品在市场上进行买卖，必然存在着商品生产者之间的竞争、商品购买者之间的竞争，以及商品生产者与购买者之间的竞争。作为商品生产者，他进行商品生产就要消耗商品生产成本，只有尽可能减低成本，才能使自己的产品在市场上销售时获得更多盈利，从而在竞争中占据有利的位置。而商品购买者同样为购买到物美价廉的商品而竞争，特别是当市场上商品供不应求时，这种竞争就尤为激烈。另外，在商品市场上还存在着商品生产者和商品购买者之间的竞争，一方面生产者尽可能地抬高价格，而另一方面购买者则是尽可能地压低价格，这也就是通常所说的讨价还价。由此可见，商品经济是一个充满了竞争的经济。

2. 商品经济是既利己又开放的经济

商品生产者的内在利益驱动以及外在竞争压力，使他们千方百计地在各地寻求最廉价的原材料来源地，寻找最理想的商品销售市场，以谋求利益的最大化。同时，商品经济不承认区域疆界，它的生存与发展要求冲破国度、民族和地区的界限，从而开辟更加广阔的国内市场和国际市场。商品经济的发展使得不同的国家、民族和地区的经济联系日益加强，市场范围也随之扩展，当今的经济全球化正是商品经济开放化的结果。商品经济的开放性还表现在先进的技术和管理方法迅速而广泛的传播，从而促使各地区经济进一步的发展。

3. 商品经济是具有自主性和平等性的经济

商品经济要求商品经济的当事人必须是相互独立的个体，商品生产者和经营者必须具有独立处理自己商品的权利，这里不存在任何的人身依附关系。商品生产者具有自己独立的经济利益，他根据自己的意愿独立地处理商品以实现自己的经济利益。商品当事人之间只有双方独立的经济利益都能得到满足，商品买卖才能正常进行。而正因为商品生产者具有自身独立的经济利益，才使得商品生产者在进行商品交换时都处于平等的地位，交换则遵循等价交换的原则，这是商品交换的基本准则，只有这样才不会损害各自的经济利益。

第二节　商品

一、商品的二因素

商品是为交换而生产的劳动产品。任何商品都具有两方面的属性:自然属性和社会属性。

从自然属性来看，商品都具有可以满足人们某种需要的属性，即使用价值。如小麦可以充饥，棉衣可以御寒，机床可以用来生产，书报可以供人阅读取得信息，等等。可见，“物的有用性使物成为使用价值。”一种商品的使用价值可以是多种多样的，如钢铁既可以用来制造各种生产资料，又可以用来制造各种生活资料。随着科学技术的发展，商品的使用价值还将不断地被发现、被利用。商品具有何种使用价值，是由它本身所具有的物理的、化学的或生物学的性质决定的。商品的使用价值，是在人们使用和消费它的时候才实现的。作为生活资料的商品是直接满足人们的生活需要的，作为生产资料的商品是间接满足人们的生活需要的。

从社会属性来看，商品又都可以被它的所有者用来和别人的商品相交换，就是说它具有交换价值。什么是交换价值呢？马克思说:“交换价值首先表现为一种使用价值同另一种使用价值相交换的量的关系或比例。”如用 1 张兽皮去交换 25 千克粮食，25 千克粮食就成为 1 张兽皮的交换价值。

粮食和兽皮具有不同的使用价值，为什么可以按一定的比例相交换呢？这从它们的有用性即使用价值方面是无法得到解释的。决不能说，因为兽皮可以御寒，因此一张兽皮就必须换若干千克的粮食;反过来也不能说，因为粮食可以充饥，因此 25 千克粮食就必须换若干张兽皮。使用价值性质不同，用途各异，无法比较，因而不能确定它们之间的交换比例。两种不同的使用价值能够按一定比例相交换，它们必定存在着某种共同的可以相互比较的东西。这种共同的东西就是各种商品都是经过人类劳动生产出来的，它们内部都包含着人类劳动。人类劳动凝结在商品中形成了商品的价值。使用价值不同的商品可以按一定比例相交换，就是因为它们都是劳动产品，都具有价值。价值在质上是相同的，不同商品所包含的价值，只有量上的差别，因而它们就可以从量的方面相互比较。价值是交换价值的基础，交换价值则是价值的表现形式。

由上可知，商品具有使用价值和价值二因素，前者反映人和自然的关系，是商品的自然属性。后者反映人和人的关系，是商品的社会属性。商品就是这两种因素的对立统一体。它们的统一性表现在:使用价值是价值的物质承担者，没有使用价值的东西，也不可能具有价值，因而不会是商品;有些东西虽有使用价值，如空气、阳光等，但不是人类劳动的产品，不具有价值，所以也不是商品；另外有些东西虽是劳动产品，但未形成使用价值，如废品，也不能成为商品；还有些东西，既是劳动产品，又具有使用价值，但不是为了交换而是用于自己消费的，仍然不是商品，如劳动者自产自用的产品就是这样。此外，有些劳动产品具有使用价值，但不经过交换，也不是商品，如赠送的礼品、旧社会农民向地主交纳的实物地租等。所以，作为商品必须同时具有使用价值和价值二因素。商品二因素的对立性表现在：一切商品对于购买者，才具有使用价值；对于生产者，就不具有使用价值。商品生产者不能既占有价值，又占有使用价值。他要占有价值，就必须让渡使用价值。商品生产者如果自己消费了使用价值，他就无法进行交换，也就不能实现商品的价值。可见，商品的使用价值和价值又是相互排斥的。只有生产出来的商品能够交换出去，生产者实现了价值，购买者得到了使用价值，商品的内在矛盾才能得到解决。

二、生产商品的劳动二重性：具体劳动和抽象劳动

商品为什么具有使用价值和价值二因素呢？由于商品是一种劳动产品，所以商品的二因素只能从生产商品的劳动的性质中去寻找原因。商品的二因素是由生产商品的劳动二重性决定的。

从一方面看，生产商品的劳动是具体劳动。人们用不同性质和不同形式的劳动生产出不同的商品，这种劳动目的、劳动工具、劳动对象、制作方法、劳动成果各不相同的劳动，就是具体劳动。简单地说，具体劳动就是在一定具体形式下进行的劳动。具体劳动创造商品的使用价值，它反映人和自然的关系。具体劳动过程就是人们利用和改造自然物质使之适合人们需要的过程。所以，具体劳动不仅是商品生产条件下所必需的，而且是人类生存和发展的永恒条件。在任何社会条件下，没有人们的具体劳动，也就没有物质资料的生产，人类便无法生存，社会也就不可能存在和发展。

从另一方面看，生产商品的劳动，不管具体形式怎样千差万别，都是人类体力和脑力的消耗。在商品生产中，这种抽掉了各种具体形式的、无差别的、一般意义上的人类劳动，叫做抽象劳动。所谓商品价值是人类劳动的凝结，这里所说的劳动指的就是这种抽象劳动。生产商品所消耗的抽象劳动，形成商品的价值。抽象劳动是一个历史范畴，它是生产商品的社会劳动所特有的。在自然经济社会和在未来的产品经济社会中，人们的劳动产品不用来交换，因此，他们的劳动就只表现为具体劳动。

生产商品的劳动二重性学说，是由马克思首先提出并加以科学论证的，劳动二重性学说在马克思主义政治经济学整个科学体系的理解和把握上，具有极其重要的意义。因为只有弄懂了劳动二重性问题，才能使劳动价值论奠定在科学的基础上。而只有弄懂了劳动价值论，才能理解关于资本和剩余价值理论等的一系列政治经济学原理。所以，马克思指出："劳动二重性学说是理解政治经济学的枢纽。"

三、商品价值的构成与创造、商品的价值量

（一）商品价值的构成与创造

生产商品的劳动二重性学说表明，生产商品的劳动一方面是具体劳动，具体劳动创造商品的使用价值，并把生产商品过程中耗费的生产资料的价值转移到新的商品中；生产商品的同一劳动又是抽象劳动，抽象劳动凝结到商品中，形成商品的新价值。可见，经过生产过程

生产出的商品，其价值构成包括两个部分：一是商品生产过程中耗费的生产资料的价值，它是过去的劳动即物化劳动所形成的价值转移到商品中来的；二是商品生产过程中活劳动新创造的价值。

商品价值的构成与商品价值的创造是两个不同的范畴。商品价值的构成如上所述，是由物化劳动转移的价值和活劳动创造的新价值所构成的。而商品价值的创造则是指商品生产过程中新增加到商品中的价值。马克思的劳动价值论的核心就是科学地揭示了包含在商品中的新价值是劳动者的活劳动所创造，活劳动是价值的惟一源泉。活劳动是指劳动者在商品生产过程中脑力和体力的消耗，即新加入劳动对象的抽象劳动。在商品生产过程中，只有加进了人的活劳动，才能使生产资料改变成为适合人们需要的新的使用价值，离开了活劳动，所有的生产资料本身只是一堆死物。在商品生产过程中，属于物化劳动的生产资料的价值只能借助于活劳动转移到新产品中去，其价值量是不会发生变化的。一切生产资料的价值，只能转移，自身不可能发生增值。而与生产资料相结合、凝结在新产品中的活劳动则创造出新的价值。马克思的劳动价值论是马克思主义政治经济学理论的基本原理，我们在政治经济学的学习与研究中，必须坚持马克思的劳动价值论，特别要坚持活劳动是商品价值惟一源泉的理论。

劳动是价值的惟一源泉，但创造价值的劳动不能仅仅理解为体力劳动。商品的生产和价值的创造，固然离不开体力劳动，但随着商品生产的发展和劳动协作关系的不断扩大，创造价值的生产劳动以及生产劳动者的范围相应不断扩大。马克思针对生产劳动范围逐步扩大的情况，提出要从“总体工人”或“结合劳动人员”来考察创造价值的劳动，他指出：“随着劳动过程本身的协作性质的发展，生产劳动和它的承担者即生产工人的概念也就必然扩大。为了从事生产劳动，现在不一定要亲自动手；只要成为总体工人的一个器官，完成他所属的某一职能就够了。”这就是说，在创造价值的“总体工人”的劳动中，既包括直接进行生产操作者的劳动，也包括从事生产管理和工程技术人员的劳动；既包括体力劳动，也包括脑力劳动；既包括简单劳动，也包括复杂劳动。而且，一般来说，经营管理和工程技术人员的劳动与一般生产操作者的劳动相比，是更加复杂的劳动，从而在同一时间内能创造出更多的价值。

当今时代，科学技术迅猛发展，人类社会开始进入数字化、信息化为标志的知识经济时代，物质资料的生产离不开体力劳动，但在物质资料生产中脑力劳动变得日益重要。特别是与物质资料生产相关联的科技劳动、管理劳动、服务劳动在生产和经济生活中起着日益重要的作用，高新科技的出现和发展，使得过去被认为与物质资料生产没有直接关系的劳动，变得关系越来越紧密，从而导致创造价值的劳动扩大到那些与物质资料生产直接有关的劳动，这些劳动作为现代社会“总体工人”劳动中必要构成部分，都属于生产劳动，从而都创造价值。

（二）商品的价值量

各种商品的价值在质上是相同的，都是凝结在商品中的人类一般劳动，因而各种商品的价值只有量的区别，那么商品价值的量是怎样确定的呢？既然商品价值是人类一般劳动的凝结，因此商品价值的量就是由生产商品的劳动的量决定的。衡量劳动量的单位是劳动时间，所以商品价值量是由生产商品的劳动时间决定的。

那么，是不是说商品生产者的工作条件越差，生产技术越落后，工作越懒惰，耗费的劳动时间越长，他所生产的商品的价值就越大呢？当然不是。由于商品的价值是社会劳动的凝结和表现，商品生产者的个别劳动只有在它是社会必要劳动的条件下，才形成价值。所以，商品的价值量不是由某个商品生产者所消耗的个别劳动时间决定的，而是由生产商品的社会必要劳动时间决定的。

什么是社会必要劳动时间呢？马克思指出："社会必要劳动时间是在现有的社会正常的生产条件下，在社会平均的劳动熟练程度和劳动强度下制造某种使用价值所需要的劳动时间。"所谓现有的社会正常的生产条件，就是指现时某一生产部门大多数产品生产已经达到的技术装备水平。例如，全社会每年棉纱生产量是100万件，其中80万件是用纺纱机生产出来的，只有20万件是用手摇纺车生产出来的，那么，使用纺纱机就是棉纺部门现有的社会正常的生产条件。

在社会正常的生产条件下，生产同一种商品的各个劳动者，其劳动熟练程度和劳动强度是不同的。经验不多、技术生疏的劳动，是非熟练劳动；经验较多、技术纯熟的劳动，是熟练劳动。劳动强度是由单位时间内的劳动消耗决定的。劳动强度大，意味着操作紧张，单位时间内体力和脑力消耗多；劳动强度小，意味着操作松弛，单位时间内体力和脑力消耗少。在同样的劳动时间内，熟练劳动和强度大的劳动，可以比非熟练劳动和强度小的劳动创造出更多的价值。社会必要劳动时间是按平均的劳动熟练程度和平均的劳动强度计算的。

在考察社会必要劳动时间时，还必须注意简单劳动和复杂劳动的区别。简单劳动是指事先不需要经过专门训练和学习的、每个体魄健全的人都能进行的劳动。复杂劳动是指需要经过专门训练和学习的、具有一定技术专长的劳动。随着生产技术的发展和文化教育水平的提高，过去的复杂劳动，现在就可能成为简单劳动。但在一定历史条件下，从全社会来看，简单劳动和复杂劳动的区分是相对固定的。社会必要劳动时间是以简单劳动为尺度的，复杂劳动表现为倍加的简单劳动。因而在一般情况下，单位时间内复杂劳动创造的价值要大于简单劳动所创造的价值。单位时间内复杂劳动量折合为简单劳动量的比例，是在反复的交换实践中自发形成的。

研究商品的价值量还必须考察生产商品的劳动生产力，因为社会必要劳动时间是随着劳动生产力的发展而改变的。劳动生产力也称劳动生产率，指的是劳动的生产能力或效率。劳动生产力的高低有两种表示方法：一是单位时间内生产的产品数量；二是生产单位产品所消耗的劳动时间。劳动生产力的水平取决于各种经济和技术因素，如劳动者的熟练程度，科学的发展水平和它在工艺上应用的程度，劳动组织是否合理，生产设备的组合和效能，劳动对象的状况以及自然条件等。劳动生产力越高，在单位时间内生产的使用价值量就越多，但所形成的价值量却不会变，因而平均到单位产品内的价值量就越少。所以，单位商品的价值量和包含在商品中的社会必要劳动量成正比，而与生产这一商品的劳动生产力成反比。

随着现代科学技术的发展，自动化的生产工具包括机械手、机器人等在生产中的使用逐渐增多，劳动生产率大大提高，生产中劳动力的消耗日益减少，甚至有些产品从原料加工到成品包装完全是在自动化机器控制下完成的。在这种情况下，商品价值的实体还是不是人类一般劳动的凝结呢？对这个问题的回答是肯定的。具体理由将在下一章阐述马克思的剩余价值理论时一起说明。

四、以私有制为基础的商品经济的基本矛盾

生产商品的劳动二重性是怎样产生的呢？它是由私有制商品经济的基本矛盾——私人劳动和社会劳动的矛盾决定的。在私有制商品经济中，由于每个商品生产者都是生产资料的私有者，生产商品的劳动是他们私人的事情，生产什么，生产多少，都由他们自己决定，劳动成果也归他们自己所有，经营的盈亏也由他们自己负责，所以商品生产者的劳动具有私人的性

质。同时，由于社会分工的存在，商品生产者之间是相互联系、相互依存的，每个商品生产者的劳动，都是提供给社会的，都是社会总劳动的一部分，因而他们的劳动又都具有社会的性质。生产商品的劳动既是私人劳动，又是社会劳动，两者存在着矛盾。私人劳动和社会劳动的矛盾表现在：生产商品的劳动作为私人劳动，生产纯属生产者个人的私事，商品生产者可以自己决定生产什么、自行支配生产过程及其成果；但生产商品的劳动作为社会劳动，是社会总劳动的一部分，因而商品生产者的生产不能离开社会而存在，他的产品必须能够满足社会需要。但分散的单个商品生产者并不知道他生产的产品是否能够满足社会需要，不知道他的私人劳动是否能成为社会劳动的一部分，这一矛盾只能通过商品的交换来解决。但是，私人劳动的产品怎样才能交换出去呢？私人劳动首先表现为具体劳动，由于具体劳动性质不同，在交换中无法确定交换的比例，因而也无法通过交换表现为社会劳动，而能够确定交换比例的只能是在质上相同的抽象劳动。这样私人劳动和社会劳动的矛盾就决定了生产商品的劳动二重性：具体劳动和抽象劳动。商品生产者如果能够把自己的产品顺利地卖出去，那么他所生产的使用价值就体现为社会的使用价值，从而私人劳动和社会劳动的矛盾就得到了解决。

私人劳动和社会劳动的矛盾如果得不到解决，就意味着私人劳动的产品或者根本不适合社会的需要，或者超过了社会的需要，这样，他的产品也就卖不出去或者不能全部卖出去，以至于给商品生产者带来不同程度的损失，甚至破产。所以，私人劳动和社会劳动的矛盾的存在，可以推动商品生产者设法提高自己的劳动技能，竭力使自己生产的使用价值在质和量两方面适合社会的需要，以求在交换中使自己的产品能销售出去。

私人劳动和社会劳动的矛盾，是私有制商品经济中各种矛盾如具体劳动和抽象劳动的矛盾、使用价值和价值的矛盾的基础，决定着商品生产者的命运。所以，它是私有制商品经济的基本矛盾。在资本主义商品经济中，私人劳动和社会劳动的矛盾仍然存在，但已发展为生产社会化与资本主义私人占有之间的矛盾，这个矛盾是资本主义社会的基本矛盾。

第三节　货币

商品具有使用价值和价值两个因素，相应也有两种表现形式，即使用价值形式和价值形式。商品的使用价值形式就是商品的自然形式，人们可以看得见，摸得着，感觉到。商品的价值形式就是商品的交换价值，是看不见，摸不着的，只有在交换中通过交换才能表现出来。这种商品与商品相交换的关系和比例，即交换价值，叫做价值形式。为了弄清货币的起源和本质，需要结合商品交换发展的历史进程，分析价值形式发展的过程。

一、价值形式的发展和货币的产生

价值形式的发展是同商品交换的发展历史进程相适应的。它经历了简单的价值形式、扩大的价值形式、一般价值形式和货币形式四个阶段。

(一)简单的价值形式

最初的商品交换出现于原始社会末期，当时人们并不是特意为交换而从事生产，而只是把少量多余的产品用于同其他人交换自己所没有的东西。例如，“1 只羊 =2 把石斧”。这种交换是一种以物易物的直接交换，带有偶然性质，且很简单，因而称之为简单的或偶然的价值形式。

在这种价值形式中，等式两端的商品所处的地位和作用不同。等式左边的商品“羊”处于主动地位，它要求把自己的价值相对地表现在另一种商品“石斧”上，因此叫做相对价值形式。等式右边的商品“石斧”则处于被动地位，它用自己的商品来表现“羊”的价值，起着等价物的作用，因此叫做等价形式。

相对价值形式的内容是:处于相对价值形式的商品的价值，相对地表现在处于等价形式的商品的使用价值上。之所以如此，是因为它们都是劳动产品，都耗费了抽象的一般人类劳动，都具有价值。等价形式就是某种商品充当价值的代表能够与另一种商品直接交换的形式。这样的商品叫做等价物，也叫价值镜，即反映处于相对价值形式上商品价值的一面镜子。在简单价值形式下，价值作为无差别的人类劳动凝结物的这种社会属性表现得还不充分。

（二）扩大的价值形式

随着生产力的发展，特别是人类社会出现第一次社会大分工以后，人们之间彼此交换的商品种类和数量逐渐增加。原始公社之间乃至公社内部成员之间的产品交换变得比较经常了，一种商品已经不是偶然地和另一种商品相交换了，而是与许多种商品经常交换。这样一来，价值的表现也就由简单的或偶然的价值形式发展到扩大的价值形式。用等式表示如下。

$$1\text{ 只羊}\begin{cases}=2\text{ 把斧头}\\=20\text{ 斤大米}\\=1\text{ 两黄金}\\=5\text{ 斤茶叶}\\=\text{一定量其他商品}\end{cases}$$

这一价值形式反映了日益扩大的商品交换关系。在这一价值形式中，处于相对价值形式上的商品“羊”，其价值被表现在一系列其他商品体上。扩大的价值形式与简单的价值形式相比较，价值表现的范围扩大了，从而促进了生产力的发展，这是一种进步。但是，这也反映出扩大的价值形式的缺点和局限性，即各种商品的价值仍然没有一个共同的、统一的表现，也就是没有一个一般的、为大家所公认的等价形式。

随着交换内容的增加和交换范围的扩大，扩大的价值形式这种以物易物的交换的局限性逐渐暴露出来。因为这种物物交换的实现，需要同时具备许多前提条件。比如，有羊的人希望用羊去换大米，但有米的人却需要茶叶，有茶叶的人需要石斧。如果有石斧的人正好需要羊，则有羊的人要经过羊换石斧，再用石斧换茶叶，最后才能用茶叶换到大米。在这个交换过程中，如果其中的任何一个环节出了问题，就可能导致交换无法进行。例如，有石斧的人不需要羊，那么，羊就卖不出去，其价值就无法实现，后面的一系列交换也就没有办法进行。在物物交换中，卖者同时又是买者，买和卖局限于同一时间和空间，交换双方只有同时需要对方的产品，且在价值量上大致相当，交换才能进行。

（三）一般价值形式

随着交换的进一步发展，人们发现，如果用自己的商品先去交换一种大家普遍愿意接受的商品，然后再拿这种商品去交换能满足自己需要的商品，就会省去许多麻烦。这样，有的商品在交换中逐渐从其他商品中分离出来，专门作为交换的媒介物，这种专门作为交换媒介的商品叫一般等价物。通过它来表现一切商品的价值，这样一来，扩大的价值形式就过渡到一般价值形式。用公式表示如下。

2 把斧头＝
20 斤大米＝
1 两黄金＝ 1 只羊
5 斤茶叶＝
一定量其他商品＝

这个价值形式之所以叫做一般价值形式，是因为在这个价值形式中，"商品价值的表现：1.是简单的，因为都是表现在惟一的商品上；2.是统一的，因为都是表现在同一的商品上。它们的价值形式是简单的和共同的，因而是一般的"

一般价值形式的出现，克服了扩大的价值形式的缺点和局限性，大大地促进了商品交换的发展。但是，在这种价值形式中，一般等价物还没有固定在一种商品上。在不同国家和地区，在同一国家和地区的不同时期，充当一般等价物的商品往往是多种多样的。历史上充当过一般等价物的商品有贝壳、布帛、牛、羊、兽皮、盐等。

由于一般等价物的不固定、不统一，随着商品交换范围的扩大，其局限性也日益暴露出来，给商品交换带来了新的困难和障碍。在这种情况下，客观上就要求有一个固定的、统一的商品来充当一般等价物。此时，一种新的价值形式——货币形式应运而生。

(四)货币形式

当一般等价物固定地由某种商品例如黄金来承担时，这种商品就成了货币商品。也就是说，货币是从一般商品中分离出来的、固定充当商品交换一般等价物的商品。当一般等价物固定到贵金属上后，价值形式就从一般价值形式发展到货币形式。用等式表示如下。

2 只羊＝
20 斤大米＝
5 斤茶叶＝ 1 两黄金
2 把斧头＝
一定量其他商品＝

在货币形式中，处于相对价值形式上的商品，其价值是用黄金、白银等贵金属货币来表现的。商品价值的货币表现就是商品的价格。因而，商品的相对价值形式便转化为价格形式。处于等价形式上的货币，便成为社会公认的惟一的一般等价物。

为什么只有黄金和白银才能固定充当一般等价物呢？在商品交换发展历史上，有许多商品都充当过一般等价物，如牲畜、兽皮、贝壳等。但这些东西充当一般等价物都有其自身不可克服的不足之处，因而只在短时期内和较小范围内流通。随着交换的进一步发展，一般等价物逐渐固定在金银上。由于金银质地均匀，便于分割和携带，体积小而价值大，且不易磨损，最适合于充当货币材料。当金银固定地充当一般等价物时，金银就转化为货币。因此，马克思说："金银天然不是货币，但货币天然是金银"。

货币形式是价值形式的完成形式。货币产生后，整个商品世界分为两极：一极是各种各样的商品，它们都作为特殊的使用价值存在，要求转化为价值；另一极是货币，它直接作为价值的化身而存在，随时可以转化为任何一种有特殊使用价值的商品。于是，原来商品内部使用价值与价值的对立统一关系，现在变为商品与货币的对立统一的关系。

二、货币的本质和职能

货币是固定地充当一般等价物的特殊商品，它体现着商品生产者之间的社会经济关系。这就是货币的本质。

货币是价值形式发展的结果，是商品交换过程的产物。

货币的出现，使整个商品世界分化为两极：一极是商品，它们都是特殊的使用价值；另一极是货币，它是一切商品价值的代表。商品的使用价值和价值的矛盾，发展为商品和货币的矛盾。

货币的本质是通过货币的职能体现的。货币的职能是指货币在商品经济社会生活中所起的作用，它是由货币的本质决定的，是货币本质的具体体现。在发达的商品经济中，货币具有价值尺度、流通手段、贮藏手段、支付手段、世界货币五种职能。其中，价值尺度和流通手段是两个最基本的职能，其他三种职能是派生职能。

（一）价值尺度

货币的价值尺度职能是指货币以自己为尺度来表现和衡量其他一切商品的价值。货币之所以能充当价值尺度的职能，是因为货币本身也是一种商品，具有价值，因而能以自身的价值作为尺度去衡量其他商品的价值，就像尺子以自身的长度去衡量其他物体的长度一样。

商品的价值用货币来表现，就是商品的价格。价值是价格的基础，价格是价值的货币表现形式。商品价格的高低，取决于商品本身的价值和货币的价值。商品的价格与商品本身的价值成正比，与货币的价值成反比。

货币作为价值尺度，只是计量和表现商品的价值，并不是实现商品的价值。因此，货币在执行价值尺度的职能时，并不需要现实的货币，只需要观念上的货币就行了。货币作为价值尺度的职能，是通过价格标准来实现的。货币要计量和比较各种商品的价值量，技术上要求给货币本身确定一个计量单位，这种被确定的货币单位及其等分就是价格标准。如我国历史上用白银充当货币时，就以“两”作为货币单位，再把“两”分割为“钱”、“分”、“厘”。我国现行的货币单位为元，1 元分为 10 角，1 角分为 10 分；美国的货币单位也是元，1 元分为 100 分；英国的货币单位为英镑，1 镑分为 10 先令，1 先令分为 10 便士等。

在理解货币的价值尺度职能时，需要注意的是，作为价值尺度的货币和作为价格标准的货币是两个不同的范畴。其区别表现在以下三方面：

第一，作为价值尺度的货币代表一定量的社会劳动，是用来衡量其他商品的价值；作为价格标准的货币代表一定量的贵重金属，是用来衡量货币本身的量。

第二，作为价值尺度的货币是在商品经济中自发地发生的，它不依存于国家的权力；作为商品的货币则是国家以法律规定的。

第三，作为价值尺度的货币本身具有价值，其价值随着生产货币的劳动生产率的变化而变化；而作为价格标准的货币则与劳动生产率的变化无关。

（二）流通手段

货币的流通手段职能是指货币充当商品交换的媒介。商品流通就是以货币为媒介的商品交换。其流通公式是：商品——货币——商品。

货币出现以前，商品交换是以物易物，对交换双方而言，既是买又是卖，买和卖同时完成。货币出现以后，商品交换是通过货币这个中介来进行的，商品交换过程分为卖和买两个阶段。这种以货币为媒介的、包括卖和买两个阶段的商品交换，就叫商品流通。货币在商品流通中的这种媒介作用，就是货币作为流通手段的职能。执行流通手段职能的货币必须是现实的货币，而不能是观念上的货币。

作为流通手段的货币，最初是以金属条块出现的。为了解决交易上的不便，于是生产了具有一定形状、重量、成色和标明面额价值的金属货币——铸币。如我国古代的刀币、近代的银元等。

铸币在长期流通中由于磨损，由足值的货币变成不足值的货币。此时，不足值的铸币能和足值的铸币一样使用。这是因为，货币在起流通手段的职能时，它的作用是瞬息即逝的。商品生产者用自己的商品去交换货币，目的不是为了获得货币本身，而是为了用货币再去交换他所需要的其他商品。正因为如此，不同国家逐渐出现了用贱金属铸造的辅币，与金属铸币一起流通，如我国清末民初的铜元等。也正因为如此，一种更方便的代用货币——纸币诞生了。

纸币是由国家发行并强制流通的价值符号。纸币不是货币，只是一种货币符号，是金属货币的代表，它本身没有价值。纸币是按照它所代替的金属货币的价值执行流通手段的职能的。我国是世界上最早使用纸币的国家，如北宋的交子，已具有纸币的特性，而金国的交钞和南宋的会子，则已经是纯粹的纸币。而欧美国家直到 17 世纪才开始使用纸币。

随着信用制度的发展和电子技术的广泛应用，各种信用货币的替代物不断出现，如支票、信用卡、电子货币等逐渐成为重要的流通手段。

（三）贮藏手段

贮藏手段是指货币退出流通领域，被当作社会财富的一般代表保存起来。只要商品流通中断，商品所有者在出卖商品后不立即购买他所需要的其他商品，货币就退出流通领域而成为贮藏货币。

货币之所以能成为贮藏手段，是因为它是一般等价物，是社会财富的一般代表，人们有了货币就能够买到任何商品。货币作为贮藏手段的职能，是随着商品流通的发展而发展起来的。当人们还只是把剩余产品用于交换时，商品所有者取得货币后，不急于购买就把它贮藏起来。随着商品生产和商品交换的发展，生产商品和购销商品都需要一定时间，因此，为了使生产不至于中断，就需要有一定量的货币贮藏。此外，在有些情况下，人们也会将货币作为社会财富的绝对形式贮藏起来。

执行贮藏手段职能的货币，既不能是观念上的货币，也不能是作为价值符号的纸币，它必须是足值的金属货币或金条银块。

在金属货币流通条件下，一般不会出现通货膨胀问题。

（四）支付手段

支付手段是指货币用于偿还赊购赊销商品过程中的延期支付以及清偿债务或支付赋税、租金、工资、利息等的工具。

货币在执行支付手段的职能时，是以价值尺度和流通手段职能的存在为前提的。换言之，货币在执行支付手段的职能时需要先完成价值尺度和流通手段的职能。一方面，对所卖商品执行价值尺度的职能，由买卖双方协议商品的价格，计量买者的债务额；另一方面，执行观念的流通手段的职能，因为交换时买者并未支付现金，只是对卖者做出到期支付的承诺，但商品交易实现了。只有在支付日期到来时，货币作为支付手段才真正进入流通过程。

货币作为支付手段，一方面可以使商品在缺乏现金的情况下得以流通，减少流通中所需要的货币量，从而有利于商品经济的发展；另一方面它又扩大了商品经济的矛盾。随着支付手段的发展，许多商品生产者之间会形成一系列错综复杂的债权债务关系，一旦某个债务人不能如期偿还债务，就会造成整个债务链条关系的混乱，引起一系列的连锁反应，加深商品经济的矛盾，从而阻碍社会再生产的顺利进行。

(五)世界货币

世界货币的职能是指货币超出国界而在世界市场上执行一般等价物的职能。货币的世界货币职能，实际上是货币的其他职能在世界范围内的延伸。作为世界货币的货币，一般是贵金属(金、银)本身。

随着货币形式的发展和国际经济关系的发展，少数经济发达从而经济实力雄厚的国家或国家联盟发行的纸币，例如，美国的美元，英国的英镑、日本的日元以及欧盟的欧元等，尽管已不再有黄金作为其物质基础，但也可以在一定程度上充当世界货币的角色。

货币作为世界货币主要执行以下职能:1. 作为国际购买手段，用来购买外国商品或劳务；2. 作为国际支付手段，用来平衡国际贸易的差额;3. 作为社会财富的代表，由一国转移到另一国，如支付战争赔款、对外直接投资、在国外存款等。

三、货币流通规律

货币作为流通手段，其投放量不是随意规定的，而是有其自身的规律，即货币流通规律。

货币流通规律是指在一定时期内流通中所需要的货币量的规律。其内容是:一定时期内流通中所需要的货币量，与商品价格总额成正比，与货币流通速度成反比。货币流通是由商品流通引起的，货币流通的规模和速度也是由商品流通的规模和速度决定的。流通中所需要的货币量取决于以下三个因素:1. 参加流通的商品数量;2. 商品的价格水平;3. 货币的流通速度，即一定时期内同一单位货币的平均周转次数。前两项的乘积就是商品的价格总额。货币流通规律用公式表示如下。

$$\text{流通中所需要的货币量}=\frac{\text{商品价格总额}}{\text{同一单位货币的流通速度}}$$

上述公式没有考虑赊购赊销延期支付的因素，而随着商品经济的发展，大量的商品买卖采取赊购赊销的方式进行。因此，在货币执行支付手段职能的条件下，上述公式应作如下补充。

$$\text{流通中所需要的货币量}=\frac{\text{商品价格总额}-\text{赊销商品价格总额}+\text{到期支付总额}-\text{互相抵消的支付总额}}{\text{同一单位货币的流通速度}}$$

上述货币流通规律是指金属货币的流通规律。它决定了流通中的货币量必须同流通中的货币需要量保持一致。如果流通中的货币量超过了需要量，就会引起物价上涨；反之，会引起物价下跌。由于金属货币具有贮藏手段的职能，能起到自动调节货币流通量的作用，因而不会引起持续的物价上涨，也不会引起持续的物价下跌。

在纸币普遍使用的情况下，纸币的流通规律可表述为:纸币的发行量必须与流通中所需要的金属货币量相一致。如果纸币的发行量超过了流通中所需要的金属货币量，引起纸币贬值和物价上涨，这种现象被马克思称为通货膨胀。

值得注意的是，马克思关于通货膨胀的概念，是以当时的历史条件(如金本位制)为背景的，根据现代经济学界的普遍观点，物价上涨并不等于通货膨胀。通货膨胀是指普遍的持续的物价上涨，也就是说，物价上涨的范围广泛，时间较长且持续不断，一般认为时间至少在半年以上。因为，导致通货膨胀的原因是多方面的，既有纸币的发行过量，也有需求拉动、成本推动以及经济结构等多种因素的影响。因此，在现代经济学中，将通货膨胀分为三种类型:需求拉动型、成本推动型和结构性通货膨胀①。

第四节　价值规律

一、价值规律的内容

在私有制商品经济中，社会生产和流通都不可能全面地、有计划地进行，商品生产者都是根据自己的私利盲目地经营，谁也无法事先确知市场到底需要什么商品，需要多少商品，以及他所生产的商品是否能够售出，他所花费的劳动是否能够得到补偿。那么，社会生产在这种盲目的无政府的状态下怎样发展下去呢？是什么因素在支配着各个企业、各个部门的生产和流通呢？马克思科学地揭示出，是价值规律在支配着商品经济的发展。价值规律是商品经济的基本规律。

那么，价值规律的内容是什么呢？价值规律，就是商品的价值量是由生产商品的社会必要劳动时间决定，商品的交换比例以商品的价值量为基础。

但是，是不是说，在商品交换中商品的价格必须与价值完全一致呢？其实商品价格与价值相一致只是一种偶然情况，不一致则是经常现象。这是因为，商品价格虽然以价值为基础，但影响价格变动的因素多种多样，其中主要的是市场商品的供求关系。在私有制商品经济中，由于社会生产是无政府状态的，因而市场商品供求之间不平衡是经常的。当某种商品供不应求时，由于商品的购买者的竞争，商品价格便会上涨到价值以上。相反，当某种商品供过于求时，由于商品的出卖者的竞争，使商品价格会降到价值以下。商品供求矛盾的客观存在，使得价格总是时而高于价值，时而低于价值，不停地围绕着价值上下波动。

价格围绕价值上下波动不仅不违背价值规律，而且正是价值规律作用的表现形式。这是因为，首先，商品价格虽然时升时降，但商品价格的变动始终以它的价值为轴心，价格升降的幅度不会与商品价值相差很远。例如，在同一市场的同一时间内，无论价格怎样波动，绝不会使一辆汽车的价格低于一辆自行车的价格，因为生产一辆汽车所包含的社会必要劳动时间总要大大高于生产一辆自行车的社会必要劳动时间。其次，从个别交换过程来看，虽然有些商品的价格高于其价值，有些商品的价格低于其价值，但从较长时期来看或从全社会来看，商品价格的升降是可以互相抵消的。因此，从总体上说，商品的总价格和商品的总价值是相等的。

二、价值规律在私有制商品经济中对社会经济发展的作用

价值规律是商品经济的基本规律，凡有商品生产和商品交换的地方，价值规律就必然起

---

① 张绍焱:《政治经济学概论》，中国经济出版社，2004 年版，第 44 页。

作用。价值规律在私有制商品经济中对社会经济发展的作用，主要有以下三个方面。

1. 它自发地调节着生产资料和劳动力在各社会生产部门之间的分配，即调节社会资源的配置。商品价格的高低，直接关系到商品生产者的经济利益。当某种商品供不应求，它的价格高于价值从而有利可图时，就会有一些商品生产者把自己拥有的生产资料和劳动力投入到这一部门中来。相反，当某种商品供过于求，它的价格低于价值从而生产者利益受损时，该商品的生产者就会把自己拥有的生产资料和劳动力从这一部门转移到获利的部门中去。在以私有制为基础的商品经济中，商品经济各部门之间的比例关系，就是依靠价值规律来自发调节的。当然，生产资料和劳动力的转移，只有当市场上供求矛盾表现得比较尖锐时，人们才感到它的必要。在生产资料和劳动力转移过程中，各生产部门之间的比例关系会因为这种转移而接近平衡，但由于生产无政府状态的发展和激烈的竞争，又会使这种比例失去平衡，重新引起生产资料和劳动力的转移。所以，由价值规律自发调节而形成的比例，只能是暂时的和不稳定的；同时，生产资料和劳动力在不断地由一个部门转移到另一个部门时，必然造成巨大的损失和浪费。

2. 价值规律的作用会自发地刺激商品生产者改进生产技术，改善经营管理，促进社会生产力的发展。商品是按照社会必要劳动时间决定的价值量来交换的。商品生产者如果改进了技术，提高了劳动生产率，他的个别劳动耗费就会低于社会必要劳动耗费，但他在市场上仍可按照社会必要劳动时间决定的价值量出售商品，这样他就可以得到比别人更多的收入。相反，如果商品生产者的个别劳动耗费超过了社会必要劳动耗费，他就必然不赚钱甚至亏本。这两方面的情况都会刺激商品生产者不断改进生产技术，改善劳动组织，提高经营管理水平，提高劳动生产率，以求降低个别劳动消耗，谋取较高的盈利。

当然，在价值规律促进社会生产力发展的同时，由于各个私有的商品生产者为了保持自己在竞争中的优势，总要对自己所采用的新技术和经营方法保守秘密，这又会阻碍新技术的推广和经营管理的改善，从而不利于生产力的发展。

3. 价值规律促使小商品生产者向两极分化，并在一定条件下引起资本主义生产关系的产生。由于各个商品生产者的生产条件不同，经营管理水平不同等等，虽然各商品生产者生产同种商品，但是个别劳动时间的耗费却不一样，有的高于社会必要劳动时间，有的低于社会必要劳动时间。在商品按照价值出卖的情况下，个别劳动时间低于社会必要劳动时间的，就会多赚钱；个别劳动时间高于社会必要劳动时间的，就会不赚钱甚至亏本。同时，各个商品生产者的本金多少也不一样。本金雄厚的，在市场价格波动的情况下，可以等待有利时机，高价卖出产品，低价买进原料；本金不充裕的，由于没有多余的资金用于周转，在产品生产出来后，就必须及时卖掉才能继续进行生产，以致不得不在市场条件不利的情况下，被迫低价卖出产品，高价买进原料。因此，本金雄厚的就有可能压倒本金不充裕的。此外，由于各种原因，有的商品生产者经营的商品盈利大，有的商品生产者经营的商品盈利小、不盈利甚至亏本，这样，前者就敢于“薄利广销”，做到扩大经营，而后者的经营就受到了限制。

上述情况说明，在价值规律的作用下，小商品生产者会发生贫富悬殊，导致两极分化。但是，小商品生产并不是在任何历史条件下都会产生资本主义。小商品生产在原始社会末期就开始出现，在奴隶社会和封建社会都大量存在过，但只有在封建社会末期，小商品生产者的两极分化，才导致资本主义的产生。因为资本主义生产关系的出现，不仅要有商品经济一定高度的发展，而且还要有大批人身自由的劳动者，他们既不能像奴隶和农奴那样依附于奴隶主和封建主，也不能像封建手工业中的帮工、学徒那样依附于行东，而是可以自由地出卖自己的劳动力。否则，那些手中有大量货币的商品生产者就不可能雇到劳动力，也就无法进行资本主义生产。在封建社会末期，由于生产力的发展和农民不断起义，腐朽的封建主义生产关系逐渐解体。一方面，一些手工业者和商人手里积蓄了相当数量的货币；另一方面，有不少个体农民、手工业者和小商贩破产，成为具有人身自由的劳动者。正是在这种特定的历史条件下，随着商品经济的发展，资本主义生产关系便产生了。

第五节　劳动价值论的当代发展

马克思的劳动价值理论是其政治经济学的核心与基石。由于政治经济学本质上又是一门历史的科学，它所涉及的是历史的即经常变化、不断发展的现实基础，相应地，其理论也应该随着时代的发展而发展。从马克思、恩格斯、列宁到斯大林，他们都是根据自己所处历史阶段的特点、任务，来建立、运用和发展劳动价值论，揭示当时资本主义生产方式的运行特点和基本矛盾的。

今天，我们面临社会主义市场经济的新情况，同样要结合现代资本主义经济新现象、建设社会主义经济的新任务，来运用和发展马克思的劳动价值论。劳动价值论与时俱进，既是马克思主义应具有的理论品质，又是时代发展和建设实践的要求。

一、从局部劳动到总体劳动

在丰富劳动内涵的基础上，扩展生产劳动的外延，把生产市场所需要的商品与劳务的劳动都确认为创造价值的劳动，这是深化对社会主义社会劳动和劳动价值论研究的重要内容。党的十六大报告指出："要尊重和保护一切有益于人民和社会的劳动。不论是体力劳动还是脑力劳动，不论是简单劳动还是复杂劳动，一切为我国社会主义现代化建设作出贡献的劳动，都是光荣的，都应该得到承认和尊重。"①在马克思所处的历史时期，一方面，非物质生产领域及其资本主义生产关系还很不发达，因此他主要以物质生产领域里的资本主义生产方式和交换方式为研究对象，而把非物质生产领域及其生产方式和交换方式"舍象"掉了。另一方面，虽然马克思也认为非物质生产领域的劳动只要采取资本主义生产方式，为资本家生产剩余价值，就是资本主义生产劳动，但是，由于当时非物质生产劳动大多数并不采用资本主义的生产形式，所以马克思以"非生产劳动"这一术语来说明这些劳动，而且把那些即便采取了资本主义生产方式，但在数量上与物质生产部门比起来显得微不足道的非物质生产领域的生产劳动也"舍象"掉了。

随着社会分工和协作的发展，非物质生产领域从物质生产中分离出来，而且规模愈来愈大，生产劳动的领域也相应扩大了。马克思曾经指出，当劳动过程还纯粹是一个个人的过程时，互相分离的各种生产职能会全部集中在劳动者一个人身上，什么都自己干，产品也表现为个人的产品。但是，当劳动过程由个人过程发展成为联合劳动者的过程后，情况就大不一

---

①　江泽民：《全面建设小康社会开创中国特色社会主义事业新局面——在中国共产党第十六次全国代表大会上的报告》，人民出版社，2002 年版，第 15 页。

样了。这时，产品从个体生产者的直接产品转化为社会产品，转化为总体工人及联合劳动人员的共同产品，总体工人的各个成员较直接或较间接地作用于劳动对象。因此，随着劳动过程本身协作性质的发展，生产劳动和它的承担者即生产工人的概念就必然扩大。为了从事生产劳动，现在不一定要亲自动手，只要成为总体工人的一个“器官”，完成他所属的某一职能就够了 。这就是说，在联合劳动的条件下，直接对劳动对象进行加工的操作工人的劳动是生产劳动，各种辅助工人的劳动也是生产劳动；生产第一线的工人的劳动属于生产劳动，远离第一线的科室人员的劳动也是生产劳动；在车间从事体力劳动的工人的劳动是生产劳动，从事脑力劳动的各种管理人员（企业管理人员乃至政府职能部门的公务员）、科技人员的劳动也是生产劳动。生产劳动的概念大大扩展了。

另外，随着市场范围的不断扩大和市场机制的日益完善，越来越多的企业的内部分工逐渐外部化，导致生产的线路拉长，劳动形式从个体形式转化为社会形式，直接产品转化为社会产品。生产劳动和它的承担者——生产工人的概念也必然随之扩大，出现从个体的局部劳动向企业内部总体工人的劳动、再向社会总体劳动发展的趋势。从社会总体劳动看，知识劳动、服务劳动、管理劳动和交易过程中的劳动同物质生产领域的劳动一样，都是社会总体劳动的重要组成部分。把创造价值的劳动定义为社会总体劳动，能够更全面地反映迂回生产中价值的形成过程。

二、深化对创造价值的劳动的认识

价值的存在形式与商品的物的实在性其实并没有任何关系，凝结在社会所需的商品和劳务当中的劳动都是生产劳动。判断一种劳动能否创造价值的标准，应当包括四个方面的内容：1. 这种劳动的产品具有使用价值，同时又是交换价值的承担者；2. 这种劳动的产品有抽象人类劳动的体现或物化在里面；3. 这种劳动的产品必须进入交换领域，成为商品；4. 这种劳动所生产的商品的价值量，是由生产该商品的社会必要劳动时间决定的。根据这四条标准，知识劳动、管理劳动和服务劳动都能创造价值，知识产品和服务产品都具有价值。作为价值实体的无差别的人类劳动，不管以哪种形式进行，也不管是凝结在物质的、有形的商品上，或者凝结在无形的精神财富上，还是凝结在流动形态的劳动即服务上，只要市场所需要的产品或劳务上凝结了人类劳动，就创造了价值。一般而言，马克思所强调的价值的客观对象性，是指人类劳动力耗费的客观现实性；他并不像亚当·斯密那样，把劳动的内容仅限于物质产品的生产。因此，仅从物质产品的角度来划分生产劳动，而把从事知识产品和服务产品的劳动以及管理劳动等排除在创造价值的劳动之外，并不符合马克思劳动价值论的发展的要求。随着第三产业尤其是高科技在国民经济和社会生活中作用的不断强化，我们不可能再把上述这些劳动继续置于创造价值的劳动领域之外了。

（一）知识劳动创造价值

在知识经济时代，知识的创新、传播和应用是现代生产过程中的重要环节，知识劳动（包括科学劳动）是社会总体劳动的重要组成部分。在市场经济条件下，作为商品来生产和交换的知识产品同样具有使用价值、价值以及交换价值。知识产品能够满足人们生产和生活需要的功能，这就是它的使用价值；在知识产品生产过程中所耗费的一般人类劳动形成价值实体；知识产品的价格就是交换价值。知识产品的生产过程，也就是把原科学知识要素合并于生产和体现于产品之中，这需要依靠人的活劳动的投入，特别是高智力的活劳动的投入；而任何一种科学知识密集的产品的形成就是既体现有原科学劳动的作用，又体现有活劳动的作用，特别是高智力活劳动的作用。高智力性知识劳动是一种高熟练度、高强度的劳动，它可以创造价值，在特定社会形式下，还可以创造剩余价值，并体现为创新知识产品的高价值。当代高技术经济的发展，使有些产品集中体现了科学、知识，它蕴含着密集的智力劳动，特别是高智力劳动。它表明，智力劳动在现代社会财富价值形成中的功能大大强化了。但由于知识生产有其特殊性，其产品的存在形态以及价值的形成、增值和实现都与物质生产有很大差别，这就需要对此展开系统的、严肃的探讨，建立一种基于对知识生产本身独有性质有正确认识的知识产品价值理论。

（二）服务劳动创造价值

服务劳动领域的外延，大体包括整个第三产业中除知识劳动以外的各个部门。服务生产领域的劳动者在提供特殊形态的使用价值时所耗费的体力、脑力也可以形成价值。理解服务劳动创造价值有一个理论上的难点，那就是马克思在阐述劳动价值理论时，提出了生产商品的抽象人类劳动物化为价值的重要论题，但是劳动"物化"概念的含义并不等同于劳动的"物质形态化"和"实体化"。马克思使用的"物化"概念的本质是"对象化"，劳动"物化"指的是商品生产中的抽象人类劳动的"对象化"，即"体现"、"依附"于某一"东西"或"对象"之中，从而使抽象人类劳动这一看不见、摸不着的生产关系或"社会规定性"体现于作为使用价值的一个劳动生产"物"或"对象"之中，并表现为这一个"物"或"对象"所拥有的价值规定性。

亚当·斯密在劳动价值理论上的局限性在于他将商品价值范畴限制在"固定化"、"实物化"、"耐久性"的产品和具体劳动形式中。他还未进一步地认识到形成商品价值的劳动是"无差别的抽象人类劳动"，是一个社会生产关系的范畴。

在考察商品使用价值时，马克思没有囿于物质固定化形态，还是将某些人类劳动活动的功能视为使用价值。例如，他认为劳动力商品的使用价值是劳动的价值增值功能。马克思还将使用价值区分为"实物形式"和"运动形式"两类。马克思提到"唱歌的使用价值"，他明确提出："服务有一定的使用价值（想像的和现实的）和一定的交换价值。"他说：服务业劳动者提供的随生随灭的服务业是一种"直接使用价值"。① 显然，马克思将劳动者生产出来的满足各种社会需要的多品类商品体的属性都作为使用价值。

（三）管理劳动创造价值

管理人员也是社会总体劳动工人的一部分，管理劳动是社会总体劳动的有机组成部分。集体劳动是人类生产劳动的一般形式。集体劳动从一开始就要求分工和协作，为组织和协调这种分工协作的管理活动即因此而生。管理劳动贯穿于包括计划、组织、经营、控制、监督、创新、决策、承担风险等一系列生产经营活动的全过程。特别是管理者从所有者那里获得经营权后，其潜在的作用及影响力就进一步凸显出来。管理劳动实际上是一种高投入、高产出、高风险的劳动，因此，从广义上看，管理者仍属于劳动者，只是他的劳动比一般劳动者的劳动具有更大的能动性、复杂性和创造性，对企业的影响也更为深远。马克思曾明确提到，当资本家在生产过程中作为劳动的管理者和指挥者出现时，这种劳动是增加产品价值的劳动。在现代生产中，管理劳动和其他生产劳动一样，是生产过程的劳动要素，管理劳动与直接生产工

① 《马克思恩格斯全集》，人民出版社，1976年版，第26卷，第147页。

人的劳动一起形成新的价值；更重要的是，管理者能够把分散的劳动者组织起来从事集体劳动，显然，管理劳动能比个体劳动创造出更多的价值，也更有效率。

三、价值创造与财富生产的关系

在市场经济体制下，社会财富主要表现为商品，从而具有价值。当代发达国家已经形成以服务、知识产品为主导，由物质生产部门、服务生产部门和知识生产部门组成的现代产业，现代国民财富结构也已经是以服务产品、知识产品为主要成分。

然而，价值创造与财富创造既有联系又有区别，既不能把两者绝对地对立起来，也不能简单地等同起来。商品是使用价值与价值的统一体，二者缺一不可。使用价值是价值的物质承担者，价值寓于使用价值之中；没有使用价值，也就没有价值。这种使用价值与价值相统一的社会产品即是财富，包括物质财富和精神财富。由于价值的创造不是孤立地进行的，而总是与财富的创造过程结合在一起的，离开一定的财富创造过程，也就说不上价值创造，于是人们往往就不注意把价值创造与财富创造区别开来，甚至把两者混为一谈。实际上，价值创造与财富创造并不完全是一回事。

从质的方面来讲，价值的创造只是同劳动有关，其实体是抽象劳动的凝结。而财富的创造则同包括劳动在内的各种生产要素有关，其实体是具有劳动能力的劳动者与其他生产要素相结合的产物。在财富的创造中，劳动、资本、土地、技术等都是不可或缺的。马克思在自己的著作中也肯定了各种生产要素在创造财富过程中的同等重要性，他说："劳动并不是它所生产的使用价值即物质财富的惟一源泉。正像威廉·配第所说，劳动是财富之父，土地是财富之母。"这里的土地是指自然物，我们可扩展理解为除劳动以外的如资本、技术和管理等其他生产要素或其他必要的生产条件。而这句话的含义就是只有劳动与其他生产要素相结合才能创造出财富来。劳动是财富价值的惟一源泉，却不是财富的惟一源泉。

再从量的方面来讲，价值量的增加与财富量的增加并不都是对应的；只有当社会（部门）劳动生产率不变时，随着劳动量的增加，价值量的增加和财富量的增加才是一致的。当社会（部门）劳动生产率提高时，情况就不一样了。随着劳动生产率的提高，一定时间内创造的财富量会成几倍、几十倍甚至上百倍地增加。在这个过程中价值总量不变，而单位产品（财富）中所包含的价值量反而会大幅地减少。这就是劳动生产率与使用价值量成正比，与单位产品价值量成反比的基本原理。为什么会这样呢？这就要进一步分析影响劳动生产率的具体因素。影响劳动生产率的因素有劳动者的熟练程度、科学技术的发展水平及其在生产中的应用程度、生产过程的社会结合（分工、协作、劳动组织、生产管理等）形式、生产资料的质量与效能、自然条件的优劣等。其中劳动者熟练程度、科学技术的发展水平及其在生产中的应用程度以及生产过程的社会结合形式都同科学技术有关，会创造更多的价值。而生产资料的质量与效能不论怎么高，都只是把原有的价值转移到新的产品中去而已，并不会创造新的价值。不过，高质量与高效能的生产资料与劳动结合却能创造更多的财富，自然条件也同样如此。这正是价值量增加与财富量增加并不对应的原因所在。

正确认识价值创造与财富生产的关系有着非常重要的理论和现实意义。我们知道，价值贡献是价值分配的基础。如果把价值贡献与价值分配割裂开来，就意味着可以脱离劳动价值论去谈论分配关系，这无疑将动摇劳动价值论在马克思主义政治经济学中的基础地位，也无助于深化对社会主义社会劳动和劳动价值的认识。正因为与经济利益的分配密切相关，关于劳动价值论的争论才变得如此激烈。

可见，虽然价值是由劳动创造的，但在价值形成和社会财富的积聚过程中，知识、管理、科技以及资本等各种生产要素都发挥了重要作用。所以，在分割所创造出来的价值时，允许生产要素参与收入分配，将有助于生产要素的合理配置和节约使用，激发生产要素的所有者配置资源的积极性，让一切创造社会财富的源泉充分涌流。因此，要把价值创造和财富生产有机结合起来，确立劳动、资本、技术和管理等生产要素参与分配的原则，完善社会主义市场经济条件下以按劳分配为主体、多种分配方式并存的分配制度。

思考题：

1. 自然经济是怎样发展成为商品经济的？
2. 怎样理解商品的二因素？
3. 货币的本质和职能是什么？
4. 什么是价值规律？其作用和表现形式有哪些？

◆第二章 资本与剩余价值

私有制商品经济的发展导致资本主义经济的产生。而资本主义的发展则把私有制商品经济推向了顶峰。在资本主义社会，不仅一切劳动产品都是商品，连人的劳动力也变成了商品。资本主义的生产，就是以劳动力的买卖为条件的。劳动力转化为商品，货币才能转化为资本。

第一节 货币转化为资本

一、资本总公式及其矛盾

简单商品经济是资本主义商品经济的历史起点。商品交换内在矛盾的发展引起了货币的出现。货币是资本的最初表现形式。如果从历史的角度看，在前资本主义社会就存在古老的资本形态——商人资本和高利贷资本。当然这些古老的资本形态和资本主义社会的资本是不同的，但是它们都是以货币资本形式出现的。在资本主义社会任何新出现的资本也是以货币形式出现在市场上的。资本家开办工厂，总是先用一定数量的货币到市场上购买机器、原料和劳动力等。就是说，任何资本家都必须掌握一定数量的货币才能进行资本主义的生产经营活动。所以，资本最初总是表现为一定数量的货币。但是，货币本身不是资本。作为商品流通媒介的货币与作为资本的货币是根本不同的，这种差别可以通过简单商品流通和资本流通运动过程的分析明显地表现出来。

简单商品流通的公式是：商品—货币—商品（$W—G—W$）；资本流通的公式是：货币—商品—货币（$G—W—G$）。可见，上述两种流通公式在形式上有明显的区别：商品流通公式在交换中的顺序是先卖后买，资本流通的顺序是先买后卖。其实在这种形式区别的背后，还隐藏着更深刻的本质差别。从两种流通公式的经济内容看，商品流通表现为价值量相等的两种不同商品相交换，是“为买而卖”，交换的目的是为了取得自己消费的使用价值，这就规定了商品流通的运动是极其有限的；相反，资本流通表现为资本家拿出货币购买商品，是为了下一步卖掉商品重新收回货币，是“为卖而买”，流通的目的是为了取得价值。但是，从资本流通公式看，处于两端的都是同一性质的货币，如果资本家垫支和收回的货币在数量上一样，这就成为毫无意义的行为。因此，资本流通的结果不仅要保持原有的价值，还必须取得更多的价值，即价值发生增值，这是资本流通的基本性质。这个性质规定了以价值增值为特征的资本运动是永无止境的。因此，准确的资本流通公式应是：$G—W—G'$，其中 $G' = G + \triangle G$，即原来预付的货币额 G 加上一个增值的货币额 $\triangle G$。马克思把这个增值的货币额叫做剩余价值。于是，货币在特殊的运动中发生了价值增值，就变成了资本。资本就是能够带来剩余价值的价值。所以，被当做商品流通媒介的货币，只是一般等价物，体现商品生产者之间的生产关系；而作为资本的货币能带来剩余价值，体现资本主义的生产关系。

G—W—G′ 这个公式乍看起来似乎仅仅是商业资本特有的运动形式，实际上它是资本运动的最一般的形式。因为这个公式表明了资本运动的最根本的特点：把一个价值额投入流通，为的是从流通中取出一个更大的价值额。这个公式的根本特点，适合于资本运动的各种具体形式。如产业资本的典型形式是 *G—W…P…W′—G′*，它虽然增加了一个生产过程，但丝毫不会改变资本运动的一般形式；生息资本运动的形式是 *G—G′*，它只不过把资本运动的一般形式简化为一种没有中介的结果，表现为一种简练的形式。资本运动的一般形式概括地表明了各种资本运动形式的实质都是为了攫取剩余价值。所以，马克思说：“ *G—W—G′* 事实上是直接在流通领域内表现出来的资本的总公式。”

再进一步分析就会发现，上述资本总公式包含着一个自身的矛盾，即资本总公式与价值规律的客观要求的矛盾。马克思指出：“货币羽化为资本的流通形式，是和前面阐明的所有关于商品、价值、货币和流通本身的性质的规律相矛盾的。”①按照价值规律的要求，流通中商品实行等价交换，交换的结果不会发生价值增值。然而资本总公式表明，资本流通的结果实际发生了货币增值，产生了剩余价值。

那么，剩余价值是从哪里产生的呢？资本总公式的矛盾将怎样解决呢？

有些资产阶级经济学家面对上述问题，曾经提出过剩余价值在流通中产生的说法，这显然是错误的。因为在流通中无论是等价交换还是不等价交换都不能产生剩余价值。在等价交换的情况下，所有商品都按照价值实行等价交换，剩余价值根本无从产生。在不等价交换的情况下，如果资本家都贱买贵卖，互相欺诈，其结果是他作为卖者在商品提价时赚的钱又会在作为买者时多支付出去。这样互相抵消，剩余价值的普遍存在也无从说明。即使有的资本家善于经营，只是贱买贵卖，那也只能改变商品总价值在不同资本家集团之间的分配，丝毫不能增加整个资本家阶级所占有的货币财富。而剩余价值正好表现为原价值的一个增值额，是新产生的社会财富。可见，在流通领域里，无论是等价交换，还是不等价交换，始终不能找到剩余价值产生的根源。“可见，无论怎样颠来倒去，结果都是一样。如果是等价物交换，不产生剩余价值；如果是非等价物交换，也不产生剩余价值。流通或商品交换不创造价值。”②

那么，剩余价值的产生是否可以完全离开流通领域呢？也不行。因为流通是商品所有者相互关系的总和，倘若离开流通，商品所有者不同其他商品所有者接触，就只能同他自己的商品发生关系。也就是说，资本家如果不把货币投入流通领域，既不买也不卖，而是把货币贮藏起来，那么无论贮藏多少年，也决不会产生出剩余价值。

因此，剩余价值的产生，货币转化为资本，既不在流通领域，但又不能离开流通领域，这就是解决资本总公式矛盾的先决条件。

二、劳动力转化为商品

在流通过程中，货币作为流通手段或支付手段，只代表一个既定的和不变的价值量。所

① 《马克思恩格斯全集》，人民出版社，1972 版，第 23 卷，第 177 页。

② 《马克思恩格斯全集》，人民出版社，1972 版，第 23 卷，第 186 页。

以货币的价值增值不可能发生在货币本身，同样也不可能发生在商品出卖这个环节上，它只能发生在资本家所购买的商品上。而根据价值规律，商品交换是等价交换，所购买商品的价值并不会自动增值，增值只能发生在商品的使用上。资本总公式的矛盾要在价值规律的客观要求内得到解决，资本家就必须用货币在市场上购买到一种特殊商品，而这种商品的特殊就在于对它的使用能够创造出比它的自身价值更大的价值。这种特殊商品就是劳动力。劳动力成为商品是货币转化为资本的根本条件。

劳动力是指人的劳动能力，是存在于劳动者身体之内并在劳动过程中运用的体力和脑力的总和。在任何社会里，人的这种劳动能力都是存在的，都是社会生产不可缺少的基本要素。但劳动力并不是一开始就是商品。劳动力成为商品，必须具备两个条件:1.劳动力的所有者有着完全的人身自由。这样他才能够像任何商品所有者那样，自由地出卖劳动力商品，并且在买卖中仅仅让渡这种商品的使用权，而保留着它的所有权，否则就是卖身为奴了。2.劳动力所有者除了劳动力商品以外，一无所有，既没有生产资料，也没有现存的生活资料，只有靠出卖自己的劳动力为生。

人类社会的历史证明，劳动力成为商品的两个基本条件，是在封建社会的末期，小商品生产者日益两极分化，最终沦落为无产者的历史过程中形成的。劳动力商品是一个历史的范畴。

劳动力作为商品，同一切其他商品一样，也有价值和使用价值。不过劳动力商品的价值和使用价值与其他商品的价值和使用价值比较，有其特殊性。

劳动力商品的价值也是由生产和再生产这种商品的社会必要劳动时间决定的。但是，劳动力是依存于人体之内的，要生产劳动力商品，就必须以劳动者的生存为前提;而劳动者的生存，又必须要有一定的生活资料来保证。因此，生产和再生产劳动力商品的社会必要劳动时间，可以还原为生产和再生产劳动者所必需的生活资料所需要的社会必要劳动时间。具体地讲，劳动力的价值应包括:维持劳动者自身生存所需要的生活资料的价值;劳动者抚养后代所必需的生活资料的价值，这是为资本主义生产不断补充新的劳动力所不可缺少的;劳动者掌握一定的生产技术所花费的教育和训练的费用。

此外，劳动力的价值还应包含历史的和道德的因素。所谓历史的和道德的因素，是指劳动者所在国家的社会经济文化水平、历史传统习惯以及自然条件等。在不同的国家，由于自然条件和历史条件的差异，纳入劳动者的物质生活和精神生活平均必需的生活资料的数量、质量和范围是不同的。即使在同一资本主义国家，在不同的经济发展时期，劳动者的物质、文化生活水平也是不同的。所以，劳动力的价值受到经济文化发展水平的制约，总是表现为一个变量。但是，这种变化是从一个较长的历史时期来看的，在一个国家的一定时期，劳动者必需的生活资料的数量和范围还是相对稳定的。

劳动力商品的使用价值具有其他商品根本没有的特殊性质。一般商品在被消费或使用时，随着它的使用价值的消费，它的价值也随之丧失或转移到新产品中去，不发生价值增值。而劳动力这种商品则不同，劳动力的使用或消费就是工人的劳动过程。劳动力在使用过程中，不仅能够创造自身价值，还能够创造出比自身价值更大的价值，其超出原有价值的那部分就是剩余价值。劳动力这种特殊的使用价值对于货币转化为资本具有决定性的意义，资本家购买劳动力商品，看中的也正是这种商品的特殊使用价值。

从表面上看，劳动力的买卖取决于买卖双方各自的自由意志。在这里，资本家是货币所有者，工人是劳动力所有者。一方愿买，一方愿卖，买卖双方作为自由的、法律上平等的人缔结契约，作为独立的商品所有者发生关系，实行等价交换。但是在实质上，一离开喧闹的劳动力市场，雇佣工人一进入生产领域，劳动力的使用价值归资本家所有，工人就只能在资本家的监督下，按照资本家的意志被迫为资本家生产剩余价值。资本主义生产的实质、资本主义剥削的秘密都包藏在这个生产过程之中。马克思十分形象地揭露说：一离开流通领域，"原来的货币所有者成了资本家，昂首前行；劳动力所有者成了他的工人，尾随于后。一个笑容满面，雄心勃勃；一个战战兢兢，畏缩不前，像在市场上出卖了自己的皮一样，只有一个前途——让人家来鞣。"①

第二节　剩余价值的生产过程

一、劳动过程和价值增值过程

劳动力商品被资本家购买以后，就离开流通领域进入生产过程。资本主义生产是以雇佣劳动为基础的商品生产，其生产过程具有两重性：一方面是生产使用价值的劳动过程，另一方面是生产剩余价值的价值增值过程。所以，资本主义生产过程是劳动过程与价值增值过程的统一。

任何社会的劳动过程都是劳动者通过有目的的活动，运用劳动手段，作用于劳动对象，改变自然界物质的性质和形态，创造出满足人们某种需要的使用价值的过程。但是，资本主义劳动过程的一切因素都属于资本家，劳动过程是资本家消费他所购买的劳动力的过程，因而具有以下两个重要特点：一是工人的劳动属于资本家，工人在资本家的监督下劳动；二是劳动产品全部归属于资本家。

在劳动过程中，资本家要工人生产某种使用价值。但是，生产使用价值并不是资本家的目的，他的目的是获得剩余价值。他所以要生产使用价值，是因为使用价值是价值和剩余价值的物质承担者。为了说明剩余价值是如何产生的，让我们首先把资本主义生产过程作为价值形成过程来考察。在生产过程中，劳动者用具体劳动改变劳动对象的物质形态，生产了商品的使用价值，并把生产资料的价值转移到商品中去；同时，劳动者的劳动作为抽象劳动，又形成商品的新价值。如果形成的新价值恰好等于资本家支付的劳动力价值，那么在商品价值中，就只有转移的生产资料价值和劳动者新创造的等于劳动力价值的新价值，而没有剩余价值。但是，资本主义生产的实质是剩余价值的生产，这种不赚钱的买卖资本家是断然不能接受的。

那么，价值形成过程是如何变成了剩余价值的生产过程呢？价值增值过程不外是超过一定点而延长了的价值形成过程。这个"一定点"就是雇佣工人的活劳动所创造的新价值等于劳动力本身的价值。所以，价值增值过程，就是超过劳动力价值的那部分新价值的形成过程。实际上，雇佣工人的劳动分为两部分：一部分是必要劳动时间，用于再生产劳动力的价值；另一部分是剩余劳动时间，用于无偿地为资本家生产剩余价值。因此，剩余价值就是雇

① 《马克思恩格斯全集》，人民出版社，1972版，第23卷，第200页。

佣工人所创造的并被资本家无偿占有的超过劳动力价值的那部分价值，它是雇佣工人在剩余劳动时间支出的剩余劳动的凝结。

例如，假定生产一双皮鞋消耗生产资料价值为12元，劳动力商品一天的价值是3元，制鞋工人一天劳动5小时所创造的价值也是3元，所生产的皮鞋是一双。这样，这双皮鞋的价值就是由转移的生产资料价值12元和工人新创造的价值3元形成的，共计15元。资本家按照价值出售这双皮鞋，得到的15元与其投入的资本价值相等，这只是价值形成过程。如果资本家迫使工人一天劳动10小时，生产两双皮鞋。这样，生产两双皮鞋花费的生产资料价值是24元，资本家支付的劳动力价值仍是3元，即资本家共垫付的资本价值是27元。但两双皮鞋的价值，包括转移的生产资料价值和工人一天劳动10小时新创造的价值6元，共30元。资本家按照价值出售这双皮鞋，就能获得3元剩余价值。这3元剩余价值是工人在一天劳动10小时中，除去补偿劳动力价值而必要的5小时之外的另外5小时剩余劳动时间里创造的。由此可见，资本家购买了劳动力这一特殊商品之后，在生产过程中，劳动力的使用创造了价值量大于劳动力价值的商品，资本家按商品价值出卖商品，不仅收回了资本价值，而且获得了剩余价值。货币转化为资本的过程，既在流通领域进行（资本家必须在流通领域购买到劳动力这一特殊商品），又不在流通领域进行（价值增值发生在使用劳动力的生产过程中）。全部过程都符合价值规律，即资本家购买或出售商品都是以价值为基础。整个过程的关键在于劳动力具有特殊的使用价值，它的使用能创造出大于自身价值的价值。

二、不变资本和可变资本

由上述分析可知，资本是带来剩余价值的价值，剩余价值是由雇佣工人的剩余劳动创造的。但是，资本的现象形态掩盖着它的本质。在现实生活中，资本总是表现为一定的物，如原材料、机器、厂房等，这使人们误以为这些物天然就是资本。这是把物的自然属性和物所体现的生产关系混同起来了。资本不能离开物而存在，正如价值不能脱离使用价值而存在一样。但是，生产资料等物成为资本，不是由它们的自然属性决定的，不是因为它们能用于生产一定的使用价值，而是由于它们是生产剩余价值的手段。货币转化为资本，关键是劳动力成为商品，资本只有通过剥削工人的剩余劳动，才能获得剩余价值。所以，在资本主义经济中，资本在本质上体现了资本家对雇佣工人的剥削关系。

资本家为了进行生产，就必须先垫付资本，一部分用于购买生产资料，另一部分用于购买劳动力。根据这两部分资本在剩余价值生产过程或价值增值过程中所起作用的不同，可以把它们区分为不变资本和可变资本。

不变资本是以生产资料的形式存在，它在生产过程中被消耗，生产出新产品。生产资料的价值是通过工人的具体劳动被转移到新产品中，其转移的价值量不会大于它原有的量。尽管转移的方式不同，有的是在一次生产过程中全部转移，有的是在多次生产过程中逐渐转移，但转移的总是生产资料原有的价值量。以生产资料形式存在的资本在生产过程中不改变自己的价值量，所以叫做不变资本（c）。

可变资本是用来购买劳动力的那部分资本。可变资本的价值在生产过程中不是转移到新产品中去，因为资本家购买劳动力支付的价值被工人用于购买生活资料，在生产过程以外消费掉了。劳动力的价值是由工人的劳动创造的新价值的一部分来补偿的。而劳动力在生产过程中发挥作用的结果，不仅再生产出劳动力的价值，而且生产出剩余价值。以劳动力形式存在的这部分资本价值，在生产过程中发生了量的变化，即发生了价值增值，所以叫做可变资本（v）。

马克思把资本区分为不变资本和可变资本具有重要的意义。第一，它进一步揭示了剩余价值产生的源泉。剩余价值不是由全部资本产生的，也不是由不变资本产生的，而是由可变资本产生的，即雇佣工人的剩余劳动是剩余价值产生的惟一源泉。第二，它为确定资本家对雇佣工人的剥削程度提供了科学依据，正确反映剥削程度的概念是剩余价值率。

三、剩余价值率

在资本主义生产过程中，资本家投入不变资本和可变资本（$c + v$）。经过生产过程，产生剩余价值（m），结果生产出价值为 $c + v + m$ 的产品。其中的剩余价值只是可变资本产生的。为表明资本家对工人的剥削程度，应用剩余价值（m）和可变资本（v）相比，这一比率即为剩余价值率（m'）。其表示方法有两种：

一种是物化劳动表示法：$m' = \frac{\text{剩余价值}}{\text{可变资本}} = \frac{m}{v}$。该公式表示在雇佣工人的劳动所创造的价值中，资本家和工人各占多少份额。

另一种是活劳动表示法：$m' = \frac{\text{剩余劳动时间}}{\text{必要劳动时间}}$。该公式表明，在工人的一个工作日的全部劳动时间中，有多大部分用于补偿劳动力的价值，多大部分用来无偿地给资本家生产剩余价值。剩余价值率的高低是决定资本家获得剩余价值量多少的一个重要因素，另外一个因素是雇佣工人数量或可变资本总量的多少。如果资本家雇佣工人总数是一定的，则剩余价值率越高，他获得的剩余价值量也越多。用 M 代表剩余价值量、V 代表可变资本总量，则 $M = m/v \times V = m' \times V$。可见，资本家要获得更多的剩余价值，一般可以通过两条途径：提高对工人的剥削程度和增加可变资本总量。

根据国内外一些学者对美国制造业剩余价值率历史变动趋势的研究，在比较长的时间跨度内，剩余价值率表现出增长的趋势。相关资料表明，1950 年美国制造业的剩余价值率为 111%，1960 年为 122%，1970 年为 141%，1980 年为 161%。另据有的学者估算，1989 年美国制造业的剩余价值率已上升至 209%。① 这说明，在资本主义的长期发展中，资本家对工人的剥削程度是持续提高的。但是，剩余价值率的提高不是直线的而是波动的。从一定时期看，剩余价值率可能基本不变，也可能下降。造成剩余价值率波动的因素很多，其中一个重要的因素是失业率的变动。一般说来，失业率较低的时期才出现剩余价值率下降的现象。因为，在繁荣时期，对劳动力的需求增大，失业率下降，在新增价值（$v + m$）中，工人的实际所得（v）增长，归资本家占有的剩余价值（m）所占的比重相应下降。我国一位经济学家指出：

---

① 黄素庵等：《重评当代资本主义经济》，世界知识出版社，1996 年版，第 211 页。

“失业率与剩余价值率变动相互联系的一般机制显然是:工资增长率与失业率变动的一定程度的负相关，剩余价值率与工资增长率的一定程度的负相关。”①

第三节 生产剩余价值的方法

一、绝对剩余价值生产

资本家剥削工人的具体方法是多种多样的，但概括起来有两种基本方法:绝对剩余价值生产和相对剩余价值生产。

资本主义制度下工人的工作日分为两部分:必要劳动时间和剩余劳动时间。在必要劳动时间一定的条件下，工作日越长，剩余劳动时间也就越长，资本家从工人身上榨取的剩余价值也就越多，从而剩余价值率也就越高。

例如，工人的工作日为8小时，其中必要劳动时间为4小时，剩余劳动时间也是4小时，剩余价值率为100%。如果工作日延长到10小时，必要劳动时间不变，剩余劳动时间就变为6小时，剩余价值率则随之变为150%。这种依靠绝对延长工作日而生产的剩余价值叫做绝对剩余价值。

此外，资本家还用提高工人劳动强度的方法来榨取更多的剩余价值。这种方法从表面上看，虽然工作日没有延长，但是工人在一个工作日中支出了更多的劳动量，这实际上和延长工作日的效果是一样的。因此，个别企业由于提高劳动强度而生产的剩余价值也属于绝对剩余价值。

资本家之所以能采用延长工作日的方法来提高对工人的剥削程度，是因为工作日是一个可变量，它可以在一定的限度内变动。但工作日的最低界限必须在必要劳动时间以上，否则资本家就得不到剩余价值，资本主义生产也就不存在了。工作日的最高界限由两个因素决定。1. 生理的因素。工人不可能在一昼夜的24小时之内全部从事劳动，必须有一定的时间来满足生理上的需要，如吃饭、休息、睡眠等等。2. 社会道德的因素。除了生理的需要以外，工人还要有一定的时间用于满足精神文化生活和社会活动的需要，这些需要是由一定的社会文化状况所决定的。由于上述两个因素都具有相当大的伸缩性，资本家就有可能用延长工人工作日的方法来加重剥削。

既然工作日的长度有伸缩性，因此，工作日的实际长度取决于资产阶级和无产阶级之间的力量对比和斗争。

在资本主义发展的历史上，资产阶级不仅依靠经济的强制，而且还依靠国家的暴力，把工作日延长到惊人的程度。在18世纪后期到19世纪前期，英国工人的工作日长达12~16小时，甚至更长。旧中国工人的工作日之长更是世界上少有的，一般的是12小时，有的达到17~18小时，甚至20小时。工作日的过度延长，给工人阶级带来严重后果，直接危害着他们的生存，激起了他们的强烈反抗。工人阶级为争取缩短工作日，进行了长期斗争。这一斗争在18世纪末到19世纪初首先始于英国。英国工人阶级经过半个世纪的斗争，才迫使资产阶级政府颁布了一些工厂法，把工作日限定为12小时或10小时。继英国之后，其他各资本主

① 高峰:《资本积累理论与现代资本主义》，南开大学出版社，1991年版，第323页。

义国家的工人阶级，广泛开展了争取正常工作日的斗争。美国工人阶级于1866年3月召开的美国工人代表大会上，第一次提出了争取8小时工作日的要求，这一要求得到各国工人阶级的热烈响应。1886年5月1日，美国工人阶级举行了有40多万人参加的，以争取8小时工作日为斗争目标的总罢工，遭到美国政府的血腥镇压。1889年7月，在法国巴黎召开的国际社会主义工人代表大会上，为纪念美国工人的罢工斗争，通过了将5月1日作为"国际劳动节"的决议。直到第一次世界大战(1914－1918年)以后，在国际工人运动蓬勃发展的形势下，一些资本主义国家才被迫实行了"八小时工作制"。中国工人阶级为争取正常工作日，也进行了长期斗争。1922年，在中国共产党领导下，于广州召开的第一次全国劳动大会通过了争取8小时工作日的决议，以后党一直把争取"八小时工作制"作为我国民主革命的一项重要内容。

二、相对剩余价值生产

延长工作日要受到工作日界限的限制，而且遭到工人阶级的反抗。在工作日既定的条件下，资本家为了提高剥削程度，就需要改变工作日中必要劳动时间和剩余劳动时间的比例，缩短必要劳动时间以延长剩余劳动时间。例如，工作日长度为8小时，必要劳动时间为4小时，剩余劳动时间为4小时，则剩余价值率为100%。假定工作日长度不变，必要劳动时间缩短为2小时，剩余劳动时间就相应延长为6小时，剩余价值率就变为300%，从而剥削程度提高了2倍。这种由于缩短必要劳动时间，相应延长剩余劳动时间而生产的剩余价值叫做相对剩余价值。

相对剩余价值是怎样生产的呢?

为了生产相对剩余价值，必须缩短必要劳动时间。必要劳动时间是再生产劳动力价值的时间，要缩短必要劳动时间就要降低劳动力的价值。我们知道，劳动力价值由维持工人及其家属生活所必需的生活资料的价值所构成，这些生活资料的价值和生产它的劳动生产率成反比。要降低生活资料的价值必须提高这些生产部门的劳动生产率。同时，生活资料的价值中包括转移的生产资料价值，这些生产资料生产部门的劳动生产率提高了，也会降低生活资料的价值。因此，相对剩余价值的生产，是由于社会劳动生产率的提高，从而降低了劳动力的价值，缩短了必要劳动时间，相应延长了剩余劳动时间的结果。

在现实的经济过程中，劳动生产率的提高总是从个别企业开始的。个别资本家提高企业的劳动生产率的直接动机，并不是降低劳动力的价值，而是追求超额剩余价值。个别企业采用新技术，提高了劳动生产率，就可以缩减生产商品的个别劳动时间，使商品的个别价值低于社会价值。但在销售商品时，仍然按照社会价值出卖。于是，个别企业的资本家就会比其他资本家获得更多的剩余价值。个别资本家由于提高企业的劳动生产率，使自己生产的商品的个别价值低于社会价值而多得的一部分剩余价值，叫做超额剩余价值。

假定皮鞋工业部门一个工人每天劳动8小时，生产皮鞋2双，消耗的生产资料价值16元，工人劳动一天创造的新价值为8元。这样，2双皮鞋的价值为24元，每双皮鞋的社会价值为12元。如果某个皮鞋厂的劳动生产率提高1倍，工人劳动8小时可以生产皮鞋4双，消耗的生产资料价值为32元，工人劳动一天创造的新价值仍为8元。这样，4双皮鞋的价值总计为40元，每双皮鞋的个别价值为10元。但出卖皮鞋时，仍按原来的社会价值每双12元销售，这个皮鞋厂的资本家就可以从每双皮鞋中获得超额剩余价值2元，4双皮鞋共可获得超额剩余价值8元。

超额剩余价值的源泉也是工人的剩余劳动。它的产生不是由于商品的价格高于价值，而是由于工人在同样的劳动时间中创造了更多的价值。个别企业改进了生产技术，提高了劳动生产率，工人的劳动等于加强的劳动。“生产力特别高的劳动起了自乘的劳动的作用，或者说，在同样的时间内，它所创造的价值比同种社会平均劳动要多。”①从而在相同的时间内，它所创造的剩余价值也比一般企业多，这多创造的剩余价值就是超额剩余价值。

超额剩余价值是个别资本家获得的，而且是暂时的。因为，所有资本家都在努力改进自己的生产条件，以期获得超额剩余价值。个别企业的先进技术必然逐渐普及，会使整个生产部门的技术水平和劳动生产率得到提高。当先进的生产条件成为一般的生产条件后，便导致商品的社会价值下降，个别价值和社会价值之间的差额消失，原来的个别技术先进的企业就不能继续获得超额剩余价值。但由于社会劳动生产率的普遍提高，引起工人所必需的生活资料的价值下降，从而劳动力的价值下降了。于是，工人的必要劳动时间便缩短，剩余劳动时间则相应地延长。结果是，虽然超额剩余价值在个别资本家那里消失，但整个资本家阶级却普遍获得了相对剩余价值。可见，追求超额剩余价值，是各个个别资本主义企业改进生产技术、提高劳动生产率的直接动机，而各个资本主义企业竞相追求超额剩余价值的结果，却是相对剩余价值的形成。

相对剩余价值的生产过程，进一步暴露了资本主义生产方式的对抗性矛盾。在资本主义制度下，资本家发展生产力的目的，不是为了减轻工人的劳动，而是为了获得更多的剩余价值。生产力发展的结果是延长了剩余劳动时间，因此，生产力提高的后果反而是加重了劳动者被剥削的程度，提高了生产剩余价值的效力。

三、绝对剩余价值生产和相对剩余价值生产的相互关系

资本家提高剥削程度的两种基本方法既有区别又有联系。两者的联系在于，首先，从资本对雇佣劳动的剥削来看，这两种方法是一致的。无论是绝对剩余价值生产还是相对剩余价值生产，都延长了工人的剩余劳动时间，增加了资本家无偿占有的剩余价值量。其次，绝对剩余价值生产是资本主义剥削的一般基础，也是相对剩余价值生产的起点。资本主义剥削在任何时候都必须将工人的劳动时间绝对地延长到必要劳动时间以上，否则就不可能生产剩余价值。而相对剩余价值的生产，则是以工作日已经分为必要劳动时间和剩余劳动时间为前提的，由此来进一步缩短必要劳动时间，相应地延长剩余劳动时间，从而生产出相对剩余价值。

两者的区别在于，两种方法的物质技术基础不同，在资本主义发展的不同阶段上起着不同的作用。在资本主义生产的初期，由于生产工具和生产技术没有重大变化，生产力发展比较缓慢，绝对剩余价值生产是资本主义加重剥削的主要方法。随着资本主义的发展，科学技术在生产中广泛应用，生产力逐步提高，从而相对剩余价值生产日益成为资本家加强对工人剥削的主要方法。当然，这两种方法并不是截然分开的。在资本主义的现实生产过程中，这两种方法是相互结合、互为补充的。

---

① 《马克思恩格斯全集》，中文1版，第23卷，第354页。

四、生产自动化条件下剩余价值的源泉

第二次世界大战后，特别是进入20世纪70年代，以电子、激光、航天和生物工程为中心的科学技术革命兴起，一些发达资本主义国家的生产过程自动化程度有了很大的提高，甚至已经出现了“无人车间”和“无人工厂”。那些使用机器人从而生产自动化程度较高的工厂企业，直接在生产第一线从事劳动的工人大大地减少，但资本家得到的剩余价值不仅不减少，反而急剧地增长。一些资产阶级经济学家正是抓住这一现象宣扬机器人创造价值和利润，并以此攻击马克思主义的劳动价值论和剩余价值论。

其实，无论在何种情况下，自动化设备和机器人都不能创造价值和剩余价值。剩余价值的源泉仍然是雇佣工人的剩余劳动。这是因为：

1. 价值是人类一般劳动的凝结，离开了人的活劳动，其他任何要素都不能创造价值。再先进、再灵巧的机器人毕竟是机器，是生产过程中物的因素，属于生产资料的范畴，必须有人对它进行操作，所谓“无人车间”和“无人工厂”只是人对机器的操作形式不同罢了。即使最先进的机器人，仍然需要由人来编制运行程序、输入信息和调节信号、输入能源，才能运转，否则也只是一堆物料。机器人同其他机器设备参加生产过程所起的作用是完全一样的。在资本的构成中，机器人和其他机器设备一样都是不变资本，它们在生产过程中只能比例于它们的磨损程度把自身的价值转移到新产品上，而价值转移本身不增加任何新的价值。自动化设备和机器人不能创造价值，当然也就不可能创造剩余价值。价值和剩余价值的惟一源泉只能是工人的活劳动。

2. 使用自动化设备和机器人的资本家获得的剩余价值，来源于“总体工人”的剩余劳动。随着生产社会化的发展，生产过程具有更加广泛的、复杂的协作性质，一件产品的完成，是经过一系列的工序和很多工人协作的结果，产品成为“总体工人”或“结合劳动人员”的劳动成果。马克思说：“为了从事生产劳动，现在不一定要亲自动手；只要成为总体工人的一个器官，完成他所属的某一种职能就够了。”“总体工人”不仅包括在生产第一线直接操纵机器设备进行劳动的工人，而且包括从事技术工作和一般管理工作的工程技术人员和管理人员；既包括体力劳动者，也包括脑力劳动者，他们共同参与价值和剩余价值的创造。那些自动化程度较高、使用机器人的企业，虽然直接在第一线劳动的工人减少了，但从事其他协作劳动的人员，如编制自动化设备运行程序、输入信息以及维修保养等技术人员和管理人员都增加了，他们同在生产第一线劳动的工人一起，创造价值和剩余价值。

3. 使用自动化设备和“机器人”的资本家，比没有使用这些设备的资本家获得更多的剩余价值，是由于前者的总体工人的劳动生产率高于平均水平的劳动生产率，劳动复杂程度也比较高，从而创造出更多的价值和剩余价值。当前，在发达的资本主义国家，率先使用自动化设备和“机器人”的工厂企业，由于采用先进技术而使工人具有比平均水平更高的劳动生产率，这就使它们所生产的商品的个别价值低于社会价值，从而获得超额剩余价值。使用自动化设备和机器人的工人的劳动，在同行业中是劳动生产率与劳动复杂程度较高的劳动，所以，他们在同一时间里，要比同行业其他具有平均水平劳动生产率与劳动复杂程度的工人创造的价值和剩余价值更多。

4. 使用自动化设备和机器人的资本家获得的更多的剩余价值中，有一部分是由其他生产部门工人创造的剩余价值转移过来的。因为使用自动化设备和机器人的生产部门，它们的资

本有机构成比较高，在剩余价值率一定的条件下，同量资本获得的剩余价值量就比较少。但是，由于后面第七章第一节将要讲到的部门之间的竞争形成了平均利润率，从而使一部分剩余价值，从资本有机构成低的部门转移到资本有机构成高的使用自动化设备和机器人的部门中来。

五、剩余价值规律是资本主义的基本经济规律

资本主义的基本经济规律是剩余价值规律。剩余价值规律的内容，就是通过不断扩大和加重对雇佣劳动的剥削来达到获取尽可能多的剩余价值的目的。资本主义生产的目的是由资本主义私有制决定的。如前所述，这种所有制的特点在于，生产资料被资本家占有，劳动者除了劳动力外，一无所有。生产资料和劳动者的结合是通过资本家购买劳动力来实现的，在生产过程中，二者都是作为资本的要素在起作用，因而资本主义的生产目的必然是为了获取剩余价值。正如马克思所说："资本主义生产——实质上就是剩余价值的生产，就是剩余劳动的吸取"。"生产剩余价值或赚钱，是这个生产方式的绝对规律。"

剩余价值规律表明了资本主义生产的实质是资本家剥削工人创造的剩余价值。在资本主义生产方式中，只有生产剩余价值的劳动，才被资本家认为是有意义的。劳动者只是生产剩余价值的工具，他们的个人消费，只有在保证生产剩余价值的限度内，才是资本主义所需要的。对剩余价值的追求是资本主义生产发展的动力。

剩余价值规律决定着资本主义生产的一切主要方面和主要过程，支配着资本主义生产总过程的生产、分配、交换和消费的各个环节，决定着资本主义生产的高涨和危机，决定着资本主义生产方式的产生、发展和灭亡，决定着资本主义矛盾的全部发展过程。所以，剩余价值规律是资本主义的基本经济规律。只有掌握了这个规律，才能了解和说明资本主义制度的本质和它的一切复杂现象。

剩余价值学说是马克思的伟大发现，这一发现实现了政治经济学的革命，揭露了资本主义剥削的秘密，为理解资本主义制度的本质提供了一把钥匙。剩余价值学说是无产阶级争取解放和进行革命斗争的强大思想武器，在马克思主义经济理论中占有极为重要的地位。列宁明确指出："剩余价值学说是马克思经济理论的基石。"①

第四节　资本主义工资

在资本主义条件下，工人为资本家劳动，资本家则支付工人工资。表面上看，工人劳动一天，资本家付给一天的工资；劳动一个月付给一个月的工资；或者按照工人生产的合格产品的数量付给工资。这就造成一种假象，好像工人出卖给资本家的是劳动，而不是劳动力，工资被看做是工人全部劳动的报酬，这种假象掩盖了剩余价值的真正来源和资本主义的剥削关系。因此，揭示资本主义制度下工资的实质，对剩余价值理论的确立意义重大。

---

① 《列宁全集》，人民出版社，1990年中文2版，第23卷，第46页。

一、资本主义工资的本质

资本主义工资是劳动力价值或价格的转化形式，它体现了资本家剥削雇佣工人的关系，这就是资本主义工资的本质。但在资本主义社会，工资却以“劳动的价格”表现出来，资本家根据工人的劳动时间支付工资，表面上，似乎工人的全部劳动都得到了报酬。实际上，在工人与资本家的交换中，工人出卖的是劳动力而不是劳动，资本家支付的工资是劳动力的价格而不是劳动的价格。劳动不是商品，没有价值或价格。原因如下。

第一，劳动没有价值，也没有价格。由于商品的价值是人类的一般劳动，劳动是形成价值的源泉和衡量价值量大小的内在尺度。如果劳动是商品，必然有价值，这等于说，劳动的价值是由劳动决定的。显然，这是毫无意义的同义重复。

第二，劳动在交换时并不存在。任何商品在出卖前必须独立存在。当工人与资本家进行交换时，劳动并没有开始，工人不可能拿不存在的东西来出卖。成交之后，工人的劳动和劳动产品都属于资本家，而不属于工人，工人不可能拿资本家的东西卖给资本家。

第三，劳动如果是商品，有悖于价值规律和剩余价值规律。因为，如果劳动是商品，按等价交换，资本家付给工人的工资就是工人全部劳动的报酬，资本家就得不到剩余价值，资本主义生产就不复存在；如果按不等价交换，资本家用较少的物化劳动换取工人较多的活劳动，这违背了价值规律的等价交换原则。

资本主义工资在现象上表现为劳动的价值或价格，是由资本主义生产关系决定的。从资本与劳动的交换关系来看，劳动力的买卖与其他商品的买卖一样，买者支付货币，卖者付出一种与货币不同的商品。此时，人们所关注的是交换时应遵循的对等原则，至于买卖的这个商品是劳动还是劳动力，一般人不会去深究。从工资的支付形式来看，资本家通常情况下是在工人劳动以后才支付工资，这也使得工资被看做是劳动的价值或价格。从工人的角度来看，由于劳动是工人谋取生活资料的手段，因而工人很容易把他出卖劳动力所得的工资看成是劳动所得。从资本家的角度来看，他总是希望以尽可能少的货币换取尽量多的劳动，以便获取利润。实际上，这个利润是劳动力价值和劳动力的使用所创造的价值之间的差额。但是，这个差额表现为资本家购买商品和销售商品的差价，因而资本家就把低价购买和高价卖出看做是利润的源泉，把工资说成是劳动的价值或价格。从工资的实际运动来看，一方面，工人劳动的时间越长所得工资越多；另一方面，劳动熟练程度不同的工人所得到的工资也不同，这也容易使人们误认为工资是劳动的价值或价格。

在资本主义制度下，由于劳动力的价值或价格转化为工资，这就掩盖了工人的必要劳动和剩余劳动、有酬劳动和无酬劳动之间的区别和对立，从而掩盖了资本家对工人的剥削。马克思对资本主义工资本质的揭示，使剩余价值学说得以最终确立起来。

二、资本主义工资的形式

资本主义制度下的工资形式多种多样，但基本形式有两种：计时工资和计件工资。

计时工资是按工人的劳动时间支付的工资，如月工资、周工资、日工资等。实行计时工资制对资本家十分有利。资本家可以根据自己的实际需要和经营状况，时而延长工作日时而缩短工作日；并可以在不降低甚至在提高工资额的情况下，采取延长劳动时间和提高劳动强度的办法来变相压低工人的计时工资，降低劳动的价格。随着资本主义的发展，工资的时间单位呈现出缩短的趋势。"二战"以后，许多发达国家普遍采用小时工资制，并在此条件下缩短工作日。这既有利于资本家提高劳动强度，在单位时间内榨取工人更多的剩余价值，又有利于在工人处于半失业的状态下，使更多的人就业，从而避免因失业人口过多所引起的麻烦。

计件工资是按工人生产的产品数量或完成的工作量支付的工资。计件工资是在计时工资的基础上转化而来，具有更大的欺骗性，从而更有利于资本家加强对工人的剥削。因为，资本家往往把只有身强力壮和技术熟练的工人所能完成的产品数量，作为确定计件工资单价的标准，迫使工人提高劳动强度。同时，计件工资还迫使工人不得不拼命干活，"自动"延长工作日。此外，在实行计件工资的条件下，工人劳动的质量、数量以及强度是由产品来控制的，这使资本家节约了雇用监工等监督工人劳动的成本。

随着科学技术的进步和资本主义的发展，在计时工资和计件工资两种基本形式的基础上，出现了"血汗工资制度"。这种工资形式的特点是通过科学的"操作研究"，将工人的劳动强度提高到极限，以加强对工人的剥削。这种工资形式中最具代表性的是"泰罗制"和"福特制"。"泰罗制"是由美国工程师弗雷德里克·泰罗发明的。他用摄影机将技术最好的工人的操作过程记录下来，一分一秒加以分析，去掉多余的动作，制定出效率最高的劳动方法，并以此作为决定产量定额的标准，定出不同的工资等级。据泰罗自己说，在这种工资制度下，工人工资虽然较原来增加了63%，但劳动强度却提高了270%，工人减少了2/3，资本家的支出则减少了1/2。"福特制"是由美国汽车大王亨利·福特首先在自己的工厂中推行的。这种制度是以自动化生产线为技术条件，通过提高流水线的运转速度，来提高和控制工人的劳动强度。"血汗工资制度"说明，在资本主义社会里，科学技术的进步意味着榨取工人血汗的艺术的进步。

此外，在资本主义社会里，还有许多工资的派生形式，如奖金、津贴、分红利、优先持股等。所有这些，就其本质上讲，无非是劳动力价值的转化形式。资本家之所以这样做，目的在于除了刺激工人更加卖力干活外，还企图在工人中间制造一种错觉，似乎企业的利益与工人的利益不是对立的，而是一致的。

三、名义工资和实际工资

名义工资是指工人出卖劳动力所得到的货币数量，也称货币工资。

实际工资是指工人用货币工资所能实际购到的生活资料和服务的数量。

名义工资和实际工资有着密切联系。在其他条件不变的情况下，二者的变动是一致的，即名义工资越高，实际工资也就越高，反之亦然。但二者也常常不一致，即名义工资不变甚至提高，实际工资却可能下降。因为，实际工资的高低不仅取决于名义工资的高低，同时还取决于物价水平、税收负担、住房租金和医疗费用的高低等多种因素。

在资本主义社会，名义工资和实际工资背离的现象是经常发生的。产生这种现象的主要因素是消费品和服务的价格总水平。名义工资、实际工资、价格水平三者之间的关系如下。

$$\text{实际工资}\downarrow = \frac{\text{名义工资}\rightarrow}{\text{价格水平}\uparrow} \tag{1}$$

$$\text{实际工资}\downarrow = \frac{\text{名义工资}\uparrow}{\text{价格水平}\uparrow\uparrow} \tag{2}$$

$$\text{实际工资}\uparrow = \frac{\text{名义工资}\uparrow\uparrow}{\text{价格水平}\uparrow} \tag{3}$$

式(1)表明，名义工资不变，生活资料价格上涨，实际工资必然下降；式(2)表明，名义工资增加，但生活资料价格上涨幅度更大，实际工资仍然减少；式(3)说明，只有在名义工资增长的幅度大于生活资料价格上涨的幅度时，实际工资才会增长，但增长的幅度仍小于名义工资增长的幅度。

从资本主义工资水平的变动趋势来看，名义工资和实际工资均呈上升趋势，但名义工资的增长要快于实际工资的增长。

四、工资的国民差异

工资的国民差异是指不同国家的工资水平存在着差异。由于工资是劳动力的价值或价格，因此，凡是影响劳动力价值的各种因素，都会影响到工资水平。不同国家和同一国家的不同发展阶段，影响劳动力价值的因素不完全相同，因而其工资水平也不相同。一般来说，工资水平的差异，主要是由各国生产力发展水平、劳动生产率、文化发展水平以及生活习惯等多种因素决定的。

在如何看待发达资本主义国家较高的工资水平时，应把握以下几点：一是实际工资大大低于名义工资，伴随着高工资的是高物价和高税负；二是工资在国民收入中所占份额呈下降趋势；三是工人的劳动熟练程度和劳动强度普遍提高。

第五节　当代资本主义剥削形式和劳资关系的变化

第二次世界大战后，随着新科技革命的发展，生产社会化程度的提高，特别是无产阶级与资产阶级之间矛盾的加深，发达资本主义国家的垄断资产阶级，为了发展资本主义经济，获取更多的剩余价值，在不触动其统治地位和资本主义私有制的前提下，对资本主义的剥削形式和劳资关系进行了局部调整，采取了一些隐蔽的措施。但这些措施并未改变资本主义剥削关系的本质，资产阶级却由此获得了更多的剩余价值。

一、推行“资本民主化”

第二次世界大战之后，发达资本主义国家的垄断资产阶级所控制的股份公司，通过发行小额股票来吸收社会游资，使一般劳动者也可以购买小额股票，或者在股份公司内部推行“职工股票计划”，奖励职工购买本公司的股票，有的甚至把本公司的股票作为奖金发给职工。资产阶级及其学者借此大肆宣扬资本主义社会已经实行了“资本民主化”，消灭了资本家与劳动者的界限，二者是企业的共同所有者，资本主义已经转变为“人民资本主义”等。

实际上，资本主义企业发行小额股票，实行股权分散，不过是垄断资本家强化对劳动者的控制，增强资本实力的一种手段。

第一，发行小额股票，无非是将劳动人民手中的少量货币积蓄集中起来由资本家所支配，这有利于资产阶级利用社会闲散资金，广泛筹集资本，扩大其股份公司的经营规模，而股份公司的所有权和控制权仍被少数垄断资本家所掌握，并不因发行小额股票而有实质性的改变，从而增强了资本家获取剩余价值的实力。

第二，垄断企业中的职工购买或获得股份公司的小额股票，表面上似乎与资本家有了

“共同的”利益，造成“劳资一家”的假象，起到掩盖资本主义剥削本质的作用，并在一定程度上缓解了不断加深的劳资矛盾，有利于资本家利用职工与企业“共命运”的心理，使职工产生归属感，以调动其积极性，增加剩余价值的生产。

第三，劳动者购买或获得小额股票，并取得少量股息和红利收入，其数量微不足道，他们的主要收入还是依靠出卖劳动力所得的工资。购买或获得小额股票，丝毫不会改变劳动者所处的被剥削的雇佣劳动者地位，更不可能使他们成为资本主义私有制的资产所有者。

二、实行“管理民主化”

第二次世界大战之后，发达资本主义国家的企业中逐步推行“管理民主化”。所谓“管理民主化”就是在企业中吸收职工参与企业的经营管理。“管理民主化”的具体做法多种多样，其主要形式有：一是吸收职工参与企业的经营管理决策，在企业的董事会、监事会等决策机构中有职工代表参加；二是由职工组成企业管理委员会，参与企业的日常管理活动；三是实行职工合理建议制度，对职工的建议进行研究、采纳，并对建议者给予一定奖励；四是开展职工广泛参与的质量管理活动，等等。垄断资产阶级及其学者竭力宣扬“管理民主化”，把它美化为资本主义企业的职工已经成为企业管理的主人。

“管理民主化”的出现，其深层的经济原因在于，社会化大生产要求直接生产者参加企业的管理，特别是第二次世界大战之后，随着科学技术的大发展，脑力劳动在生产经营中的作用日益提高，职工的生产积极性成为影响企业生产效率的主要因素。而“管理民主化”正是调动和激励企业职工主动性和创造性的一种有效形式，它是在资本主义生产关系范围内所采取的有利于加强企业经营管理，提高产品质量，增强企业竞争力，降低产品成本，从而增加剩余价值生产的一种措施。同时，推行“管理民主化”有利于调节企业内部的劳资关系，吸收职工参加企业管理，可以起到缓解劳资矛盾的作用。而且还应看到，职工参加企业管理，也是工人阶级长期斗争的结果。工人阶级通过自身的斗争，反对资本家长期实行的残酷压榨制度，取得一些参与企业管理的“权力”。

“管理民主化”在一定程度上调动了企业职工的积极性，使劳动条件得到某些改善。但是职工参加企业管理的权力毕竟是有限的，企业的经营管理实权仍然掌握在垄断资本家及其代表手中。“管理民主化”并没有也不可能改变职工作为雇佣劳动者被剥削的地位，它实际上是垄断资产阶级所采取的一种更隐蔽、更巧妙的增加剩余价值生产的方法。

三、缩短劳动日

第二次世界大战之后，主要发达资本主义国家普遍缩短了工人的劳动时间，大多实行每周5个劳动日，每个劳动日工作8小时或少于8小时，即每周工作时间为40小时或不足40小时。工人劳动时间的缩短，其主要原因是：

第一，第二次世界大战后，科学技术的发展及其在生产上的广泛应用，普遍提高了社会劳动生产率，劳动日即使有所缩短，并不影响企业产量和收益的增长。这就是说，科学技术的发展为缩短劳动日创造了物质条件。

第二，科学技术的发展和生产的机械化、自动化程度的提高，需要高素质的劳动者进行更多的脑力劳动，掌握更高的生产技术，因而客观上需要通过缩短劳动日，以增加劳动力再生产所需要的较多学习和训练时间。

第三，第二次世界大战后发达资本主义国家频繁爆发经济危机，企业普遍开工不足，工人失业严重。在这种情况下，资本家往往在采取小时工资制的同时，缩短工人的劳动日，这既有利于减少企业的工资支出，又可以适当增加就业人数，缓解因失业所引起的社会动荡。

第四，劳动日的缩短是工人阶级进行长期斗争的结果，也是垄断资产阶级为改善劳资关系而采取的一种措施。

第二次世界大战之后，伴随着工人劳动时间的缩短，资本家的剩余价值率却大幅度的提高，这是因为劳动时间的缩短是在科技进步和社会劳动生产率普遍提高的前提下实现的，而社会劳动生产率的提高必然导致劳动力价值的下降，工人的必要劳动时间缩短，剩余劳动时间相对延长，从而大大地增加了资本家所得的相对剩余价值。此外，资本家在缩短工人劳动日的同时，又在有限的劳动时间内，要求工人更紧张的工作，使劳动强度显著增加，这就进一步地提高了对工人的剥削程度。因此，缩短工人的劳动日成为垄断资产阶级提高剥削程度、获取更多剩余价值的一种隐蔽形式。

除以上措施外，资本主义还实行各种社会福利保险制度，从而在国家层面上缓和资产阶级和无产阶级之间的矛盾，以维护资本主义剥削制度和资产阶级的统治地位。

思考题：

1. 货币转化为资本的前提是什么？
2. 剩余价值是怎样生产出来的？
3. 资本的本质是什么？
4. 名义工资与实际工资的关系是怎样的？

◆第三章
资本的积累及其历史趋势

只有充分认识资本积累的本质与原因，并在此基础上把握资本有机构成理论和相对过剩人口理论，认识随着资本积累的发展出现的资本有机构成提高的趋势与个别资本增大的形式，才能更好地理解资本积累的一般规律和资本主义积累的历史趋势。

第一节　资本主义再生产和资本积累

一、资本主义简单再生产

人类为了生存，必须进行物质资料生产活动。一个社会不能停止消费，因而也就不能停止生产。"任何一个社会，如果不是不断地把它的一部分产品再转化为生产资料或新生产的要素，就不能不断地生产……"①所以，社会生产必须周而复始、连续不断地进行。每一个社会生产过程作为不断重复更新的过程，同时也是再生产过程。再生产就是连续不断重复进行的社会生产。

社会再生产是物质资料再生产和生产关系再生产的统一。一方面，每一次生产都会消耗一定的物质资料，同时又会生产出一定的物质资料，用于补偿已消耗的生产资料和人们已消费的生活资料，为下一次再生产提供物质条件。因此，社会再生产就是在物质资料不断生产、不断消费中交替、无限进行下去的。另一方面，再生产都是在特定的社会生产关系中进行的，任何社会生产关系都要随着再生产的进行被不断地生产出来，以不断地维持、巩固和发展。

社会再生产按其规模来划分，可分为简单再生产和扩大再生产。生产在原有的规模上重复进行是简单再生产，在扩大的规模上重复进行是扩大再生产。简单再生产既是扩大再生产的组成因素，又是扩大再生产的基础。所以，我们对资本主义再生产的分析要从简单再生产开始。

假定资本家垫支的资本是10000元，其中不变资本为8000元，可变资本为2000元。经过资本主义生产过程后，如果资本家把所生产的剩余价值全部用于他的个人消费，仍然以10000（$8000C+2000V$）元再投入生产过程，如果生产的其他条件不变，生产便会在原有规模上重复进行。资本家把剩余价值全部用于个人消费，生产在原有规模上重复进行的资本主义生产，就是资本主义简单再生产。

---

①《马克思恩格斯全集》，人民出版社，1972年版，第23卷，第621页。

分析资本主义简单再生产，可以看到在把资本主义生产过程作为一个孤立的生产过程来分析时所看不到的一些新特点。

首先，资本主义生产过程是从资本家购买劳动力开始的。从孤立的一个生产过程来看，资本家要购买劳动力，必须先拿出一定数量的货币作为可变资本，以工资形式付给工人。这一定数量的货币一直要到生产出产品并卖出去以后才能收回来。这就造成了一种假象，好像资本家是把自己的货币预付给工人，是资本家养活工人的。不过，只要从资本主义简单再生产过程来看，马上就可以看穿这种假象。因为工人的工资是在他们的劳动力已经被使用以后才支付的，而劳动力的使用就是劳动;工人在劳动过程中，不但生产了价值，而且生产了剩余价值。可见，是工人先创造价值(包括剩余价值)，然后资本家才付给工人工资。生产过程反复不断地进行，资本家这个月购买劳动力支付的工资显然是由工人上个月生产的劳动产品转化而来的货币支付的。从上面的分析可以看出，可变资本是工人自己的劳动创造的。工人不但创造了可变资本，而且创造了剩余价值，因而，不是资本家养活工人，而是工人养活资本家。

其次，从孤立的一个生产过程来看，在资本主义生产开始以前，资本家要购买劳动力和生产资料，不但要预付可变资本，而且要预付不变资本。从表面上看，好像资本家预付的全部资本都是由与付酬劳动无关的原始积累得来的。假定某一资本家最初预付的全部资本都是由他的祖先或自己的“辛勤劳动”积攒起来的。但是，经过连续的简单再生产过程之后，他的整个资本来源便不是原先的预付资本价值了。例如，某资本家最初有预付资本 10000 元，一年可带来剩余价值 2000 元。在简单再生产情况下，这 2000 元的剩余价值是完全用于资本家个人消费的。这个资本家一年消费 2000 元的剩余价值，五年的消费就是 2000 元 ×5 =10000 元剩余价值。这 10000 元正好相当于他原来的全部预付资本额。可是，经过五年之后，这个资本家的手里仍有 10000 元的资本投入生产。显然，这 10000 元资本就完全是由工人创造的剩余价值转化而来的了。由此可见，资本家的全部资本都是工人劳动创造的。

我们从再生产过程的分析看到了资本家的全部资本都是由工人劳动创造出来的，当工人阶级取得政权以后，剥夺资产阶级的生产资料只不过是将过去被资本家无偿占有的财产收回来而已，完全是理所当然的。

最后，从孤立的一个生产过程来看，在资本主义生产中，工人出卖劳动力以后，用所得工资购买生活资料进行个人消费是在生产过程之外进行的，似乎与生产过程无关。可是，从简单再生产过程来看，工人的个人消费却是用来维持和再生产劳动力的，而劳动力的再生产是资本主义再生产的必要条件。所以，从再生产过程来看，工人阶级即使在劳动过程以外，也同劳动工具一样是资本的附属物，是从属于资本的。马克思说:“罗马的奴隶是由锁链，雇佣工人则是由看不见的线系在自己的所有者手里。”①

以上分析说明了资本主义生产过程在作为再生产过程来分析时，不仅生产商品价值和剩余价值，还不断地生产和再生产出形成资本家和雇佣工人的社会条件。资本主义再生产是物质资料再生产和资本主义生产关系再生产的统一。

二、资本主义扩大再生产和资本积累

假定资本家垫支的资本仍然为 10000 元，其中不变资本 8000 元，可变资本 2000 元，不

① 《马克思恩格斯全集》，人民出版社，1972 年版，第 23 卷，第 629 页。

变资本和可变资本的比例为4：1，剩余价值率为100%，不变资本价值在一年内全部耗完。那么，到第一年末，全部商品价值就是12000元（$8000C+2000V+2000m$）。如果该资本家不是将2000元剩余价值全部用于个人消费，而是只拿出一半即1000元用于个人消费，将剩余价值的另一半1000元作为追加资本，并按以上不变资本与可变资本4：1的比例进行追加，那么第二年开始时，这个资本家垫支的资本即为$8000C+800V+2000V+200V=11000$元，生产规模就比上一年扩大了10%。资本家把剩余价值的一部分作为资本追加到生产上，使生产在扩大规模的基础上进行。这种资本主义再生产，就是资本主义扩大再生产。

把剩余价值作为资本使用，或者说把剩余价值再转化为资本，叫做资本积累。剩余价值到资本的转化过程就是资本的积累过程。剩余价值是资本积累的源泉，资本积累又是扩大再生产的源泉。

在扩大再生产过程中，资本积累不仅是剥削工人的结果，反过来也是扩大剥削的手段，商品生产的所有权规律由此转变为资本主义的占有规律。商品所有权规律，是以商品生产和商品交换为基础的占有规律。在简单商品经济条件下，劳动和所有权是统一的，商品生产者以自己的劳动占有自己的劳动产品，以等价交换的形式占有别人的商品，这就是商品所有权规律规定的内容。而资本主义占有规律则是占有生产资料的资本家无偿占有工人生产的产品，而劳动者反而不能占有自己的劳动产品，所有权对资本家来说表现为无偿占有别人劳动产品的权利，而对工人来说则表现为不能占有自己的劳动产品。马克思指出："商品生产按自己本身内在的规律越是发展成为资本主义生产，商品生产的所有权规律也就越是转变为资本主义的占有规律。"①这就是说，商品生产所有权规律转变为资本主义的占有规律是劳动力成为商品的必然结果。商品生产所有权规律是以生产资料所有权和劳动的结合为基础的。然而，在资本主义商品生产条件下，由于劳动力成为商品，劳动和所有权是分离的。当商品生产发展为资本主义生产时，资本家和工人之间虽仍然按照等价交换原则不断买卖劳动力，形式上仍符合商品生产所有权规律，但实质上资本家却按照资本主义的占有规律，不断地用无偿占有的工人的剩余价值，再转化为资本积累去追加购买劳动力，以便无偿占有工人创造的更多的剩余价值。在等价交换的形式下，资本家不断地使用无偿占有的剩余价值增值资本，用以榨取更多的剩余价值，扩大生产规模，扩大对工人的剥削，这就是资本积累的实质。

资产阶级经济学家宣扬资本积累是资本家"省吃俭用"、"节欲"的结果。实际上，资本积累并不是由资本家"节欲"的主观意志决定的，而是由客观经济原因决定的。在资产阶级看来，世界上没有一样东西不是为了金钱而存在的，连他们本身也不例外，因为他们活着的目的就是为了赚钱。除了快快发财，他们不知道还有别的幸福；除了金钱的损失，也不知道还有别的痛苦。资本主义生产本质上是剩余价值生产，资本主义生产的目的是为了追求剩余价值，发财致富。正是这个内在动力推动着资本家不断进行积累以扩大生产规模。这就是资本积累的内在原因。

竞争是迫使资本家进行资本积累的外在原因。资本主义竞争是以经济实力为基础的：资本家为了在竞争中取得胜利，既需要努力采用新技术和先进设备，提高劳动生产率，又需要不断增加投资，扩大生产规模，否则在激烈的竞争中就有失败甚至破产的危险。而这些都需要不断增大资本。马克思说："竞争使资本主义生产方式的内在规律作为外在的强制规律支

---

① 《马克思恩格斯全集》，人民出版社，1972年版，第23卷，第644页。

配着每一个资本家。竞争迫使资本家不断扩大自己的资本来维持自己的资本，而他扩大资本只能靠累进的积累。”①

三、影响资本积累规模的主要因素

资本积累的规模或积累量，也不取决于资本家个人消费的“节欲”程度。由于资本积累的惟一来源是剩余价值，在剩余价值量已定的情况下，资本积累量就取决于积累和消费的分割比例。例如，某资本家在生产中占有的剩余价值为2000元：如果这2000元分割为积累与消费的比例为4∶1，则积累为1600元；如果这个比例为2∶1，则积累为1333.3元；如果这个比例为1∶1，则积累为1000元。

在剩余价值分割为积累与消费的比例已定的情况下，由于积累是剩余价值的资本化，积累量和剩余价值量的变化是一致的。决定剩余价值量的因素也就是决定积累量的因素。具体说来，主要是：

（一）对劳动力的剥削程度

在其他条件相同的情况下，对劳动力的剥削程度越高，同量可变资本带来的剩余价值就越多，积累量也就越大。因此，资本家为了获得更多的剩余价值，增大资本积累量，往往通过把工资压到劳动力价值以下、延长工作日和提高劳动强度等办法，提高对劳动力的剥削程度。

（二）劳动生产率水平

首先，劳动生产率水平的提高，表现为在同样的时间条件下，生产商品数量增多，商品价值会下降，从而使体现一定量的价值和剩余价值的剩余产品增多。在积累与消费的比例一定时，资本家的积累量和消费量都可以增加；同时，由于商品便宜，资本家在不降低实际消费水平的情况下，还可以靠减少消费基金来增加积累。在商品便宜的同时，生活必需品相应会便宜，劳动力价值也会降低，同量可变资本可以雇更多劳动力，生产更多剩余价值以增加积累；在商品便宜的同时，生产资料价值会下降，同量不变资本可以购买更多的生产资料来吮吸更多活劳动。因此，在追加资本的价值不变甚至降低的情况下，仍然可以使积累增加。其次，劳动生产率水平提高，也会对原资本或已经处在生产过程中的资本产生反作用。它使生产劳动资料的部门的生产力获得发展，在生产中已经消耗的劳动资料会被效率更高、价格更便宜的劳动资料所代替。这样，这部分旧资本会以生产效率更高的形式再生产出来，以扩大生产能力，生产更多的产品和剩余产品，使积累增加；它使生产原材料部门的生产力获得发展，使原料和辅助材料的范围扩大，不仅可以发现新的原材料和原有材料的新用途，而且还可以把废料变为有用的原材料，这样也可以扩大生产能力，生产更多的产品和剩余产品，使积累增加；它使同量的活劳动能够转移更多的旧价值，从而使积累起来的资本减少或避免因闲置不用而发生自然损耗，这样也可以扩大生产能力，生产更多的产品和剩余产品，使积累量增加。

（三）所用资本和所费资本的差额

所用资本是在生产中所使用的全部预付资本。所费资本是在生产中实际耗费的资本。在生产过程中，所用资本如机器、设备、厂房等劳动资料虽然全部被使用，但不是一次就全部被

① 《马克思恩格斯全集》，人民出版社，1972年版，第23卷，649－650页。

消费完，而是经过多次使用逐渐消耗掉的；相应地，其价值也是一部分一部分地转移到产品中去的。这样，在所用资本和所费资本之间就必然形成一定的差额。这个差额的大小取决于劳动资料的质量和数量。劳动资料的质量越高，越经久耐用，使用年限越长，这个差额就越大。如某台机器价值为10万元，可用5年，在生产过程中每年磨损耗费平均转移到新产品去的价值为2万元，全年所用资本和所费资本之间的差额为8万元。如果改进这类机器的质量，使其使用年限延长到10年，则这个差额便就增加为9万元。同时，劳动资料的数量越大，这个差额也就越大，如1台机器的差额为8万元，10台机器的差额就是80万元。那么，所用资本和所费资本之间的差额是怎样影响资本积累规模的呢？

劳动资料的价值虽然在生产过程中逐步地转移到新产品里，但它们的作用能力并不因此而以同一比例降低，而是在该劳动资料正常使用年限内的相当长一段时间内依然照样保持着。这样，劳动资料的一部分作用力，即所用资本和所费资本之间的差额，就像阳光、空气等自然力一样，为生产提供无代价的服务；并且这个差额越大，提供无代价的服务就越多，由此会导致产品价值趋于低廉。产品便宜的结果，对个别资本家来说是获取超额剩余价值，就全体资本家来说是增加相对剩余价值，从而也就增大了资本积累的规模。

（四）预付资本总量

在劳动力的剥削程度已定的情况下，随着预付资本、总量的增大，其中可变资本量也会相应地增大。这样，资本家可以雇佣更多的工人，剥削更多的剩余价值，从而使资本积累的数量随之增加。同时，预付资本量越大，生产规模也越大，加速资本积累的一切因素，如延长工作日、提高劳动强度、改善劳动组织、改进机器设备以及推广科学技术的应用等就越有利，因而也就越能增进积累。

第二节 资本有机构成和相对人口过剩

资本积累促使资本有机构成不断提高，伴随着资本有机构成的提高，造成人口相对过剩，对社会经济生活及无产阶级的命运产生了重大影响。

一、资本有机构成

在资本积累的过程中，随着资本总额的不断增大，资本的构成也在发生变化。

资本的构成可以从物质形态和价值形态两方面进行考察：从物质形态看，资本是由生产资料和劳动力构成的，它们之间的比例关系是由生产的技术水平决定的。这种由生产技术水平决定的生产资料和劳动力的比例，称之为资本的技术构成。生产技术水平越高，每一个劳动力所能推动的生产资料的数量就越多；反之则相反。从价值形态看，资本是由不变资本和可变资本构成的，不变资本和可变资本的比例，叫做资本的价值构成。资本的技术构成与资本的价值构成之间有着密切联系，资本的技术构成决定资本的价值构成，资本的价值构成一般反映着资本的技术构成的变化。

由资本技术构成决定并反映资本技术构成变化的资本价值构成，叫做资本的有机构成。通常用$C:V$来表示。

理解资本有机构成的概念时应该注意两个问题：一是资本价值构成的变化，并不都是由技术构成的变化引起的。例如，价格的变化也会引起价值构成的变化，但这种变化并不反映技术构成的变化，因而对工人阶级的状况不具有直接影响。二是不同的生产部门和企业的生产条件是不同的，所以，它们的资本有机构成是不一样的。一般来说，重工业部门的资本有机构成较高，轻工业部门的资本有机构成较低。在考察资本有机构成的变化对工人阶级的影响时，通常为了研究的方便，把价格因素对价值构成的影响和不同部门、企业生产条件的差别舍去，而将所有企业的资本有机构成都作为社会平均有机构成来研究。

在资本积累过程中，资本有机构成具有不断提高的趋势。因为资本家为了追求更多的剩余价值，并在竞争中占据优势地位，必然要不断地改进生产技术，提高劳动生产率，其结果最终导致在全部资本中，不变资本所占比重逐渐提高，可变资本所占比重逐渐下降，从而导致资本有机构成不断提高。

二、资本积聚与资本集中

资本有机构成的提高，一般是以单个资本的增大为前提，而单个资本的增大，主要通过资本积聚和资本集中两条途径来实现。

资本积聚是指单个资本通过剩余价值的资本化而增大它的规模，表现为所支配的生产资料和劳动力的增加，而生产资料增加的比例更大。资本积聚是资本积累的直接结果。资本积聚有两个特征：第一，在其他条件不变的情况下，社会生产资料在单个资本手中积聚的发展，要受社会财富增加的限制，例如，社会生产的某种机器设备供不应求，单个资本应用这种机器设备的积聚就会受到限制；第二，社会资本分散在许多单个资本家手中，他们作为独立的相互竞争的商品生产者彼此对立，具体表现为许多单个资本的相互排斥。

资本集中是指把若干个规模较小的资本合并成为大资本。资本集中的方式有二：一是大资本吞并小资本，“大鱼吃小鱼”；二是通过组建股份公司把许多分散的小资本集合成一个大资本。与资本积聚不同，资本集中既不受单个资本依靠自身积累和积聚来增大规模的影响，而是现有资本的组合；资本集中也不受社会财富绝对增长或积累的绝对界限的限制。

资本积聚和资本集中，是扩大生产规模的既有区别又有联系的两种方式。区别在于，资本积聚会增大社会资本总额。资本集中是单个资本重新组合的结果，不增大社会资本总额。二者的联系是，资本积聚越快，经济实力越强，在竞争中越有优势，会促进资本集中；资本集中加快，有利于采用先进技术，扩大生产规模，从而加快资本积聚。

资本积聚和资本集中使个别资本不断增大，为改进技术提高劳动生产率创造了条件，从而使资本有机构成不断提高。资本有机构成提高的结果，必然会导致相对过剩人口的产生。

三、相对过剩人口

随着资本积累规模的不断扩大和资本有机构成的不断提高，社会总资本中不变资本与可变资本的比例就会发生变化，出现了如下两种对立的趋势。

一是资本对劳动力的需求相对减少，有时甚至是绝对减少。资本有机构成的提高，意味着可变资本在全部资本中的比重相对下降，资本对劳动力的需求相对减少，有时甚至绝对减少。这主要表现为两方面：一方面，原有资本有机构成提高了，不再需要那么多的劳动力，出现机器排挤工人的现象，即资本对劳动力需求的绝对减少；另一方面，追加资本的有机构成比原资本有机构成提高了，从而使追加的资本为劳动者提供的就业机会相对减少，即资本对劳动力需求的相对减少。

二是劳动力的供给绝对增加。随着资本积累的增加，劳动力对资本的供给也在绝对地增加。这是因为：第一，由于技术的进步和机器的广泛使用，使操作变得简单，从而使大量的妇女和儿童成为雇佣工人；第二，破产的农民和手工业者涌入工人队伍；第三，在竞争中破产的中小企业主加入雇佣工人行列。

资本对劳动力需求的减少与劳动力供给的绝对增加，这两种对立趋势发展的结果，必然形成相对过剩人口。

相对过剩人口是指相对于资本的需求表现为过剩的劳动人口。换言之，这些劳动人口相对于资本的需求来说是“多余”的。这种相对过剩人口，就是失业人口。相对过剩人口是资本主义制度造成的。正如马克思所言：“工人人口本身在生产出资本积累的同时，也以日益扩大的规模生产出使他们自身成为相对过剩人口的手段。这就是资本主义生产方式所特有的人口规律。”

相对过剩人口不仅是资本主义制度的必然产物，而且也是资本主义方式存在和发展的必要条件。首先，相对过剩人口是可以随时调节和满足不同时期资本主义生产对劳动力需求的产业后备军；其次，相对过剩人口的存在是资本主义经济周期运行的需要，是保证资本主义经济运行的“劳动力蓄水池”；再次，相对过剩人口的存在是资本家获得廉价劳动力的保证。资本家可以在劳动力供过于求的买方市场上，迫使工人接受较低的工资、较差的劳动条件，并对在业工人形成潜在的竞争压力。相对过剩人口主要以三种形式存在。

第一，流动的过剩人口。这是指大城市的那些随着生产的周期波动时而就业、时而失业的劳动者。他们在经济繁荣时被资本吸收，在经济萧条时又被资本排斥，处于流动状态。

第二，潜在的过剩人口。这是指农村的过剩人口。随着资本主义在农村的发展和农业资本有机构成的提高，大量的农民破产，处于失业和半失业状态，虽然他们占有少量的土地和生产资料，但不足以维持生计，随时会进城找工作。

第三，停滞的过剩人口。这是指那些没有固定职业的临时工。他们为了维持生活，不得不接受最长的劳动时间和最低的工资标准，他们的劳动条件最差，且时刻面临失业的威胁，其生活状况处在工人正常的平均水平之下，因而处在社会的底层。

第三节 资本主义积累的一般规律及历史发展趋势

一、资本主义积累的一般规律

随着资本积累的进行，资本在量上不断增大。一方面，通过资本的积聚和集中，社会财富越来越集中在少数资本家手里；同时，社会资本有机构成越高，越要求扩大个别资本的规模，这就更加剧了社会财富的集中。另一方面，随着资本积累的进行，无产阶级的队伍也在增长。而资本有机构成的不断提高则造成大规模的产业后备军，无产阶级遭受的劳动折磨及其贫困状况也就越加严重。

资本主义积累的一般规律的内容，概括地说就是，随着资本积累的不断进行，必然产生两个对立的方面：财富在资产阶级一方积累，贫困在无产阶级一方积累，形成严重的贫富两极分化。正如马克思所指出：“社会的财富即执行职能的资本越大，它的增长的规模和能力越大，从而无产阶级的绝对数量和他们的劳动生产力越大，产业后备军也就越大。可供支配的劳动力同资本的膨胀力一样，是由同一些原因发展起来的。因此，产业后备军的相对量和财富的力量一同增长。但是同现役劳动军相比，这种后备军越大，常备的过剩人口也就越多，他们的贫困同他们所受的劳动折磨成反比。最后，工人阶级中贫苦阶层和产业后备军越大，官方认为需要救济的贫民也就越多。这就是资本主义积累的绝对的、一般的规律。"

资本主义积累的一般规律深刻地揭示了资本主义生产关系的对抗性。在资本主义制度下，无产阶级创造的社会财富虽然越来越多，但他们自己却始终处于被剥削和贫困的境地。

二、资本主义积累的历史趋势

马克思关于资本积累的学说，不仅揭露了无产阶级贫困的原因，而且阐明了资本主义积累的历史趋势，即资本主义制度必然灭亡的历史命运。

资本主义生产是在简单商品生产的基础上发展起来的。简单商品生产以劳动者个人占有生产资料和个体劳动为特征。社会生产力的进一步发展，要求突破这种小生产的局限性，实行大规模的分工协作。只有这样，才能用机器生产代替手工劳动，才能使生产资料由于集中使用而发挥更大作用，才能把科学技术广泛运用于生产过程，才能更有效地利用巨大的自然力。在以私有制为基础的商品生产的条件下，只有资本主义才能实现大规模的生产。这就是说，一方面，要把生产资料和生活资料集中在资本家手中；另一方面，要有大批失去生产资料的劳动者成为雇佣工人。在封建社会末期的历史条件下，小商品生产者的分化，为资本主义生产方式的建立准备了条件。在这个基础上，新兴的资产阶级通过剥夺小生产者的生产资料即资本原始积累，建立了资本主义生产方式。

资本主义生产方式建立以后，由于经济条件的变化，剥夺采取了新的形式。现在已不仅仅是资本家剥夺以自己劳动为基础的小私有者，而且是资本家之间互相剥夺。这种剥夺是通过资本集中进行的。在资本积累过程中，资本家之间进行着激烈的竞争，大资本打倒小资本，吞并或控制小资本，使资本越来越集中在少数大资本家手里。

随着资本集中的发展，形成了社会化的大生产，而且生产社会化程度越来越高，这表现在：1. 生产规模不断扩大，生产资料日益转化为由许多人共同使用的社会化生产资料，生产过程变成许多人共同进行的社会化生产过程，劳动产品也成为许多人共同劳动的社会化生产成果；2. 社会分工和协作关系日益发展，生产越来越成为专业化的生产，社会生产的各部门、各企业之间的相互依赖、相互联系的社会化分工协作关系日益增强；3. 生产规模的扩大和社会分工的发展，使生产日益成为为广大市场而进行的生产，形成了社会化的国内市场和世界市场，使整个社会经济联系更加密切，生产社会化的程度日益提高。

生产社会化的发展，客观上必然要求劳动者共同使用的已经社会化的生产资料由整个社会占有，以便对社会化生产按照社会需要由社会实行有效的宏观调控和计划管理，并按照社会的需要配置社会资源和分配劳动产品。这样，生产关系才能适应生产力的社会性质。但是，资本家凭借对生产资料的私人垄断，却把社会化的生产力变为资本家高效生产剩余价值的资本的生产力，把劳动者共同使用的社会化生产资料变成资本家谋取私人利益的手段，把已经社会化的生产过程由私人资本家按照追求剩余价值的一己私利进行控制和管理，把劳动者共同创造的已经社会化的劳动成果的大部分攫为己有，变成他们的私人财产。因此，就产生了资本主义的基本矛盾，即生产社会化和生产资料资本主义私人占有的矛盾。这是生产力与生产关系之间的矛盾在资本主义社会中的具体体现。随着生产社会化程度的不断提高和资本积累过程中生产资料越来越集中在少数私人资本家手中，资本主义的基本矛盾日益加剧。这个矛盾的日益尖锐化，表明资本主义私有制已成为生产力进一步发展的严重障碍，从而用和生产社会化性质相适应的生产资料社会主义公有制代替资本主义私有制就成为历史发展的必然趋势。

资本积累所造成的社会化生产的发展，为向社会主义过渡准备了充分的物质条件，而且资本积累还为资本主义制度准备了掘墓人，为向社会主义过渡准备了社会条件。“资产阶级不仅锻造了置自身于死地的武器；它还产生了将要运用这种武器的人——现代的工人，即无产者。”无产阶级没有任何生产资料，是社会化大生产中的劳动者，因而最富于革命的彻底性、组织性和纪律性。在资本积累过程中，无产阶级队伍不断发展壮大，在反对资产阶级的剥削和压迫的斗争中，阶级团结不断加强，阶级觉悟不断提高，成为以社会主义制度代替资本主义制度的强大社会力量。

资本积累过程表明，资本主义的发展必然导致资本主义基本矛盾的尖锐化，从而为它自身的灭亡准备了基本条件。马克思通过对资本积累的分析，得出这样的结论：“资本的垄断成了与这种垄断一起并在这种垄断之下繁盛起来的生产方式的桎梏。生产资料的集中和劳动的社会化，达到了同它们的资本主义外壳不能相容的地步。这个外壳就要炸毁了。”资本主义积累的历史趋势就是以社会主义公有制为基础的社会主义制度，必然取代以资本主义私有制为基础的资本主义制度。当然，这一历史趋势的实现，要经过一个长期和曲折的历史过程。

思考题：

1. 分析资本主义简单再生产有何意义。
2. 相对人口是怎样形成的？
3. 怎样认识资本主义积累的历史发展趋势？
4. 如何看待当代无产阶级的贫困问题？

第四章 资本的流通过程

资本的本性是在运动中实现自身的价值增值。资本的运动过程包括生产过程和流通过程。本章主要从生产过程和流通过程相统一的角度考察个别资本的运动过程，进一步揭示资本运动过程即资本循环和资本周转的特点、本质和规律，从而认识到，资本主义经济危机是资本主义经济制度下社会化大生产发展到一定阶段的必然现象。

第一节 资本的循环

分析资本的循环，侧重研究的是资本在运动中所经历的形态变化，阐明个别资本运动的阶段性和连续性。

一、产业资本循环的三个阶段和三种职能形式

分析资本循环是以产业资本为例来进行的。产业资本，就是投在工业、农业、物资运输业、建筑业等物质生产部门的资本。资本家投资于产业部门，也像投资于其他部门一样，是为了获取剩余价值。但要实现资本价值的增值，就必须使资本处于不断运动中，使其不停地吸收活劳动。

产业资本在现实运动中总是由流通过程进入生产过程，再由生产过程进入流通过程。它们依次经过购买阶段、生产阶段、售卖阶段三个阶段，并相应地采取货币资本、生产资本、商品资本三种职能形式。

（一）资本循环的第一阶段：资本的购买阶段

在资本循环的第一阶段，资本家带着一定数量的货币资本进入市场，购买生产资料和劳动力，为直接生产过程的进行准备条件。用 A 代表劳动力，P_m 代表生产资料，G 表示预付资本。资本循环第一阶段的公式是：

$$G - W\begin{cases}A(\text{劳动力})\\P_m(\text{生产资料})\end{cases}$$

资本家购买的生产资料和劳动力之间，必须保持适当的比例，即一定数量、性能的生产资料，只能配备一定数量和质量的劳动力。这种比例关系是由资本技术构成决定的。就资本循环第一阶段公式的形式来看，一定货币额转化为一定数量的商品，货币仍然充当购买手段和支付手段的职能，这一阶段似乎仅从事一般商品流通。那么，为什么它又是资本循环的一

个特定阶段呢？因为货币的这种购买行为是整个资本运动的一个重要环节。在这一阶段，货币除了购买生产资料外，关键是还购买了劳动力这种特殊商品，从而为生产剩余价值准备了条件，因此，货币成为了资本的存在形式（即货币资本）。资本购买阶段的内容，实际上就是资本由货币资本转化为生产资本。

资本家用货币购买到劳动力和生产资料时，资本由货币形态变成了生产要素的实物形态，为资本主义生产准备好了客观条件。这时，资本循环的第一阶段即告结束，资本进入第二阶段的运动。

（二）资本循环的第二阶段：资本的生产阶段

资本循环的第二阶段发生在生产领域。资本家把在流通领域里购买到的生产资料和劳动力带回工厂，按照他的意志和特定目的，在他的监督、指挥和管理下，使劳动力和生产资料结合起来，进行生产。经过生产过程，生产出来的商品与当初购买进来的商品完全不同，价值量发生了变化。现在生产出来的新商品中包含了雇佣工人创造的剩余价值。以 P 表示生产过程，W' 表示包含了剩余价值的商品，虚线表示流通过程的中断和生产过程的进行。资本循环第二阶段的公式为：

$$W\begin{cases}A \\ P_m\end{cases}\cdots P\cdots W'$$

从形式上看，这个公式与一般商品生产过程并无区别。因为在任何社会形态下，都必须具备生产资料和劳动力这两个要素，并使二者结合起来，才有现实的生产。那么，又怎能说它是资本循环的一个特定阶段？这里的关键是看生产资料和劳动力采取怎样的结合方式。二者结合的社会方式不同，也就形成了不同的经济结构，体现了不同的生产关系。在资本主义私有制下，劳动者和生产资料是分离的。资本家或资本家集团垄断了生产资料，劳动者一无所有。只有当劳动者的劳动力作为商品出卖给资本家之后，才在资本家的支配下，“作为他的资本的生产的存在方式结合起来的。”①在资本主义制度下，以生产要素的这种特殊结合方式来进行的生产，生产出来的就不是一般的商品，而是包含着雇佣劳动者所创造的一定剩余价值的商品。生产要素结合的特殊社会方式和特殊作用使生产资料和劳动力不仅发挥着生产要素的作用，而且发挥着资本的作用，进而成为资本的存在形式（即生产资本），具有生产价值和剩余价值的职能。

生产阶段是资本循环过程中具有决定意义的阶段。在这一阶段，资本不仅在形态上发生了变化，资本的价值也发生了增值。一旦生产资本生产出带有剩余价值的商品来，生产阶段即告结束，生产资本就转化为商品资本。资本循环第二阶段的结束，就是第三阶段的开始。

（三）资本循环的第三阶段：资本的售卖阶段

资本循环的第二阶段虽然生产了剩余价值，但并没有真正实现它，资本运动还要继续进行。在资本循环的第三阶段，资本家带着包含有剩余价值的商品重新回到市场，将包含有剩余价值的商品卖出，换回货币，实现商品的形态变化，即由商品形态转化为货币形态，资本又重新回到最初的货币形态。但是资本家收回的货币不同于当初垫付的货币，它发生了量的变化。它包含了剩余价值，是一个增值了的货币资本。资本循环的第三阶段，就是商品资本

① 《马克思恩格斯全集》，人民出版社，1972 年版，第 24 卷，第 44 页。

转化为货币资本的阶段。资本循环第三阶段的公式是：

$$W'—G'$$

从现象上看，这个公式与一般商品流通过程的销售阶段没有多大区别，都是出卖商品，换回货币，只是价值形态的变化。但从本质上考察就会发现，这里的商品（W'）不是简单商品生产的产物，而是资本主义生产过程的结果；商品（W'）是预付资本价值和剩余价值的物质承担者，体现了资本家对雇佣劳动的剥削关系。因此，这里的商品（W'）不仅仅是商品，而且是商品资本（即以商品形式存在的资本）。商品资本的职能是实现商品价值和剩余价值。$W'—G'$ 的运动过程，不仅是商品的价值形态变化的过程，还是资本和剩余价值的实现过程。G' 代表着价值增值了的货币量。资本循环第三阶段结束，完成了由商品资本到货币资本的转化过程。经过商品到货币的转化过程，资本家一方面收回了当初预付的资本价值（G），另一方面实现了在生产过程中新创造出来的剩余价值（$\triangle G$），这实际上也是垫支资本的复归过程和实现剩余价值的过程。G' 既是第一个循环的终点，又是第二个循环的起点。

售卖阶段是一个十分关键和特殊的阶段，其原因在于：1. 如果 W' 卖不掉，资本不能顺利地通过售卖阶段，资本循环就不能回到它原来的出发点，资本的再生产过程就会中断。因此，马克思把这一阶段称之为“惊险的跳跃”①。2. W' 是全部出售还是部分出售，将关系到预付资本价值收回和剩余价值实现的多少，从而关系到一个企业的命运。3. 商品出售速度的快慢，在不同程度上影响同一资本在再生产中的作用大小，从而影响再生产规模的大小。因此，售卖阶段关系着这一次资本循环的终结，又关系着下一次资本循环的开始。

综上所述，我们可以作出如下归纳：

1. 资本循环就是指：资本在运动过程中，依次经过购买阶段、生产阶段和售卖阶段三个阶段，相应采取货币资本、生产资本和商品资本三种职能形式，使价值得到了增值，最后又回到了原来的出发点。资本循环的全过程公式为：

$$G—W\begin{cases}A\\P_m\end{cases}\cdots P\cdots W'—G'$$

2. 资本循环的三个阶段是互相连接、有机统一的。资本必须顺利地依次通过这三个阶段，不停地从一个阶段转到另一个阶段，其循环才能顺利进行。一旦在某一阶段遇到障碍，整个循环就有可能中断。如在第一阶段 $G—W$ 遇到障碍，货币买不到生产资料和劳动力，无法为生产剩余价值作好准备，就会变为贮藏货币。资本在第二阶段受阻，意味着生产资料和劳动力处于闲置状态，不能生产出剩余价值。资本在第三阶段受阻，表明商品卖不出去，就不能收回预付资本和实现剩余价值。

3. 货币资本、生产资本和商品资本，只是产业资本在循环过程中所采取的三种不同职能形式，而不是三种不同类型的独立资本。

4. 在资本循环的三个阶段中，第一阶段和第三阶段是资本的流通过程，第二阶段是资本的生产过程。生产过程是起决定性作用的过程，流通过程为剩余价值生产作准备并实现剩余价值。所以资本的循环过程，是流通过程和生产过程的统一。

---

① 《马克思恩格斯全集》，人民出版社，1972 年版，第 24 卷，第 124 页。

二、产业资本的三种循环形态

产业资本在循环过程中要顺次采取三种资本形式。每一种资本形式都会形成自己的独立循环，从而使产业资本有了三种循环形态，即货币资本的循环、生产资本的循环和商品资本的循环。

(一)货币资本的循环：$G—W\begin{cases}A \\ P_m\end{cases}\cdots P\cdots W'—G'$

货币资本的循环，就是指从货币资本出发最后又回到货币资本的循环形态。这个循环形态的起点是资本家预付的货币资本 G，终点是增值了的货币资本 G'，因此，货币资本循环的公式可以缩写成 $G\cdots G'$。货币资本循环最明显地暴露了资本主义的本质特征——以追求剩余价值为生产目的。从这个意义上讲，货币资本的循环是产业资本循环的典型和一般的形态。

货币资本循环也有片面性。首先，从它的循环形式来看，起点是货币，终点是增值了的货币。资本家收回的货币比他当初投放的货币要多，似乎货币本身具有一种生产货币的能力。其次，货币资本循环的起点和终点都发生在流通领域，而在资本增值中具有决定性作用的生产过程只处于中间环节，仅仅是两个流通过程的媒介。这就容易造成一种错觉，仿佛增值的价值是在流通过程中产生的，从而掩盖了剩余价值的真正来源。马克思说："货币资本的循环，是产业资本循环的最片面、从而最明显和最典型的表现形式"①。

(二)生产资本的循环：$P\cdots W'—G'—W\cdots P$

生产资本的循环就是以生产资本为出发点，最后又回到生产资本的循环形态。这一循环形态是从生产过程开始，经过一定阶段和一系列形态变化，又回到下一个或新的生产过程。该循环公式可以缩写成 $P\cdots P$。生产资本循环的起点和终点都是生产过程，流通过程处于中间环节，是生产过程的媒介。这样，生产过程的决定性地位就突出地体现出来了。由于它的起点和终点都是生产过程，因而它的一次循环就表现了资本主义的再生产，同时也表明了它是剩余价值的生产和再生产。

生产资本的循环也有片面性。货币在生产资本循环公式中，仅充当流通手段和支付手段，只表现为维持再生产的媒介，价值增值过程没有得到表现，从而掩盖了资本主义的生产目的——对剩余价值的追求。这也容易给人造成一种错觉，似乎资本主义生产目的不是为了赚钱，而是为了生产某种使用价值，生产本身就是目的。

(三)商品资本的循环：$W'—G'—W\cdots P\cdots W'$

商品资本的循环，是从商品资本出发最后又回到商品资本的循环形态。商品资本的循环有它自己的特点。商品资本循环起点上的商品，已经包含有剩余价值；经过一系列阶段和形态变化，回到终点上的是一个增值了的商品资本。它的循环公式可以缩写成 $W'\cdots W'$。这一循环公式表明，循环起点上的商品 W' 和终点上的商品 W'，都是生产过程的直接结果。商品资本循环的最初阶段，是增值了的商品销售阶段，实际上是资本价值和剩余价值的实现过程；而这一过程的实现，是以这些产品全部被消费为前提的。可见，商品资本循环一开始就不仅是资本价值的循环，还包含着剩余价值的循环。

① 《马克思恩格斯全集》，人民出版社，1972 年版，第 24 卷，第 71 页。

商品资本的循环也有片面性。这个循环的起点是以商品销售过程的实现为条件的，而它的终点又是流通过程的销售阶段的开始。似乎流通过程在资本运动中占首要地位，在资本主义生产过程中，商品的实现和消费是首要问题。这就给人造成一种假象，好像资本主义生产和再生产不是为了追求剩余价值，而是为了满足社会的需要，容易模糊资本主义生产的惟一目的和绝对动机是对剩余价值的追求。

产业资本的三种循环状态都从某个侧面反映出了资本运动的特性，但同时又都有一定的片面性。所以，必须把三种循环形态统一起来加以考察，才能全面把握资本运动的实质及其运动规律。

三、产业资本循环是三种循环形态的统一

资本价值不断增值的实现，是以资本循环的连续性、三种循环形态统一地运动为条件的。连续性是资本的一个重要特征。资本循环的连续性，就是资本的三种循环同时不间断地在各种职能形式上和各个阶段上运动。

产业资本要连续地循环，三种循环形态要统一地运动，必须具备两个基本条件：

(一)产业资本的三种职能形式在空间上的并存性

产业资本家必须把他的全部资本按照一定比例分成三个部分，使其同时并存于货币资本、生产资本和商品资本三种职能形式上。只有这样，资本的三种职能形式才能顺序地依次更替，循环的三个阶段才不会中断。如果资本家投下的资本只采取一种形式，即最初全部资本都采取货币资本的形式，接着全部转化为生产资本，然后又全部转化为商品资本，最后又全部回到货币资本的形式上来，资本循环就要受到影响，甚至可能完全中断。假定资本家有3000元资本，如果最初全部用来购买生产资料和劳动力，全部投入生产过程。很显然，一到生产过程结束，这3000元的资本都变成了增值的商品资本。由于缺乏生产要素的继续供给，生产必然出现停工待料的现象。只有将商品销售后换成货币，才能重新购买生产资料和劳动力，生产才能继续进行。所以资本家必须把他的资本按照一定比例同时分配在货币资本、生产资本和商品资本三种形式中，做到三种资本形式在空间上同时并存，才不会有生产过程与流通过程的中断。比如把1000元投放在货币资本形式上，把另外的2000元分别投放在生产资本和商品资本形式上。这样，当1000元货币资本转化为生产资本时，同时就会有1000元的商品资本转化成货币资本；当1000元生产资本转化成商品资本时，同时就会有1000元的货币资本转化成生产资本；当1000元商品资本转化成货币资本时，同时就会有1000元生产资本转化成商品资本。只有这样，资本循环才能继续进行。

(二)产业资本三种循环形态在时间上的继起性

产业资本要连续地进行，不仅要使一笔资本按照一定比例分成三个部分并存于三种职能形式上，还必须使每一种资本形式同时顺次地通过资本循环的三个阶段，依次改变它们的形式，最后回到原来的形式上。即一部分资本在进行货币资本循环时，第二部分资本就必须相继进行生产资本的循环，第三部分资本必须相继进行商品资本的循环。仍以前述例子加以说明：假如在商品资本上的1000元商品资本卖不出去，变不成货币，它就不可能转化成货币资本和生产资本，这1000元资本就表现为商品积压。时间长了，原来处在货币资本和生产资本形式上的2000元资本也都会逐步变成商品资本，并在商品资本的形式上积压起来。结果，产

业资本循环就要中断。因此，资本的各种形态的循环是互为前提、互为条件的。假如其中一种资本形式不能顺次通过资本循环的其他阶段，其他两种资本形式的循环就会受阻碍。要实现资本的连续运动，既要使货币资本不断地转化为生产资本，再转化为商品资本，最后又回到货币资本形式上，又要使生产资本和商品资本也分别转化为其他两种形式，最后又回到它们原来的形式上。

产业资本三种职能形式的并存性和三种循环形态的继起性，决定了产业资本的三种循环形态同时并存，统一地运动。只有这样，才能实现产业资本运动的连续性。马克思指出："产业资本的连续进行的现实循环，不仅是流通过程和生产过程的统一，而且是它的所有三个循环的统一。"①

在资本主义私有制下，由于竞争和生产的无政府状态加剧，资本循环连续进行所必需的条件经常遭到破坏，因而资本循环的中断是常见的现象。

第二节 资本的周转

一、资本的周转时间和周转次数

产业资本家为了生产越来越多的剩余价值，实现价值的不断增值，不能只经过一次循环就中止了资本的运动，而必须使资本的循环运动不间断地进行。这种周而复始不断进行的资本循环，就是资本的周转。前面考察资本循环的目的，是分析资本只有在连续不断的循环运动过程中，才能实现价值增值；而这里考察资本周转的目的，则是分析资本周转的速度对所生产的剩余价值数量的影响。

资本周转要经过生产领域和流通领域。产业资本由生产资本转化为商品资本，发生在生产领域；由货币资本转化为生产资本和由商品资本转化为货币资本，发生在流通领域。资本处在生产领域的时间形成资本的生产时间，资本处在流通领域的时间形成资本的流通时间。资本的生产时间和流通时间的总和就是资本的周转时间。资本的周转时间就是产业资本家从垫付一定形式的资本开始，通过资本的循环运动带来剩余价值，然后重新回到原有的资本形式为止所经历的时间。

资本周转时间的长短，取决于各个生产部门的生产和流通的具体条件，各个生产部门的条件不同，资本的周转时间也就各不相同。在一般情况下，轻工业部门的资本周转时间较短，重工业部门的资本周转时间较长。为了能够比较各个生产部门的资本周转速度的快慢，必须在时间上有一个共同的衡量尺度，通常是以"年"作为计量资本周转时间的自然单位。

周转时间和周转次数是互相密切联系的，周转时间不同，一定时间内的周转次数也就不同。如果用 U 代表"年"；用 u 代表一定数量的资本周转一次所需要的时间；用 n 代表一年中资本周转的次数，则衡量一年中资本周转次数的公式就是：

$$n = \frac{U}{u}$$

所以，资本周转次数就是在一定时间（通常指一年）内资本所经历的周转循环的次数。例

① 《马克思恩格斯全集》，人民出版社，1972 年版，第 24 卷，第 119 页。

如，某产业资本家的资本周转一次需要6个月，则在一年之内的资本周转次数为 $n=12\div6=2$ 次。

在一定时期内，资本周转的次数越多，周转一次的时间就越短，周转速度也就越快；反之，周转的次数越少，周转一次的时间就越长，周转速度也就越慢。所以，资本的周转速度与周转次数成正比，与周转时间成反比。

资本的周转速度越快，产业资本家手中一定数量的资本就能发挥更大的作用，带来更多的剩余价值。因此，产业资本家总是力图加速资本的周转，用缩短资本周转一次的时间和增加一定时期内资本周转次数的方法，来攫取更多的剩余价值。

二、影响资本周转速度的因素

影响资本周转速度快慢的因素有两个：一是资本周转时间的长短，包括生产时间和流通时间的长短；二是生产资本的构成，即固定资本和流动资本的比例，以及固定资本和流动资本自身的周转速度。下面分别考察这两个因素。

（一）生产时间和流通时间

资本周转速度的快慢，受生产时间和流通时间长短的影响。

生产时间是指产业资本停留在生产领域内的时间，它包括劳动时间和非劳动时间。生产时间中主要的部分就是劳动时间。劳动时间是指生产一件成品所需要的工作日或劳动小时的总和，也就是生产一件产品时，工人实际从事劳动的全部时间，而休息、停工等时间则不包括在内。

非劳动时间包括自然力对劳动对象独立发生作用的时间、停工时间和生产资料的储存时间。

自然力对劳动对象独立发生作用的时间，是指某些产品在生产过程中，需要独立地发生物理、化学或生理变化的时间。例如，酿酒需要经过一段发酵时间，农作物播种后需要经过一段自然生长时间。

停工时间主要是指机器设备在正常检修或工人夜间休息时而停止发挥作用的时间。

生产资料的储存时间是指生产资料虽已进入生产领域，但还没有投入生产过程的那一段时间。如原材料在工厂仓库里的正常储存时间。生产资料的这种正常储备，是维持生产过程连续进行的必要条件。

生产时间要长于劳动时间。在劳动时间内，劳动力与生产资料相互结合，创造价值和剩余价值。而在非劳动时间内没有劳动的实际耗费，同时生产资料也不起吸收活劳动的作用，因而不能创造价值和剩余价值。因此，资本家为了加速资本周转，获取更多的剩余价值，不仅要缩短劳动时间，而且也要尽量缩短非劳动时间，减少生产时间和劳动时间的差距。

流通时间是指产业资本停留在流通领域内的时间，它包括商品的出售时间和劳动力与生产资料等生产要素的购买时间。商品出售关系到价值和剩余价值的实现问题，因此，出售时间对资本的影响很大。一般说来，出售商品比购买商品更为困难，占用的流通时间也比较长。

生产时间和流通时间越长，资本的周转速度就越慢，反之则越快。为了加速资本周转，使一定数量的资本带来更多的剩余价值，资本家总是力图缩短生产时间和流通时间。

（二）生产资本的构成——固定资本和流动资本

1. 固定资本和流动资本的划分依据

在生产过程中，影响产业资本周转速度的另一个重要因素是生产资本的构成。生产资本的不同构成部分，按其价值周转方式的不同，可以区分为固定资本和流动资本两个部分。

固定资本是产业资本家用于机器、设备、工具、厂房等劳动资料的那部分生产资本。这部分资本从物质形态上来看，在进行生产时全部参加生产过程，并在较长时间内在多次生产过程中发挥作用。它的物质形态在每次生产过程中并不改变，待其功能全部失效后才需更新。但是，从价值形态来看，这部分资本的价值并不是一次全部转移到新产品中去，而是按照机器、厂房等在生产过程中的损耗程度，逐渐地一部分一部分地转移到新产品中去，经过多次生产过程，资本的全部价值才能转移完毕。而转移到新产品中去的价值，是随着商品的销售，经过多次流通过程，才一部分一部分地逐渐周转回到资本家手中。根据这部分资本的价值周转方式是多次转移、多次收回的特点，把它称为固定资本。

流动资本是产业资本家用于原材料、燃料、辅助材料等和用于劳动力的那部分生产资本。用于原材料等的那部分生产资本，它的物质形态在生产过程中一次全部消耗掉，不再保存下来；它的价值也在一次生产过程中就全部转移到新产品中去，而当商品出售以后，它的价值又全部由流通过程中周转回来。根据这部分资本的价值周转方式是一次投入、一次收回的特点，把它称为流动资本。

用于劳动力的那部分生产资本，它的价值并不是转移到新产品中去，而是由工人在生产过程中投入的劳动重新创造出来。这部分资本的价值由工人创造出来以后，全部包含在新产品中，并在商品出售以后，也全部周转回来。可见，这部分资本的价值周转的方式，与用于原材料等的那部分生产资本的价值周转方式，是完全相同的，也是一次全部投入生产过程，并从流通中一次全部收回。因此，也称它为流动资本。

考察流动资本时，不能把它和流通资本相混淆。流通资本是指处于流通领域中的资本，即货币资本和商品资本，它是与生产资本相对立的资本形式。而流动资本则是生产资本的一个组成部分。

2. 固定资本与流动资本的划分同不变资本与可变资本的划分的区别

前面第四章在分析剩余价值的生产时，曾把产业资本家的生产资本划分为不变资本和可变资本，本章又将生产资本划分为固定资本和流动资本。固定资本和流动资本的划分同不变资本和可变资本的划分是有区别的，这种区别在于：

第一，划分的根据不同。不变资本和可变资本是根据它们在剩余价值生产过程中所起的作用的不同来划分的；而固定资本和流动资本是根据它们的资本价值的周转方式的不同来划分的。

第二，划分的目的不同。划分不变资本和可变资本的目的在于揭示剩余价值是由可变资本所雇用的劳动力带来的，从而揭示资本主义剥削的实质；而划分固定资本和流动资本的目的在于考察生产资本的不同部分对资本周转速度从而对剩余价值生产数量的影响。

第三，划分的内容不同。不变资本包括用于劳动资料和劳动对象的资本，而固定资本只包括用于劳动资料的资本。可变资本只是用于劳动力的资本，而流动资本却包括用于劳动对象和劳动力的资本。

3. 固定资本的磨损与折旧

固定资本的价值是按照它的磨损程度逐渐地转移到新产品中去的。固定资本磨损分为有形磨损（或物质磨损）和无形磨损（或精神磨损）。固定资本的有形磨损是由两种原因引起的：

一是固定资本在生产过程中被使用所形成的，使用的强度越大，持续使用的时间越长，物质磨损也越重；二是由于自然力作用所形成的，如金属工具生锈、木制设备腐烂等等。固定资本的无形磨损也是由两方面原因引起的：一是随着生产技术的改进和劳动生产率的提高，生产同样的机器设备所需要的社会必要劳动时间减少，从而使原有的机器设备的价值降低；二是由于出现了效率更高更加完善的机器设备，从而引起原有的机器设备贬值。

固定资本的价值按照它的磨损程度逐渐地转移到新产品中去以后，为了保证再生产的正常进行，必须把这部分资本价值从商品的销售收入中提取出来，以备将来用于更新固定资本。这种根据固定资本的磨损程度逐步以货币形式提取的补偿，叫做固定资本折旧；提取的补偿金额叫做折旧费（或折旧基金）；提取的折旧费与固定资本原始价值的比率，叫做折旧率。

4. 生产资本的构成对资本周转速度的影响

生产资本的构成对预付生产资本总周转速度的快慢有着重要的影响，这种影响有两个方面。

第一，固定资本和流动资本的周转速度。由于固定资本和流动资本的价值周转方式不同，它们的周转速度也不相同。固定资本的周转速度要慢于流动资本的周转速度，固定资本周转一次，流动资本能够周转多次。固定资本的各种要素的周转速度也不相同，如投在厂房上的资本和投在机器上的资本，它们的周转速度就不可能完全一样。因此，全部预付资本的总周转速度，要受固定资本和流动资本周转速度的影响。当生产资本中的固定资本与流动资本的比例既定的条件下，预付资本的总周转速度同固定资本和流动资本的周转速度成正比变化，即固定资本和流动资本的周转速度越快，预付资本的总周转速度就越快；反之，固定资本和流动资本的周转速度越慢，预付资本的总周转速度就越慢。

第二，固定资本和流动资本在生产资本中所占的比重。生产资本中固定资本所占的比重越大，预付资本的总周转速度就越慢；流动资本所占的比重越大，预付资本的总周转速度就越快。

三、预付资本的总周转速度

产业资本家的全部预付资本中，既然固定资本和流动资本的周转速度各不相同，而且固定资本和流动资本的比例会发生变化，因此，计算预付资本的总周转速度时，要把生产资本的各个组成部分都转化为同质的货币形式，将固定资本和流动资本各自在一年中周转的价值额合计起来，除以预付资本总额，从而才能计算出预付总资本的平均周转速度。计算预付资本总周转速度的公式如下：

$$\text{预付资本1年中的周转次数}=\frac{\text{1年中固定资本周转价值总额}+\text{1年中流动资本周转价值总额}}{\text{预付资本总额}}$$

例如，某产业资本家的固定资本为20万元，其中厂房价值为6万元，可用20年；机器价值为12万元，可用10年；小工具价值为2万元，可用4年。流动资本为8万元，一年周转4次，每次周转时间为3个月。这样，一年中固定资本周转价值总额为2万元，流动资本周转价值总额为32万元，全部预付资本一年中的周转次数是：34万元/28万元 = 1.214次。

四、资本周转速度对剩余价值生产的影响

资本周转速度的快慢，对剩余价值的生产有很大的影响，因为它不仅关系到预付资本数量的大小，而且影响到一定数量的预付资本在一定时期内所能带来的剩余价值量的多少。

（一）资本周转速度的快慢，影响预付资本的数量

在生产规模为一定的条件下，资本周转速度越快，预付资本的数量就越小，反之就越多。例如，甲乙两个资本家的生产规模相同，每月都要投入1万元流动资本才能使生产正常进行。假定甲的流动资本每月周转1次，一年周转12次，因而只需要预付1万元流动资本即可满足全年对流动资本的需要。假定乙的流动资本3个月才周转1次，一年周转4次，因而需要预付3万元流动资本才能满足全年对流动资本的需要。

（二）资本周转速度的快慢，影响年剩余价值的数量

在全部预付资本中，只有可变资本才能带来剩余价值。资本周转速度越快，一般说来，可变资本的周转速度也就随之越快，因而一定数量的可变资本就可以发挥更大的作用，剥削更多的劳动力，从而创造更多的剩余价值。例如，甲乙两个资本家预付的可变资本都是1万元，剩余价值率都是100%。假定甲的可变资本每年周转9次，则一年中实际发挥作用的可变资本为9万元，年剩余价值总量也为9万元。假定乙的可变资本每年周转3次，则一年中实际发挥作用的可变资本为3万元，年剩余价值总量就只有3万元。可见，甲乙两个资本家的预付可变资本的数量虽然一样，但由于可变资本的周转速度相差2倍，所获得的年剩余价值总量也就相差2倍。

如以M表示年剩余价值量，m'表示剩余价值率，v表示预付可变资本，n表示可变资本周转次数，则年剩余价值量的计算公式可表示为：

$$M = m'vn$$

（三）资本周转速度的快慢，影响年剩余价值率的高低

年剩余价值率为一年内生产的剩余价值总量和预付可变资本的比率，用公式表示如下：

$$\text{年剩余价值率} = \frac{\text{1 年内生产的剩余价值总量}}{\text{1 年内预付的可变资本}}$$

资本周转速度越快，年剩余价值率就越高；反之，年剩余价值率则越低。仍按上面的例子，甲乙两个资本家的年剩余价值率分别为：甲的年剩余价值率＝90000/10000＝900%，乙的年剩余价值率＝30000/10000＝300%，前者是后者的3倍。

由上可见，如果其他条件不变，年剩余价值量和年剩余价值率与可变资本的周转速度成正比例变化。

年剩余价值率和剩余价值率，是从不同的方面来表现资本家对工人的剥削关系的。年剩余价值率表示预付可变资本的增值程度，而剩余价值率表示资本家对工人的剥削程度。按照上面的例子，甲乙两个资本家对工人的剥削程度即剩余价值率都是100%，但是，预付可变资本的增值程度即年剩余价值率却不相同，甲资本家是900%，乙资本家是300%，甲资本家为乙资本家的3倍。

如果以M'表示年剩余价值率，以m'表示剩余价值率，以v表示预付可变资本，以n表示可变资本的周转次数，则年剩余价值率的公式可表示如下：

$$M' = \frac{m'vn}{v} = m'n$$

在资本主义制度下，资本家加速资本周转的目的是为了榨取更多的剩余价值，因而加速资本周转的各种方法，都会导致加重对雇佣劳动者的剥削，使无产阶级和资产阶级的矛盾日益尖锐化。

第三节　社会资本再生产

资本的循环和周转，研究的是单个资本的运动，即个别资本的再生产和流通。个别资本是不能脱离社会资本而存在的。本节研究的是作为个别资本运动总体的社会资本运动，即社会资本再生产和流通。

一、个别资本和社会资本

在资本主义社会里，众多的企业分属于不同的资本家所有。每个企业的资本在再生产的过程中独自循环和周转，实现价值增值。这种独立发挥职能的资本就是个别资本。但是，每一个个别资本彼此并不是孤立的，它们互为前提、互相依存。每一个个别资本既要向其他企业购买生产资料和生活资料，同时又要向其他企业出售自己的产品。甲企业的售卖阶段，同时又是乙企业的购买阶段，或者是丙企业的生产阶段，这种相互交错、互为条件的众多个别资本运动的总和，构成了社会资本的运动。社会资本是指相互联系和相互依存的个别资本的总和。

社会资本运动与个别资本运动既有共同点，也有不同之处。其共同点表现如下。

第一，运动的内容相同。二者都包含着生产剩余价值或资本增值的生产消费。

第二，运动的形式相同。二者都依次采取货币资本、生产资本、商品资本三种职能形式，并各自完成自己的循环。

第三，运动的过程相同。二者都经过购买、生产、售卖三个阶段，都是生产过程和流通过程的统一。

第四，运动的目的相同。二者都是为了价值增值，生产和实现剩余价值。

社会资本运动与个别资本运动相比较，也有许多独有的特点。

第一，社会资本的运动，既包括生产消费，也包括个人消费，即资本家和工人的个人生活消费。从单个资本运动来看，与之有关的只是生产消费即生产资料和劳动力再生产过程中的耗费。至于资本家把剩余价值的一部分用于个人消费和工人用工资用于个人消费，这是在单个资本运动过程以外进行的，不属于资本流通的范围。但是从社会资本运动来看，资本家和工人的个人消费，同资本家的生产消费一样，都成为社会资本再生产、保持资本运动连续性的必要条件，成为社会资本运动不可或缺的组成部分。因为资本家和工人购买消费品的过程，同时也就是那些生产消费品的资本家出卖商品的过程，即他的商品资本转化为货币资本的过程。正如马克思所言："这个总过程，既包括生产消费（直接的生产过程）和作为其媒介的形式转化（从物质方面考察，就是交换），也包含个人消费和作为其媒介的形式转化或交换。"①

第二，社会资本的运动，既包括资本流通，也包括媒介个人消费的一般商品流通。资本流通是与资本家生产和实现剩余价值有着直接关系的资本价值的流通。而资本家用所得收入和工人用工资购买生活消费品，与剩余价值生产和实现没有直接关系，属于一般商品流通。考察单个资本运动时，这个一般商品流通被排除在资本运动过程之外。而在社会资本运动中，这个一般商品流通是供给资本家和工人个人消费品的那些单个资本再生产的必要条件，从而成为社会

① 马克思:《资本论》，人民出版社，1975年版，第2卷，第390页。

资本运动的有机组成部分。所以，马克思说：“社会总资本的循环却包括那种不属于单个资本循环范围内的商品流通，即包括那些不形成资本的商品流通。”①

第三，社会资本的运动，既包括资本的流通，也包括剩余价值的流通。在单个资本运动中，在简单再生产条件下，全部剩余价值都用于资本家个人消费，退出了资本运动；在扩大再生产条件下，只有作为追加资本的那一部分剩余价值才加入资本运动。而在社会资本运动中，在简单再生产条件下，剩余价值全部用于资本家个人消费，加入一般商品流通；在扩大再生产条件下，剩余价值流通分为两部分：一部分作为追加资本用于生产消费，进入资本流通；另一部分作为资本家的收入用于个人消费，加入一般商品流通。无论是简单再生产还是扩大再生产，在社会总资本运动中，全部剩余价值都要进入资本流通，既包括剩余价值由商品形态转化为货币形态，也包括剩余价值由货币形态转化为实物形态——生产要素和消费品。

第四，社会资本的运动，既要考察价值补偿，也要考察实物补偿。在单个资本运动中，只考察价值补偿，不考察实物补偿。在考察单个资本运动时，通常是假定资本家能够在市场上购买到他所需要的生产资料和劳动力，劳动力也能够购买到所需要的消费资料，而且能够顺利地出售所生产的商品。而在考察社会资本运动时，则不仅要考察价值补偿，还要研究实物补偿。因为，社会资本包括全部个别资本，它所需要的生产资料和消费资料，只能从它自身的产品中得到补偿。况且，社会总产品的实物补偿是社会资本再生产顺利进行的重要内容。

二、社会资本再生产的核心问题是社会总产品的实现

考察社会资本再生产和流通，必须以社会总产品作为研究的出发点，如此才能正确认识社会资本运动所必需的条件。社会资本运动的核心问题，是社会总产品的实现问题。社会总产品是指在一定时期(通常为一年)内社会各个物质生产部门所生产的物质生产资料的总和。从社会总产品出发考察社会资本运动，核心问题是社会总产品如何实现，也就是社会总产品的补偿问题。

社会总产品的补偿包括价值补偿和实物补偿两方面。这种补偿是通过市场上商品的交换实现的，所以也称为社会总产品的实现。社会总产品的实现问题包括两方面：一方面是社会总产品的价值补偿，即社会总产品的各个部分如何在市场上卖出去，使其价值转化为货币形式，用以补偿生产中预付的不变资本和可变资本的价值，并获得剩余价值，实现价值补偿。另一方面是社会总产品的实物补偿，即社会总产品的各个部分的价值转化为货币形式以后，如何进一步转化为所需要的物质产品，也就是社会总产品价值如何通过市场再转化为再生产所必需的生产资料和生活资料，实现实物补偿。这是同一个过程的两个方面。社会总产品的价值补偿是实物补偿的前提，只有预付的不变资本和可变资本价值都得到补偿，同时获得剩余价值，才能重新购买再生产所需要的生产资料和劳动力，社会再生产才能重新进行。如果社会总产品的各个部分在市场上不能按价值全部卖出去，再生产所需要的物质资料就不能按价值全部买到，社会资本再生产就不能正常进行。社会总产品的实物补偿是社会资本运动正常进行的关键，因为，社会资本再生产运动的正常进行的起码条件，是保证上一个生产过程中所消耗掉的生产资料和消费资料能够得到补偿和替换，否则，社会再生产过程就会发生中断或者萎缩。

既然社会总产品的实现问题是社会资本再生产的核心问题，因此，为了揭示社会资本再

---

① 马克思:《资本论》，人民出版社，1975 年版，第 2 卷，第 392 页。

生产的过程和规律，就必须对社会总产品的构成以及与之相应的社会生产类别进行分析。为此，马克思提出了两个基本理论前提：社会总产品在价值上由 C（不变资本价值）+ V（可变资本价值）+ m（剩余价值）三部分组成；社会生产分为生产生产资料的部类（Ⅰ）和生产生活资料的部类（Ⅱ）两大部类。

从价值形式来看，社会总产品由不变资本价值、可变资本价值和剩余价值所构成，即 $C+V+m$。其中，不变资本价值是旧价值的转移，用于补偿生产中消耗掉的生产资料价值，可变资本价值和剩余价值是工人活劳动所创造的新价值，前者用于补偿生产中已消耗的预付可变资本价值，后者用于投资者的个人消费和扩大再生产的资本积累。

从实物形式来看，社会总产品在最终用途上，不是用于生产就是用于生活，因而它们可分为生产资料和生活资料两大类。其中生产资料用于补偿生产中消耗掉的生产资料和扩大再生产所必需追加的生产资料，生活资料则用于资本家的个人消费和工人劳动力再生产消费的需要。与此相适应，整个社会生产分成两大部类，第一部类是生产生产资料的所有部门，用符号"Ⅰ"表示；第二部类是生产生活资料的所有部门，用符号"Ⅱ"表示。

马克思正是通过这两个基本理论前提，为分析社会资本运动奠定了科学的基础，从而揭示了错综复杂的社会资本再生产和流通的规律。

三、社会资本简单再生产的实现条件

社会再生产主要有两种类型：简单再生产和扩大再生产。资本主义再生产的特征是扩大再生产。但是，简单再生产包含着社会资本再生产的一般规律性，是扩大再生产的基础和出发点，因此，要考察社会资本再生产问题，首先必须从简单再生产开始。

社会资本再生产和流通是一个十分复杂的过程，为了便于揭示社会资本再生产的规律，同时也为了理论分析的方便，在考察社会资本再生产时，必须进行合理的抽象，排除一些不利于说明这种规律性的次要因素及其影响。为此，需要作一些理论上的假定：整个社会生产都是纯粹的资本主义生产，社会上只有无产阶级和资产阶级；生产周期为一年，不变资本的价值在一个生产周期内全部转移到新产品中去；商品按价值出售，没有价值和价格的背离；没有对外贸易，社会总产品全部在国内得到补偿和实现；剩余价值率为100%。

社会资本简单再生产，是指生产规模不变的社会资本再生产，其特点是资本家把剩余价值全部用于个人消费，再生产的规模在原有的基础上重复进行。

根据社会总产品在价值形式上分为 $C+V+m$，在实物形式上表现为生产资料即第Ⅰ部类产品和生活资料即第Ⅱ部类产品，假定社会总产品的组成表现如下。

Ⅰ（第一部类）$4000C+1000V+1000m=6000$（生产资料） Ⅱ（第二部类）$2000C+500V+500m=3000$（生活资料）
社会总资本 $6000C+1500V+1500m=9000$（社会总产品）

上述图式是社会总资本在一定时期（假定为一年）的生产过程。为了使第二年生产在原有规模上进行，两大部类所生产的全部产品都必须实现，即在价值上得到补偿，实物上得到更替。为此，需要进行三方面的交换。

1. 第Ⅰ部类内部各部门之间的交换。即第Ⅰ部类中的产品 $4000C$，在实物上是由各种生产资料构成，在价值形式上代表本部类内已经消耗的不变资本的价值。为了维持简单再生产的进行，生产中已经消耗掉的4000 C，必须用新生产出来的生产资料来补偿和替换，而第Ⅰ部类本身就是生产生产资料的部门，也就是说，这4000 C 在实物形式上就是新生产出来的生产资料。因此，这部分产品在价值和实物上的实现和替换可以在第Ⅰ部类内部得到实现，即通过本部类内部各部门、各企业之间相互交换产品来实现，其中有少数生产资料因可直接留归本企业内部使用而不需要同其他企业进行交换（如发电厂用自己生产的电、钢厂用自己生产的钢、机械制造厂使用自己制造的机械等）。

2. 第Ⅱ部类内部各部门之间的交换。即第Ⅱ部类500 V 和500 m，在实物上是由各种生活资料构成，在价值上代表本部类资本家和工人用于个人消费的可变资本和剩余价值。为了维持再生产的进行，工人和资本家在个人生活消费中所消耗掉的消费资料同样要用新的消费资料来补偿，而第Ⅱ部类本身是生产消费资料的部门，也就是说，第Ⅱ部类500 V +500 m 在实物形态上就是各种消费资料，因此，这部分产品可以通过本部类内部交换，在价值和实物形式上得到实现，即通过第Ⅱ部类的工人和资本家购买本部类的各种生活消费品而得到实现。

3. 两大部类之间的交换。第Ⅰ部类1000 V 和1000 m，在价值上代表本部类的可变资本和剩余价值，用于第Ⅰ部类的工人和资本家的个人消费，但这些产品在实物形式上却是生产资料，不能直接进入个人消费，必须同第Ⅱ部类生产的消费资料进行交换。第Ⅱ部类2000 C，在价值上代表本部类已经消耗掉的不变资本，但它在实物形式上却是消费资料，因而也无法直接用来替换第Ⅱ部类所需要的生产资料，必须同第Ⅰ部类生产的生产资料进行交换。因此，两大部类都有部分产品需要同对方进行交换。第Ⅰ部类中价值1000 V +1000 m 的生产资料，与第Ⅱ部类中价值2000 C 的消费资料正好价值相等，通过交换，第Ⅰ部类的工人和资本家得到2000消费资料，第Ⅱ部类的资本家得到所需的2000生产资料。这两部分在价值和实物形式上全部得到实现。

经过以上三方面的交换，社会总产品的各个部分在价值上得到实现和补偿，在实物上也得到了替换，这样，简单再生产就可以继续进行下去。需要明确的是，上述三方面的交换绝不是一次完成的，而是在一年中经过各部门、各企业的资本家以及工人的无数次交换逐步实现的。社会资本再生产过程本身就是这种复杂的商品流通和资本流通的过程。

从上述分析可以看出，社会资本简单再生产的实现必须具备一定的基本条件，即两大部类的生产之间必须保持一定的比例关系。具体来说，就是第Ⅰ部类的可变资本与剩余价值之和必须等于第Ⅱ部类的不变资本。用公式表示如下。

$$\text{Ⅰ}(V+m)=\text{Ⅱ}C$$

这个条件表明，在社会资本简单再生产条件下，社会生产两大部类之间存在着互为条件、相互依存、相互制约的内在联系，即第Ⅰ部类提供给第Ⅱ部类的生产资料和第Ⅱ部类对生产资料的需求之间、第Ⅱ部类提供给第Ⅰ部类的消费资料和第Ⅰ部类对消费资料的需求之间，必须保持一定的比例关系（不仅是一种数量关系，而且也是一种结构关系）。所以，Ⅰ$(V+m)=$ ⅡC 是社会资本简单再生产得以实现的基本条件。如果Ⅰ$(V+m)<$ ⅡC，意味着第Ⅱ部类所生产的消费资料不能得到完全实现，出现了生产过剩。同时，第Ⅱ部类所消耗的不变资本和生产资料也不能得到充分补偿和替换。同样，如果Ⅰ$(V+m)>$ ⅡC，意味着第Ⅰ部类所生产的一部分生产资料就不能实现，也出现了生产过剩。同时，第Ⅰ部类所消耗掉的生活资料也得不到充分补偿。在这两种情况下，再生产条件都遭到破坏，从而使总产品的实现遇到困难。

由 Ⅰ$(V+m)$ = ⅡC 这个基本条件，还可引申出两个派生的实现条件。

一个是 Ⅰ$(C+V+m)$ = ⅠC + ⅡC，它反映了第Ⅰ部类生产资料的生产与两大部类对生产资料的需求之间的内在联系，即第Ⅰ部类生产的生产资料必须满足两大部类对生产资料的需要，并且，它们必须在价值量上相等，在物质形式上相符合。

另一个是 Ⅱ$(C+V+m)$ = Ⅰ$(V+m)$ + Ⅱ$(V+m)$，它反映了第Ⅱ部类消费资料的生产与两大部类的工人和资本家对消费资料的需求之间的内在联系，即第Ⅱ部类生产的消费资料必须满足两大部类对消费资料的需要，并且，它们也必须在价值量上相等，在物质形式上相符合。

上述三个公式，体现了在社会资本简单再生产过程中，两大部类之间以及两大部类内部都必须遵循的基本比例关系。这些基本的比例关系从不同侧面反映了社会资本简单再生产的规律性，即社会生产与社会消费之间、社会生产两大部类之间、生产资料生产与消费资料生产之间、消费资料生产与生活消费之间、供给与需求之间，都必须保持一定的比例关系，只有这样，社会资本再生产才能得以正常进行。这正是马克思再生产理论所揭示的基本内容。需要指出的是，在考察社会资本简单再生产的实现条件时，对不变资本运动的假设，即不变资本在一个生产周期中全部消耗掉，其价值在一年内全部转移到新产品中去，并且在当年的社会总产品实现中全部得到补偿，这与现实经济生活不相符合。因为不变资本中的一部分（如机器、厂房、设备等固定资本）是不可能在一年内全部消耗、全部转移和全部得到补偿的。因此，在考察社会总产品的实现条件之后，有必要对固定资本的补偿问题进行单独考察和分析。

前面对固定资本的分析表明，固定资本补偿的特点，是其价值补偿与实物补偿（或替换）的不同步进行。固定资本的价值补偿，是根据其平均损耗程度逐渐转移到新产品中去，在产品销售之后得到补偿，并以折旧基金形式积累起来。而固定资本的实物补偿，则是其使用期满之后才进行的，固定资本在实物形式上的使用期限没有结束、其价值没有全部转移完毕之前，其实物形式仍然在生产中发挥作用，并不需要用新的劳动资料加以替换。固定资本补偿的这个特点，对社会总产品的实现会产生一定的影响。因此，为了使社会资本简单再生产的实现不至于遭到破坏，固定资本的补偿必须根据以下条件进行：即全社会一年间在实物形式上更新的固定资本总额，等于当年在货币形式上积累的折旧基金总额。如果不具备这个条件，即使具备了社会总产品实现的基本条件，社会总产品也不能完全得到实现，社会资本简单再生产也不可能正常进行①。

四、社会资本扩大再生产的前提条件

资本主义再生产的特征是扩大再生产。要扩大再生产，就必须有积累，即资本家不能把剩余价值全部消费掉，而必须把其中的一部分用于资本积累，作为追加资本投入生产。资本积累所形成的追加资本分为两部分：一部分作为追加不变资本价值，用于购买追加的生产资料；另一部分作为追加可变资本价值，用于购买追加的劳动力。至于追加的劳动力，可以从庞大的产业后备军中得到补充。因此，要实现社会资本扩大再生产，必须具备两个物质前提：一是要有可供追加的生产资料；二是要有用于追加劳动力所需要的消费资料。

社会资本扩大再生产必须具有以下两个前提条件。

---

① 张绍焱：《政治经济学概论》，中国经济出版社，2004 年版，第 137 ~ 138 页。

1. 第Ⅰ部类的可变资本与剩余价值之和，必须大于第二部类的不变资本，这是社会资本扩大再生产的基本前提条件。用公式表示如下。

$$Ⅰ(C+V+m) > ⅠC+ⅡC \text{ 或 } Ⅰ(V+m) > ⅡC$$

这表明第Ⅰ部类生产的全部生产资料，除了维持两大部类简单再生产所需要的生产资料外，还有一个剩余，可用来满足两大部类在扩大再生产时对追加生产资料的需要。

2. 第Ⅱ部类的不变资本与用于积累的剩余价值之和，必须大于第Ⅰ部类的可变资本与资本家用于消费的剩余价值之和。用公式表示如下。

$$Ⅱ(C+V+m) > Ⅰ(V+m/x)+Ⅱ(V+m/x)$$

$$\text{或 } Ⅱ(C+m-m/x) > Ⅰ(V+m/x)$$

式中，m/x 表示剩余价值中用于资本家生活消费的部分；$m-m/x$ 表示剩余价值中用于资本积累的部分。这表明第Ⅱ部类生产的全部消费资料，除了满足两大部类简单再生产过程中工人和资本家所需要的消费资料外，也有一个剩余，可用来满足两大部类在扩大再生产时对消费资料的需要。

以上两个公式是社会资本扩大再生产的前提条件，只有同时具备这两个条件，资本积累才有可能转化为实际的扩大再生产。要使这种可能性转变为现实性，即使简单再生产转化为扩大再生产，还必须使社会总产品按照扩大再生产的上述两个前提条件进行调整和重新组合，使社会总产品的各个组成部分全部得到实现。

五、社会资本扩大再生产的实现条件

根据扩大再生产的前提条件要求，马克思设计了社会资本扩大再生产的图式如下。

$$Ⅰ(4000C+1000V+1000m)=6000$$

$$Ⅱ(1500C+750V+750m)=3000$$

上式中，$Ⅰ(1000V+1000m) > Ⅱ1500C$，符合 $Ⅰ(V+m) > ⅡC$ 这个扩大再生产的基本前提条件，具备了进行资本积累和扩大再生产的可能。在资本积累中，必须使社会总产品的各个组成部分在简单再生产的基础上按照扩大再生产的要求进行重新组合，即资本家把剥削到的剩余价值作适当的分割，一部分用作追加的不变资本（$\triangle C$），一部分用作追加的可变资本（$\triangle V$），一部分用作资本家的消费（m/x）。

假定第Ⅰ部类的资本家把 1000 m 中的一半用于积累，另一半用于资本家个人消费，同时假定积累的资本按原有的资本有机构成进行追加，则用于积累的 500 m 就转化为追加不变资本 400 $\triangle C$ 和追加可变资本 100 $\triangle V$。这样，第Ⅰ部类的年产品价值按照扩大再生产的用途重新组合如下。

$$Ⅰ(4000C+400\triangle C)+(1000V+100\triangle V)+500m/x=6000$$

为了适应第Ⅰ部类扩大再生产的需要，第Ⅱ部类也要进行相应的积累。而且积累的规模取决于第Ⅰ部类能为第Ⅱ部类所提供的生产资料的数量。由于第Ⅰ部类提供的生产资料为 1600（$1100V+500m$），除了补偿第Ⅱ部类原来消耗掉的 1500 生产资料外，还有 100 的剩余。这决定了第Ⅱ部类扩大再生产可以追加 100 $\triangle C$ 的不变资本（生产资料），按照第Ⅱ部类 2∶1 的资本有机构成，还必须同时追加 50 $\triangle V$ 的可变资本。这就决定了第Ⅱ部类的资本家必须从 750 m 中拿出 150 进行积累，剩余的 600 剩余价值用于本部类资本家的个人生活消费。这样，第Ⅱ部类的年产品按照扩大再生产的用途重新组合如下。

$$Ⅱ(1500C+100\triangle C)+(750V+50\triangle V)+600m/x=3000$$

这样，两大部类的年生产品，按照剩余价值资本化的要求，在价值形态上的重新组合，为社会资本扩大再生产条件下社会总产品的实现创造了条件。

经过第Ⅰ部类内部交换、第Ⅱ部类内部交换以及两大部类之间的交换，社会总产品全部得到实现。

第一年的社会总产品实现后，则第二年的生产过程开始时，两大部类的资本构成如下。

$$Ⅰ\ 4400C+1100V$$

$$Ⅱ\ 1600C+800V$$

假定剥削率不变，则第二年社会总资本的生产过程将表现如下。

Ⅰ(第一部类)$4400C+1100V+1100m=6600$(生产资料) Ⅱ(第二部类)$1600C+800V+800m=3200$(生活资料)
社会总资本 $6000C+1900V+1900m=9800$(社会总产品)

社会总产品价值由第一年的9000增加到9800，实现了扩大再生产。根据上述方法，以后各年社会资本扩大再生产的实现过程都可以做类似的分析。

根据以上分析可看出，社会资本扩大再生产的基本实现条件如下。

$$Ⅰ(V+\triangle V+m/x)=Ⅱ(C+\triangle C)$$

公式表明，社会资本扩大再生产的实现，必须使两大部类相交换的产品之间保持一定的比例关系，即第Ⅰ部类原有的可变资本加上追加的可变资本，再加上本部类资本家用于个人消费的剩余价值，三者之和等于第Ⅱ部类原有的不变资本加上追加的不变资本之和。公式还说明，在社会资本扩大再生产条件下，社会生产两大部类之间存在着互为条件、互相依存的内在联系，即第Ⅰ部类提供给第Ⅱ部类的生产资料与第Ⅱ部类对生产资料的需求之间、第Ⅱ部类提供给第Ⅰ部类的消费资料与第Ⅰ部类对消费资料的需求之间必须保持一定的比例关系。否则，社会资本扩大再生产就不能顺利地实现。

由社会资本扩大再生产的基本实现条件，可以引申出以下两个实现条件：

$$Ⅰ(C+V+m)=Ⅰ(C+\triangle C)+Ⅱ(C+\triangle C)$$

这表明第Ⅰ部类生产资料的生产与两大部类对于生产资料的需求之间的关系，即第Ⅰ部类生产的全部产品在价值上必须等于两大部类原有的不变资本加上追加的不变资本之和。它反映了第Ⅰ部类生产资料的生产必须同两大部类对补偿已经消耗的生产资料的需求和追加的生产资料的需求相适应。

$$Ⅱ(C+V+m)=Ⅰ(V+\triangle V+m/x)+Ⅱ(V+\triangle V+m/x)$$

这表明第Ⅱ部类消费资料的生产与两大部类对于消费资料的需求之间的关系，即第Ⅱ部类生产的全部产品在价值上必须等于两大部类原有的可变资本、追加的可变资本和资本家用于个人消费的剩余价值之和。它反映了第Ⅱ部类的消费资料生产必须同两大部类原有工人、资本家对消费资料的需求和追加的工人对消费资料的需求相适应。

六、生产资料生产优先增长规律

马克思在考察社会资本扩大再生产的实现条件时，是在一定的假设条件下进行的，即在资本积累和扩大再生产时，资本有机构成是不变的，也就是说排除了技术进步因素的影响。实际上，在资本积累过程中总是伴随着技术进步的因素，这使得社会资本的有机构成呈现不断提高的发展趋势。由于资本有机构成的提高，在资本积累和扩大再生产过程中，使原有预付资本和追加资本中转变为不变资本的部分会越来越大，因而不变资本的增长速度会快于可变资本的增长速度。

在技术不断进步和资本有机构成不断提高的扩大再生产过程中，生产资料生产优先增长之所以具有客观必然性，是因为资本有机构成的提高，表明在社会总资本中不变资本的比重趋于增大，可变资本的比重趋于缩小。不变资本的物质内容是生产资料，可变资本的物质内容是维持和再生产劳动力的消费资料。不变资本比重的增大和可变资本比重的缩小，意味着同等数量的资本，对生产资料的需求，比对消费资料的需求更大，也意味着同等数量的劳动力将推动更多的生产资料，因而在客观上要求生产资料生产优先增长。

生产资料生产优先增长，是指在技术进步的扩大再生产条件下，由于资本有机构成提高，生产资料生产的增长快于消费资料生产的增长。“增长最快的是制造生产资料的生产资料生产，其次是制造消费资料的生产资料生产，最慢的是消费资料生产”。这是列宁在研究马克思再生产理论时，考虑到技术进步和资本有机构成提高的因素而得出的结论。事实上，没有技术的高度发展，进而没有资本有机构成的提高，生产资料的生产是不可能快于消费资料增长的。

生产资料生产的优先增长，并不意味着生产资料生产的发展可以脱离消费资料生产的发展。相反，生产资料生产的增长最终要受消费资料生产增长的制约。更不排除在某个时期内，消费资料生产可以比生产资料生产增长得更快。列宁指出：“社会产品的第一部类（生产资料的制造）能够而且应当比第二部类（消费品的制造）发展得更快。但是决不能由此得出结论说，生产资料的生产可以完全不依赖消费品的生产而发展，也不能说与这毫无联系……生产消费（生产资料的消费）归根到底总是同个人消费联系着，总是以个人消费为转移的。”在现实经济中，生产资料生产和消费资料生产每年增长速度的具体比例关系，是由各国具体的历史条件、技术条件和经济条件决定的。由于各个不同时期其条件各不相同，生产资料生产不可能每年都比消费资料生产增长得更快。有时甚至会出现生产资料生产与消费资料生产交替快速增长。不过，无论生产资料生产和消费资料生产如何交替出现快与慢的差异，只要技术不断进步，资本有机构成不断提高，生产资料生产快于消费资料生产的增长就是一种必然的趋势。

马克思关于社会资本再生产理论揭示了资本主义经济发展的内在规律性，即无论是简单再生产还是扩大再生产，社会生产的两大部类之间以及两大部类内部各部门之间，必须保持一定的比例关系。这种理论的伟大意义在于：它不仅揭示了资本主义社会化大生产的特殊性质，还揭示了一般社会化大生产各部门都必然要保持相应的比例关系的内在必然性。当然，马克思的社会资本再生产理论的最终目的，是为了揭示资本主义再生产过程中存在的各种矛盾，这些矛盾的综合作用使社会资本再生产的比例失调，从而导致经济危机的爆发。

第四节　资本主义经济危机

资本主义经济常常是每隔若干年发生一次周期性的经济危机。这种周期性经济危机是资本主义经济制度下社会化大生产发展到一定阶段的必然现象。认清资本主义经济危机的周期性特征，弄清危机的实质和根源，把握第二次世界大战后主要资本主义国家危机的新特点和反危机措施，可以使我们进一步认识资本主义经济发展的规律性和历史趋势。

一、资本主义再生产过程的矛盾

资本主义经济危机的根源何在？生产过剩的经济危机是资本主义经济特有的现象，但是，经济危机的可能性，却在商品经济中早就潜伏着了。在货币作为流通手段的条件下，卖和买就在时间和空间上分离了，一个人卖出自己的商品后，却不一定马上购买别人的商品。卖者出售商品取得货币，如果不买进，那些作为他的交换对手的商品生产者，也就不能卖出。这就可能发生买和卖的脱节，就已包含着危机的可能性。但是，在简单商品经济条件下，危机的可能性并没有成为现实性。这是因为，当时的生产力水平还很低，社会分工不发达，自然经济还占统治地位；小商品生产者为买而卖，其生产的目的是为了使用价值而不是价值；商品生产和市场的规模小，小商品生产者之间的生产和交换关系并不广泛。在这种情况下，一般不会出现生产和消费的严重脱节，即使出现了危机，也不可能蔓延至整个社会。

马克思的再生产理论表明，无论在简单再生产还是在扩大再生产的条件下，社会生产的两大部类之间，每个部类内部的各个生产部门之间，都必须保持一定的比例关系。只有这样，社会资本的再生产才能顺利进行。但是，在资本主义制度下，生产资料归各个资本家或资本家集团私有，进行生产的目的是为了榨取尽可能多的剩余价值。个别资本之间一方面由于社会分工使它们发生互相依赖、互相制约的关系，另一方面又由于生产资料的资本主义私有制使它们互相对立、互相分离。所以，整个社会生产的比例不可能自觉地、有计划地在生产过程开始以前就确立起来。在直接生产过程中，生产什么，生产多少，怎样进行生产，都由单个资本根据其自身的利益以及它们各自对市场的估计独立地确定。但是整个社会生产是无政府状态。各个单个资本生产的产品能否适应社会需要，社会上还有多少资本在从事这种产品的生产，生产出来的东西能否销售出去，生产所需要的物质资料能否顺利地购买回来，这些问题在直接生产过程是无法确切地知道的。正如马克思所指出的："资产阶级社会的症结正是在于，对生产自始就不存在有意识的社会调节。合理的东西和自然必需的东西都只是作为盲目起作用的平均数而实现。"所以，马克思再生产理论所揭示出来的社会资本再生产所要求的比例关系，只能通过不断的经济震荡和周期性的经济危机，自发地强制地实现。

马克思的再生产理论为揭示资本主义再生产过程中的震荡和危机，提供了坚实的理论基础。这首先表现在马克思再生产理论中关于社会总产品的实现条件和实现形式的矛盾分析上。再生产理论所揭示的社会总产品的实现条件就其实质来说，说明了在社会再生产过程中各种使用价值的生产必须同社会对它们的需要互相协调。而这种协调意味着要求按照社会需要的比例来把社会劳动分配到各个部门中去。这是任何一个社会的再生产都存在着的客观规律。马克思指出:“要想得到和各种不同的需要量相适应的产品量，就要付出各种不同的和一定数量的社会总劳动量。这种按一定比例分配社会劳动的必要性，绝不可能被社会生产的一定形式所取消，而改变的只是它的表现形式。”社会总产品的各种实现条件，具体地体现了按一定比例分配社会劳动的必要性。

但是，在资本主义制度下社会总产品的实现形式却是表现为在市场上通过货币流通作媒介的自发的商品流通来进行的。在这种流通中，每一次交换行为都表现为单方面的购买行为。以第一部类的Ⅰ$(v+m)$和第二部类的Ⅱc之间的交换来说，这种交换的内在联系是第一部类的工人和资本家为了维持劳动力的再生产和消费要求获得必要生活资料，第二部类的资本家为了在物质上补偿他在生产过程中消耗掉的不变资本，要求获得生产资料。但是，两个部类的种种需要，并不是以双方有计划地供给对方所需的产品这种形式实现的，而是以一个极为复杂的流通过程为媒介来实现的，即使把实际生活中发生的无数次流通行为概括起来，至少也得表现为三个彼此独立进行但又互相交错在一起的流通过程，即:1.第一部类资本家拿出货币购买劳动力;2.第一部类的工人用出卖劳动力所得货币购买消费品;3.第二部类资本家用卖消费品所得货币去购买生产资料。正因为实现的形式表现为市场流通等一系列各方面的购买行为，因而难以保证实现的条件。

由此可见，马克思的再生产理论所以要着重分析社会总产品的实现条件，正是为了说明资本主义制度下不可能自觉地保证这种实现条件。因为由社会总产品的实现条件所体现的按照社会需要的比例分配社会劳动的要求，恰恰是用这种比例在直接生产过程中不可能自觉地、有计划地加以确定的方式表现出来，而只能通过各个个别资本纷纷涌到市场上寻求产品实现的这种形式来表现，即通过市场去自发地满足再生产所要求的比例。而根据市场规律来调节的比例关系，当然只能是在出现了比例失调以后自发地去加以纠正，即通过价格的涨落去指示资本家应当把资本即社会劳动投到那个方面去。用这种形式来实现社会生产的比例，当然就不可避免地会产生各种波动和震荡，不可避免会产生严重的比例失调，不可避免使生产力遭到严重的浪费和破坏。

在资本主义发展到它的最高阶段即帝国主义阶段后，随着垄断组织和国家垄断资本主义的产生，随着科学技术的发展、交通和通信事业的空前发展以及各种预测手段的日益现代化，一些大垄断组织已经有可能对本国的，甚至全世界的某种产品的生产、供应和销售的状况作出大致的判断和估计，一些资本主义国家也纷纷制订各式各样的经济发展计划。在这种情况下，马克思再生产理论所揭示的社会总产品的实现条件与实现形式之间的矛盾，是否仍然存在？社会资本再生产所要求的比例关系，是否仍然不能自觉地建立起来呢？对这个问题的回答是肯定的。即社会资本再生产过程中实现条件和实现形式之间的矛盾不仅仍然存在并且发展得更为严重了，社会再生产所要求的比例关系仍然不能在直接生产过程中自觉地建立起来，而只能通过市场的自发调节去实现。这是因为，虽然垄断组织有可能对某些产品甚至某个部门的生产、销售和原料来源作出大致的判断和估计，但也只是作出这种判断和估计而已。在直接生产过程中，支配垄断组织行动的只能是对利润的追逐，而绝不可能为了实现再生产所要求的比例关系而去牺牲其私利。举例来说，假定掌握着某个部门生产、销售以及原料来源的相当大的部分的某垄断组织根据它所掌握的情况和预测，已经知道投在这个部门的资本超越了社会的需要，有一部分产品将在市场上得不到实现。但由于它的资本已经投在这个部门，生产资本中有很大一个部分有其特定的自然形态和用途，不能随意移作他用，而向其他部门转移资本又存在着种种阻碍，不易取得高额利润，这时这个垄断组织仍然将用全力去发展这种明知已经过剩的生产，并力求改进技术，降低成本，以便在有限的市场上为自己夺取尽可能多的份额，把希望寄托在能够在竞争中排挤对手，用其他资本家的失败来保证自身的利益。而且，社会生产的无政府状态不可能消除。相反，由于参加竞争的企业具有雄厚的资本和庞大的规模，伴随着竞争能力的加强而来的是竞争手段的多样化和复杂化，因而必然使社会生产的无政府状态变得更加严重。这样，社会总产品实现条件也就越是难以得到保证。

二、资本主义经济危机的实质与根源

(一)资本主义经济危机的实质

资本主义经济危机，实质是生产相对过剩。危机爆发时，大量商品积压卖不出去，物价下跌;大批工厂倒闭、破产，生产急剧下降，失业人数迅速增加;银行纷纷倒闭，信用关系遭到破坏。经济危机使社会生产力遭到极大破坏，人民的生活水平受到严重影响。马克思、恩格斯曾对此做了形象描述:“危机期间，发生一种在过去一切时代看来好像是荒唐现象的瘟疫，即生产过剩的瘟疫。社会转瞬间回到突如其来的野蛮状态，仿佛是一次大饥荒。一场毁灭性的大战争，完全吞噬了社会的全部生活资料;仿佛是工商业全被毁了。”①经济危机的种种表现，归根结底是由“生产过剩的瘟疫”造成的。生产过剩是经济危机的实质。

所谓生产过剩，并不是绝对过剩，即不是资本主义生产的社会财富超过了社会的实际需要，而是相对过剩，相对于劳动人民有支付能力的需求来说，生产的商品过剩了。因为在危机期间，一方面是大量商品堆积如山卖不出去，甚至人为地加以销毁;另一方面却是千百万劳动人民连最基本的生活资料都得不到满足，处于困苦的境地。可见，这只是生产的相对过剩。

(二)资本主义经济危机的根源

经济危机的根源在于资本主义基本矛盾。即生产社会化和生产资料资本主义私人占有之间的矛盾。具体来说，资本主义基本矛盾主要表现在两个方面。

1. 资本主义个别企业生产的有组织性和整个社会生产的无政府状态之间的矛盾

生产资料的资本主义私有制，决定了资本家对所属企业具有绝对的支配权。为了获得更多的剩余价值，资本家总是力求改进技术，加强生产管理，使资本主义企业的生产具有一定的组织性。但出于生产资料的资本主义私人占有制。使整个社会的生产又处于无政府状态，每个资本主义企业生产什么、生产多少，都由价值规律自发调节，这样随着资本主义的发展，个别企业生产的有组织性和整个社会生产的无政府状态间的矛盾不断加剧，社会再生产的实现条件得不到保证，两大部类之间、生产与消费之间的比例严重失调，大量商品卖不出去，形成严重的生产过剩，就会导致经济危机的爆发。

---

① 《马克思恩格斯全集》，人民出版社，1972 年，第 472 页。

2. 资本主义生产无限扩大的趋势同劳动人民有限支付能力的需求相对缩小之间的矛盾

一方面由于资本家对剩余价值的追求和竞争的外在压力，迫使他们不断进行资本积累，扩大生产规模，同时平均利润趋向下降规律的作用，也促使资本家力图通过扩大再生产来增加利润量。而生产社会化程度的提高，最新科学技术成就在生产中的应用和信用关系的发展，又为扩大再生产提供了可能性，使资本主义生产具有一种盲目扩大的趋势，另一方面，却是广大劳动人民有限支付能力的需求相对缩小的趋势。这是因为资本主义生产的目的是为了追求剩余价值。为了榨取更多的剩余价值。就要加强对工人阶级的剥削，随着资本积累和扩大再生产的进行，资本有机构成不断提高，必然会造成大量相对过剩人口；另外，资本家还利用大规模生产的优势，不断排挤和掠夺小生产者，必然造成广大城乡小生产者的破产。这一切都使广大劳动人民有限支付能力的需求赶不上生产的发展，形成大量的过剩商品。当这种生产和消费的矛盾达到一定程度时，就必然会爆发经济危机。

三、资本主义再生产的周期性

经济危机是资本主义固有的，但并不是资本主义经济运动每时每刻都处于经济危机之下，资本主义经济危机是每隔若干年爆发一次，是周期性出现的。资本主义经济危机的周期性，是指资本主义再生产过程中，从一次危机开始到另一次危机开始之间周而复始的阶段性，每一个周期一般都要经过危机、萧条、复苏和高涨四个阶段。

危机是再生产周期中的决定性阶段，它是前一个周期的终点，又是下一个周期的起点，在危机阶段，生产与消费的矛盾空前激化，使商品大量积压，物价猛烈下跌，利润率急剧下降，生产大量缩减；资本周转困难，银根奇紧，利息率提高，股票价格下跌，银行破产倒闭，引起信用危机。总之，经济危机猛烈冲击着资本主义经济活动，使资本主义国家的社会经济生活受到严重影响。

萧条是再生产周期的停滞阶段。危机持续一段时间后，由于资本家缩减生产、关闭企业、销毁存货或者降价销售，市场上积压的商品减少，生产和市场之间的供求矛盾逐渐缓解。这个阶段，生产虽然不再下降，失业人数不再增加，商品价格也不再下跌，但是，商品销售仍旧很困难，大批工人尚未就业，社会购买力依然低下。整个市场冷冷清清。生产处于停滞状态，经济社会生活呈现一派萧条景象。于是，资本家为了摆脱困境，设法改进技术、更新或添加新的设备。设备的更新或增加，引起对生产资料和劳动力的需求增加，从而推动了生产的恢复，于是萧条阶段转入复苏阶段。

复苏是再生产周期的恢复时期。在这个阶段，资本主义经济从危机的打击中逐渐恢复和苏醒过来。投资继续增长，工人就业人数日益增多，社会购买力开始提高，物价缓慢上升，利润逐步增加。工商企业的活跃增加了对借贷资本的需求，推动了信用的扩展。当社会生产恢复并超过危机以前的最高水平时，复苏阶段就转入高涨阶段。

高涨是再生产周期的“繁荣”阶段。这一阶段，生产迅速发展，新企业不断建立，就业人数急剧增加，社会购买力不断提高，商品畅销，物价上涨，市场活跃，信用关系扩展。整个社会经济呈现一片“繁荣”景象，但这种繁荣中又孕育着新的危机。

资本主义再生产的四个阶段是相互联系、互为条件的。危机是再生产周期的基础，它决定了周期的性质，萧条是危机的延续，并为复苏提供条件；复苏是高涨的前提，为高涨准备了条件；高涨中孕育着新的危机，也为危机的再次爆发准备了条件。

资本主义经济危机之所以呈现周期性，是由资本主义基本矛盾所决定的。因为，经济危机的发生，是通过使大批工厂关闭、生产猛烈下降的方式，使生产与消费的矛盾暂时得到解决，再生产所需要的比例关系暂时重新建立起来。但是，它不过是资本主义再生产过程中各种矛盾暂时的、强制的解决，而不是这些矛盾的消失。因此，每次危机过后，随着生产的恢复和发展，资本主义固有的各种矛盾还会重新发展和激化，再生产"比例失调的现象"还会发生，新的经济危机还会爆发。资本主义除非改变生产资料所有制形式，否则这种矛盾是没有办法消除的，这一矛盾的存在和发展必然导致危机的周期性发生。

四、资本主义经济危机的物质基础

资本主义再生产能够从危机到高涨，再从高涨到危机的周期性循环，是有其赖以运转的物质条件的。这个物质条件就是固定资本的更新。固定资本周转的周期是一个持续多年的过程，周转一次的时间包括流动资本周转很多次。马克思说："这种由若干互相联系的周转组成的包括若干年的周期（资本被它的固定组成部分束缚在这种周期之内），为周期性的危机造成了物质基础"①。固定资本的周期更新成为资本主义再生产周期的物质基础，包括两个方面的意义：

第一，为资本主义经济摆脱危机提供了物质条件。因为在危机过后，当过剩的商品降价销售时，资本家要在社会购买力还很低的情况下获取利润，并要对付竞争对手，就必须提前更新陈旧设备或进行新的投资，以降低成本，提高劳动生产率，同时，由于社会上存在大量游资，利率很低，取得投资贷款也较方便，所以，每次危机总是大规模新投资的起点。资本主义经济通过固定资本的大规模更新，便摆脱了危机，走出萧条，逐渐过渡到复苏和高涨阶段。

第二，为下一次危机的到来创造了物质前提。由固定资本的大规模更新带来的技术发展和生产扩张，不仅使社会产品迅速增加，并且导致失业人口剧增。社会生产是在加强剥削雇佣劳动的基础上迅速扩大的，它使资本主义基本矛盾必然尖锐，这就不可避免地爆发新的危机。

但是，固定资本的周期更新仅仅是造成周期性经济危机的物质条件，而并非根本原因。如果没有资本主义制度，则固定资本更新带来的劳动生产率的提高和生产的发展，可以用来增加劳动人民的购买力，相应地提高整个社会的物质和文化生活水平，也就不会导致经济危机。

五、当代资本主义经济危机与再生产周期的特点

（一）危机频繁、周期缩短、冲击力减弱

第二次世界大战后，国家垄断资本主义并没有消除资本主义再生产各个环节之间存在的尖锐矛盾。因此，整个社会再生产仍然处于无政府状态，垄断资本的运动仍然伴随着周期性的经济危机，经济运行秩序不断被危机打断，形成资本主义再生产的周期运动，但是战后经

① 马克思：《资本论》，人民出版社，1972年版，第2卷，第207页。

济危机持续的时间比战前短，“二战”前每次危机持续时间平均为20个月，“二战”后是11个月左右。而且，危机所造成的破坏力大大下降。由于西方发达国家采取一系列政策和措施，使经济危机爆发后所造成的生产大幅度下降现象有所缓和。据统计，战后经济危机期间，下降幅度不超过15%，而在战前，历次经济危机期间，工业生产下降幅度一般都达到20%上，有些国家竟高达40%以上。可见，战后经济危机的冲击力明显减弱。资本主义经济危机的冲击力虽然减弱了，但爆发危机的次数更加频繁。以美国为例，从1945～1979年爆发了6次经济危机，平均约6年爆发一次。

（二）生产停滞与通货膨胀并存

危机阶段，普遍存在物价上涨现象，同时“滞胀”贯穿于再生产周期的各个阶段之中。“二战”前，资本主义经济危机发生后，由于生产过剩，商品滞销，物价总是急剧下跌。可是“二战”后，即使经济危机发生，物价仍然不下跌，而是仍旧上涨，只是物价的上涨有所减弱而已。这种情况的出现，是因为国家垄断资本主义采用膨胀性的财政金融政策作为“反危机”措施。国家日益增大财政开支，造成国家预算入不敷出，财政赤字巨大。弥补财政赤字的主要办法是印刷钞票，其结果是大大增加货币供应量，通货膨胀由此产生。为了刺激生产所采取的降低利率、扩大信贷等措施又进一步加剧了通货膨胀。为了医治通货膨胀国家又不得不采取紧缩措施，如压低政府支出，减少货币发行量，提高利率，缩小信贷等。这又将使投资疲软，市场萎缩。其结果是加重了经济停滞。这样，一方面在社会资本再生产过程中出现了生产的长期停滞，另一方面在货币信用领域出现了经常的严重的通货膨胀。这两个过程相互交织、相互结合，形成了停滞与膨胀并存的局面。可见，当代资本主义经济危机是国家垄断资本主义条件下社会资本矛盾运动的必然产物，也是战后发达资本主义国家长期奉行凯恩斯主义，采取种种“反危机”措施的恶果。

（三）结构性危机与周期性危机互相交织

随着“二战”后科学技术的进步和西方国家对本国经济长期经济计划的实施，发达资本主义国家对本国经济结构进行调整，从而引发了结构性的危机如原料危机、传统工业危机、结构性失业、政府结构性财政赤字以及石油危机、世界性通货膨胀、国际债务危机、贸易收支失衡等。结构性危机具有不同于周期性危机的特点：1. 周期性危机持续的时间较短，通常是1年左右。最长也不过两三年，结构性危机持续时间比较长，往往要10年、15年甚至更长。2. 周期性危机是生产过剩造成的，而结构性危机不一定表现为生产过剩，也可表现为生产不足，物价不一定下跌，也可能是上涨。3. 周期性危机通常是从生产领域波及流通领域，并形成全面的经济危机，而结构性危机可能只发生在某一个或某几个领域和部门。4. 周期性危机在各国基本上表现相同，只是深刻程度和时间长短等会有差别，而结构性危机在各国的表现和影响并不一样，甚至完全相反。战后，结构性危机和周期性危机，往往同时并存，互相交织，20世纪70年代迄今发生的两次周期性危机都有这种情况，它使当代资本主义经济危机更加深刻。

（四）经济危机的周期性与非周期性交替出现，周期性明显加强

第二次世界大战以前，随着资本主义世界市场的发展和世界资本主义体系的形成，资本主义各国的经济联系日益紧密，因而各主要资本主义国家的生产周期进程逐渐统一，经济危

机常在几个国家同时爆发。而战后，由于各国政府采取宏观经济政策的措施和力度不同，因而使各资本主义国家的经济危机有时会出现非周期性特征。从第二次世界大战后到20世纪60年代，西方的经济危机基本上都是非周期性的，这有利于各资本主义国家相互转嫁危机，在一定程度上减轻了危机的严重性。但是从20世纪70年代起，先后爆发的1973～1975年和1980～1982年的两次世界性经济危机，席卷了所有的主要资本主义国家，周期性明显增强。1997年东南亚经济危机和2008年下半年从美国爆发的席卷整个世界的经济危机，都说明在经济一体化条件下，经济危机的周期性明显增强。

（五）金融资本的过度扩张成为经济危机爆发的重要原因

20世纪90年代以来，伴随着经济全球化和金融全球化加速，一些垄断资本主义国家和金融寡头利用手中掌握的巨额投机资金，借助一系列金融产品创新，使金融衍生品极度扩张，从而形成了巨大的金融泡沫。当泡沫严重脱离实体经济，达到一定程度时，危机便不可避免地爆发了。而且发达国家一些金融寡头还通过资本在国际上的转移，在全球范围内进行资本的过度投机，来操纵和控制全球经济，并转嫁经济危机。如日本20世纪90年代的经济危机、1997年的亚洲经济危机和2008年爆发的波及整个世界的经济危机都是源于金融泡沫的破灭，泡沫破灭后经济陷入长期萧条，而且越陷越深。究其原因，并不是由于资本主义经济典型的生产过剩危机，而是泡沫经济破灭后导致银行体系瘫痪。在传统的资本主义危机中，经济萧条也会导致银行系统紊乱，但经济萧条是因，银行危机是果，而在90年代后的经济危机却出现了因果倒置的情况，即是由于银行系统紊乱导致经济萧条，这些都说明当代资本主义经济危机出现了新特点。

六、资本主义经济危机加剧了资本主义社会的矛盾

在资本主义制度下，因资本主义基本矛盾而导致的经济危机的爆发，加剧了资本主义社会各种矛盾的深化，暴露了资本主义制度的局限性和历史过渡性。

马克思认为，资本主义经济危机只是暂时地、强制性地使原来严重失调的比例关系趋于暂时的均衡，使社会再生产得以继续进行。危机还通过固定资产的更新强制性地推进社会进步，加速了资本集中。但这一切并没有消除反而加深了资本主义的基本矛盾和其他矛盾。主要表现在：第一，经济危机造成了社会财富的巨大浪费，对资本主义社会生产力造成严重的破坏。第二，经济危机进一步加深了资本主义基本矛盾。第三，经济危机进一步激化了资本主义社会的阶级矛盾。第四，经济危机加剧了发达资本主义国家之间、发达资本主义国家与发展中国家之间的矛盾。资本主义经济危机表明，资本主义社会生产力和生产关系之间存在着不可克服的矛盾，从而暴露了资本主义生产方式的历史过渡性。

凯恩斯也认识到，有效需求不足是市场机制自发作用的产物，因此，扩大有效需求就不可能由市场机制本身来做到，而必须用政府的力量对经济实行干预，如果资本主义依然依靠亚当·斯密“看不见的手”去调节经济，不解决生产社会化和生产资料资本主义私人占有之间的矛盾，资本主义则坚持不下去，就必然灭亡。凯恩斯声称，20世纪30年代以前的认为资本主义经济会自动达到充分就业均衡，不需要政府干预经济的思想十分有害。因为那等于听任

有效需求不足继续存在，听任危机和失业持续恶化；要克服资本主义失业和经济危机，惟一的办法就是让国家之权威与私人之策动力量相互合作，“现在操之于私人之手者，将由国家集中管理，乃是把投资这件事情，由社会来总揽”，“政府职能不能不扩大，这是惟一切实办法，可以避免现行经济形态之全部毁灭”。想必凯恩斯心里十分清楚，经济形态的全面毁灭也就意味着政治形态——资本主义社会制度的全面毁灭！

第二次世界大战后，所有西方国家都推行了凯恩斯的国家干预主义，都在私有制基础上部分地实行了国有制。这是资本主义私有制在量变过程中的部分质的变化，它使资本主义基本矛盾在西方政府无奈的妥协下得以部分缓解。所有的西方国家又都在市场调节基础上搞了计划调节，并将计划调节和市场调节结合起来，部分地解决了个别企业有组织和整个社会生产无政府状态的矛盾。但是，第二次世界大战后爆发的历次经济危机，特别是2008年爆发的、源于美国的世界金融大危机，证明凯恩斯医治资本主义经济危机的“药方”只能缓解、不能根治资本主义的经济危机；证明马克思对资本主义经济危机实质与根源的分析是正确的。消除资本主义经济危机的惟一出路，是消除资本主义生产方式自身，解决生产资料的私人占有与生产社会化这一资本主义的固有矛盾。

思考题：

1. 单个资本连续循环的基本条件是什么？
2. 简述资本循环和周转的关系。
3. 社会总资本运动的特点是什么？
4. 什么是资本主义经济危机？其根源是什么？

◆第五章 剩余价值的分配

本章从资本主义生产总过程的角度，考察资本和剩余价值所采取的具体形式，分析剩余价值如何采取利润、商业利润、利息和地租的形式，在产业资本家、商业资本家、借贷资本家、大土地所有者与农业资本家之间进行分割，透过资本主义经济的各种表面现象，进一步揭示资本主义经济制度的剥削实质。

第一节　平均利润和生产价格

剩余价值是由物质生产部门生产出来的，但是并不能完全归物质生产部门的资本家所占有，而必须在参与资本主义生产总过程的资本家中进行再分配。在剩余价值的各种具体形式中，利润是其他各种形式的基础。本节主要分析剩余价值如何转化为利润，利润如何转化为平均利润以及价值如何转化为生产价格。

一、成本价格和利润

资本主义企业生产的商品价值包括三个部分：不变资本的价值（C）、可变资本的价值（V）和剩余价值（m）。用公式表示如下。

$$W = C + V + m$$

式中，C 和 V 代表资本家为生产商品所实际耗费的资本额。这部分价值对资本家来说就是生产成本，或叫成本价格。

成本价格是指生产商品所耗费的不变资本与可变资本之和。如果用 k 表示成本价格，则 $k = C + V$，商品价值公式便转化为 $W = k + m$。

资本主义商品的成本价格是商品价值的一部分，它小于商品的价值，两者的差额就是剩余价值。用公式表示为：$W - k = m$。

成本价格这个经济范畴，在资本主义经济活动中具有重要意义。第一，成本价格是商品销售价格的最低界限。如果商品销售价格低于成本价格，资本家就要亏本；如果商品销售价格高于成本价格，资本家就能赚钱。因此，成本价格得到补偿，是资本主义再生产连续进行的条件。第二，成本价格的高低，是决定资本家竞争胜败的关键。在生产同种商品的不同企业中，成本价格低的企业，在激烈的市场竞争中就处于有利地位。相反，成本价格高的企业，在竞争中就处于不利地位，甚至有可能被淘汰出局。因为，消费者总是喜欢物美价廉的商品。

成本价格出现以后，资本家就把剩余价值当作全部预付资本的产物。这时，剩余价值就转化为利润。在资本家看来，全部预付资本中虽然只有部分加入成本价格的形成，但作为生产的物质条件，全部预付资本都参加商品的生产过程，从而也参加了剩余价值的生产过程。这样，资本家就把剩余价值看做是全部预付资本的产物。正如马克思所指出的那样："剩余价值，作为全部预付资本的这样一种观念上的产物，取得了利润这个转化形式。"

利润是剩余价值的转化形式。利润和剩余价值本来是同一个东西，所不同的是，剩余价值是对可变资本而言的，而利润是对全部预付资本而言的。剩余价值是利润的本质，利润则是剩余价值的转化形式。剩余价值转化为利润以后，商品的价值就转化为成本价格加利润。如果用 P 来代表利润，则商品的价值公式就由 $W = k + m$ 转化为 $W = k + P$ 。

这样，成本价格的出现，掩盖了剩余价值的真正来源，从而掩盖了资本对雇佣劳动的剥削关系。

剩余价值转化为利润之后，剩余价值率就转化为利润率。马克思指出："用可变资本来计算的剩余价值的比率，叫做剩余价值率，用总资本来计算的剩余价值的比率叫做利润率。"利润率是剩余价值和预付总资本的比率。以 P' 代表利润率，则利润率的计算公式如下。

$$P' = \frac{m}{C + V}$$

由于剩余价值率和利润率是同一个剩余价值量与不同资本量的对比得出的不同比率，所以利润率是剩余价值率的转化形式，但二者还是有区别的。一方面，由于预付总资本（$C + V$）恒大于可变资本 V，因此，利润率恒小于剩余价值率。另一方面，剩余价值率表示资本家对雇佣工人的剥削程度，而利润率则掩盖了资本家对雇佣工人的剥削程度，它表示的是全部预付资本的增值程度。资本主义生产的目的，是以最小量的预付资本获得最大限度的利润。在资本总量一定时，资本家获利多少就取决于利润率的高低。所以，对于每一个资本家而言，利润率是越高越好。正如马克思在《资本论》中引用 19 世纪中叶英国评论家登宁所描绘的那样："资本害怕没有利润或利润太少，就像自然害怕真空一样。一旦有适当的利润，资本就胆大起来。如果有 10% 的利润，它就保证到处被使用；有 20% 的利润，它就活跃起来；有 50% 的利润，它就铤而走险；为了 100% 的利润，它就敢践踏一切人间法律；有 300% 的利润率，它就敢犯任何罪行，甚至冒绞首的危险。"

利润率是经常波动的，影响利润率高低的主要因素如下。

第一，剩余价值率。在预付总资本和资本有机构成不变的条件下，利润率与剩余价值率呈正相关变化。剩余价值率越高，利润率就越高。反之，剩余价值率降低，利润率也相应降低。因此，凡是能提高剩余价值率的方法，同时也是提高利润率的方法。

第二，资本有机构成。在剩余价值率和劳动力价值不变的条件下，利润率与资本有机构成呈负相关变化。资本有机构成越高，同量资本中可变资本就越少，所使用的劳动力也就越少，因而创造的剩余价值也就越少，利润率就越低。反之，资本有机构成越低，同量资本中可变资本的比重越大，所使用的劳动力也就越多，因而创造的剩余价值也就越多，利润率就越高。部门利润率同部门的资本有机构成呈反向变化，是就整个部门来说的。对同一部门内部的个别企业而言，情况正好相反。个别企业的资本有机构成越高，意味着技术越先进，劳动生产率越高，其产品的个别价值低于社会价值，因而可以获得超额剩余价值，即超额利润，其利润率也就越高。

第三，资本周转速度。在其他条件不变时，资本周转速度与利润率呈正相关变化。资本周转速度越快，可变资本的周转速度就越快，同量资本所带来的剩余价值就越多，因而利润率就越高；反之，资本周转速度越慢，利润率就越低。因此，资本家总是想方设法加速资本的周转速度，以便提高利润率。

第四，不变资本的节省。在剩余价值量和剩余价值率不变的条件下，不变资本越节约，预付总资本就越少，同量剩余价值与较少的预付资本相比，利润率越高。节省不变资本的方法主要有：充分利用社会化大生产的优越条件，组织大规模的生产，集中使用生产资料；节省用于建筑物、机器设备、动力、照明等方面的资本支出；延长工人的劳动时间；实行轮班劳动制度，在不增加厂房、机器等方面投资的情况下，可以获得更多的剩余价值，从而提高利润率。

二、利润转化为平均利润

资本家为了获得更多的利润，相互之间必然开展激烈的竞争。这种竞争包括部门内部的竞争和部门之间的竞争。

部门内部的竞争，是指同一生产部门内部生产同类商品的各个企业之间的竞争。竞争的目的是为追逐超额利润；竞争的结果形成了商品的社会价值。部门内部竞争还促使本部门的平均资本有机构成提高和利润率的下降，从而引起和加剧各个不同部门之间的竞争。

部门之间的竞争，是指不同生产部门的企业之间的竞争。竞争的目的是为了取得有利的投资场所和更高的利润率，竞争的结果使各企业部门的利润率趋于平均化，形成平均利润率。

部门之间的竞争，导致不同生产部门的利润率趋向平均化。因为，资本家为了追逐较高的利润率，会把自己的资本从利润率较低的部门转移到利润率较高的部门，这就引起资本在各部门间的分配比例发生变化。原先利润率高的部门，由于资本流入，生产规模扩大，供给增加，在市场需求不变的情况下，会造成商品供过于求，必然引起商品价格下降，因而利润率也随之下降。相反，原来利润率低的部门，由于资本的流出，生产规模缩小，供给减少，在市场需求不变的情况下，会造成商品供不应求，必然引起商品价格上涨，利润率也随之提高。这种资本在各生产部门之间的自由转移和各部门产品价格不断涨落的状况，将一直持续到各部门的利润大致相当时，才会暂时稳定下来。部门之间的竞争，既表现为资本从利润率低的部门向利润率高的部门转移，也表现为新增资本向利润率较高部门的投入。这样，由于生产部门之间的竞争，各部门不同的利润率趋于平均，形成了平均利润率。

平均利润率实际上是按照社会总资本平均计算的利润率，是社会的剩余价值总额与社会总资本的比率。用公式表示如下。

$$\text{平均利润率}=\frac{\text{剩余价值总额}}{\text{社会总资本}}$$

平均利润率的高低取决于如下两个因素。

一是社会各部门的利润率水平。社会各部门的利润率水平较高，则平均利润率水平也较高；反之亦然。

二是社会总资本在社会各部门之间的分配。如果投入利润率较高的部门的资本在社会总资本中所占比重大，平均利润率就较高；反之也亦然。

总之，平均利润率不是社会各部门利润率的简单和绝对的平均，而是一种利润率平均化的发展总趋势。

平均利润率形成后，利润也就转化为平均利润。即不同部门的资本家，按照等量资本获得等量利润的原则来瓜分剩余价值。

平均利润率的形成和利润转化为平均利润，进一步掩盖了资本主义剥削关系。因为，在剩余价值转化为利润时虽然已经掩盖了剩余价值的真正来源，但是剩余价值量和利润量还是一致的，人们还可以觉察到二者之间的某些联系。而在利润转化为平均利润以后，许多部门的利润量和剩余价值量不一致。此时利润的多少和预付资本的数量有关，等量资本取得等量利润。这样，利润的来源和本质被进一步掩盖起来。

三、价值转化为生产价格

平均利润率形成的过程，也是生产价格形成的过程。随着利润转化为平均利润，商品的价值就转化为生产价格。

生产价格是指成本价格加平均利润。生产价格形成以后，商品不再按照价值出售，而是按照生产价格出售。这使价值规律作用的形式发生了变化。在生产价格形成以前，商品的市场价格总是围绕价值上下波动。生产价格形成以后，商品的市场价格从过去围绕价值波动转化为围绕生产价格上下波动，此时，生产价格取代了价值成为市场价格变动的中心。但这并不违背价值规律。具体原因如下。

第一，从个别生产部门来看，资本家获得的平均利润可能高于或低于本部门工人创造的剩余价值。但从全社会来看，整个资本家阶级获得的平均利润总额与整个工人阶级创造的剩余价值总额是一致的。平均利润的形成，只是剩余价值在各个部门资本家之间重新瓜分的结果。

第二，从个别部门来看，生产价格与商品价值不一致。但从全社会来看，由于平均利润总额等于剩余价值总额，因此，生产价格总额必然等于商品价值总额。

第三，生产价格的变动，归根到底取决于价值的变动。价值的任何变动都会相应引起生产价格的变动，并且二者变动的方向总是一致的。如果生产商品的社会必要劳动时间减少，商品的价值降低，生产价格也会随之降低；如果生产商品的社会必要劳动时间增加，商品的价值提高，生产价格也会随之提高。

平均利润和生产价格的形成，并不影响个别资本家获取超额利润。因为平均利润和生产价格是由部门之间竞争形成的。在平均利润和生产价格形成以后，部门内部各个企业之间的竞争仍然存在。在部门内部竞争中，少数先进企业率先采用先进技术或改善生产经营管理，提高企业的劳动生产率，使产品的个别生产价格低于社会生产价格，然后按照社会生产价格销售商品，从而比其他资本家获得更多的利润，即超额利润。超额利润是由个别生产价格低于社会生产价格的差额形成的，它是超额剩余价值的转化形式。

马克思的平均利润和生产价格理论，具有重要的理论意义和实践意义。首先，它发展了劳动价值理论。它科学地解决了劳动价值论和等量资本获得等量利润之间的矛盾，说明了利润是剩余价值的转化形式，平均利润是利润的转化形式，生产价格是价值的转化形式，证明了生产价格规律只是价值规律作用的具体形式，两者并不存在实质上的矛盾。其次，它揭示了资产阶级剥削无产阶级的关系。它指明了在资本主义社会，每个工人不仅受本企业资本家的剥削，而且还受其他资本家的剥削；每个资本家不仅剥削本企业的工人，而且还剥削其他企业的工人。在资本主义社会，工人不仅受本企业、本部门资本家的剥削，而且还要受整个资本家阶级的剥削。资本家之间尽管在争夺利润中存在着矛盾，但在剥削工人阶级这个根本问题上，他们的利益是完全一致的。工人与资本家的对立，完全是两个阶级的对立，无产阶级只有推翻资产阶级，消灭资本主义剥削制度，才能从根本上摆脱受剥削的地位。

四、平均利润率下降趋势规律

平均利润率形成以后，不是永不变动，而是随着资本主义生产的发展而变动。从长期来看，平均利润率呈现出缓慢下降的趋势，其根本原因在于社会资本的平均有机构成不断提高。在资本主义制度下，个别资本家在追逐利润的动力和竞争的压力推动下，不断改进生产技术，运用科技新成果，更新生产设备，扩大生产规模，提高劳动生产率，从而必然促进整个部门的资本有机构成提高。各个部门资本有机构成提高的结果，必然导致整个社会资本的平均有机构成提高。随着社会平均资本有机构成的提高，一方面，在剩余价值率一定的条件下，资本有机构成的提高，意味着可变资本在总资本中所占比重相对减少，使同量资本推动的活劳动减少，剩余价值或利润量也随之减少，引起利润率水平不断下降；另一方面，资本有机构成的不断提高，引起固定资本在总资本中所占比重增大。固定资本的周转速度从整体上看是远远慢于流动资本的周转速度的，这样，在全部预付资本中固定资本所占比重越大，资本周转速度就越慢，平均利润率水平就越低。上述两方面的综合作用，使平均利润率必然趋于下降，形成平均利润率下降趋势规律。

平均利润率的下降，并不意味着工人所受剥削程度的减轻和剩余价值率的下降。因为影响利润率的因素除了剩余价值率以外，还有资本有机构成和资本周转速度等因素。因此，即使在剩余价值率不变甚至提高的情况下，由于资本有机构成的提高或资本周转速度的减慢，也会导致平均利润率的下降。例如，假定社会资本为100，平均资本有机构成为$50C:50V=1:1$，剩余价值率为100%，平均利润率为50%，剩余价值量即利润量为50。再假定由于资本积累和资本有机构成提高，社会资本从100增加到200，平均有机构成从$50C:50V=1:1$提高到$70C:30V=7:3$，剩余价值率也由100%提高到150%，则平均利润率由原来的50%下降到45%，而剩余价值量即利润总量由50增加到90。

平均利润率的下降，也不意味着社会资本占有的利润量绝对减少。平均利润量的多少，取决于平均利润率的高低和资本总量的多少。如果利润率不变，利润量则随着资本总量的多少而增减；如果资本总量不变，利润量则随着利润率的高低而增减。因此，当利润率下降时，资本总量不变，利润量确实会减少。但是，资本主义再生产的特点是扩大再生产，资本总量在不断增大，虽然由于技术的进步，资本有机构成的提高，可变资本在资本总量中所占比重下降，但只要可变资本的绝对数量没有减少，利润量是不会减少的。在资本主义生产和资本积累的发展过程中，随着社会总资本的增加，可变资本总量也在增加。因此，即使利润率下降，利润量依然是增加的。

由此可见，随着资本积累和资本有机构成的提高，平均利润率的下降和剩余价值率的提高或利润量的增加，是可以同时发生的。正如马克思所指出的那样："同样一些规律，会使社会资本的绝对利润量日益增加，而使它的利润率日益下降。"①

平均利润率下降趋势的规律，并不意味着平均利润率是处在连续不断的下降之中，而是指在较长时期内表现出来的一种趋势。因为在实际生产过程中，还有许多因素阻碍着利润率的下降。

---

① 《马克思恩格斯全集》，人民出版社，1974年版，第25卷，第244页。

第一，剥削程度的提高。资本家千方百计提高剩余价值率，从而延缓利润率的下降。

第二，不变资本各要素价值降低。科技进步和劳动生产率的提高，使生产资料的价值不断降低，使资本有机构成的提高放慢，阻碍利润率的下降。

第三，相对过剩人口的存在和增加。劳动力供过于求，使资本家把工资压低到劳动力价值以下。工资的下降又有利于资本家利用更多的廉价劳动力，使可变资本的比重提高，从而增加剩余价值量，进而会阻碍利润的下降。

第四，对外贸易的发展。资本家通过对外贸易廉价进口原材料，高价出口制成品，增大剩余价值。同时，资本家还在国外直接投资以获取高额利润。这些都可以阻碍平均利润的下降。

因此，平均利润率下降趋势规律，并不排除在某个时期内利润率因各种因素的综合作用而有某种程度的提高，但这些因素最终并不能改变平均利润率下降趋势的性质。

第二节　商业资本和商业利润

实际上，在资本主义社会，除了产业资本家之外，还有商业资本家、借贷资本家、银行资本家、农业资本家和大土地所有者。工人所创造的剩余价值也不是全部被产业资本家占有，其他资本家也要参与剩余价值的瓜分，而商业资本家也是参与瓜分的一员。剩余价值会转化为下表所示的不同的形式：

剩余价值
- 产业利润
- 商业利润
- 利息
- 银行利润
- 地租

一、商业资本

商业资本又叫商人资本，是一种古老的资本形式，产生于奴隶社会初期，并在奴隶社会和封建社会中得到一定程度的发展。马克思指出："不仅商业，而且商业资本也比资本主义生产方式出现得早，实际上它是资本在历史上更为古老的自由的存在方式。"①但它不同于资本主义的商业资本。资本主义的商业资本是从产业资本中分离出来独立发挥作用的商品资本，它同产业资本有着紧密的联系，为产业资本的流通服务。

产业资本运动要顺次通过三个阶段，采取三种形式，执行三种职能。在资本主义初期，生产规模很小，产业资本家身兼二任，既从事生产，又搞经营销售，产业资本循环的三个阶段都是由产业资本家自己完成的。随着商品生产的发展，流通区域扩大，一部分商品资本逐渐从产业资本中分离出来，成为独立的资本形式——商业资本。

由此可见，商业资本是资本主义发展到一定阶段的产物，是产业资本运动中的商品资本的独立化形式。

值得注意的是，在社会总产品中，总有一部分商品的买卖是在产业资本家之间或企业与

① 《马克思恩格斯全集》，人民出版社，1974 年版，第 25 卷，第 363 页。

消费者之间直接进行的，不需要商业资本的介入；所以商业资本不是全部，而只是一部分商品资本的转化形式。

商品资本要独立化为商业资本，必须具备一定的条件：1. 产业内部的分工演变为部门之间的分工，从而使商品的买卖活动不再作为产业资本家的附带业务，而成为一种流通当事人的专门职能。2. 独立化的流通当事人必须自己预付资本，成为独立的商品经营者。商业资本的运动形式是 $G—W—G'$ ，即商业资本家把一定货币额投入流通，购买商品，再把它卖出去，取回更多的货币。这样，对商品的最终实现起中介作用，就成了商人的专门业务。他就是通过这种活动，使他的货币转化为资本，并使其增值。

商业资本的独立化，大大地推动了资本主义的经济发展，缩短了资本流通时间，节约了流通资本，加速了资本周转。但商业资本发挥作用是有前提的，即商业资本的数量必须保持在社会再生产需要的范围内。如果商业资本数量和规模超过了社会生产所需要的比例和限度，就会造成流通环节过高，费用过大，投资浪费，那就不仅不能发挥促进作用，反而还会阻碍社会再生产的顺利进行。同时，也应该看到，由于一部分商品资本独立出来成为商业资本，专门从事商品的买卖，这就使得生产和消费脱节的现象更加严重，往往会造成市场虚假繁荣的景象，从而使资本主义再生产的矛盾进一步加剧。

二、商业利润

商业资本家帮助产业资本家推销商品，其目的是为了获得商业利润。但商业资本是流通领域的资本，它只是实现商品的价值和剩余价值，不创造价值和剩余价值。那么，商业利润从哪里来呢？

从表面看，商业利润好像是商业资本家购买和出卖商品之间的差额，是通过贱买贵卖获得的。但是，如果把包装、保管、运输等生产活动排除在外，单纯的商品买卖活动是不创造任何价值和剩余价值的。商业利润不在流通中产生，其真正来源同产业利润一样，只能是产业工人在生产中创造的剩余价值的一部分。

由于商业资本独立出来，分担了产业资本的一部分职能，产业资本家就不能独占全部剩余价值，而必须把剩余价值的一部分以商业利润的形式转让给商业资本家。这种让渡是通过商品购买价格和售卖价格的差额来实现的，即产业资本家按照低于生产价格的价格把商品卖给商业资本家，然后商业资本家再按照生产价格把商品卖给消费者。这种购买价格和售卖价格之间的差额就是产业资本家让渡给商业资本家的那部分剩余价值，也就是商业利润。

商业资本家获得的商业利润不能低于平均利润。如果商业利润低于平均利润，商业资本的利润率低于产业资本的利润率，那么商业资本家就会把商业资本转移到产业部门中去。同样，商业资本的利润率也不能高于产业资本的利润率，否则产业资本家的资本也会转移到商业部门。部门之间的竞争和资本的转移，使商业利润率和产业利润率趋于平均化，形成了整个社会资本统一的平均利润率。

假定一年内，整个社会垫支的产业资本为720亿元（C）+180亿元（V）=900亿元，剩余价值率为100%，不变资本的价值全部转移到新产品中去。这里，一年内生产出来的社会总产品价值或总生产价格为720亿元（C）+180亿元（V）+180亿元（m）=1080亿元。剩余价值为180亿元，平均利润率是$\frac{180}{900}=20\%$。为了把1080亿元的商品拿到市场上出卖，在流通领域中需要追加商业资本100亿元。这样，社会预付资本总额为900亿元+100亿元=1000亿元。由于商业部门的纯粹买卖行为并不创造价值和剩余价值，剩余价值总额仍为180亿元。但是，现在商业资本参加进来分配剩余价值了，因此，平均利润率就应为$\frac{180}{1000}=18\%$。按照18%的平均利润率再进行分配，产业资本家获得的平均利润则为900亿元×18%=162亿元，而商业资本家获得的平均利润则为100亿元×18%=18亿元。这样，产业资本家便按照720亿元（C）+180亿元（V）+162亿元=1062亿元的出厂价格把商品卖给商业资本家，而商业资本家则按照1062亿元+18亿元=1080亿元的价格把商品卖给消费者。由此，商业资本家投资100亿元，就可以获得平均利润18亿元。商业资本参与剩余价值的分配后，平均利润率公式变为：

$$平均利润率=\frac{剩余价值总额}{产业资本总额+商业资本总额}$$

商业资本家参加了剩余价值的分配以后，生产价格的公式就应为成本价格（k）+产业利润（P）+商业利润（h）。表面上看起来商业资本家拿走一部分剩余价值使平均利润率降低了，似乎对产业资本家不利，其实不然：假设没有商业资本家参加，产业资本家完全自己经营商业，或许增加的流通资本比100亿元还更多，平均利润率的下降还会更厉害。

由此可见，商业利润是通过商品的购销差价来获得的。它不在流通中产生，而在流通中实现，它是产业工人创造的一部分剩余价值的转移，是商业资本参与利润平均化的结果。商业利润的整个实现过程并不违背价值规律。

三、商业流通费用及其补偿

商业资本家除了垫支一定数量的资本购买商品外，还要支付一定量的流通费用。所谓流通费用，就是商品流通过程中支出的各种费用。

流通费用分为两类：一类是由商品使用价值的运动引起的，是同生产过程在流通领域的继续有关的生产性流通费用，如运输费、保管费、包装费等。在运输、保管、包装等方面所耗费的劳动是生产性劳动，它不仅把生产资料的价值转移到商品中去，还要创造价值和剩余价值，使商品价值增大。这类流通费用可以从已经提高了的商品价值中得到补偿，并从中获得平均利润。

另一类是由商品价值形态的变化所引起的费用。这是一种纯粹流通费用，如店员的工资、广告费、办公费、簿记费、商品信息费等。这类开支是非生产性的，耗费的劳动是非生产性劳动，不创造价值和剩余价值，也不是商品价值的构成部分，因而不能从售卖商品的实际价值中得到补偿。但商业资本家必须把这些费用作为商品的一种加价加到商品的售卖价格中去，从售卖价格中得到补偿。而且，对商业资本家来说，垫支的纯粹流通费用和生产性流通费用不仅是个补偿问题，它们都是预付资本，还必须参与利润的分配，取得相应的平均利润。因此，平均利润率还要下降。我们还是用前面的例子来说明这一问题。如果产业资本为900亿元，带来180亿元的利润，商业资本除原来100亿元外，还追加纯粹流通费用50亿元。这时，平均利润率就为：$\frac{180}{900+100+50}=17.14\%$，其中产业资本家获平均利润为154.29（900×17.14%）亿元，商品的出厂价格为1054.29（900+154.29）亿元。产业资本家按此价格把商品出售给商业资本家，商业资本家再加上他应得的商业利润和支出的流通费用出卖给消费者。这样商业资本家从售卖商品的价格中，不仅收回了他预付的资本，而且取得了相应的平均利润，即按1130(1054.29+150×17.14%+50)亿元的价格出卖给消费者。

由此可见，纯粹流通费用的补偿和获利都是对社会剩余价值的分配，都在商品价值内得到实现。从表面上看，流通费用的补偿似乎增加了社会负担，减少了产业资本的利润；但实际上，产业资本之所以愿意让渡这部分剩余价值，是因为只要纯粹流通费用在社会需要的范围内，商业资本经营商品就比产业资本分散经营流通业务更经济，可以大大减少流通中的资本，其节约的资本远远超过耗费的纯粹流通费用，有助于产业资本的节约和利润率的提高。

商业活动是由店员即商业工人来完成的。商业工人和产业工人一样，都是雇佣工人。但是，商业工人的劳动与产业工人的劳动有本质的不同：产业工人在生产过程中从事的劳动可以创造价值和剩余价值，是生产性劳动；而商业工人的劳动除了一部分是生产性劳动（如保管、包装、运输等）外，绝大部分是从事商品买卖活动的劳动，并不创造商品的价值和剩余价值。但商业劳动是实现商品的价值和剩余价值所需的劳动，是社会必需的劳动。商业工人的劳动也分有酬劳动和无酬劳动，商业工人从社会总剩余价值中分得的那部分剩余价值也分为商业工人的劳动力价值和商业利润。在有酬劳动时间，商业工人通过商业劳动实现劳动力的价值，用于补偿商业资本的可变部分；在无酬劳动时间，商业工人为商业资本家实现了产业资本让渡的商业利润。商业劳动与创造剩余价值的劳动一样，对商业资本来说，是商业利润的源泉。

四、商业资本的周转

（一）商业资本周转和社会再生产的关系

商品资本转化为商业资本后，其周转既受产业资本周转的影响，又形成独立于产业资本的特点。表面看来，商业资本的周转似乎是独立于产业资本周转之外的，只代表买卖行为的周期更新；而产业资本的周转则代表再生产行为的周期更新，对商业资本来说，这个周期更新只表现为外部条件。实则不然，商业资本的周转取决于再生产过程的周期更新。生产与流通的依存性，在这里只是改变了形式，但并未取消。商业资本的周转要受到两个限制：1.产业资本生产和再生产过程越迅速，商业资本的周转越迅速，反之则相反。2.商业资本的周转还要受个人消费的规模和速度的限制。因此，它的周转一方面依存于生产，一方面依存于消费。生产与消费的更新是商业资本周转的两个界限。

同时，商业资本周转是有“外部的独立性”的。虽然社会再生产是商业资本周转的基础，但它对商业资本周转的制约是带有长期性、具有一定伸缩性的，这就是商业资本运动在一定限度内可以脱离这种制约而独立运动的原因。这主要表现为商业资本可以在一定时期和限度内不受消费的制约，连续向产业资本购买商品，合理囤积。而信用制度的发展，又使商业资本不受自有资本量的制约，可以支配社会总货币资本的很大部分，继续向产业资本购买商品，使商品超出合理囤积的范围。而持续的购买又会给产业资本一个“虚假的需求”信号，从而推动生产进一步扩大。从这一角度来讲，商业资本的周转可以不受生产过程的限制，又可以不受消费和资本量的制约。然而，这种独立性是有限的。当商业资本的运动超出了社会再生产的承受限度，它“内部的依赖性和外部的独立性”的矛盾尖锐化，“这时，内部联系要通过暴力即通过一次危机来恢复。”①

(二)商业资本周转的作用

商业资本的周转速度对平均利润率和商品销售价格都有重要影响。

1. 商业资本的周转速度对利润率的影响

商业资本对利润率的影响是不同于产业资本的。产业资本周转速度越快，年利润率越高。而商业资本不创造价值和剩余价值，其周转快慢并不直接影响利润率的高低，只是间接影响利润率。在利润率既定的条件下，商业资本获得利润的多少取决于商业资本在社会总资本中所占的比重。商业资本所占的比重大，利润就越高；反之，则越低。从这个意义上讲，商业资本参加了平均利润率的决定。因此商业资本周转速度会影响商业资本在社会总资本中的比重，进而影响平均利润率的高低。在社会总资本既定的条件下，商业资本周转越快，需要的商业资本的绝对量就越小，产业资本的绝对量就越大，生产的剩余价值就越多，利润率就越高；反之，利润率就越低。在产业资本和总剩余价值量既定的条件下，商业资本周转越快，需要的商业资本的绝对量就越小，社会总资本就越少，利润率也就越高；反之，则相反。

2. 商业资本周转对商品销售价格的影响

如果商业资本的相对量已定，则属于它的利润总量就已定，不同商业部门资本周转上的差别不会影响属于一定商业资本的利润总量，更不会影响一般利润率。不过，不同商业部门资本周转上的差别却会直接影响不同商业部门“商业加价”的大小。如年平均利润率为15%，预付商业资本为100，商业利润就是15。如果商业资本每年只周转一次，该商业部门就会按115的价格出售商品；当另一个部门其他情况相同时，其资本年周转5次，该部门就会按103的价格出售商品。前一部门加价为15，后一部门加价为3。所以，不同商业部门周转速度的不同，并不能给该部门的资本家带来不同的利润。如果不是这样，不同商业部门就会有不同的利润率，甚至商业资本会随着它周转次数的增加，赚取比产业资本更多的利润。而这是和一般利润率规律相矛盾的。

但从上面的分析也可以看出，商业资本周转速度的快慢，明显影响到商品上“商业加价”的大小。“因此，不同商业部门的商人资本的周转次数，会直接影响商品的商业价格。商业加价的多少，一定资本的商业利润中加到单个商品的生产价格上的部分的大小，和不同营业部门的商业资本的周转次数或周转速度成反比。”②同一平均利润率，会根据这种商业资本周转的快慢，以不同方式分配在单位商品价格上。由此可见，商业资本只是根据它自身周转的快慢，把应得的商业利润率以不同的百分比加到它负责周转的商品上。所以，“一定量商品资本周转一次获得的利润，同实现这个商品资本的周转所需的货币资本的周转次数成反比。”③利润小，周转快，是零售商业的一个原则。

应当指出，商业资本这一周转规律总是适用于该部门的平均周转的。如果单个商业资本的个别周转快于平均周转，他就可以获得商业上的超额利润。如果这种周转的加速是由于店铺地理位置的优越造成的，他就要为此支付额外的租金。

---

① 《马克思恩格斯全集》，人民出版社，1974年版，第25卷，第340页。

② 《马克思恩格斯全集》，人民出版社，1974年版，第25卷，第348页。

③ 《马克思恩格斯全集》，人民出版社，1974年版，第25卷，第351页。

第三节　借贷资本和利息

一、借贷资本的形成

资本主义社会里的独立资本形态，除了产业资本、商业资本以外，还有借贷资本。借贷资本就是为了取得利息而暂时借给另一个资本家使用的货币资本。这种不从事任何实际生产经营而单靠利息获利的资本家，就是借贷资本家。

在资本主义制度下，借贷资本也是从产业资本的循环过程中分离出来的一种独立的资本形态。在产业资本循环过程中，必然会出现大量暂时闲置的货币资本，这是因为：1. 固定资本价值是逐渐转移到商品中去，并随着商品的出售，一部分一部分地回到资本家的手里的。而固定资本在实物形态上的更新却是在它们完全磨损后才进行的。因此，在需要更新以前，资本家手里会有一部分固定资本的折旧费暂时闲置起来。2. 从流动资本看，当商品已经出售，但还不到发放工资、购买原材料时，这部分流动资本也会暂时闲置起来。3. 资本家预定用于积累的剩余价值，只有积存到一定数量时，才能转化为资本。在这以前，这部分剩余价值也会暂时闲置起来。上述种种暂时闲置的货币资本，不能为它的所有者带来剩余价值，这当然是同资本的本性相矛盾的。为了使这部分资本发挥作用，资本家就要为它寻找出路。这种出路是存在的，因为在资本主义生产和再生产过程中，各个资本的循环是交错进行的，某些资本家出售商品之后，会有暂时闲置不用的货币资本；而另外一些资本家的商品尚未销售却正要购买机器设备、原料和发放工资，需要货币资本。这时，拥有暂时闲置货币资本的资本家就可以把这部分货币资本贷放给临时需要货币资本的资本家使用，使之发挥资本的职能。当然，拥有货币资本的资本家不会无代价地把资本暂时让给别人使用，取得贷款的资本家在归还贷款时必须加上一笔利息作为代价。于是，产业资本运动过程中暂时游离出来的货币资本为获取利息而借贷出去时，就变成了借贷资本。

二、利息和利息率

伴随着借贷资本的出现，产生了资本所有权和资本使用权的分离。拥有货币资本的借贷资本家自己并不使用这些货币资本，而是把它借给职能资本家（产业资本家和商业资本家）使用。这部分货币资本，只有在转到职能资本家手里以后，才在生产和流通过程中发挥作用。借贷资本家只是凭借对货币资本的所有权，定期从职能资本家手里取得利息收入。由于资本所有权和资本使用权的分离，同一个资本取得了双重的存在：在借贷资本家手里是财产资本，在职能资本家手里是职能资本。与此相适应，使用这个资本所获得的平均利润，也相应地分割为两部分：一部分支付给借贷资本家作为其出让资本使用权的利息，另一部分是归职能资本家所有的企业利润。企业利润是指职能资本家利用借人资本从事生产经营所获得的利润，它在数量上是平均利润减去利息的差额。

由此可见，利息是平均利润的一部分，是剩余价值的特殊的转化形式，它的来源是剩余价值。借贷资本家虽然不直接剥削雇佣工人，但通过职能资本家间接地和雇佣工人发生关系。所以，利息反映的仍然是资产阶级剥削雇佣工人的关系。

借贷资本家只凭借资本的所有权就可以获得利息。而在利息的形态上，剩余价值的生产过程和实现过程都看不见了。这就造成一种假象，似乎货币本身就能生出更多的货币，从而完全掩盖了资本主义剥削的实质。其实，货币资本贷放过程本身并不能生产出剩余价值，只有在职能资本家使货币资本在实际生产和再生产过程中发挥作用时，才带来剩余价值。

利息量与借贷资本量的比率，是利息率。

$$利息率=\frac{一定时期的利息量}{借贷资本量}$$

例如，一个100万元的借贷资本，一年能获得4万元的利息，那么它所依据的利息率就是$\frac{4万元}{100万元}=4\%$，习惯的说法是年利四厘或年利率4%。

利息率的高低是怎样决定的呢？在一般情况下，利息率要低于平均利润率，否则职能资本家得不到任何利益，就不去借款了。利息率也不能等于零，否则就没有人愿意贷出货币资本。因此，利息率总是在平均利润率和零之间波动。当平均利润率一定时，利息率的高低就取决于金融市场上借贷资本的供求关系。借贷资本的供给大于需求，利息率就下降；反之，利息率则会上涨。当平均利润率既定和借贷资本供求平衡时，利息率是由习惯和法律等因素决定的。

三、银行资本和银行利润

在资本主义社会里，货币资本的借贷主要是通过银行来进行的。资本主义银行是专门经营货币资本的资本主义企业，它的职能是把社会上的闲置资本和各阶层手中暂时不用的货币集中起来，贷给职能资本家使用，即充当货币资本的所有者和借用者之间的中介。

银行资本可以分为两个部分：一部分是银行资本家自己投入银行的自有资本，它只占银行资本的很小一部分；另一部分是银行吸收的存款，即借入资本。资本家投资于银行和投资于工商业一样，其目的都是为了获得利润。银行利润是通过存款利息和贷款利息之间的差额而形成的。银行贷款利息一般都高于存款利息，两者之间的差额减去经营银行业务的费用，就构成银行利润。由于在银行资本家和职能资本家之间同样存在着竞争和资本的自由转移，从而银行资本家也获得平均利润，银行利润与银行的自有资本的比率相当于平均利润率。

银行利润和利息一样，它的来源也是雇佣工人在生产中所创造的剩余价值。银行资本家通过贷出资本给职能资本家使用而获得利息，这个利息是由职能资本家将其利用贷款而获得的剩余价值的一部分支付给银行而形成的，因而银行资本家参加了对剩余价值的瓜分。银行资本家之所以能以银行利润的形式瓜分到一部分剩余价值，是因为他依靠了银行雇员的劳动。银行雇员的劳动也分为必要劳动和剩余劳动，银行雇员的劳动虽然不创造价值和剩余价值，但它能在剩余劳动时间内使银行资本家取得归他的那一部分剩余价值，即实现银行利润。因此，银行雇员同样遭受银行资本家的剥削。

四、股份公司

（一）股份公司的产生

股份公司是通过发行股票方式合资经营的企业。现代资本主义国家的大中型企业，大都采取股份公司的形式。以发行股票的方式，集中很多单个资本进行股份联合经营的资本，称为股份资本。

股份公司是随着资本主义社会的生产社会化程度的提高和信用制度的发展而产生的。首先，生产社会化程度的提高，使得开办企业所必需的资本最低限额越来越大。此外，某些事业的经营，如铺设铁路等等，需要投入巨额资本，这是个别资本家无力经营的。因此，需要通过集资方式，组织起股份公司进行经营。其次，资本主义信用制度的发展，促进了股份公司的产生和发展。这是因为，股份公司的股票发行，一般是通过作为信用中介的金融机构来进行的，而且银行经常是股份公司的主要投资者。同时，在股份公司中，股票的持有者拥有公司的所有权，但这些资本是交给股份公司在生产经营中使用的，因而股份公司中的资本的所有权和使用权是相互分离的。这就表明，股份公司实际上是信用这种借贷活动的一种特殊形式。

(二)股份公司的功能

股份公司这种与社会化大生产相适应的、在市场经济条件下发展起来的资本经营组织形式，对于促进资本主义经济的发展具有重要的作用。

第一，有利于快速聚集资本和优化投资结构。股份公司通过发行股票，可以突破单个资本的局限性，广泛吸收社会闲散资本，在短期内将大量资本加以集中，形成社会化的资本，从而适应社会化大生产对巨额资本的需求，建立起大型企业，或迅速扩大原有企业生产能力，实行规模经营，促进生产社会化的发展。而大资本凭借其强大实力，能够广泛利用先进技术，合理配置劳动力资源，提高设备利用率，在激烈的市场竞争中更易取胜，获取较高盈利。同时，股份公司的效益越好，股东的收益就越多，从而越能吸引更多的投资者。这就有利于资本向市场需求大、经济效益高的部门和企业转移，从而优化投资结构，促进资源的合理配置。

第二，有利于所有权和经营权的分离，提高企业的运营效率。在股份公司中，股权是财产权的表现，股东作为公司资本的所有者，掌握企业财产的所有权，行使股东的权利，承担相应的义务。而公司制企业作为独立的法人，使用和经营企业的资产，掌握企业的经营权。这种所有权和经营权的两权分离，使企业财产所有者的权益得到了维护，他们享有资产受益权、重大决策权、经营管理者选择权。而企业的经常性生产经营活动，不由所有者自己承担，而是委托给有经验、会管理、善经营的专职经营者，即企业的经理人员。这样就使企业完全成为自主经营、自负盈亏的商品生产者、经营者和市场竞争主体，拥有独立的经营权，独立地进行生产经营活动，并在企业内部形成一个专业化的经营管理队伍，从而能够有效地提高企业的经营管理水平和企业资本的运营效率。

第三，有利于企业财产的完整和稳定。股份公司企业对股东投资所形成的全部财产具有法人财产权。企业法人财产权是企业法人与企业财产经营权的有机结合。企业作为法人财产权的主体，独立支配和自主经营企业财产。这种企业法人财产具有整体性、稳定性和连续性的功能。股份公司有多元投资主体，但不论企业的投资者有多少，企业的法人财产合为一体，不可分割，由企业法人占有和使用，实行统一经营管理，股东不能随意抽回投资，从而保持了企业财产的整体性。股份公司的股东即使将其向企业的投资转让给他人(如出卖股票而使股权转移)，企业的法人财产也并不会因此而发生变动，从而保持了企业财产的相对稳定。同时，只要公司存在，企业法人就拥有企业法人财产权，不会因投资者的变动而影响企业法人财产权的连续行使。公司财产的完整和稳定，可以为企业进行较长期的经营决策和有计划地从事较长期的生产经营活动创造有利条件。

（三）股份公司的组织形式和法人治理结构

1. 股份公司的组织形式

股份公司的组织形式主要有：

（1）有限责任公司和股份有限公司。有限责任公司的股东对公司债务的清偿责任以其出资额为限，公司以其全部资产对公司的债务承担清偿责任。股份有限公司的全部资本分为等额股份，股东以其所持股份为限对公司承担责任，公司以其全部资产对公司的债务承担责任。

（2）股份无限公司。由两个以上的股东组成，股东对公司的债务负连带无限清偿责任。

（3）股份两合公司。由无限责任股东和有限责任股东组成的公司。其无限责任股东对公司债务负连带无限清偿责任，有限责任股东以其所认购的股份对公司的债务负责。

2. 股份公司的法人治理结构

股份公司作为法人组织，其组织结构称为法人治理结构，一般包括权力机构、经营管理机构、监督机构，相应地，一般需建立决策、执行和监督体系。这三种机构的具体形式，就是股份公司的股东会、董事会（以及由董事会聘任的经理）、监事会。股东会是公司的最高权力机构；董事会是公司的经营决策机构，董事会所聘任的经理负责企业的日常生产经营管理；监事会是公司的监督机构。三者各司其职，权责明确，并相互制约。这种三权分立的组织结构，有利于在公司企业内部形成激励和约束机制，保证企业高效和通畅地运营。

股份公司的最高权力机构是定期召开的股东大会，它决定公司的生产经营方向和重大经济活动，并选举董事会负责公司的经营管理。股东有权出席股东大会，并有投票表决权。但是，大多数股东只具有形式上的权力。这是因为，股东大会上的投票表决权是按股票数目计算，而不是按股东人数计算的。每股股票有一票表决权，少数掌握大量股票的大股东拥有较多的投票权，从而使他们能控制股份公司的重要经济活动，大股东和大资本家实际上成为股份公司的真正所有者。

（四）股票和股息

股票是向股份公司投资入股并有权取得股息收入的凭证。每股股票代表一定金额，它体现着股份资本的所有权。股份公司通过发行股票筹集资本，股票的持有者作为股份公司的股东，其所投入公司的资本，构成企业生产经营的基础。

股份公司股票具有的主要特点是：1. 不返还性。股票持有者不能向公司退股，不能从企业抽走资本。股东如不想继续持股，只能到证券市场上出售股票。2. 流动性。股票能给持有者带来股息收入，因而可以在股票市场买卖、抵押或转让。许多股票持有者之所以购买股票，正是基于股票流动性的特点，通过股票价格的波动，获取买卖股票的差价以谋利。3. 风险性。股票的风险性来自两个方面：一方面是公司的不良经营。股票在公司中收益的多少，取决于公司的生产经营状况。公司盈利，股票持有者则可获得股息，甚至获得较高收益；但是，如果公司亏损，甚至破产，股票持有者则按其持股的投资额承担责任和风险。另一方面是股票市场价格的波动。股票市场价格的波动，影响着持股者的收益。股票价格上涨，出卖股票可以获利，甚至在短期内获利丰厚；反之，股票价格下跌，出卖股票就会遭受损失，甚至损失重大。所以，购买股票实际上是一种风险性投资。

大股东控制股份公司所需要的股票数量称作股票控制额。股票控制额从原则上说应占一个股份公司股票总额的一半以上，但实际上并不需要这么多，因为股票持有者众多，特别是小额股票的发行，股权更为分散，小股东不可能形成与大股东相抗衡的力量。大股东控制股份公司的股票控制额，往往只需占股票总额的30%或20%，甚至5%即可。

股息是股票持有者根据股票的票面额从企业利润中分得的收入。股票持有者有权参加股份公司利润的分配。资本主义股份公司的利润是剩余价值的转化形式，因而股息实质上是雇佣工人所创造的剩余价值的转化形式。

（五）股票价格

股东可以把股票拿到证券市场上出卖。股票不是劳动产品，本身没有价值，它之所以能在证券市场上出卖，可以有价格，是因为持有股票的人每年可根据企业盈利的情况从股份公司取得一笔股息收入，这就等于有一笔相当的货币资本存入银行取得利息一样。因此股票价格是股息的资本化，即股票价格等于这样一笔货币资本，把这笔货币资本存入银行所获得的利息，与凭这张股票取得的股息相等。股票价格取决于股息和利息率，它和股息高低的变化方向相同，和银行存款利息率的变化方向相反。用公式表示：

$$\text{股票价格}=\frac{\text{股息}}{\text{存款利息率}}$$

例如，票面额为100元的股票，一年可分得股息6元，而银行的存款年利息率是3%，那么这张股票的价格就是6÷3%＝200元。

股息和存款利息率是制约股票价格的最根本的因素。但在日常的股票市场上，股票的价格由于股票供求关系的变动而不断上下波动。影响股票供求关系的有经济因素、政治因素及人为投机因素。经济因素，如经济周期、通货膨胀、金融政策、税收政策等；政治因素，如战争、国内外重大政治事件、政府领导的更迭等；人为投机因素是指一些大的股票持有者通过制造谣言、大量抛出或大量购入股票等手段造成虚假的供求，使股票价格大涨大落，以达到他们从中牟取暴利的目的。

五、信用在资本主义经济中的作用

资本主义信用是借贷资本运动的形式，它是以偿还为条件的货币借贷活动或商品赊销活动。资本主义信用有三种：商业信用、银行信用和国家信用。商业信用是指职能资本家之间用赊账方式买卖商品而发生的信用。银行信用是银行以贷款方式向职能资本家提供的信用。国家信用是国家财政发行公债和国库券，或贷款给企业而发生的信用。

信用，尤其是银行信用的发展，对资本主义的经济生活有着两重作用。

第一，信用促进了资本主义经济的发展。这表现在：1. 信用促进了利润率的平均化。利润率的平均化以资本在各部门间的自由转移为条件，而货币形态上的资本比较容易自由地在各部门间转移。信用制度和银行正是实现货币资本再分配的最灵活的机构。依靠银行的贷款或投资，能使资本迅速地由利润率低的部门转向利润率高的部门，因而促进了各部门利润率的平均化。2. 信用能够节省流通费用，缩短流通时间。由于信用的发展，商品买卖可以采用赊账的方式，这就大大加快了商品流通，缩短了资本周转的时间，并节省了与商品流通有关的一切费用。3. 信用可以促进资本的集中，加速资本的积聚。信用是资本集中的强大杠杆，它加速了资本集中的重要形式之一的股份公司的发展。因为股份公司的股票很大一部分要通过银行来发行，而且银行还常常是股份公司的主要投资者。信用还大大加速了大资本剥夺中小资本的过程，加强了大企业竞争的力量，因为大资本往往能得到较多的银行贷款，这样就使它能更有力地压倒和吞并中小资本。信用还加速了资本的积累，它把各种闲置资本汇合成巨额货币资本，缩短了个别资本家逐渐积累资本所需要的时间;同时，又把社会上各阶层的零星收入集中起来，供资本家使用，从而扩大了资本积累的规模。

第二，资本主义信用的发展促进了资本主义基本矛盾的发展和经济危机的爆发。这是因为信用制度的发展，使资本主义的生产规模可以不受资本家自有资本的限制而扩大，促进了生产的社会化;同时，信用通过加速资本集中和积聚，使生产资料和产品日益集中到少数大资本家手里，这就使资本主义的基本矛盾进一步尖锐化。与此同时，信用又造成了对商品的虚假需求，加剧了各生产部门之间发展的不平衡，从而促进了资本主义经济危机的爆发。

第四节 资本主义地租

资本主义地租是剩余价值的另一种形式。本章着重研究地租的本质，级差地租和绝对地租形成的条件、原因、构成、来源和土地价格的决定问题，揭示农业资本家和土地所有者共同瓜分剩余价值的矛盾。

一、资本主义土地所有制和地租

(一)土地所有制

土地所有制是指土地归谁(个人、阶级、集体或社会)占有的制度安排，是一个国家或社会人地关系、人与人关系的法定结合形式。它体现的是人们在土地的占有、支配、使用和利益方面所形成的各种经济关系的总和。它的性质归根结底是由社会生产力发展水平，以及由此所决定的一定社会中占统治地位的生产资料所有制的性质决定的。土地所有权是指土地所有者在法律规定的范围内，对土地享有占有、使用、处分和收益的权利，它是土地所有制的具体内容在法律上的表现。土地所有权在经济上的实现形式就是地租。迄今为止，土地所有制有两种基本形式，即土地私有制和土地公有制。土地私有制包括小土地私有制、封建土地私有制和资本主义土地私有制，其表现形式主要是大庄园制、种植园制和租佃制等。而土地公有制则表现为社会主义国家所有制和集体所有制两种形式。

众所周知，物质资料的生产是人类社会存在和发展的基础，是人类社会最基本的实践活动。然而，一切物质资料的生产活动都离不开土地，土地是人类一切生产和生活所必需的生产要素和经济要素，是人类赖以生存的源泉。但是，土地是有限的，为了防止滥用土地，防止社会中的强势群体或集团对土地的无限占有和使用，从而危害公众利益以及人们的生存，国家就必须通过法律的途径对土地的占有、使用、支配和收益的权利加以规范。另外，由于各国在历史文化、生产力水平、人地关系、国情等方面存在差异，因此，土地制度的具体形式以及演变与发展，也存在多样化特点，但其演变的动因都应该是与生产力发展水平相适应的、更好的、可持续的利用有限的土地资源，进一步保障人们享有公平利用土地的权利和机会，以推动人类社会的和谐与进步为宗旨。

(二)资本主义土地所有制的形成和特点

资本主义土地所有制是以资本主义生产资料私有制为基础或主导成分的。它是从封建土地所有制和个体农民土地所有制转化而来的。

1. 形成

从形成的历史过程来考察，在资本主义发展初期，曾有多种形式的土地所有制，如有美国南部的奴隶主大土地占有制、农民的小土地占有制；英国的氏族土地所有制、封建土地所有制、农民的小土地私有制；普鲁士的地主土地所有制、农民小土地私有制；俄国的村社份地土地占有制、国家土地占有制等。这些不同形式的土地所有制，随着资本主义发展，除了农民的小土地私有制还有一部分被保留下来以外，其余的最终都发展成为资本主义土地私有制。资本主义土地所有制及其生产关系在农业中的形成和发展，不同的国家具有不同的途径。

英国在资本原始积累时期，经过长达三个世纪的"圈地运动"。用暴力剥夺农民的土地，以形成最初的现代无产者。这些无产者流入城市做工。以后资本主义逐渐侵入农村，16世纪末出现农业资产阶级，他们投资农业，向土地所有者租地，并雇佣工人从事劳动。资本主义生产关系在农业中建立起来了。

资本主义土地所有制的形成，除英国的资本原始积累道路外，还有列宁概括的两条典型道路，即普鲁士式的道路和美国式的道路。

普鲁士式的道路(改良的道路)，是指逐渐用资本主义剥削手段代替封建农奴制剥削手段的改良道路。它的特点是:封建地主通过"改革"，允许农奴向地主缴纳大量赎金的条件下，赎免封建农奴义务，从而使农奴转变为自由劳动者，地主阶级则逐渐采用雇佣劳动，按照资本主义经营方式改造地主庄园，组织资本主义农场，从事生产经营活动。这种改良的方式，不可避免的保留着大量的农奴制残余，地主依然保有很多特权，对小农进行剥削，农业雇佣工人处于半农奴状态，长期遭受资本主义和封建主义的双重剥削。资本主义土地所有制及其生产关系在农业中发展非常缓慢。尽管如此，资本主义土地所有制毕竟代替了封建土地所有制，生产关系已发生了质的变化，所以，它是一条改良的道路。这条道路在当时欧洲的普鲁士表现最为典型，因此称为普鲁士式道路。德国、沙皇俄国、意大利、日本、荷兰、波兰、匈牙利、罗马尼亚等国家农业资本主义的发展，走的就是这条道路。

美国式的道路(革命的道路)，即通过资产阶级暴力革命，摧毁封建地主经济，建立起小农经济为主体的土地所有制形式。此后，由于商品经济规律的作用、工商业资本家在农产品收购和加工环节上的盘剥、银行资本家在农业贷款利息上的剥削、铁路公司高额的运费和工农业产品价格"剪刀差"等因素的影响，小农经济迅速两极分化。一方面，大量具有人身自由的农民丧失土地沦为农业雇佣工人；另一方面，少数农民转变为大农场主。农民的小土地私有制逐渐转化演变为资本主义大土地私有制，小农经济逐渐被资本主义经济所代替。农业资本家采用雇佣劳动方式经营资本主义大农场。例如，到20世纪初期，美国农业中使用雇佣工人的家庭私人农场占到了全部农户的46%，而17.2%的大农场产值却占到了全国的52.3%。资本主义的租佃制、雇佣劳动形式得到了广泛发展。由于这条道路在美国表现最为典型，因此称为美国式的道路，这条道路比较彻底的消灭了封建地主经济，从而资本主义经济发展迅速。走这条道路的，除美国外，还有法国等国家。

2. 特点

虽然资本主义土地所有制与封建土地所有制都是土地私有制，但是，资本主义土地所有制具有两个明显的特点：

首先，土地所有权与经营权完全分离。一般地，土地所有权与土地经营权存在完全分离、完全不分离、一定程度的分离三种状态。在封建社会，土地的所有权与经营权有一定程度分离的状态比较普遍。而资本主义社会的土地所有权与经营权完全分离的状况，在资本主义生产方式的形成与发展中曾长期占据统治地位。资本主义的大土地所有者手中掌握和集中了大量土地，他们自己并不参与土地的生产经营活动，而是把土地纯粹地租给农业资本家经营，他们依靠对土地的所有权收取地租。马克思对典型的资本主义制度下的地主这样描绘："在苏格兰拥有土地所有权的土地所有者，可以在君士坦丁堡度过他的一生。"

其次，土地所有制反映的生产关系是资本主义的生产关系。在封建土地私有制下，不论领主制经济，还是地主制经济，农奴与领主，农民与地主之间都存在经济上的契约关系和超经济剥削的人身依附关系。在中世纪西欧的领主制经济条件下，国王和封建主把庄园的一部分土地分给农奴作为他们的份地，其余部分则为封建主的直属地。农奴在领主的鞭棒监督下，每周用一定时间在封建主的直属土地上耕种服役，提供劳役地租；同时还要向领主提供实物、缴纳捐税和使用费等。封建领主拥有行政和司法权，领地内设有法庭和监狱等，对农奴施行各种刑罚。领主制经济以封建领地、农奴制和庄园经济为特征。在中国封建社会的地主制经济条件下，农民除了向地主缴纳实物地租外，还要向地主提供各种额外的贡赋和劳役。农民被束缚于封建制度下，没有人身自由，不能随意迁徙和改业，不能自由选择地主。地主和租佃农之间不是单纯的租佃关系，还保持有宗法性的主仆或长幼关系。地主制经济以土地封建租佃关系和小农经营为特征。而资本主义土地私有制是以雇佣劳动为特点的私有制，农业雇佣工人在法律上具有完全的人身自由，他们可以自由地向农业资本家出卖自己的劳动力，农业雇佣工人与农业资本家之间只存在纯粹的、契约式的、经济上的直接剥削关系，与大土地所有者之间也只是一种间接的经济上的剥削关系，与他们不存在任何人身依附关系。

总之，在资本主义土地所有制条件下，土地所有权和土地经营权完全分离，又同劳动者人身依附于土地的关系相分离，是资本主义土地所有制的典型特征。

（三）资本主义地租的本质

1. 本质

马克思指出："不论地租的特殊形式是怎样的，它的一切类型有一个共同点：地租的占有是土地所有权借以实现的经济形式，而地租又是以土地所有权，以某些个人对某些地块的所有权为前提。"①然而，不同社会制度下的土地所有制性质不同，地租的本质也就不同。

在资本主义社会，大土地所有者拥有土地要素的所有权，资本家拥有资本要素的所有权，具有人身自由而又一无所有的劳动者拥有劳动力要素的所有权，资本主义物质资料的生

① 马克思：《资本论》，人民出版社，2004 年版，第 3 卷，第 714 页。

产过程是土地、资本、劳动力三要素，各自均以增值为目的而结合所形成现实生产力作用的过程。大土地所有者让渡土地经营权给农业资本家，农业资本家雇佣农业工人，从而使土地、资本、劳动力三要素结合起来从事农产品的生产。在这一过程中，土地、资本只是活劳动的吸收器，是价值创造不可缺少的物质条件，活劳动才是价值创造的源泉。活劳动所创造的新价值同样包含两部分，一部分以工资的形式支付给了劳动者，另一部分以剩余价值的形式在土地所有者与农业资本家之间进行瓜分。显然，农业雇佣工人、土地所有者、农业资本家三大阶级之间存在着物质利益方面的矛盾斗争，其斗争结果是:农业雇佣工人这一弱势群体只能得到劳动力价值的货币形式——工资，农业资本家只能获得剩余价值中相当于工业资本家、商业资本家等职能资本家的社会平均利润，而大土地所有者获得剩余价值中扣除平均利润的余额，这个余额就是地租。因此，资本主义地租实质上是经营土地的农业资本家为取得土地的经营权而向土地所有者支付的超过平均利润以上的超额利润，它是雇佣工人所创造的剩余价值的一部分，是剩余价值的转化形式，反映了资本主义社会，大土地所有者同农业资本家在经济上共同剥削农业雇佣工人的资本主义生产关系。

2. 地租与租金的区别

为了准确地从理论上把握地租的本质，还必须区分地租与租金。真正意义上的地租是指单纯为使用土地本身而支付的金额，它只是租用土地的农业资本家支付给土地所有者的租金的一部分。在实际生活中，租金除去真正意义上的地租以外，还包括以下三部分:(1)包括土地上的固定资产折旧费和利息。在地主出租的土地上，往往有一些诸如灌溉农作物用的水利设施、暂时储存小型农具的仓库、畜栏等固定资本。这些固定资本是先前的租地资本家投资建造的，这些附设在土地上的固定资产，连同土地一起再次出租给新的农业资本家时，地主不仅要收取地租，还要收取这些固定资产的折旧费和利息。(2)有时可能包括农业租地资本家的一部分平均利润。一些中小农业租地资本家在地主索要高额租金的情况下，当经营不善或遇到不利的气候环境时，出售农产品的超额利润不足以支付租金，只好将平均利润的一部分作为租金交给地主。(3)有时还包括农业雇佣工人的一部分工资。在地主索要高额租金时，如果农业资本家要保证自己获得足额的平均利润，就会克扣雇佣工人的工资，从而将一部分必要劳动的报酬作为租金给地主。

(四)资本主义地租与封建地租的区别

地租是土地所有权在经济上的实现形式，它的性质取决于土地所有制的性质，资本主义土地所有制不同于封建土地所有制，决定了资本主义的地租也不同于封建社会的地租。

首先，两种地租存在的前提条件不同。封建地租以封建土地私有制为前提，它反映的是农民与地主之间存在经济与超经济的人身依附关系。而资本主义地租是以资本主义土地私有制为前提，它建立在剥削有人身自由的农业雇佣工人基础之上，反映的是农业雇佣工人与农业资本家、地主之间仅仅存在一种契约式的经济剥削关系。

其次，两种地租存在数量上的差别。封建地租是地主对农民进行直接剥削的形式，无论劳役地租、实物地租，还是货币地租，在数量上一般包括农民的全部剩余劳动或剩余产品，有时还包括农民的一部分必要劳动或必要产品。而资本主义地租是农业雇佣工人所创造的剩余价值的一部分。因为在资本主义社会，地主只拥有土地的所有权，他把土地的经营权以收取地租的方式让渡给农业资本家，而农业资本家再投资购置农用生产资料，雇佣农业工人从事农作物生产，雇佣工人创造的剩余价值在平均利润率规律以及竞争规律的作用下被分成平均利润和超额利润两部分。平均利润归农业资本家所有，而超额利润作为地租归土地所有者即地主所有。因此，封建地租和资本主义地租存在量的差别。

最后，两种地租体现的阶级关系不同。封建地租是地主直接剥削农民的全部剩余产品，它体现的是地主阶级与农民阶级之间的生产关系。而资本主义地租是地主间接剥削雇佣工人的一部分剩余产品，它体现的是地主阶级、农业资本家联合起来剥削农业雇佣工人的生产关系。前者反映了两大阶级的生产关系，后者反映了三大阶级之间的生产关系。

综上所述，资本主义地租是资本主义土地所有权在经济上的表现，是经营土地的资本家为取得土地的经营权而向土地所有者支付的超过平均利润以上的超额利润，它是雇佣劳动者创造的剩余价值的转化形式。资本主义地租存在于一切以土地为主要生产资料的生产部门。只是不同部门使用土地的方式不同，从而部门地租存在某些差异，但由于支配地租运动的共同规律的作用，部门之间的地租又存在共性。以下主要以农业地租为对象说明资本主义地租运动的规律。然后在此基础上，说明其他部门地租运动的特殊形式。

二、资本主义地租的基本形式

资本主义地租的基本形态有级差地租和绝对地租，它们是由不同的原因和条件所引起的，下面对它们进行分别考察。

(一)级差地租

1. 级差地租形成的条件、原因和源泉

土地是农业生产最基本的生产材料，一切农业生产经营活动都离不开土地，而土地总是具有不同的自然生产力，即级差生产力。所谓自然生产力，是劳动的社会生产力的对称，是自然力并人生产过程，劳动与自然力相结合而增加的那部分生产力。自然界本身存在的力量即为自然力，如风力、水力、太阳能、土地的富饶肥沃程度等。自然力是劳动生产力的自然基础。把自然力并人生产过程，即劳动与自然力相结合，必然大大提高劳动生产率。马克思指出：“农业劳动的生产率是和自然条件联系在一起的，并且由于自然条件的生产率不同，同量劳动会体现为较多或较少的产品或使用价值。”形成土地自然生产力的原因有三种：一是不同地块的肥沃程度不同。二是不同地块距离市场的远近程度不同。三是同一块土地上连续投资生产的劳动生产率不同。因此，土地具有天然的不同等级，从而租种面积相同而等级不同的土地所缴纳的地租也就不同，租种优等地所缴纳的地租高于中等地，租种中等地所缴纳的地租高于劣等地，这种与土地等级相联系的地租，就是级差地租。

显然，级差地租的形成条件，是土地的自然生产力不同，即土地肥沃程度的差异性，或土地的地理位置的差异性，或同一块土地上连续追加投资所产生的劳动生产率的差异性。在这里，只论述土地肥沃程度不同这一种情况，后两种情况在具体论述级差地租的两种形态时再做分析。我们知道，等量资本投入到肥沃程度不同而面积相同的土地上，劳动生产率和产量收益是不同的。投资于肥沃程度高的优等地，由于劳动生产率高，产量多，农产品的个别生产价格就低;而投资于肥沃程度最低的劣等地，由于劳动生产率低，产量低，农产品的个别生产价格就高。而农产品的市场价格是由劣等地农产品的个别生产价格所决定的社会生产价格决定的。因此，投资于中等地和优等地的农业资本家就会在获得平均利润之后，有超额利润存在，这个超额利润作为级差地租，最后被农业资本家作为使用土地获取平均利润的代价而支付给了土地所有者。

级差地租形成的原因是土地的资本主义经营权的垄断。土地的资本主义经营权垄断是指农业资本家排他性地经营某种土地，是对土地使用权、占有权、一定程度收益权等的独占，是由土地的有限性引起的。农业使用的土地是一种特殊的生产资料，它的数量是有限的，尤其是优等地的数量是有限的。它不像机器那样可以随意增添。因此，哪个资本家抢先租种了优等地和中等地，他就取得了对这块土地的经营垄断权，其余的资本家就只好租种劣等地。正是由于存在着对土地经营的垄断，限制了竞争，阻碍了资本在优等地、中等地和劣等地之间的自由转移，因此，经营优等地和中等地的农业资本家才能够拥有较高的劳动生产率，才可以持续地、稳定地获得超额利润。同时，土地经营权的垄断，使农产品的社会生产价格必须由劣等地的生产条件来决定。如果农产品的社会生产价格由平均生产条件来决定，那么经营劣等地就会无利可图，从而资本就会转移到非农部门去。这样，农产品就会供不应求，价格就会持续上涨，一直会涨到租种经营劣等地的农业资本家也能获得平均利润，从而农产品供给增加，满足社会需求为止。因此，在土地经营权垄断的情况下，劣等地农产品的个别生产价格就是社会生产价格，优等地和中等地的农产品市场价格就是由劣等地农产品的个别生产价格决定的。从而经营优等地和中等地的农业资本家就可以不同程度的获得超额利润。而这部分超额利润最后则转化为级差地租交给了土地所有者。

级差地租的产生和土地私有权没有任何关系，土地私有权是农业中的超额利润以级差地租形式从农业资本家手中转入土地所有者手中的原因，而不是级差地租产生的原因。

级差地租的源泉，从表面看，似乎是来自土地这个自然条件。实际上，土地作为自然物，并不会能动的创造价值和剩余价值。转化为级差地租的超额利润，是来自农业雇佣工人的剩余劳动，来自以可变资本形式存在的劳动者的劳动力，这是级差地租的根本源泉，而以不变资本形式存在的土地，只不过是级差地租形成所不可缺少的自然物质条件。

综上所述，级差地租产生的条件是土地的肥沃程度，或距离市场的远近，或在同一块土地上连续追加投资所产生的劳动生产率;产生的原因是资本主义土地经营权的垄断;它的源泉是农业雇佣工人所创造的剩余价值，是剩余价值的转化形式。

2. 级差地租的第一形态，即级差地租Ⅰ

级差地租Ⅰ，是由于不同地块的土地肥沃程度的差别，或不同地块地理位置的差别等条件而形成的级差地租。它是投入不同地块的各个资本具有不同劳动生产率的结果。

所谓土地肥沃程度的差别，指的是土壤结构及其所包含的植物生长必须依赖的营养元素的差别。土地的肥力主要是自然形成的，但也可以通过人工加以改良，因此它也是不断发展变化的。但是，无论土地的肥力如何变化，在一定时期内和一定的技术条件下，不同地块的肥沃程度总是有差别的。这种差别必然使投入面积相等的不同地块的等量资本，有着不同的生产率，而农产品的社会生产价格是由劣等地的个别生产价格所决定，因而优等地和中等地的农产品的个别生产价格低于社会生产价格而产生的超额利润，便形成级差地租Ⅰ。下面举例说明。

假设条件为:(1)耕地由优等地、中等地和劣等地三个等级构成，三块土地的面积相等；(2)在每块土地上的投资都是100元，在一个生产周期内这100元资本价值全部消耗掉，取得的平均利润都是20元;(3)优等地产量6担，中等地产量5担，劣等地产量4担，总供给为15担，社会对粮食的总需求为15担，总供给和总需求实现平衡。

由于三块不同土地全部农产品的生产成本相同，平均利润相同，从而个别生产价格相同，即都是100+20=120，但由于产量不同，每担粮食的个别生产价格各不相同，分别是:优等地120÷6=20元，中等地120÷5=24元，劣等地120÷4=30元。如前所述，农产品的社会生产价格必然是劣等地农产品的个别生产价格30元。否则，级差地租就不可能完全实现。现分析如下:

假如，每担粮食的社会生产价格是优等地的个别生产价格20元，那么，优等地的农产品6担，总共卖了6×20元=120元，仅把投资成本100元及其平均利润20元收回来，而没有超额利润;中等地的农产品5担，总共卖了5×20=100元，仅收回了投资成本100元，而没有平均利润和超额利润;劣等地的农产品4担，总共卖了4×20=80元，投资成本100元，仅收回80元，亏本20元，更没有平均利润和超额利润可言。因此，在这种情况下，没有农业资本家愿意投资中等地和劣等地，那么粮食的总供给只有6担，不能满足社会15担的总需求，此时，粮价就会上涨。假设上涨到中等地的个别生产价格24元，社会生产价格为24元。此时，优等地粮食总共卖了6×24=144元，有超额利润144-120=24元;中等地粮食总共卖了5×24=120元，没有超额利润;而劣等地粮食总共卖了4×24=96元，依然处于亏本状态，没有农业资本家愿意投资劣等地，那么粮食的总供给只有11担，仍小于社会总需求15担，粮价继续上涨。假设上涨到劣等地粮食的个别生产价格30元，而社会生产价格此时就是30元，那么优等地6担粮食总共卖了6×30=180元，有超额利润180-120=60元，转化为级差地租Ⅰ;中等地5担粮食总共卖了5×30=150元，有超额利润150-120=30元，也转化为级差地租Ⅰ;而劣等地粮食总共卖了4×30=120元，没有超额利润，不缴纳级差地租Ⅰ，但农业资本家经营劣等地获得了20元的平均利润，因此，有人就愿意经营劣等地，此时粮食的总供给15担与总需求15担平衡，粮价不再上涨。

综上所述，在资本主义土地经营权垄断的情况下，粮食的市场价格必然是由劣等地上粮食的个别生产价格所决定的社会生产价格决定的。基于此，优等地和中等地才会有超额利润转化成的级差地租Ⅰ的存在，而经营劣等地的农业资本家此时不给土地所有者缴纳级差地租Ⅰ，但一定会缴纳地租，他缴纳的是后面我们要分析的绝对地租。否则，土地所有者宁可让土地荒芜，也不会让农业资本家无偿使用其土地而谋利。

此外，形成级差地租的条件，还有土地地理位置的优劣差别，随着城市化率的提高和交通运输业的发展，土地的地理位置优劣也可以发生变化。但是，在一定时期内，土地的位置优劣差别总是存在的。那些距离市场、车站、码头等近的，交通运输条件好的地块上的农产品的运输费用所形成的成本就比较低，从而个别生产价格就低，而那些距离市场、车站、码头等远的，交通运输条件差的地块上的农产品的运输费用所形成的成本就比较高，从而个别生产价格就高。此时，农产品的社会生产价格就是由距离市场、车站、码头等远的，交通运输条件差的地块上的农产品的个别生产价格决定的。这样，地理位置好的地块上的农产品的个别生产价格低于社会生产价格，就可以获得超额利润。这种超额利润最后也会转化为级差地租Ⅰ。

3. 级差地租的第二形态，即级差地租Ⅱ

级差地租Ⅱ是在农业集约化条件下，由于对同一块土地连续追加的投资与劣等地等量投资相比，具有更高的生产率所产生的地租。在同一地块上连续追加的资本，通常主要是用于土壤的改良、水利设施的修建、生产工具和生产技术的改进、优良种子的购买等，实际上是在不增加土地面积的情况下，实行精耕细作的集约式经营，提高土地上的劳动生产率，从而产生超额利润及其转化来的级差地租，就是级差地租Ⅱ。

假设农业资本家在优等地上又连续追加投资100元，这100元生产的粮食是7担，每担仍按劣等地的粮价30元卖出去，从而获得7×30=210元，210-(100+20)=90元，这90元就是级差地租Ⅱ。优等地的追加投资之所以能产生级差地租Ⅱ，是因为它与劣等地投资相比有更高的劳动生产率(优等地为7担，劣等地为4担)。因此，级差地租Ⅱ的形成如同级差地租Ⅰ的形成一样，都是以不产生级差地租的劣等地的存在为条件的。

应当指出，在同一块土地上连续追加投资，一般是在优等地上进行的。追加投资的劳动生产率受农业科学技术的发展及其应用程度等因素影响，可能高于，低于或等于原有投资的劳动生产率。即追加在优等地上的100元所产生的粮食有可能是7担，5担或6担(优等地上原有100元投资所生产的粮食是6担。这样在优等地上先后共投资200元)。此外，追加投资和原有投资，事实上往往是合在一起使用的，获得的产品也无法按先后投资区别开来，上述中的7担粮食和原有的6担粮食，共13担，是两次投资200元的共同结果。只是在此为了便于分析问题，即便于分析级差地租Ⅱ的形成，才把追加投资当做一个独立的投资来研究的。

在同一块土地上连续追加投资所获得的超额利润，并不能立即转化为级差地租Ⅱ为土地所有者所有。这部分超额利润，在租种土地时并不能预测到它的产生，因此，在租约期内，这部分超额利润就归农业资本家占有，一旦租约期满，重新签订租约时，土地所有者就力求把这部分超额利润通过提高地租的方法据为己有。级差地租Ⅱ究竟多少归土地所有者所有，取决于土地所有者与农业资本家之间的协商与争夺。此外，土地所有者与农业资本家之间的争夺还围绕着土地租约期长短而展开，农业资本家力求租约期长一些，以便把追加投资的超额利润归自己占有，而土地所有者力争租约期短一些，从而使自己可以通过提高地租来占有追加投资所产生的超额利润。这种利益上的矛盾，导致农业资本家在租期内非但不愿意追加投资，改进农业生产技术和改良土壤，反而会尽可能地掠夺地力，增加产出。

4. 级差地租两种形态的联系与区别

级差地租Ⅰ与级差地租Ⅱ之间存在紧密联系，其表现为：(1)级差地租Ⅰ是级差地租Ⅱ的基础，从历史发展的过程看，资本主义初期，农业的发展方式主要是粗放经营，形成的级差地租，其主要也是级差地租Ⅰ。资本主义发展后，农业的发展方式主要是集约经营，形成的级差地租，其主要是级差地租Ⅱ。同时，级差地租Ⅱ的量的变化也以级差地租Ⅰ为基础。即要以土地的肥沃程度或地理位置的优劣以及劣等地投资生产率的存在为前提条件。(2)从级差地租的实质看，它们都来自于农产品的个别生产价格低于社会生产价格的差额，实质上都是剩余价值的转化形式。

级差地租Ⅰ与级差地租Ⅱ相区别之处在于：(1)级差地租Ⅰ是等量资本投资于不同地块从而有不同生产率的结果，而级差地租Ⅱ则是连续投资于同一地块从而有不同生产率的结果。(2)超额利润转化为地租的过程不同。作为级差地租Ⅰ的超额利润，在签订租约时就确定下来并一次性的归土地所有者所有，而作为级差地租Ⅱ的超额利润是不能预见的，因此，在租约期内，往往归农业资本家所有，只是在重新签约时，土地所有者才往往通过提高地租而全部或部分地据为己有。

(二)绝对地租

1. 绝对地租形成的条件、原因和源泉

前面在分析级差地租时可以看出，耕种劣等地的农业资本家因为只获得了平均利润，而没有超额利润，因此不向土地所有者缴纳级差地租，但是，他也仅仅是不缴纳级差地租而已。事实上，他必须向土地所有者缴纳地租。因为伴随着私有制的产生，以交换为基本规则的商品经济也逐渐的在发展，而且不论商品经济发展到哪一个阶段，在经济领域，等价交换的原则都会起基础性作用。在资本主义土地私有制的商品经济条件下，地租是土地所有权在经济上的表现，因此，租种任何等级的土地，都必须向土地所有者缴纳地租，否则，土地所有者宁愿让土地荒芜。这种由于土地私有制的存在，租种任何土地都必须缴纳的地租，叫做绝对地租。

绝对地租形成的条件，是资本主义制度下相当长的时期内，农业和工业相比，生产技术落后，技术装备水平低，农业资本有机构成低于工业或社会平均的资本有机构成，从而在社会各生产部门剩余价值率相同的条件下，同量的农业资本就可以雇用更多的劳动者，推动更多的活劳动，创造更多的剩余价值，使农产品的价值高于其社会生产价格。农产品以价值决定的市场价格出售后，就可以获得一个余额，这个余额就是超额利润，而这个超额利润，最后就由农业资本家作为绝对地租交给了土地所有者。下面举例说明绝对地租的形成。

假设条件为：(1)市场是均衡市场。(2)工业平均资本有机构成为 $80C:20C$，农业平均资本有机构成为 $60C:40V$，工业和农业的投资额相等，都是 100 元。(3)剩余价值率都是 100%，社会平均利润率为 20%。在这种情况下，工业品按社会生产价格 120 元出售，农产品则按价值 $C+V+m=60+40+40=140$ 元出售，而不是按社会生产价格，即成本加平均利润 120 元出售，这样，农业资本家和工业资本家都获得 20 元的平均利润后，农业资本家还有一个 20 元的余额，这 20 元的余额就是以超额利润形式存在的绝对地租。

在这里，为什么农产品是按其价值决定的市场价格出售，而不像工业品那样按其社会生产价格决定的市场价格出售呢？这是因为在农业中存在着土地私有权的垄断。土地私有权垄断，是指有限的土地都被私人土地所有者占有后而形成的对土地私有权的排他性独占。前面分析过，工业中的各个部门，由于资本有机构成不同，在剩余价值率相同的条件下，各部门的利润率也各不相同，但由于部门之间的竞争和资本的自由转移，其结果是形成社会平均利润率，价值转化为生产价格，工业品都按各部门社会生产价格决定的市场价格出售，各工业资本家一般都获得平均利润。虽然工业各部门之间由资本、技术等要素构筑起来的行业壁垒从而产生的垄断也存在，然而由于资本可以通过集聚或集中获得，技术可通过研发获得，所以这种垄断相对容易被打破，是短暂的。因此，工业内部社会平均利润率趋势是存在的。农业部门的情形则不是这样。由于农业中存在着土地私有权的垄断，而且只要土地所有者不出卖他的土地，或国家不对这种土地私有的制度进行变革，那么别人就无法通过自身努力获得有限的土地而谋利，因此，这种土地私有权垄断是可以长久存在，也是难以被打破的。正是由于土地私有权垄断的特点，因此，尽管上例中农业40%的利润率远高过工业部门20%的利润率，从而对工业资本家极具诱惑力，但工业资本家也无法把资本自由的转移进农业。可见，农业土地私有权垄断阻碍了竞争以及资本自由转移，因此，农业部门的剩余价值就不参与整个社会平均利润率的形成而被留在了农业内部，从而农产品就只能是按照其社会价值C+V+m决定的市场价格出售，而不是按其社会生产价格决定的市场价格出售。从而经营劣等地的农业资本家实际上除了获得平均利润，也获得了超额利润，这个超额利润作为绝对地租就缴给了土地所有者。而经营优等地和中等地的农业资本家除了给土地所有者缴纳级差地租外，还缴纳了绝对地租。显然，绝对地租产生的根本原因是土地私有权的垄断。

绝对地租既然是农产品价值的一部分，因此，它只能来源于农业雇佣工人所创造的剩余价值，只能是农产品价值高于其社会生产价格的差额——超额利润。它体现了农业资本家和土地所有者联合起来对农业雇佣工人进行剥削的资本主义生产关系。

综上所述，绝对地租产生的条件是农业资本有机构成低于工业或社会平均的资本有机构成；产生的原因是资本主义农业土地私有权的垄断；其源泉是农业雇佣工人创造的剩余价值的一部分，是剩余价值的转化形式。

2. 绝对地租的发展趋势

如前所述，绝对地租是由农业的超额利润转化而来，是通过农产品的价值与农产品的生产价格之间的差额实现的，它产生的条件是农业资本有机构成低于社会平均的资本有机构成，因此，绝对地租的数量变动，归根结底取决于农业资本有机构成的水平。如果社会平均的资本有机构成不变，农业资本有机构成提高了，那么农产品社会价值与社会生产价格间的差额就减少，从而绝对地租随之减少。相反，绝对地租会提高。随着现代资本主义科学技术的迅速发展，发达国家的农业生产已日益工业化、现代化和专业化，生物技术、信息技术和管理技术的应用也日趋普及，农业资本有机构成已赶上甚至有超过工业资本有机构成的趋势，在这种条件下，绝对地租是否还存在呢？事实上，只要存在土地私有权的垄断就必然存在绝对地租，只是其实现途径不再是农产品价值与生产价格的差额了。马克思指出，这时绝对地租就是“在租金的名义下，把它的租佃者的一部分利润甚至一部分工资刮走”，①即来自于农业资本家的一部分平均利润和农业工人的一部分工资。正因为农业资本家不能获得平均利润，因此，在现代发达的资本主义国家中，租佃农场在农场结构中所占的比重越来越低，而土地所有者的自营农场所占的比重越来越高，即租种土地的农业资本家逐渐减少，而土地所有者自己经营农业的情况逐渐增加，从而绝对地租的存在范围已日趋缩小。此外，在农业资本有机构成等于或高于社会平均资本有机构成的情况下，绝对地租也可能来源于农产品的市

① 《马克思恩格斯全集》，人民出版社，1973年版，第26卷Ⅱ，第448页。

场价格高于农产品价值的差额，即来源于农产品的垄断价格。

总之，不论绝对地租来自于农业资本家的一部分利润或农业工人的一部分工资，还是来自于价格高于价值的余额，即来源于农产品的垄断价格，它都是全社会剩余价值的一部分，都是剩余价值的转化形式。

三、资本主义地租的其他形式

(一)垄断地租

在资本主义农业中，除了级差地租和绝对地租这两种基本的地租形态外，还存在着一种特殊的地租形态，即垄断地租。垄断地租就是由垄断价格产生的超额利润所形成的地租。垄断地租产生的条件，是某种土地的特殊优越性和稀少性。其产生的原因，是对某种特殊土地的资本主义经营的垄断。对这种土地进行垄断经营的农业资本家，可以按高于农产品社会价值或生产价格的垄断价格来出售自己的农产品，由此获得的超额利润便转化为垄断地租交给土地所有者所有。例如，有些土地具有特殊的气候、土壤等自然条件，适宜种植某些名贵的农产品，如质量优异的水果、茶叶等。而且这种土地及其产品的数量极为稀少，社会对这种农产品的需求量又非常大。因此，农产品的市场价格就可以既超过其价值，又可以超过其生产价格。一般地，这种垄断价格有以下特点：1. 垄断价格不像一般市场价格，决定于其产品的价值或生产价格，它是由购买者的欲望和支付能力即消费者的需求来决定的。消费者需求越大，垄断价格越高；消费者需求越小，垄断价格越低。因此，垄断地租的量与垄断价格之间存在正向关系。2. 这种垄断价格形成的前提条件是对特殊土地的经营垄断，而不是由垄断组织凭借其垄断地位而形成。此外，这种由垄断价格实现的超额利润转化而来的垄断地租，产生的原因只与土地的经营权垄断有关，而与土地的私有权垄断无关，与级差地租一样，土地私有权的垄断只是占有垄断地租的条件，而非产生原因。

(二)矿山地租

矿山地租是租用矿山从事采掘业的经营者向矿山所有制支付的地租。矿山地租同其他类型的地租一样，有着共同的规律性，并遵循地租的一般规律，一般也包括级差地租、绝对地租和垄断地租三种形态。

首先，租用矿山要缴纳级差地租。(1)形成矿山级差地租的条件，是各个矿山物质蕴藏量、矿层深度、矿石品位，以及距离市场的远近位置等不同，因此，开采不同等级的矿山所产生的成本存在显著的差异性，那些物质蕴藏量丰度高、矿层埋藏浅、矿石品位高，以及距离市场近的富矿，其开采容易，开采成本和运输成本等都比较低；而物质蕴藏量丰度低、矿层埋藏深、矿石品位低，以及距离市场远的贫矿，其开采难度大，开采成本和运输成本等都比较高。因此，对不同等级的矿山进行等量投资或追加投资，会产生不同的生产率，富矿的生产率高而贫矿的生产率低，从而富矿与贫矿的矿产品的个别生产价格就不同。矿山产品的个别生产价格低于社会生产价格的差额，就是经营矿山的资本家在获得平均利润之后的超额利润，这一部分超额利润转化成了矿山级差地租，被矿山所有者占有。(2)形成矿山级差地租的原因是对矿山的资本主义经营垄断。由于矿山具有不可再生性、有限性、开采矿山资源的优劣所造成的各矿山企业生产费用的差异性，以及社会生产发展对矿山资源的日益依赖等，从而矿产品的社会生产价格必须由开采条件最差的贫矿或劣等矿的个别生产价格决定，这样，开采优等条件和中等条件矿山的资本家，就可以经常获得超额利润，这种超额利润在矿山私有权垄断的条件下转化为矿山级差地租，由矿山经营者交给矿山所有者占有。

其次，租用矿山要缴纳绝对地租。同农业绝对地租一样，租种任何等级包括最贫瘠的矿山从事经营谋利，矿山资本家都必须给矿山所有者缴纳地租。这种地租就是矿山的绝对地租，由于采掘矿藏资源一般不需要购买原料，资本有机构成通常低于社会平均的资本有机构成，因此，矿产品的社会价值就高于它的社会生产价格。同时，由于矿山所有权的垄断，限制了各产业部门间的竞争以及阻碍了其他产业部门资本向这一利润率高的部门的自由转入，从而矿产品能够按高于社会生产价格的价值出售，所获得的超额利润就不参与整个社会利润率的平均化过程而被留在矿山业内部转化为绝对地租。

最后，租用某些蕴藏稀有矿产品的矿山，要缴纳垄断地租。由于对这种矿山的经营垄断，这些稀有珍贵的矿产品，可以按照由供求关系所决定的垄断价格出售，由此获得的超额利润，在矿山私有权垄断的条件下，转化为了垄断地租，由经营矿山的资本家缴给矿山所有者占有。

综上所述，不论矿山的级差地租、绝对地租或垄断地租，其来源都是矿山雇佣工人创造的剩余价值，都是剩余价值的转化形式，同农业地租一样，也反映了矿山私有者与经营开采矿山的资本家联合起来共同剥削矿山雇佣工人的资本主义生产关系。

（三）建筑地段地租

建筑地段的地租是指住宅或工商等部门经营者为建住宅、工厂、商店、银行、仓库或其他建筑物租用土地，而向土地所有者支付的地租。建筑地段地租实质是城市地租，也可分为级差地租、绝对地租和垄断地租，这种地租与农业地租相比，在形成条件、原因及源泉方面具有一些共同点外，还具有下列特点：

1. 土地的地理位置而非土地的肥沃程度是对级差地租起决定性作用的条件。一般地，优等的建筑地段离原材料产地较近，靠近交通要道、码头、机场，处于大城市近郊或大城市繁华地段，因为在这样的地段建工厂、商店、住宅等，生产成本、运输成本、获取信息的成本等较低，生活比较方便，人口密集度高，从而聚集效益大，因此这种建筑地段的区位优势显著。拥有此地段经营权的资本家常常可以获得别的资本家所得不到的超额利润，因此，级差地租高。相反，远离上述条件的建筑地段，区位劣势所产生的聚集效益小，拥有这样建筑地段经营权的资本家不能获得超额利润，因此，就不缴级差地租。但由于建筑地段土地的私有权垄断，他必须缴纳建筑地段的绝对地租，否则，劣等建筑地段的土地私有者宁可让其闲置，也不会白白转让其经营权给资本家。

2. 不同行业地租的来源渠道不同。如加工工业的地租来源于该行业雇佣工人所生产的剩余价值。商业地租从商业利润中扣除，由于其商业利润是产业资本家让渡给商业资本家的一部分剩余价值，因此，最终也是剩余价值的转化形式。服务业分两种情况：如果属于给物质生产部门提供服务的，那么地租来源于物质生产部门的雇佣工人所创造的剩余价值；如果属于给非物质生产部门提供服务的，那么地租则从其利润中扣除，最终也来源于社会的剩余价值。住宅的地租主要从消费者收入中支付，其实质是工资收入的一部分。

3. 地租与房租相结合并包含在房租中。建筑地段地租与房租是不同的，地租是建筑地段的土地所有者转让其土地经营权给建筑地段的经营商或资本家，从而收取的一种土地经营权费用。而房租中除了房屋地基即建筑地段的地租之外，还包括建筑物的折旧费、利润、建筑费用的利息以及房屋维修费等。因此，买卖房屋时，房价中包括了地价，租赁房屋时，房租中包含有地租。从而地价与房价、地租与房租有着不可分割的特点。

4. 垄断地租占明显优势。这种垄断地租完全由消费者的需求所决定的垄断价格决定。随着经济的飞速发展，城市化率的不断提高，地理位置优越的建筑地段土地供不应求，土地所有者趁机大幅度地提高地价和地租，从而这些地段的房价就取得了垄断价格的形态，其表现形式就是高房价或高房租。因此，大城市房价、房租飞涨的一个重要原因，就是垄断地租的存在。

四、土地价格及地租的作用

(一) 土地价格

在资本主义社会，土地可按一定的价格进行买卖，然而土地本身是自然的产物，不是劳动产品，所以它不是商品，没有价值。之所以能在现实中作为商品进行买卖，那是因为凭借土地所有权，土地所有者可以定期地获得地租收入。土地所有者出卖土地，实际上是把他定期收取地租的权利出卖给了别人，因此，土地虽不是商品，没有价值，但可以作为商品进行买卖，具有价格。所以，土地的价格，实质上不是土地的购买价格，而是对土地提供的地租的购买价格，即土地价格，是资本化的地租。它应当相当于这样一笔资本价值，如果把这笔资本存入银行。每年的利息收入应正好等于这块土地的地租收入，用公式表示，即为：

$$土地价格=\frac{地租}{利息率}$$

例如，某块土地一年能收取地租 3000 元，当年银行存款利息率为 5%，那么，这块土地的价格就是$\frac{3000}{5\%}=60000$ 元。

土地价格与一般商品的价格决定不同，不是以价值为基础，而主要由地租或其他收益决定，主要有以下影响因素：1. 地租量大小。即绝对地租、级差地租和垄断地租的量的大小，它与地价成正比。2. 银行的存款利息率水平。它与地价成反比。3. 土地使用权出让的期限。期限越长，地价越高；期限越短，地价越低。4. 对土地需求状况。土地供不应求，地价高；相反，土地供过于求，地价低。5. 国家的经济政策及其土地的利用规划。6. 土地投资者的理性预期等。

随着资本主义的发展，土地价格有不断上涨的趋势。其原因有：1. 资本主义国家工业化、现代化和人口的城市化，导致产业结构大调整，大量的农村人口拥向城市，随着人们收入水平的提高，对土地、房屋等需求量日益增大，而土地是有限且不可再生的，因此，城市土地供不应求，从而地价不断上涨。2. 随着资本有机构成的提高，平均利润率有下降的趋势，从而使得利息率也有下降的趋势，地价有日益上涨的趋势。3. 在城市现代化发展过程中，一方面，市场主体不断投入大量各种开发资金，土地资产日益增大，从而提高了土地价格。另一方面，市政交通、园林绿化、基础设施等建设不断完善，从而城市社会经济环境质量不断提高，土地收益不断增加，因此地租也会相应提高，从而助推地价不断上涨。4. 土地的投机活动助涨了土地价格。土地价格不断上涨的趋势，加强了社会上一些人投机购买土地的欲望，特别是在大城市，他们大肆囤积土地，进行炒作，加剧了大城市土地供不应求的情形，从而助推了地价的不断上涨。

(二)地租的双重作用

在资本主义经济发展过程中，地租既有积极作用，又具有消极作用。

资本主义地租的积极作用主要有以下几方面:1. 资本家租地的目的是为了获得平均利润，但前提是必须给土地所有者缴纳地租，因此，地租的存在，对租地资本家形成压力，他只有在尽量合理、节约使用土地，从而减少经营成本，提高土地利用率的情况下，才能在缴纳完地租后，实现其谋利的目的。而且，只有尽可能节约、合理利用土地，在租约期内，追加投资的劳动生产率才会较高，从而才可以把较多的超额利润留给自己。因此，在经营土地时，资本家就必须不断地提高经营管理水平，采用新技术，提高土地的经济效益，从而地租客观上制约了浪费土地、滥用土地的情况。2. 地租的存在，也有利于资本在不同等级土地上的合理分布，从而促进土地的合理开发，推动经济的可持续发展。

资本主义地租的消极作用主要表现为:1. 地租的存在，租约期的缩短，削弱了资本家资本积累的速度，降低了资本家改良土壤、研发生产技术的积极性，同时促使资本家掠夺性地使用土地，加剧了土地自然生产力的下降以及生态环境的恶化，给社会经济的可持续发展造成了威胁。2. 租地资本家支付地租供土地所有者进行寄生性消费、生存，从而助长了社会上一部分人的懒惰思想，推动了土地投机行为的发展，从而使土地及其地上资源得不到充分、合理地开发利用。3. 地租的不断上涨，推高了地价和房价，相应的也推高了农产品价格，从而促使工业劳动力价值的提高以及工业品其他成本的增加，在加重普通劳动者负担的同时，阻碍了工业资本的积累，降低了经济发展的速度，因此，资本主义土地私有制下的地租已成为资本主义的累赘。

思考题:

1. 剩余价值是怎样转化为利润的?
2. 商业利润的来源和获取途径是什么?
3. 借贷资本怎样形成的? 有何特点?
4. 地租的本质是什么?

◆第六章
垄断资本主义的发展演变与经济全球化

资本主义经济制度的发展经历了两个阶段，即自由竞争资本主义阶段和垄断资本主义阶段。在进入垄断资本主义阶段之后，资本主义又经历了私人垄断资本主义和国家垄断资本主义两个阶段。在现代，国家垄断资本主义已经成为资本主义的一个突出特征。了解和认识国家垄断资本主义的特点，有助于深刻把握现代资本主义生产关系的实质和经济运行的特征。

第一节　资本社会化和垄断的形成

从资本主义生产方式来看，在自由竞争资本主义时期，生产力增长和生产社会化的发展，使资本的占有形式和组织形式实现了社会化。这种资本社会化发展到了一定程度，就使资本主义的生产关系出现部分质变，形成以垄断作为其经济实质的垄断资本主义。

一、生产与资本集中和垄断的形成

资本主义的自由竞争会导致生产和资本的集中，而生产和资本的集中发展到一定程度就必然会产生垄断。

（一）资本主义的自由竞争

资本主义起始于16世纪，通过18世纪后半期开始的产业革命以及与之并行的世界市场的形成，建立起自己的物质生产基础，使资本主义生产方式最终确定。在这个阶段内，自由竞争在经济领域中占据统治地位，这就是自由竞争资本主义阶段。

所谓自由竞争，就是商品生产经营者之间为了争夺有利的生产和销售条件而进行的不受限制的竞争。其主要特征有：第一，竞争的主体是以分散的、生产经营规模不大的、单个资本构成的个人业主制为主；第二，各个竞争主体之间的关系以自由竞争为基础，即生产资料和劳动力等生产要素可以在生产部门之间自由转移，除了土地私有权外，没有人为的或自然的垄断障碍；第三，竞争的主要手段是改进技术、扩大规模以降低成本，增大利润；第四，社会经济运行中，主要靠市场机制这只“看不见的手”来调节，资产阶级国家政府奉行“管的最少的政府是最好的政府”的原则，一般不直接干预经济活动。

19世纪60－70年代，这种自由竞争发展到顶点。资本主义自由竞争规律发生作用的结果，总是大企业战胜小企业，大资本吞并中小资本，从而推动生产和资本的集中。

（二）自由竞争引起生产集中和资本集中

生产集中，是指生产资料、劳动力和产品的生产集中于少数大企业，它们在社会生产中所占的份额越来越大。资本集中，就是个别资本结合形成更大的资本。

生产集中和资本集中是生产力发展和自由竞争的必然结果，是生产社会化和资本社会化的重要表现。这是因为：

第一，少数大企业由于资本雄厚，技术水平较高，经营管理先进，生产规模大，劳动生产率高，从而生产经营成本较低，经济效益比较好，在竞争中处于有利地位。竞争的结果是少数大企业吞并中小企业，使生产和资本越来越集中到少数大企业。

第二，信用制度和股份公司加速了生产集中。由于大企业竞争实力强，不容易破产，因而信用较高，可以获得较多的贷款，从而使资本更加迅速地扩大。同时，在股份公司制度下，一方面，企业可以凭借社会信用关系，通过发行股票的办法，把中小资本和其他分散的社会资本集合起来，进行巨额投资活动，组建大型企业，直接加速了资本集中。另一方面，股份公司制度也为大资本兼并中小资本及大资本与大资本、中小资本与中小资本之间的合并提供了最便捷的形式，即通过股份参与控制的方法实现不同企业之间的联合，形成更大的企业。

第三，资本主义经济危机的爆发，促进了生产和资本的集中。少数大企业实力较强，较能经得住经济危机的冲击，不易破产；而大多数中小企业经济实力弱，在危机中纷纷破产。这就加速了大企业吞并中小企业的进程，促进了生产和资本的集中。

到19世纪末20世纪初，各主要资本主义国家的生产集中已经达到很高的程度。如在德国，雇用50个工人以上的大企业，1882年只占工业企业总数的0.3%，而雇用的工人却占全国工人总数的22%；到了1907年，这样的大企业在工业企业的总数中所占的比例已达0.9%，雇佣工人人数竟达全国工人总数的37%。包括商业和交通运输业等在内的德国广义工业企业中，仅占0.9%的大企业，占有全部蒸汽动力的75.3%，占有全部电力的77.2%，而占企业总数91%的小企业却只占有7%的蒸汽动力和电力。在美国，生产集中更为迅速。1904年产值在100万美元以上的最大企业只占企业总数的0.9%，而雇用的工人占工人总数的25.6%，产值占全部工业产值的38%。到了1909年，产值在100万美元以上的大企业占企业总数的1.1%，而雇用的工人占工人总数的30.5%，产值占全国工业总产值的43.8%。即美国雇佣工人的近三分之一、所有企业全部产值的近一半，掌握在占企业总数1%左右的大企业手里。

（三）生产和资本集中产生垄断

当生产高度集中时，就必然会形成垄断。垄断就是独占，是指少数资本主义大企业联合起来，通过某种协议，对某个或某些部门的大部分产品的生产、原料来源和销售市场、产品价格等实行操纵或控制。简单地说，垄断就是少数大企业联合起来独占生产和市场。生产和资本的高度集中产生了垄断的可能性。在资本主义的自由竞争阶段，生产和资本的集中一直在进行着。不过，在自由竞争阶段，某一部门的产品生产和销售是由几百个甚至几千个资本规模较小的中小企业分散进行的，同时，受市场自发力量调节，企业间竞争激烈，彼此间很难达成协议，即使某些企业实现了联合或达成了某种默契，但由于单个企业的产量和市场份额微不足道，要想操纵整个市场的产品生产和销售的目的是难以实现的。但当生产高度集中后，由于企业数目减少，几个或十几个大企业掌握了一个生产部门的大部分产品的生产和销售，就有可能形成垄断。所以说，生产的高度集中是垄断形成的基础。

生产和资本的高度集中也使垄断的产生具有必然性。因为少数大企业规模巨大，实力雄厚，彼此之间势均力敌。为了避免在激烈的竞争中两败俱伤，同时也为了获取高额利润，少数大企业在客观上也需要谋求暂时的妥协而达成协议，从而形成垄断。同时，生产集中发展到一定高度后，要建立相同规模的企业必须有足够数量的巨额资本，这就使新的大企业不易产生。所以生产集中必然产生垄断组织。

垄断组织的形成和发展大体上经历了以下三个时期。

1. 垄断组织的萌芽时期，时间是19世纪70年代。在这个时期，自由竞争达到顶峰。垄断组织开始出现，但尚处于萌芽状态。

2. 垄断组织的广泛发展时期，时间是1873年经济危机以后到19世纪90年代。在这个时期，垄断组织（如卡特尔）有过广泛的发展，但大多是短期的垄断协定，很不稳定。

3. 垄断最后形成时期，时间是19世纪末至20世纪初。在这个时期，垄断组织已遍及工业的各主要部门，特别是重工业部门。垄断组织掌握了国民经济命脉，在各主要资本主义国家的经济领域中占据了统治地位。

二、垄断的组织形式

垄断组织是指若干资本主义大企业，联合起来操纵和控制某一个部门或几个部门绝大多数产品的生产和销售以及原料市场，以保证获取高额垄断利润的组织。适应垄断资本的发展及其在经济生活中的统治作用，垄断组织具有各种不同的形式。

（一）短期价格协定

短期价格协定是几个大的资本主义企业相互妥协，在一个比较短的时间内，订立一种或几种产品的售价协议，参加者要遵守协议所规定的价格。这种垄断形式很不稳定，一旦市场情况发生变化，协定就随之失效。

（二）卡特尔

卡特尔是由生产同类商品的资本主义企业，通过签订某种协议而建立的一种垄断组织。参加卡特尔的企业，在生产和销售方面仍然保持经营的独立性，只是根据协定瓜分销售市场，确定商品产量，规定标准价格。这种形式的垄断组织也不稳定，参加者之间往往为争取有利的销售市场和扩大销售限额进行着激烈的竞争。一旦企业间的实力发生变化，原来的卡特尔就会瓦解，或按照变化了的实力重新签订协议。

（三）辛迪加

辛迪加是由同一生产部门的少数大企业结成的统一的销售组织。参加辛迪加的企业已经丧失了商业上的独立性，它们的商品销售和原料购买完全由总办事处办理，仅仅保留生产上和法律上的独立形式。由于这种垄断组织建立有统一的购销机构，因此比卡特尔有较大的稳定性，但因各企业在生产上仍是独立经营，在各企业经济实力发生变化时，彼此之间争夺产品销售和原材料分配份额的斗争必然尖锐，从而导致辛迪加的解体。

（四）托拉斯

托拉斯是由生产同类商品的若干个大企业或在生产上有密切联系的大企业结成的联盟。参加托拉斯的企业，完全丧失了生产上和商业上的独立性，大家联合成为一个庞大的企业，由董事会统一经营管理，各个资本家变成托拉斯的股东，按照股份取得股息和红利。由于参加者在生产、商业、财务等各个方面失去了独立性，一切活动都统一由董事会掌握，领导权由最大企业控制，各股东按投资比例来分配利润，所以托拉斯比卡特尔、辛迪加更为稳定。

(五)康采恩

康采恩也称财团，它是由不同经济部门的许多大企业联合组成的庞大的垄断公司。参加康采恩的，既有单个的企业，又有其他的垄断组织，如辛迪加、托拉斯。参加康采恩的企业只保持着形式上的独立性，实际上受到居于核心地位的大企业或大银行的直接控制。康采恩在20世纪30年代首先产生于法国，随着垄断资本主义的发展而日益成为最重要的垄断组织形式。

垄断组织的各种形式反映不同的垄断程度。在德国，卡特尔曾经盛行一时；在英国，广泛采用辛迪加的形式；美国则被称为托拉斯的国家。各国后期实际上都采用了康采恩这种复杂的垄断组织形式。到20世纪后半叶，垄断组织的形式又有了新的发展，主要特征是混合联合公司的兴起。它们的生产经营已不限于同类或相关产品，而是跨行业跨部门进行混合联合生产经营。这一方面可以保证一定时期内最大限度地提高企业的利润率，另一方面还可以在经济结构不断变化、新兴产业部门层出不穷、市场行情不断波动的条件下，通过混合经营规避风险，稳定、平衡、持久地保持垄断地位和获取高额垄断利润。但不论是哪一种形式，其实质都是垄断资本家为了垄断生产和市场以攫取高额垄断利润的工具。

三、金融资本和金融寡头

在工业生产的集中和垄断形成工业垄断资本的同时，银行业的高度集中也在20世纪初期迅速发展，形成银行垄断，产生了银行垄断资本。

(一)金融资本的形成

银行业的集中和垄断是以产业资本的集中和垄断为基础，并与产业资本的集中和垄断同时形成的。产业资本的集中，既为银行提供了大量的闲置货币资本，又对银行贷款提出巨额需求。银行业内部的相互竞争是导致银行资本集中和垄断形成的强有力的杠杆。为了争夺客户，各银行之间也会展开激烈的竞争。在竞争中大银行信用程度高，经营费用省，经常处于有利地位，它通过提高存款利息率吸收大量存款、压低贷款利息率发放大宗贷款等手段，排挤、兼并小银行；也可以用参股等方式控制小银行，从而不断使大批社会资本和信贷业务日益集中在少数大银行手里。同工业集中走向垄断一样，银行集中到一定程度，几家大银行为了避免在竞争中两败俱伤，为了获取高额垄断利润，必然会联合起来走向垄断，形成若干个庞大银行。这些大银行通过星罗棋布的分支机构，把千千万万个分散的企业联系起来，并且集中着全国的周转资金，成为资本主义经济生活的神经中枢。

随着银行垄断的形成，银行的作用也发生了根本变化，由普通的中介人变成了万能的垄断者。这是因为，一方面，由于工业生产集中，生产规模扩大，需要的资本数量增大，工业企业常常需要银行提供数量较大、时间较长的贷款，从而形成了工业企业对银行的依赖；另一方面，由于银行业的集中，大银行吸收了社会上大量的存款，有足够的资本为企业提供数量大、期限长的贷款。这就使大银行与大企业之间建立起长期的、固定的联系。大银行为了使自己贷出的巨额货币资本有保障并取得高额的银行利润，必然十分关心向它借款的企业的生产经营活动，对它加以监督和干预，并通过扩大或者减少贷款的办法影响企业，甚至决定企业的命运。于是银行成了工商企业的支配者，银行的作用也就由普通的中介人变成了万能的垄断者。

银行垄断的形成和银行新作用的出现，促使银行垄断资本和工业垄断资本逐渐融合。一方面，银行资本通过购买工业企业的股票和开办新工业企业，把自己的资本渗透到工业中去，成为工业资本的所有者；另一方面，工业资本也通过购买银行和投资开办新的银行，成为银行资本所有者。资本参与的结果，互相成为对方的股东。同时在银行资本和工业资本相互渗透的基础上，所谓“个人联合”也发展起来了。他们互派人员参加对方的领导机构，担任要职，以便相互影响。正是通过这些途径，使垄断的银行资本与垄断的工业资本实现了完全的融合，形成了一种新型资本，即金融资本。

（二）金融寡头在经济和政治上的统治

金融资本是垄断的银行资本和垄断的工业资本融合或混合生长而形成的一种新型资本形式，掌握这种庞大的金融资本的最大资本家或资本家集团就是金融寡头。一小撮金融寡头支配了大量的社会财富，控制了整个国家的经济命脉和国家的上层建筑，成为垄断资本主义国家的主宰者。

金融寡头在经济上的统治，主要是通过“参与制”的形式实现的。“参与制”是指金融寡头通过掌握一定数量的股票对企业实行层层控制的一种制度。金融寡头通过自己掌握的总公司作为“母公司”去收买其他公司一定数量的股票，使之成为受自己控制的“子公司”，各“子公司”又以同样的办法去控制更多别的公司的股票，使之成为“孙公司”。如此逐级参与控制，在经济上就形成了像金字塔式的控制体系，站在塔顶上的就是极少数的金融寡头。金融寡头就是利用这种层层“参与”的制度，控制比自己的资本大几倍、十几倍，甚至几十倍的他人资本，从而扩大自己的实力，强化了自己的统治。此外，金融寡头还通过创办企业、改组企业、发行有价证券、办理公债、从事各种金融投机和房地产买卖等来谋取高额利润。

金融寡头在政治上的统治，主要是通过“个人联合”的办法实现的。其途径：一是金融寡头亲自或委派代理人到政府部门中担任要职；二是金融寡头把政府官员、军事将领聘请到自己的公司中担任要职。例如，20 世纪 40 年代以来，美国历届政府中，都有大批垄断资本家的代表官居要职。杜鲁门政府中，有 40 个主要官员是大银行和大企业资本家；艾森豪威尔政府中有 150 个主要官员是大垄断资本家；卡特政府中最重要的 19 名官员，有 15 人是分属各主要财团的；依靠西部财团的势力登上总统宝座的里根，其 13 名内阁部长中，有 8 名是百万富翁，3 名是准百万富翁；至于肯尼迪总统和洛克菲勒副总统，则更是以财团家族的主要成员的身份直接走上政治舞台的。各大财团操纵总统选举，争夺政府要职，总统上台后，照例是按各财团的实力分配政府要职的。这就是金融寡头控制政治的现实。正如列宁所说，这些人“今天是部长，明天是银行家；今天是银行家，明天是部长”①。

金融寡头既然控制了经济、政治，势必要把垄断统治的触角伸向社会生活的各个方面。垄断资本主义国家的新闻、出版、广播、通信、科学、文艺、体育和教育等各项文化事业，实际上也都控制在金融寡头手中，成为他们维护垄断统治的工具。

四、垄断利润和垄断价格

垄断形成以后，垄断组织生产的目的不只是局限于取得平均利润，而且是要取得高额垄断利润。追求高额垄断利润是垄断资本主义生产的目的和发展的动力。垄断利润是凭借在生产和流通中的垄断地位而获得的远远超过平均利润的高额利润。

---

① 《列宁全集》第 24 卷，人民出版社，1960 年版，第 97 页。

在自由竞争阶段，资本主义企业一般只能获得平均利润。个别资本家通过改进技术，提高劳动生产率可以获得超额利润，而这只是暂时的现象。一旦新技术被普遍采用，少数资本家所获得的超额利润就会消失。而在资本主义垄断阶段，垄断资本家却可以凭借其在生产和流通中的垄断地位，长期获得大量的高额垄断利润。

垄断利润是通过垄断价格实现的。垄断价格是指在垄断组织操纵下，可以保证获得垄断利润的一种市场价格，包括垄断高价和垄断低价两种形式。垄断高价是指垄断组织在出售商品时，采用人为抬高的价格出售。垄断组织在按垄断高价出售商品后，减去商品的生产成本，其差额就构成高额垄断利润。垄断低价是指垄断组织在购买和倾销商品时人为压低的价格。垄断低价包括两种情况：一是垄断组织在向非垄断企业、小生产者和其他国家购买商品时，凭借自己的垄断地位把价格压到商品价值或生产价格以下；二是垄断组织为了挤占竞争对手的市场份额和处理过剩、滞销商品，实行低价倾销政策。一旦上述目标实现，再从提高商品售价中挽回过去的损失。

在现代西方国家中，垄断组织在规定商品价格时，实际上是按照“价格领袖制”的原则，即由该部门最大的垄断企业确定商品价格，其他企业跟随定价。最大垄断企业在定价时，先定出一个纳税后应达到的目标利润率，再根据这个利润率测算利润，把它加在成本上面，由此形成超过商品生产价格以至价值，能保证高额利润的市场价格。虽然垄断价格是由垄断组织制定的，但是垄断组织并不能随心所欲地无限抬高销售商品的价格或无限压低收购原材料的价格。这是因为：首先，在垄断条件下仍然存在着竞争。如果垄断组织把垄断价格定得过高，竞争对手就会以较低的价格抛售商品，夺取市场。其次，某种商品垄断价格定得过高，其他企业也会争相生产同类的商品，或者生产这种商品的代用品，从而使这类商品增多，结果必然使垄断价格下降。此外，把商品的垄断价格定得过高，超过了消费者的有支付能力的需求，会使商品积压，卖不出去。这样的垄断价格，实际上也就起不到垄断价格的作用，最终仍然会使过高的垄断价格下降。

垄断价格的形成并不违背价值规律，它只是进一步改变了价值规律作用的表现形式，使商品的市场价格比较长期地、稳定地背离生产价格和价值，但不能脱离商品的价值。从全社会来看，整个社会的商品价值，仍然是由生产它们的社会必要劳动创造的。垄断价格不能增加或减少社会的价值总量，只能使价值和剩余价值发生有利于垄断资本家的重新分配。从整个社会来看，商品的价格总额仍然等于商品的价值总额。

五、垄断统治下的竞争

垄断资本的形成及垄断势力的出现和发展，并没有消除资本之间的竞争关系，只是部分改变了竞争的形式，使资本竞争呈现出新的特征。

（一）垄断与竞争并存

垄断资本家通过垄断价格获取垄断利润，是在激烈的竞争中进行的。垄断产生于自由竞争，并且代替自由竞争，但却没有消除竞争，而是使竞争更加激烈起来。对于垄断条件下的竞争，列宁做了精辟的论述，“从自由竞争中成长起来的垄断并不消除自由竞争，而是凌驾于竞争之上，与之并存，因而产生许多特别尖锐特别剧烈的矛盾、摩擦和冲突”①。

垄断之所以不能消除竞争，这是因为：

第一，竞争是一般商品生产的必然产物。垄断代替自由竞争，但并没有消除以生产资料私有制为基础的资本主义商品生产，所以垄断不可能消除资本主义的竞争。

第二，在垄断资本主义时期，除了垄断组织之外，还存在着大量的中小企业。所谓“纯粹的垄断”是不存在的。既然中小企业还大量存在，它们之间就必然存在着竞争。

第三，各个垄断组织和垄断资本家，都力图巩固和发展自己，削弱和吃掉对方，因而必然造成更加激烈的竞争。

（二）垄断条件下的竞争

在垄断占统治地位的情况下，竞争主要有三种形式：一是垄断组织之间的竞争；二是垄断组织和非垄断组织之间的竞争；三是垄断组织内部的竞争。当然，也还存在着非垄断企业之间的自由竞争。

垄断组织之间的竞争主要表现在：同一部门的垄断组织之间，为控制本部门的生产、销售和原料来源等而进行的激烈斗争；不同部门的垄断组织之间，进行渗入和反渗入的斗争。它们之间还会发生因相互供应原材料和成品等而引起的竞争，因产品可以相互替代（如能源中煤、石油、电力之间相互替代）而争夺销售市场的竞争，因争夺科技人才和熟练劳动力的竞争，因资本在不同部门之间转移而进行的竞争等。

垄断组织和非垄断组织之间的竞争，是指它们之间存在着扼杀与反扼杀、控制与反控制的斗争。其手段主要是：第一，依靠进入壁垒排挤中小企业。大企业垄断市场的目的在于控制产品价格以提高利润，但是较高的价格和利润又会诱使新企业的进入，因而，较高的进入壁垒是维护垄断企业统治地位的必要条件。进入壁垒是指垄断部门形成的、对新的企业或资本进入构成的障碍，其实质在于使新进入的或可能进入的企业的成本过高而无利可图。第二，通过转包等形式控制中小企业。垄断企业可以通过对本部门或相关部门中的中小企业实行直接控制，如通过转包制度或订立购销合同等方式，把一部分生产任务交给中小企业去做，从而把它们纳入自己的生产体系。在一定条件下，控制中小企业可能比排挤中小企业对垄断企业更为有利，大企业把部分生产工作分散给小企业并通过商业关系对这些小企业实行控制，有利于提高利润率。第三，通过买方垄断掠夺中小企业。企业既是产品的卖者又是原材料和其他投入品的买者。生产的高度集中不仅可能导致卖方集中和卖方垄断，而且可能导致买方集中和买方垄断，当一个市场上购买企业的集中达到较高程度，而它们面对的又是数量众多而分散的中小企业时，便会发生与卖方垄断相似的情形：几个占有较大市场购买份额的企业之间形成勾结，通过联合行动行使买方垄断，压低供应品的购买价格，牺牲卖者的利益来谋取买者的利益。

垄断组织内部存在竞争。大多数垄断部门都存在一定数量的大公司，它们或者在竞争中加强各自的垄断地位，或者通过不同形式的勾结实行寡头垄断。然而，勾结并不意味着矛盾的消除，寡头垄断既是竞争的结果，又是竞争的延续。同一部门内部垄断企业之间竞争的表现形式：一是在垄断企业进行价格协调的同时，继续进行公开的、隐蔽的价格竞争。任何垄断

---

① 《列宁选集》第2卷，人民出版社，1960年版，第807～808页。

性的勾结定价都是若干大公司在激烈竞争中所达成的暂时妥协。一旦寡头垄断形成，参与寡头垄断的大公司又会产生新的竞争动机欺骗其他公司，暗地降低价格或增加产量，以扩大自身的销售份额，获得更多利润。市场需求的变动越是不规则，各个公司的成本差别越大，那些成本较低的大公司暗地降价的动机越强烈。但垄断大公司秘密削价可能被其他公司察觉而引起公开的价格战，因此防止这类欺骗行为便成为巩固卡特尔和其他垄断组织形式的中心问题。二是垄断企业还进行着广泛的非价格竞争和市场外竞争。非价格竞争通常和寡头垄断勾结定价结合在一起，把垄断企业的竞争纳入较安全的轨道，因而成为寡头垄断企业竞争的主要形式。非价格竞争包括促销竞争、产品质量方面的竞争、服务方面的竞争以及市场外各个垄断企业进行争夺原料、技术专利、熟练工人、专业人员、运输条件和优惠信贷等的斗争。

(三)垄断条件下竞争的特点

垄断时期的竞争与自由竞争相比，具有以下新的特点。

1. 竞争的目的不同。自由竞争时期竞争的目的是为了获取超额利润和取得好的投资场所，而垄断时期竞争的主要目的是攫取高额垄断利润以及巩固和扩大自己的垄断地位。

2. 竞争的主体不同。自由竞争时期的竞争主体是为数众多的分散资本家，而垄断时期竞争的主体却是为数不多的大垄断资本组织。

3. 竞争的手段不同。自由竞争时期资本家之间采用的竞争手段主要是价格手段，而垄断时期垄断组织之间容易达成协定，协调价格，价格竞争降到次要地位，而非价格竞争，诸如争取对原料、技术、信贷、交通运输、熟练劳动力等生产销售的控制权，以及在产品质量、花色品种、广告宣传、维修服务等方面的竞争，上升成为主要手段。垄断时期垄断组织还运用政治手段，有时甚至不惜采取暴力来打垮竞争对手。

4. 竞争的激烈程度和后果不同。自由竞争时期由于企业规模较小且力量单薄，限制了竞争的激烈程度。而在垄断时期，由于垄断组织的实力异常强大以及所采用的手段与自由竞争阶段不可同日而语，造成竞争的规模比过去大大扩大，竞争程度更加激烈，时间更加持久，破坏性后果更加严重。

5. 竞争的范围不同。自由竞争的范围主要是国内经济领域，而垄断阶段的竞争范围遍及各个领域和部门，不仅存在于国内，而且扩展到国外。除了经济领域的竞争外，在政治、军事、文化科技等领域的竞争也广泛存在。

第二节　国家垄断资本主义

第二次世界大战后，特别是20世纪50年代以来，各主要资本主义国家生产社会化的高度发展和资本主义基本矛盾的不断激化，促使私人垄断资本主义转变为国家垄断资本主义。本章主要分析和阐述国家垄断资本主义的产生和发展、国家垄断资本主义的基本形式和作用、国家垄断资本主义调控宏观经济的手段，从而揭示国家垄断资本主义的实质。

一、国家垄断资本主义的产生和发展

私人垄断统治虽然在一定程度上通过控制生产和市场等，暂时缓解了供给与需求之间的矛盾，但是由于资本主义生产方式的存在，随着生产力的发展、生产社会化程度的提高，资本

主义基本矛盾变得更加尖锐复杂，因此使资产阶级国家政府不得不出面直接参与社会资本再生产过程，从而使私人垄断资本主义转化为国家垄断资本主义。

（一）国家垄断资本主义的产生和发展过程

国家垄断资本主义是指作为上层建筑的资本主义国家在社会经济领域的职能全面增强，对社会经济生活进行全面控制和干预的资本主义。它是私人垄断资本同国家政权相结合的产物，是资本主义生产力发展以及资本主义制度所固有的各种矛盾不断激化的必然结果。由自由竞争发展到私人垄断，再由私人垄断发展为国家垄断，这是资本主义发展的一般规律。总的看来，国家垄断资本主义的产生和发展大体经历了三个阶段。

1. 形成阶段

19 世纪 70 年代至第一次世界大战，是国家垄断资本主义开始形成的阶段。这一时期，国家垄断资本主义主要表现为，国家通过直接投资和将私人企业国有化建立国有经济，对整个国民经济实行集中统制。在第一次世界大战前夕，德、俄、日等帝国主义为了准备战争，大大增加了国家军事预算和军事采购，特别是通过直接投资和将私人企业国有化的方式建立钢铁企业和军工企业。在战争期间，各交战国为了动员全国的人力、物力和财力投入战争，普遍加强了国家对社会经济和人民生活的统制和管理，对全部生产实行最严格的统制和监管。这一过程具体表现为：一些国家成立了专门的经济管理部门，对生产、原料、劳动力、工资、物价和商品等实行国家调节和控制，强行摊派国债、取消罢工。没有直接参战的美国，建立了战时工业局、战时贸易局和战时金融公司等机构；直接参战的德国，设立了战时工业委员会、战时原料管理处和战时谷物管理局等机构；英国设立了军需部、农业局和商业局。一些国家还对企业实行国有化。美国在 1917 年实行铁路国有化，英国也将相当多的企业收归国有。一些国家的政府大量投资兴建军火工业，或由国家经营，或交给私人垄断资本经营，各国政府还采取向私人垄断企业订货，给予私人垄断企业补助金或发放优惠贷款等方式支持垄断组织。1918 年，美国联邦预算支出占国民收入的 20%，而战前的 1913 年仅占 2.1%；英国的国家预算在国民收入中的比重也由战前的 8% 提高到 61%。各国政府还强行合并企业，强化私人垄断组织力量，如德国 1915 年颁布强制卡特尔化的法律，强迫各企业加入垄断组织。当战争结束后，各国经济逐渐转入正轨时，国家垄断资本主义也逐步进入低潮。随着战时经济向和平经济的转变，国家在战时采取的一系列国家垄断资本主义措施大多被取消，许多国家的国有企业，也廉价转让给私人垄断组织，或由私人垄断组织经营。

2. 不稳定发展阶段

第一次世界大战后到第二次世界大战结束初期，是国家垄断资本主义不稳定发展阶段。这一时期，国家垄断资本主义主要表现为，国家对整个国民经济进行干预和调节。1929～1933 年，资本主义世界爆发了空前严重的经济大危机。它深刻动摇了旧的资本主义体制的基础，危及资本主义的生存。它打碎了市场是万能的神话，使社会各阶层不再相信那只“看不见的手”的神秘力量，转而向政府寻求帮助。在理论上，英国经济学家凯恩斯于 1936 年发表了《就业、利息和货币通论》，该书将资本主义经济危机的原因归结为“有效需求不足”，主张国家通过财政和货币政策创造需求，以实现总供给和总需求的平衡，保证整个宏观经济的稳定运行。该著作的发表标志着作为国家垄断资本主义理论基础的凯恩斯主义产生了。在实践上，出现了两种干预经济的做法。一种是美、法、英等国家实行的国家干预政策；另一种是德、意、日等国家实行的国民经济军事化。例如，美国总统罗斯福于 1933 年实行的“新政”。主要内容是:制定有利于克服危机的财政信贷政策,整顿银行信贷,实行存款保险,发放巨额贷款扶持金融业,实行通货膨胀政策,实行黄金国有;在制定的产业政策方面,颁布了《全国产业复兴法》,对各行业实行"公平竞争",规定各个行业的生产规模、价格水平和销售定额等;兴办各种公共工程以增加就业;实行"农业调整法",对农场规定生产定额,以控制生产并对农业实行奖励和津贴等。

1939~1945年,第二次世界大战时期,国家垄断资本主义再次得到发展。帝国主义各国都建立起战时经济管理体制,特别是德、意、日法西斯国家,更是把全国经济都纳入军事管制轨道,完全服从战争侵略的需要。这次国家干预与第一次世界大战中的干预具有不同之处,主要表现为:干预的目的,不是为了战争,而是为了克服经济危机,摆脱萧条;干预的方法不是国家统制,而是国家调节;干预的范围不是与战争有关的工业部门,而是整个社会的生产与再生产。

3. 持续迅速发展阶段

第二次世界大战后,国家垄断资本主义进入了持续而迅速的发展阶段。第二次世界大战后,在所有发达资本主义国家,国家垄断资本无论在广度上还是深度上,都有了更迅速、更普遍的发展。这时的国家垄断资本主义是在和平时期,在各国经济相对稳定发展的条件下发展起来的。国家对经济的干预涉及生产、流通、分配、消费各个环节。这一点在西欧一些发达资本主义国家最为突出,英、法、意、奥等都先后对电力、煤炭、煤气、铁路运输等许多部门实行了国有化。到1972年,国有企业占本国全部资产总额的比重,英、法、意、前联邦德国、奥分别为33%、20%、30%、30%、35%。一般地,国家财政支出在国民生产总值中所占的比重,是衡量国家垄断资本主义发展水平的主要指标。当国家财政支出的很大部分投入社会资本再生产过程,从而使国家政权与私人垄断资本在经济上的结合日益密切,使国家在生产、分配、交换和消费各个领域的经济职能日益加强的时候,国家垄断资本主义的发展水平也就越高。据有关资料统计,第一次世界大战前各国在10%左右,两次大战之间上升到20%左右,现在发达资本主义国家的财政支出已占到国民生产总值的30%~40%,有的高达50%以上。并且主要是投入到社会资本再生产过程和对社会经济生活的调控方面。这表明,现在的国家垄断资本主义已经发展到相当高的水平。

综上所述,20世纪50年代之前,国家垄断资本主义存在及发展的主要目的,是为应对战时状态或经济危机,具有临时性、不稳定性和被动性特点。20世纪50年代之后,国家垄断资本主义发展的主要目的,是缓和资本主义的各种矛盾,不断调整生产关系,使其能容纳生产力的发展,保证经济平稳持续的增长,保证垄断资产阶级持久地获得超额利润。具有持续性、稳定性和主动性特点。

(二)国家垄断资本主义战后发展的原因

1. 社会生产力的发展,要求资本主义生产资料占有形式发生变化,这是国家垄断资本主义产生的物质基础。

"二战"后的20世纪50年代,西方发达资本主义国家发生了以计算机信息技术、宇航、新能源、新材料、海洋开发等为标志的第三次科学技术革命。这次科技革命促进了社会生产力的巨大发展,生产社会化程度进一步提高,私人垄断条件下的以个别或集体的垄断资本的生产资料占有,仍然是少数人的占有,它已落后于此时生产社会化要求进一步在社会范围内对国民经济进行宏观管理,从而使社会各生产部门按比例发展,实现总供给与总需求平衡的要求。因此，资本主义基本矛盾日益尖锐化。此外，生产力的发展，使生产社会化程度的深度和广度更深更广。在深度上，社会分工越来越深入，越来越细化。生产专业化已经由不同产品之间的分工发展到同一产品不同零部件、不同工艺以及劳务之间的分工。在广度上，生产协作越来越广泛，一个产品的生产往往需要几个国家众多部门的企业共同协作才能完成。生产社会化的这种特点要求解决生产上的一系列新问题。例如，现代化的生产规模巨大，需要巨额资本；重大科技项目的突破，不仅需要巨额投资，而且又是一项系统工程，需要众多专业科技人员和科研单位进行广泛合作；老的工业部门有待于进行新的技术改进，新兴工业部门和现代化的基础设施需要开发和建设；部门结构和地区结构需要调整；企业与企业、部门与部门、地区与地区之间的联系和协作在广度和深度上需要加强；科技和现代化生产的发展，要求大力发展各类教育和培训事业，要求对环境进行保护，要求生态保持平衡等。面对这些问题，私人垄断企业往往由于财力不足、或投资利润率低、或投资风险大、或社会协调能力有限等而不能够和不愿意解决。在这种情况下，就不得不突破私人垄断资本的局限性，扩大作为“总资本家”的国家这一上层建筑的经济职能作用，由国家直接投资或与私人垄断资本进行合资等途径来完成，这样就引起了国家垄断资本主义的迅速发展。

2. 战后经济恢复，要求迅速发展国家垄断资本主义。

英、法、德、日等资本主义国家的国力，在“二战”中遭受重创。因此“二战”后，面临迫切恢复和发展经济的艰巨任务，但是，单靠私人垄断资本是无法实现的，不能不借助国家的力量，政府间的力量。西欧经济共同体这一区域性国际垄断同盟的产生，就是西欧国家借助政府力量，实行经济一体化来推动各国经济发展的表现；是西欧地区，国家垄断资本主义发展到一个更高水平的标志。此外，美国在“二战”中，远离战场，又大发战争横财，积累了雄厚的私人垄断资本，这些私人垄断资本形成了庞大的社会总供给，亟须在社会范围内调整生产关系，扩大总需求，以防总供给过剩，危害垄断资产阶级利益。另一方面，美国为了遏制社会主义力量的发展，在全球推行霸权主义的战略，就必然要扩军备战，必然要为它的北约成员提供帮助。而这一切，都只能借助国家的力量才能实现。这样，国家垄断资本主义在美国也快速地发展起来。

3. 为弥补市场缺陷，预防经济危机，实现经济稳定增长，也需要国家垄断资本主义的发展。

在资本主义市场经济条件下，剩余价值规律、决策的分散性，以及以价值规律、供求规律和竞争规律为核心的市场机制的自发性、盲目性和滞后性缺陷。一方面，经常加剧生产和消费的反方向运动，加重二者的脱节；另一方面，又经常加剧私人垄断企业生产的有组织性和整个社会生产的无政府混乱状态之间的矛盾。矛盾尖锐化必然使生产大起大落，周期性地爆发经济危机，加剧劳资矛盾等。因此，为了弥补市场缺陷，避免市场缺陷带来的厄运，资本主义市场经济的运行，就必须要由国家从整个社会经济发展的大局出发，从维护整个资产阶级长远利益的角度出发，实施诸如社会福利政策等种种“反危机”措施，来缓和各种矛盾，干预经济运行，从而实现经济的平稳增长。

4. 国际市场竞争日趋激烈，要求发展国家垄断资本主义。

“二战”前，帝国主义国家在国际市场上的矛盾，主要是通过帝国主义之间争夺殖民地、附属国的战争形式来解决。这时期，国家垄断资本主义的军事性质最为突出。如国家以战争需要为前提，发展军火工业，对生产和分配实行社会调节。战后，国际环境发生了很大变化，旧的殖民体系瓦解了，帝国主义国家直接统治的地盘缩小了，加上主要资本主义国家发展的不平衡性，使它们在争夺原料产地、投资场所和商品的销售市场等方面的斗争更为激烈。因此，各国垄断集团要占据国际市场上的有利地位，必须依靠政府力量，推行国家垄断资本主义才能实现。

二、国家垄断资本主义的基本形式

国家垄断资本主义是私人垄断资本与国家政权相结合，对经济生活进行干预和调节，以保证垄断资本获取高额垄断利润的经济形式，因此根据国家与私人垄断资本相结合的不同程度，国家垄断资本主义可分为三种基本形式：国有垄断资本、国家与私人共有的垄断资本、国家与私人垄断资本在社会范围的结合。

(一)国有垄断资本

国有垄断资本，是指由资产阶级国家直接掌握并投入价值增值过程的垄断资本，即国家直接掌握的垄断资本。它的表现形式是资本主义国家所有制，它的组织形式是资本主义国有企业。国有垄断资本是国家垄断资本主义的最高形式，也是社会化程度很高的资本形态。

1. 国有企业的形成途径

资本主义国家的国有企业是一种最典型、最深层次的国家垄断资本主义，它是生产资料归“总资本家”国家所有并直接经营的企业，是生产资料由资本主义的私人占有向社会占有转化的最高形式。它主要是通过两种途径建立起来的：第一，是国家财政拨款直接投资开办企业。第二，是对私人垄断企业实行国有化。对私人企业的国有化是战后资本主义国有企业形成的主要途径。其具体方式为：对某些特殊企业进行无偿没收；或以一定的价格从私人资本家手中购买。对私人企业进行国有化的主要目的是：(1)对某些私人企业进行惩罚和制裁。战后初期，西欧国家国有化的对象，主要是那些在战争期间直接或间接为法西斯主义服务的私人企业。如在1945～1946年，法国戴高乐政府对战争期间与纳粹勾结的私人企业进行了惩罚性国有化，包括对雷诺汽车公司的国有化。(2)拯救陷入困境，濒临倒闭的私人企业。在战后初期的经济恢复和历次经济危机中所进行的国有化多出于这种动机。(3)防止国内外私人资本对某些重要部门的控制。如20世纪80年代初，法国密特朗政府对5大电子工业集团的国有化，主要目的之一就是防止外国企业对其电子产品的生产和市场进行控制。

2. 国有企业的类型

(1)满足国家机构自身需要的国有企业。这类国有企业只生产国家消费的产品。是直接为国家机关和军队服务的。这类国有企业不追求高额利润，一般在国家财政的支持下实行再生产。

(2)提供公共产品的国有企业。这类企业主要是指铁路、公路、通信、供水、供电等部门。这类国有企业在国民经济中的地位很重要，它们是整个社会生产和生活正常进行的基础，经常无盈利或亏损，需要依靠国家的财政补贴才可以生存下去。

(3)高科技、高风险行业的国有企业。这类企业研发费用高，投资风险大。例如，核能工业、航天工业等，它们是科技革命的先导部门，对产业结构升级和国民经济发展影响深远。私人垄断企业一般无力经营或不愿意经营。因此，由国家投资兴办经营。

(4)一般工业部门中的国有企业。它们是在国内外各种矛盾的压力下形成。大都以追求利润为经营目标。与相关部门的私人企业之间存在竞争关系。它们在国有化高潮期间数量较多，一定时期又往往成为私有化的对象。

3. 国有企业的性质和特点

资本主义国有企业，是国家垄断资本的一种组织形式，国家在形式上以全社会代表的身份占有生产资料，因而国有企业在形式上也取得了公有制的外壳。但这并不是资本主义国有企业的真正性质。这是因为，国有企业的性质取决于国家的性质。现代资本主义国家是垄断资产阶级的总代表，它对生产资料的占有并不改变生产资料作为资本主义私有制的性质。资本主义国有制与资本家个人或集团所有制在形式上虽有区别，但性质都是资本主义的。由于国家的性质是“总资本家”，因此，从本质上讲，资本主义国有制也就是垄断资本主义所有制，国有制企业的工人虽不再受雇于和隶属于某一个别或集团的资本家，而是受雇于资产阶级国家和国有企业，工人代表被允许参加国有企业管理，但他们仍就没有所有权，依然是雇佣劳动者。他们创造的剩余价值被资产阶级无偿占有的实质也没有改变。

但是，又必须看到，资本主义国有企业与私人垄断企业又存在不同之处。资本主义国有企业的特点，具体表现在：(1)国有企业的生产经营活动是由国家直接控制和管理的，企业的盈亏也都由国家负责；(2)国有企业的经营目标是双重的：一方面，国家要从全社会的整体需要来考虑宏观经济目标和社会稳定的问题，以此作为对国有企业经营活动进行干预的依据；另一方面，国有企业作为一个商品生产者和经营者，又必须考虑自身的经济利益问题，因而又必须要按照市场经济规律追求利益最大化。

总之，国有企业作为一个企业，既具有私人企业所有的一般经济性质；同时，作为一个国家所有的经济实体，又具有一般私人企业所没有的社会性质。这两方面的结合，就是资本主义国有企业特点的集中表现。

4. 国有企业的发展过程

国有企业在资本主义生产方式建立初期就已出现，但那时为数极少，对整个国民经济的影响和作用极其有限。是私人资本积累不足的结果。当时许多社会发展告急的工业与公共工程，如各种矿山、钢铁厂、军工厂、公路、河道、港口等建设工程，都需要巨额投资，私人资本很难筹措，这就只能由资本主义国家以“总资本家”的身份投资建设。随着垄断资本主义的发展，国有企业不断扩大，但发展有起有伏，不稳定，而且在地区间也不平衡。在战争和危机期间，不论西欧，还是北美地区，国有企业规模都较大，数量都较多，它们都以服务于战争或以缓和经济危机为目的。战争或危机过后，国有企业就大大缩减。在“二战”之前，国有企业发展的速度总体比较缓慢，但“二战”之后，国有企业在西欧各主要资本主义国家得到了持续稳定的较快发展，在国民经济中占有相当大的比重。到20世纪70年代中后期，西欧各主要资本主义国家的国有企业广泛分布于邮电、无线广播、电力、煤气、石油、煤、铁路运输、航空、钢铁、汽车、造船等部门，除了石油、汽车、电力在本部门所占的比重为25%外，其他部门在本部门所占的比重都在75%～100%之间。

这一时期，西欧各主要资本主义国家的国有企业之所以发展迅速且稳定，主要原因是西欧各国在战后要掌控国家经济命脉，急于恢复国民经济，提高国际竞争力。而美国由于在两次世界大战中都远离战场，大发战争横财，因此“二战”后，它的经济实力最强，它不需要通过国有企业来干预经济的恢复与发展，因此，国有企业发展缓慢。

进入20世纪80年代后，在主要资本主义国家普遍掀起了一股国有企业私有化浪潮。有的国有企业将股份全部出卖给私人，成为私营企业；有的将一部分股份卖给私人，成为国私共有的合营企业；有的以租赁或承包方式让给私人经营。西方国家之所以出现国有企业私有化浪潮，其原因主要有以下几方面：

(1)20世纪70年代信息技术革命的推动

首先，是产业结构发生了重大调整和变化。在新科技革命的条件下，原来的传统基础工业，在国民经济中的支柱地位和先导作用降低，从而在产业结构中所占比重下降；而电子、信息产业等新兴产业部门作用增强，从而在产业结构中所占比重提高。产业结构的变化，一方面，使原来广泛分布于传统基础产业领域的国有企业，在国民经济中的地位和重要性降低；另一方面，由于国有企业本身的垄断性，制约了资本在部门之间的流动，削弱了竞争，阻碍了部门生产力的发展，影响了国有企业的经济效益，增加了国家财政的负担。因此，国家也有必要通过国有企业私有化来适应产业结构的变化，同时，反过来又进一步推动产业结构的重大调整和技术升级，从而促进生产力的更快发展。

其次，是企业模式发生变化所造成。传统国有企业的模式是以单品种、大批量生产为特征。这种模式使国有企业以规模经济和高度垄断地位，在卖方市场上占据优势。进入20世纪70年代以后，买方市场快速发展。产品生命周期大大缩短，消费需求向个性化、多样化、潮流化方向发展。以多品种、小批量为特征的适度规模企业，由于经营方式多变灵活，品种易于调整而显示其优势。而国有企业不足以适应这种市场结构的转化而显示其弱势，自然其重要性就不如从前。

最后，是技术条件发生变化所造成。新技术革命使发达国家产业技术条件发生了深刻变化，这种变化使原来适应于国家垄断经营的某些部门不再适宜垄断经营，国家继续在这些部门经营甚至会产生多方面的负效应。例如，航空业在飞机性能差、地面通信导航措施不完善的情况下，国有企业独家垄断经营能确保航空安全。但随着航空技术的进步，私人经营航空业已不存在技术障碍。在这种条件下，国有企业对航空业的垄断就会影响效率与服务质量的提高。

(2)国有企业经济效益长期低下

1980年法国国有企业亏损额相当于当年国家工商利润总和的2/3。国有企业经济效益低下的原因有：(1)公有产权是国有企业效益低下的基本原因。国有企业的财产所有权归国家政府所有。当国有企业生产资料的所有权与经营权不分离时，国有企业因缺乏独立自主经营的积极性和主动性而存在较高成本；当两权分离，在国家与企业之间建立委托代理关系时，由于监督的外部性问题、内部人控制等又为代理人的贪污腐败创造了条件。因此，导致国有企业效率低下；(2)国有企业的双重经营目标，制约了效率的提高。国有企业是国家调节国民经济运行，避免经济剧烈波动，保持经济持续、平稳、有效增长的重要物质基础，因此，作为企业在追求自身利润目标的同时，还肩负着实现宏观经济的调控目标。如充分就业、稳定物价等。因此，在经济不景气、企业利润下滑的条件下，国有企业就不能像私人企业一样，通过解雇一批工人而降低劳动成本，增加利润。显然，国有企业经济效益此时就会因为劳动成本较高而使利润下降；(3)国有企业的管理体制，也是造成其经济效益低下的重要原因。国有企业管理人员，特别是高层管理人员，一般都是政府主管部门或议会任命，因此，受政治因素影响较大而容易使管理层产生不稳定性和外行管理的问题，这样就会使企业经营目标和战略的长期性、连续性难以保证，而外行管理又常常会造成企业经营决策的失误等。这些体制方面的问题都影响了国有企业效益的提高。(4)国有企业效益低下与其部门分布有关。国有企业主要分布在公共服务、基础设施和基础产业领域，这些产业部门一般都具有投资大、风险高、资本周转速度慢、投资利润率低的特点。它们的主要功能是为公众生活、私人垄断企业的发展提供优质廉价的公共产品或原材料，从而降低公众的生活成本和私人企业的生产成本，以稳定社会、提高私人企业的竞争力。因此，由于行业特点，也造成了国有企业效益的低下。

(3)新自由主义的抬头

20世纪70年代，发达资本主义国家普遍发生了生产停滞和通货膨胀并存的“滞胀”局面，动摇了凯恩斯主义的主流地位。以反对国家直接干预、强调市场机制自发调节作用、强调“自然失业”的必然性和健全财政的必要性为核心内容的新自由主义抬头，为国有企业私有化提供了理论依据，从而助长了私有化的势头。

(4)执政党的更替和政策调整

在西方政坛上，主张民主社会主义的左翼政党上台执政，大都热衷于实行国有化，而资产阶级右翼政党上台执政，则积极推行私有化。例如，1979年，英国撒切尔夫人领导的右翼保守党上台，1986年法国希拉克领导的右翼保守派政治势力执政，都先后推行了非国有化政策。

(二)国家与私人共有的垄断资本

国家与私人共有的垄断资本，是指国有垄断资本与私人垄断资本在企业内部相结合而形成的垄断资本，即由资产阶级国家和私人垄断资本共同占有和经营的垄断资本。它的组织形式是国家与私人共同投资的合营企业，即国私共有的合营企业。

1. 形成途径

国私共有的合营企业，是由国家垄断资本和私人垄断资本混合组成，股份所有权分别属于国家和私人垄断组织。是战后一个时期国家垄断资本主义的主要形式。在西欧各国发展比较普遍。它的形成途径有以下几个方面：(1)国有企业将一部分股份出售给私人；(2)国家和私人共同投资开办合营企业；(3)国有企业和私人企业合并而成；(4)国有企业对私人企业进行参股；(5)国有企业转由私人租赁或承包经营。通过这些途径形成的企业可称为“国家参与制企业”。在国私共有的企业中，国家可以在企业中掌握控股权，从而直接控制企业；也可以不掌握控股权，只是作为一个投资者对私人垄断资本进行投资，并从中分享企业经营获得的利益，同时行使作为一个投资者具有的相应权利。在股权极其分散的情况下，国家在国私共有企业中并不需要拥有法定的50%以上的股权才能取得控股权，有时只要获得10%左右的股权，就可以成为最大的股东，取得对企业的控制权。因此，这种由国家控股的国私共有企业在各国被广泛采用。在意大利，国家参与制企业发展最为突出。这种企业的工业投资在全国工业投资总额中所占比重，1959年为21%，1968年为31%，1972年达48.7%。意大利有两家最大的国家参与制公司：一个是工业复兴公司，又称伊利集团；另一个是全国液化燃料公司，又称埃尼集团。前者主要活动于冶金、造船、机器制造、公路建设、无线电、电视、银行等领域。1974年，它生产的钢铁占全国钢铁产量的57%，生铁占97.9%，造船占90%。后者主要从事于天然气、石油、化学、纺织、原子能等行业。它控制了全国碳化氢生产的100%，天然气的93%，炼油的25%。

2. 特点

(1)在国私合营企业的组织管理中，一般由国家委派政府代表，与其他私人股东代表一起作为董事会成员，参与企业的经营活动，董事长由董事会成员选举产生，但要在政府监督下进行。

(2)国私合营企业可以利用国有资本来加强自己的经济实力，而且这类企业可以更方便地从国家得到各种优惠，如在补贴、信贷、税收和订货等方面的优惠。但同时，它在资本运营方面也会更多地受到国家的干预和控制。

(3)国私合营企业的经营目标是双重的。一方面是企业利润的最大化；另一方面，还要兼顾国家的宏观社会经济目标。如果企业不追求利润最大化，私人垄断资本就会撤出，反过来，如果企业经营不顾及国家宏观社会经济目标，政府也会撤资，这类企业就失去了它存在的社会意义。因此，国私合营企业的经营目标是微观利益与宏观效益的结合。

国私合营企业具有的上述特点，反映出它更适合于国家垄断资本主义的发展及其对经济的控制。首先，国家以参股或控股的形式，来干预或控制企业的生产经营活动，既可以干预企业使之实现社会宏观目标，比如增加就业，解决企业的外部环境污染等问题，又可以利用私人垄断资本灵活的经营机制来提高企业的经济效益；其次，可以使有限的国有资本通过参股、控股等控制更多的私人垄断资本，在客观上放大了国家资本的功能，加强了国家对经济的调控作用。

(三)国家与私人垄断资本在社会范围的结合

国家与私人垄断资本在社会范围的结合，是指在私人垄断企业外部的社会再生产过程中的结合，是国家资本参与私人垄断企业再生产过程的一种形式，它不改变私人垄断企业的性质，但可以使私人垄断企业在国家资本的影响下运行。因此，这种结合也属于国家垄断资本主义的一种表现形式。国家资本主要在流通、生产、分配三个环节调控私人垄断资本的运动。

(1)在流通领域，国家作为商品和劳务的采购者，向私人垄断企业大量订货，为私人垄断企业提供了有保证的国家市场，帮助解决了私人垄断企业卖商品难的问题，促进了私人垄断企业商品资本向货币资本的转化，加速了资本的周转，促进了其生产的发展。据1981年和1983年的美国《总统经济报告》，美国政府用于购买商品和劳务的支出占国民生产总值的比重，1950年为13.44%，1960年为19.80%，1980年为20.32%。在主要资本主义国家，社会最终产品1/5以上是由国家购买的。国家的采购和订货，给私人垄断企业提供了一个巨大的相对稳定的商品销售市场，给他们带来了有保证的垄断利润；而且垄断企业还可以从政府订货中得到预付的定金，相当于使用了国家的无息贷款。所以，国家可以通过调整采购和订货的商品数量、品种以及采购的劳务数量、种类等影响和控制私人垄断企业的生产经营活动。

(2)在生产领域，国家通过以下途径参与私人垄断企业的生产：(1)国家以低廉价格向私人垄断组织出售或出租国有企业或资产，为私人垄断企业提供固定资本和流动资本。例如，美国政府在“二战”中耗资17000万美元兴建的6个制铝厂和轧铝厂，在战后初期，以5700万美元的低价出售给雷诺思金属公司。1957~1961年美国13家军火承包商，租用价值15.39亿美元的国有工厂的厂房和设备，但实际上并不向国家付租金或只付极其少量的象征性租金；(2)国家通过提供优惠贷款，帮助私人垄断组织解决部分资本来源。在美国，企业经营所需资本中几乎一半是外来资本。在日本，私人企业外部资本所占总资本的比重高达80%以上；(3)国家投入巨额资金进行科学研究，为私人垄断企业提高资本有机构成创造条件。“二战”后，西方发达资本主义国家都投入巨资进行高尖精方面的技术研发，其中很大一部分项目由私人垄断企业承包进行。在美国，300家大公司的科研部门垄断了国家承包任务的99%。通过委托承包，垄断组织得以利用国家资金进行研发试验，既无风险又可得到巨额利润，同时对研究成果还可享受专利特许；(4)国家通过各种形式的津贴和补助，直接或间接地资助私人垄断企业。例如，对某些产品的价格补贴，对某些急需发展、经营困难的、需要国家支持的部门的补贴等。此外，国家还投入大量资金发展教育事业，从而参与私人垄断企业劳动力的再生产。国家为私人企业一方面节省了大量培训费用，另一方面为私人企业提供了高素质的劳动力。

(3)在分配领域，私人垄断企业通过向国家缴纳各种税收，把一部分剩余价值转移到国家手中，国家通过财政渠道再以各种形式支付给私人垄断企业，以保证它们的利益。例如，国家在向私人垄断企业采购商品和劳务时，通过高价购入，从而把很大一部分财政资金，转化为私人垄断企业的利润。

(4)在消费领域，国家通过社会福利开支，提高社会大众的购买力，扩大消费需求，为私人垄断企业创造有利的市场条件。

国家垄断资本与私人垄断资本在社会范围内的结合，不论是采取的形式，还是存在的领域、涉及的方面，都是极其广泛的。这种结合程度的提高，是国家垄断资本主义高度发展的一个重要标志或形式。它反映了国家对经济发展的干预和控制力度。

三、国家垄断资本主义对社会经济生活的干预和调节

国家对社会经济生活的全面调节和干预，是国家垄断资本主义高度发展的主要标志。国家对社会经济生活的调节和干预，主要是通过两个方面来实现的：一是通过国家垄断资本主义作为经济基础的组成部分，直接参与社会再生产活动，即通过前面分析过的国有企业、国私共有的合营企业、国家与私人垄断资本在社会范围的结合等形式来直接影响社会经济生活；二是通过国家垄断资本主义作为上层建筑，制定各种政策，运用各种手段来调节社会再生产活动，即国家作为上层建筑发挥其对经济活动的调节职能。在这里，我们主要分析第二个方面，即国家通过制定各种政策来干预社会再生产活动。

(一)国家垄断资本主义调节社会经济生活的必要性

1. 弥补市场缺陷

在市场经济条件下，价格机制、供求机制和竞争机制等在优化资源配置，促进微观经济均衡，推动社会生产力发展等方面具有天然的、不可替代的优势功能，但资本主义几百年的发展实践已证明，市场不是万能的，市场机制本身还存在着一些缺陷，这些缺陷会对宏观经济运行产生显著的负面影响。具体表现在以下 4 个方面。

(1)市场机制不能解决企业的外部不经济问题。所谓外部不经济，指的是经济主体在追求利润的过程中，对其他经济主体的利益构成损害的情形。企业的外部不经济表现在许多方面，例如，污水、废气、废渣等工业垃圾不经过有效处理乱排乱放，污染环境，损害农业经济发展；矿山的乱采乱挖，破坏水土、植被资源，造成水土流失，泥石流滑坡，危及经济的可持续发展及人民生命安全；企业生产的假冒伪劣商品，破坏公平有序的市场竞争等。企业的这些外部不经济，是企业在价值规律、供求规律、竞争规律的作用下，降低成本，提高竞争力，追求利润最大化的结果。因此，在市场经济条件下，企业的损人利己行为，即外部不经济问题不会受到市场机制的约束，只能依靠国家宏观政策及法律来规范解决。

(2)市场机制的自发性、盲目性和滞后性缺陷会造成社会供求失衡，经济产生巨大波动，严重时爆发经济危机。在市场经济条件下，市场机制在资源配置过程中起着基础性作用。这种作用是通过价格的涨落，来引起资源在不同社会生产部门之间的自由转移实现的。在资本主义社会，由于生产资料私人占有、价格的事后调节以及资本增值的本质，企业的生产带有很大的盲目性。这种盲目性经过一段时期，就可能导致因积累而增长的总供给与受到消费者

的购买力制约的总需求的失衡。一旦出现总供给大于总需求，就会产生商品卖不出去的困难，周期性的经济危机就不可避免。国家对经济的宏观干预就必然会产生。

(3)市场机制无法解决收入分配不公平的问题。在资本主义社会，由于人们对生产资料占有的情况不同、个人天赋的差异、市场信息的不透明以及个人参与经济活动的机会不均等原因，人们的收入分配必然存在不公平现象。同时，市场机制还会天然地助长这种不公平，使富者更富、贫者更贫，造成两极分化，加剧社会矛盾。这种情况，必然导致国家要发挥上层建筑的职能干预经济运行，维护社会稳定。

(4)市场机制无法引导私人垄断资本向基础设施、基础产业以及高科技等领域投资。一方面是由于这些行业本身的特点，即高投入、高风险、低利润等，另一方面是由于资本逐利的本质。而这些产业是国民经济的先行产业，必须优先发展。因此，必须靠国家投资来发展。

2. 经济全球化发展的客观需要

随着生产社会化程度的提高，社会分工逐步超出国界形成了国际分工。而国际分工的发展又进一步推动了生产和资本的国际化。生产和资本的国际化持续进行，最终把世界各国的经济日益紧密地连接成一个分工协作的整体，世界进入到了经济全球化时代。随着经济全球化进程的加快，一方面要适应新形势，对国内的传统产业进行技术改造、升级，对高科技产业加大研发投入力度，优化国内的产业结构，提升本国产业的国际竞争力，另一方面，国际竞争日益尖锐，贸易摩擦日益增多，国际间关系的协调也变得越来越重要。这些国际关系，从范围来看，包括发达国家之间的关系、发达国家与发展中国家的关系、发展中国家之间的关系;从内容来看，包括贸易、金融、服务、技术、科研等各个方面。上述国内国际问题的解决，由于私人垄断资本的利己主义本性决定了任何一个单个的私人垄断资本或集团都不可能也无力从整个社会的高度、国际的高度来妥善处理这些问题，因此，只能依靠各国政府的力量，依靠国际间政府的协调合作，才能处理解决。

3. 凯恩斯主义的形成

在20世纪30年代经济大危机之前，以亚当·斯密、大卫·李嘉图等为代表的资产阶级古典政治经济学和以马歇尔为代表的新古典政治经济学，一直是资产阶级国家政府制定经济政策的理论基础。20世纪30年代的经济大危机，宣告了新老古典政治经济学所宣扬市场是“万能的”这一神话的破灭，宣告了经济自由放任发展时代的结束，宣告了国家干预经济的重新开始和凯恩斯主义理论占据主流经济学地位的形成。凯恩斯认为:失业和经济危机不是资本主义发展的必然产物，而是人们心理作用的结果。只要国家采取适当政策，调节经济，就可以“消除”危机，“解决”失业问题。并提出，失业和经济危机产生的原因在于“有效需求”不足，即社会对消费品和生产资料需求不足。对消费品需求不足，则是由于人们的消费倾向偏低，因而消费的增加量小于收入的增加量。投资不足以及引起的对生产资料的需求不足，是由于利润率的变动和利息率的变动不相适应而引起的。他主张，国家必须积极干预经济活动，以刺激消费，增加投资。如实施赤字财政，膨胀通货，降低实际工资，减轻资本家租税负担，实行国民经济军事化，加紧对外扩展，直至发动战争等。在这一理论指导下，资本主义国家的经济职能趋于加强，特别是“二战”后，国家垄断资本主义迅速发展起来。国家对经济的干预不再是应急的、暂时的、被迫的，而是经常的、稳定的、有理论指导的主动行为。

(二)国家调节的对象和目标

国家调节和干预社会经济生活的目的，是为了实现经济社会稳定、可持续发展。它是建立在市场机制作用的基础之上，为了弥补市场机制的缺陷。它与市场机制在调节的对象和范围方面存在区别，市场机制调节的范围是微观经济领域，调节的对象是企业或个人。而国家调节的范围是整个社会的宏观经济领域，调节的对象是社会总供给与总需求的平衡、社会经济重大比例关系的协调和整个经济结构的优化等。资本主义国家宏观调控的目标主要有以下几个方面。

1. 保持总供给与总需求的基本平衡

总供给是指一个国家在一定时期内全部经济主体生产的产品与劳务的总销售量与物价水平之间的关系。总需求是指一个国家在一定时期内社会对产品与劳务的总购买量与物价水平之间的关系。当总供给与总需求平衡时，表明整个社会各部门之间是在按比例的协调发展，国民经济就可以平稳运行。相反，当总供给与总需求不平衡时，表明社会各生产部门之间的比例失调，社会总资本的再生产就会受到影响，国民经济的发展就会迟缓或大起大落。因此，当总供求失衡时，国家就会有针对性的采取逆向调节措施，使两者趋于平衡，从而实现经济的稳定增长。

2. 保持物价的基本稳定

物价基本稳定是指在一定时期内，物价只以较小的幅度波动。是在经济运行所允许、居民所能承受的范围之内。由于各种商品价格经常变化以至于无法精确统计，因此，一般是用价格指数的变化来反映物价总水平的变化。所谓价格指数，是用以说明商品价格变动方向和程度的相对数，它反映报告期若干主要商品价格与基期比较的变动情况，是国家有关金融部门研究、分析和掌握货币流通动向，有计划的调节货币流通的重要根据。经常使用的主要有消费者物价指数和生产者物价指数。一般把低于3%的物价总指数，即通货膨胀率视为物价总水平的稳定。物价稳定有利于市场机制对资源的合理有效配置，促使微观经济的良性运动，否则，物价忽高忽低，会扰乱价格机制功能的正常发挥，影响企业的再生产，也影响居民的正常生活。因此，国家常常采取财政的、货币的措施来调节流通中的货币量，把稳定物价或通货膨胀率作为调控的重要目标。

3. 实现充分就业

充分就业，是指在现行的工资水平和工作条件下，所有愿意工作的人都可以找到工作。一般用失业率来衡量。失业率是失业人数与社会劳动力人数之比。社会劳动力人数包括就业人数和失业人数。国际上，把5.5% ~6%的失业率认为是社会实现了充分就业。在资本主义社会，由于生产社会化与生产资料私人占有之间的矛盾，由于市场机制的作用等原因，总有一部分劳动者与生产资料无法结合而处于失业状态。如果失业率过高，一方面会浪费社会经济资源，另一方面会扩大贫富收入差距，影响社会稳定，不利于社会经济发展，更不利于资本主义制度的巩固。因此，在西方发达资本主义国家，解决失业是政府面临的最主要的经济问题之一。国家经常采取各种政策刺激投资、消费和出口增长，以此来扩大就业，降低过高的失业率。

4. 实现国际收支基本平衡

国际收支平衡，是指在一定时期内(通常为1年)一国与其他国家之间全部经济往来活动的收支基本相等。包括两方面内容：一是资本流出与流入的平衡，又称资本项目平衡。资本的流出与流入，指的是国家间的投资、调拨资本收支状况。二是进口与出口的平衡，又称经常项目平衡。包括因商品进出口发生的收支和因运输、保险、利息、股息、侨民汇款、旅游、驻外机构经费、国际间捐赠所引起的收支。一个国家在 1 年内，从国外收入的货币总额大于向国外支出的货币总额的差额称为国际收支顺差，相反，从国外收入的货币总额小于向国外支出的货币总额的差额称为国际收支逆差，收支相等则称为平衡。当国际收支出现逆差时，意味着进口大于出口，外汇短缺，本国货币的汇率下降，逆差较大时，必须动用国家的外汇或黄金储备，或向外国债权人申请延期支付，或被迫以高利率在国外货币市场上借取现汇，逆差数额巨大并经常发生时，将引起本国对外支付危机，严重影响本国的国际信誉，加重对外债务负担，影响国内财政经济的稳定。相反，当国际收支出现顺差时，意味着出口大于进口，外汇充裕，本国货币的汇率上升。顺差较大时，本国中央银行就要动用大量的本国货币购入市场上的外汇，从而流通中的本国货币的供应量增加，诱发国内的通货膨胀产生或上升。同时也会造成与逆差国经济关系的紧张。此外，国际收支失衡还会影响本国的就业水平，经济增长的速度等。因此，保持国际收支平衡一直是各国政府非常关注的问题。各国政府都力求通过外贸政策和汇率政策来调整国际收支，使之趋于平衡。

(三)国家调节社会经济生活的主要手段

国家调节和干预经济活动的主要手段是经济手段、法律手段，同时结合运用行政手段以及实行经济计划等。在国家运用的各种手段中，最重要的是经济手段，主要包括财政政策、货币政策、产业政策、收入政策等。

1. 财政政策

财政政策包括财政支出政策和财政收入政策。财政是由国家掌握的对国民收入进行再分配的重要工具，国家实行不同的财政政策，能够直接影响社会的总需求和总供给水平，进而对整个国民经济的运行发挥作用。并且，在现代资本主义国家里，国家财政占国民生产总值的 30% ~50%。正是由于国家能够运用如此巨大的经济力量，所以，国家财政政策对社会经济活动的调节作用是十分显著的。财政政策已成为现代资本主义国家调节经济活动最重要的手段之一。

国家财政支出的主要内容是国防开支、政府购买、社会公共工程投资、社会福利事业和社会保障拨款等。国家通过财政支出来调节社会经济利益关系。如政府购买，可以对垄断资本的生产形成需求和提供盈利。政府对社会福利事业和社会保障部门的财政拨款，也是构成国家调节经济活动的一个重要内容，它在一定程度上能够缓和社会中资本与雇佣劳动之间的矛盾。国家财政收入的主要来源是税收，国家通过税种、税目、税率的变化来调节社会经济活动。

国家财政政策的运用既可以调节社会需求，也可以调节社会供给；既可以调节经济活动的总量水平，也可以调节社会的经济结构。例如，在经济衰退时，总需求不足是制约经济发展的主要因素，这时，国家采取扩张性的财政政策，通过增加财政支出，减少税收来刺激需求的增加，以此来提高生产和就业水平；反之，在经济过热和出现严重的通货膨胀时，国家就采取紧缩性的财政政策，通过减少财政支出，增加税收来抑制需求的过度膨胀。这就是财政政策对经济活动所起的逆向调节作用。

财政政策对经济活动还能够起到某种程度的“自动调节”作用，因而被称为是资本主义经济的“内在稳定器”。如从个人所得税的征收来看，由于个人所得税一般都是累进的，当社会经济发生波动时，国家向社会征收的个人所得税也会随经济波动而自动地增加或减少。在经济萧条时，由于人们的收入减少，缴付高税率的人就减少，国家的税收也就自动减少。这就相应地增加了社会的需求，对经济产生刺激作用。在经济高涨时，情况则正好相反，国家的税收会随人们的收入增加而增加得更快，从而抑制社会需求的进一步扩张。

2. 货币政策

货币政策是国家根据确定的宏观经济目标，通过中央银行对货币供给的管理，调节利率和信贷规模来影响社会经济运行的政策。货币政策调节经济活动的作用机制表现为，国家通过控制货币供应量来影响利率，或者直接调整利率，再通过利率的变动来影响投资和消费活动，最终达到影响社会总需求和总供给水平。

货币政策也分为两大类型：一是扩张性的货币政策，其表现是增加货币发行量、降低利率、扩大信贷规模等；二是紧缩性的货币政策，其表现是减少货币发行量、提高利率、缩小信贷规模等。采取怎样的货币政策，是以宏观经济运行的实际情况为依据的，通常也是采取逆向调节，即在经济衰退时，采取扩张性的货币政策；在经济过热时，采取紧缩性的货币政策。并且，货币政策常常是与财政政策相协调，针对实际经济情况搭配使用。

货币政策的运用，主要是通过改变银行法定存款准备金率、调整中央银行的再贴现率和公开市场业务这三大工具来进行的。

法定存款准备金制定是国家对商业银行实行的一种金融监管制度。商业银行在吸收社会存款后，不能将存款全部贷出去，必须留有一定的比例以供存款人能够随时提款，这个留下的部分称为存款准备金。国家为了防止金融风险和控制市场的货币供应量，用法律的形式规定商业银行提取存款准备金的比例，并要求将这部分存款准备金存入中央银行。这个法定的比例称为法定存款准备金率。法定存款准备金率高，商业银行创造信用的数量就减少；反之，就相反。因此，流通中的货币数量与国家规定的法定存款准备金率的高低直接有关。这样，国家就可以通过调整法定存款准备金率，来直接影响流通中的货币数量，进而影响利率，最终对经济运行发挥调节作用。

中央银行的再贴现率，实际上是商业银行或其他金融机构向中央银行融资的利率。商业银行或其他金融机构向中央银行融资有两种主要方式：一种是票据再贴现的方式，另一种是以票据为担保，向中央银行借款。在这两种情况下，中央银行向它们计算利息时所采用的利率就是再贴现率。再贴现率的高低将直接影响商业银行向中央银行融资的成本和融资数量的多少，进而会影响商业银行向客户贷款的多少和贷款利率的高低。当中央银行提高再贴现率时，商业银行就要以较高的费用从中央银行获得贷款，从而就会减少它对工商业发放的贷款，在其他条件不变的情况下，货币供应量就会减少。反之，当中央银行降低再贴现率时，商业银行的贷款利息率就会下降，货币供应量就会增加，从而刺激工商业资本家扩大投资，促进经济增长。所以，中央银行的再贴现率对市场上的货币供应量，对社会的投资活动和经济发展具有重要的调节作用。

公开市场业务，是指国家的中央银行在公开的证券市场上买进或卖出政府债券的一种经济行为。中央银行在公开证券市场上买卖政府债券的目的不在于盈利，而在于调节流通中的货币数量，进而影响市场利率和社会投资活动，调节经济运行。在经济衰退时，中央银行在证券市场上买进政府债券，结果是增加了流通中的货币数量，从而使货币市场利率下降，扩大投资规模。在经济高涨时，中央银行在货币市场上卖出政府债券，其结果会和上述情况相反。公开市场业务作为国家调节经济运行的手段，在资本主义国家中经常性的运用。运用它对货币数量和利率水平的调节比其他的金融工具有更直接的影响作用，并且不会引起金融市场的激烈波动，因而目前已成为国家实施货币政策目标的基本金融工具。

3. 产业政策

产业政策是一种调节供给的政策。国家通过制定产业结构、产业组织、产业技术等政策，采取多种措施和手段，引导和刺激企业进行相应的投资和组织结构的调整，以促进资源的定向配置，促进产业结构调整和经济发展。产业政策的基本内容，包括目标选择和对策实施两大部分。目标的选择包括产业结构调整目标、产业组织调整目标、技术发展目标、市场发展目标的确定。产业政策的目标确定以后，还必须确定具体的实施方法。一般可供采用的方法有:(1)政府的直接行政干预，包括政府的直接投资，对资源的直接分配和实行强制性的行政管制等;(2)经济手段，如采用差别性的财政政策和金融政策等;(3)立法措施，如针对某些特定的产业制定专门的法律;(4)由政府进行指导和协调，包括政府向企业提供信息，由政府出面协调银行与企业的关系，使它们的行为朝符合国家产业政策目标的方向发展。

4. 收入政策

收入政策是指国家为了调节经济运行，对个人收入的总量和结构进行调节的政策规定。收入政策的内容包括对收入结构和收入总量的调节。具体措施有:(1)以法律的形式规定最低工资标准;(2)以征税的方法来调节个人的收入，如通过征收累进的个人所得税来抑制一部分人的收入过高。通过征收高额财产税和遗产税来防止人们在收入差距上过分悬殊。给低收入者享受免税待遇等;(3)实行工资和物价的管制，即政府采取冻结工资和物价等非常措施;(4)是增加政府对低收入者和失业者的社会福利补助。

5. 实行“经济计划化”

第二次世界大战后，随着国家垄断资本主义的广泛发展，许多发达资本主义国家都通过实行“经济计划化”来干预和调节社会经济生活，运用计划手段调节经济在法国和日本最有代表性。法国从1947～1993年先后制定实施了11个中长期计划，日本从1955～1992年已制定实施过12个中长期计划。资本主义国家经济计划的主要特点在于:(1)诱导性、指示性。国家经济计划除了对国有企业规定某种程度的指令性计划以外，对私人企业并无约束力，而仅仅具有诱导性和指示性。因为作出经营决策和承担盈亏责任的是企业自身，企业决策的依据是利润率的高低而不是国家计划;(2)国家计划的实施主要不是依靠政府指令或通过行政手段，而是依靠国有垄断资本的参与和调节，依靠政策手段，通过市场机制发挥作用;(3)国家计划的制定，必须通过与大垄断公司密切磋商，或者参照大垄断公司的咨询意见。资本主义国家经济计划的主要内容包括三个方面:一是经济和社会发展的中长期预测;二是计划期内经济和社会发展的总目标以及相适应的具体目标;三是为实现经济和社会发展的总目标和具体目标所应采取的政策措施。

除了上述手段外，资本主义国家还通过调节劳资关系和国际经济关系等，来缓和国内矛盾以及国家之间的矛盾，为社会再生产创造有利的国内和国际环境，从而确保国民经济平稳增长。

四、国家垄断资本主义的实质与作用

(一)国家垄断资本主义的实质

国家垄断资本主义是资产阶级国家政权与私人垄断资本相结合的垄断资本主义。其实质是通过建立在私人垄断基础之上的国家宏观干预和调节，以保证资本主义再生产的顺利运行，保证垄断资本获取高额垄断利润，巩固资本主义制度及其资产阶级的统治地位。具体分析如下：

（1）国家政权与私人垄断资本相结合，使资本社会化的发展达到了一个新的高度，但国家垄断资本主义的性质不变，仍然是生产资料私有制下的资本主义性质。资本对劳动的雇佣没有发生质的根本改变，所不同的是国有企业劳动者，现在不是受雇于个别资本家，而是受雇于代表私人垄断资本利益的“总资本家”——国家。因此，国家垄断资本主义只不过是资本主义的生产关系适应生产力高度发展所作出的自我完善和自我调整。是资本由个人占有到私人垄断占有再到国家与私人垄断联合占有的一种演进，是资本社会化程度提高的一种表现形式。

（2）国家政权与私人垄断资本相结合，是以私人垄断为基础的。随着私人垄断资本实力的加强，私人垄断必然会把其影响渗透到社会经济、政治生活的各个领域，以谋取自己的个体利益。这就为国家垄断资本主义的产生提供了客观必然性。国家垄断资本主义作为“总资本家”，是为了维护所有私人资本的利益，而不是只专门服务于某一个私人垄断组织。国家有时候为了整体私人垄断的长远利益，会暂时牺牲某个垄断组织的眼前利益。因此，资本主义国内各垄断集团都不断进行政治渗透，对政府施加影响，以便从政府政策中获取最大收益。

（3）国家调节与市场调节相结合，是国家垄断资本主义经济运行的基本模式。在市场经济条件下，市场机制在资源配置过程中起基础性作用，是推动社会生产力发展的基本动力。但市场机制本身存在着一系列的缺陷，例如，造成企业外部不经济，无法引导私人资本向利润率低或投资风险大的行业流动，对就业问题、社会收入分配不公问题等也无能为力。市场机制的这些缺陷与资本主义生产资料私人所有制相结合，会产生一系列社会经济问题，如经济危机、环境危机、社会矛盾的激化等，为了避免上述社会经济问题，巩固资本主义制度，因此，有必要通过国家资本与私人垄断资本在全社会范围内的结合，通过国家制定方方面面的政策来调节经济运行，调解社会矛盾，使落后的生产关系经过调节暂时能与生产力的发展要求相适应，从而进一步促进生产力发展。因此，从这一角度来说，国家垄断资本主义，是资本主义社会经济发展的一个必然阶段。

（二）国家垄断资本主义的作用

国家垄断资本主义的产生与发展，一方面是垄断资本主义生产关系的自我发展，使之适合了生产高度社会化和新科技革命不断发展的需要，从而进一步促进了资本主义社会生产力的发展。另一方面，国家垄断资本主义，又是垄断资产阶级利用国家机器干预社会经济生活，企图解决社会经济生活中的各种矛盾，以保证垄断资产阶级获取高额垄断利润的一种形式。它的产生与发展，并没有超出资本主义生产关系，丝毫没有改变垄断资本主义的实质。在国家垄断资本主义条件下，日益庞大的社会化大生产，仍然要服从于垄断资产阶级对狭隘利益的追求，使垄断资本主义所固有的各种矛盾进一步加深。这两方面决定了国家垄断资本主义对经济发展既具有一定的积极作用，又具有极大的消极作用和局限性。

1. 国家垄断资本主义对社会经济的促进作用

（1）国家垄断资本主义的发展，满足了生产社会化发展的要求，为社会生产力的进一步发展创造了必要的外部环境和社会条件。其具体表现：①国家投入巨资修建基础设施，发展基础产业，为私人垄断资本发展创造了一个良好的外部环境和提供了必要的原材料，从而有力推动了加工工业的发展；②通过国家拨款和组织高新技术研发，并将研发成果低价转让给私人垄断企业，从而迅速转化为现实的生产力。一方面为私人垄断企业节省了巨额研发费用，另一方面又为私人垄断资本获取高额垄断利润创造了条件；③通过国家拨款发展教育事业，直接或间接提升了劳动者的素质，从而为企业劳动生产率的提高奠定了基础。

(2)国家垄断资本主义的发展，为私人垄断资本创造了有利的市场环境。表现在：①在国内，通过国家订货，以及建立以社会保险、社会救济和社会补贴为核心的社会保障制度，刺激了社会需求，人为地扩大了市场，促进了私人垄断企业产品的销售；②在国际上，通过控制贸易政策，由国家出面组织区域性经济集团或进行首脑协商等，扩大了国际市场，增强了本国商品的竞争力，从而推动了资本主义经济的不断增长。

(3)国家垄断资本主义，对经济社会全方位的干预和调节，在一定程度上弥补了市场机制的缺陷和不足，缓和了生产与消费的矛盾，缓和了生产与环境的矛盾，减缓了经济周期的波动，减弱了经济危机的冲击。

(4)国家垄断资本主义，推动了国际贸易的增长，加快了国家间的技术交流。发达资本主义国家向发展中国家投资，在一定程度上缓和了发展中国家发展经济与资本不足、技术落后之间的紧张局面，同时，增加了发展中国家的就业机会和财政收入，推动了发展中国家社会经济的发展。

综上所述，国家垄断资本主义对经济具有明显的促进作用。从历史发展来看，各主要资本主义国家以凯恩斯理论为基础制定的“新政”，先后走出1929～1933年的经济危机泥潭，确立和巩固了国家垄断资本主义体制。“二战”后，国家垄断资本主义迅速发展，国家在社会经济生活各领域进行了广泛的干预和调节，有力的恢复和发展了国民经济。从20世纪50年代至70年代初，各主要资本主义国家的经济年均增长率高达5%左右，其中日本达到过14%。这一时期号称是资本主义发展史上的黄金时期。

2. 国家垄断资本主义对社会经济的消极作用

(1)国家垄断资本主义的经济力量主要来自税收。随着国家垄断资本主义的发展，财政支出的增大，财政赤字日益严重，这就使得广大人民的税收负担越来越沉重，进一步削弱了人民群众有支付能力的需求，使生产和消费的矛盾更加突出，导致经济危机的不断出现。

(2)国家垄断资本主义通过财政政策和货币政策，扩大政府开支来刺激经济发展，必然导致财政赤字和滥发货币，造成长期通货膨胀，而支持经济发展的购买力多数是靠预支未来的购买力，使得资本主义经济出现“停滞膨胀”的局面。

(3)国家借助于发行公债来增加财政收入，并支持私人信贷膨胀，以刺激投资和消费需求，其结果形成了公私债台高筑，加剧了财政金融危机。

(4)国有垄断企业经营管理不善，效率低下，造成严重亏损，成为国家财政的沉重包袱。

(三)国家垄断资本主义的局限性

国家垄断资本主义只是在资本主义生产资料私有制的框架内，对生产关系进行的局部的、一定程度的调整，使生产关系暂时的与生产力发展要求相适应，以促进生产力的发展，它并没有消除也不可能消除阻碍生产力发展的根本原因。实践证明：国家垄断资本主义不可能克服资本主义制度固有的局限性，其具体表现为：

1. 国家调节不可能克服整个社会生产的无政府状态，不可能消除部门间的比例失调。首先，是因为国家调节不可能消除资本的本性。资本的本性是要不断增值，是要不断从利润率低的地方运动到利润率高的地方。同时，在价值规律、供求规律、竞争规律以及生产资料的资本主义私人占有制度的共同作用下，每个企业内部必然生产的非常有组织性和计划性，而整个社会生产必然是一种无政府的混乱状态。其次，一方面是因为经济规律是客观存在的，国家调节只能影响经济规律作用的程度及范围，不可能消除经济规律。另一方面是因为资本主义生产资料私有制，是不可能被资本主义国家政府彻底改变的。国家垄断资本主义的干预，只能提高生产资料占有的社会化程度，不可能完全实现生产资料的社会化占有，否则，就不是资本主义了。因此，国家调节也就不可能克服整个社会生产的无政府状态，不可能消除部门间的比例失调。

2. 国家垄断资本主义所推行的福利政策，无法改变资本主义的性质以及贫富悬殊的状况。虽然资本主义国家所推行的福利政策，大大改善了劳动者的生存环境，提高了劳动者的生活水平和素质。但庞大的福利开支，依靠的是庞大的国家财政收入。因此，国家垄断资本主义在推行福利政策的同时，就是在提高税率、增加税目、加重劳动者的税收负担、加强对劳动者的剥削。此外，庞大的社会福利开支进一步增加了财政赤字，使资本主义国家债台高筑。国家债务的解决最终还是来源于资本对雇佣劳动的剥削。

3. 在国际上，国家垄断资本主义的局限性主要表现为：(1) 发达资本主义国家通过资本输出，力图从政治上、经济上控制和剥削发展中国家；(2) 在国家贸易中，发达国家利用自己的垄断地位，操纵世界市场价格，剥削发展中国家；(3) 发达资本主义国家为了转嫁经济危机和通货膨胀，实行贸易保护主义，造成发展中国家经济发展缓慢；(4) 发达国家将污染严重、能源消耗大的产业转移到发展中国家，所造成的必然结果是：污染了发展中国家的环境，破坏了生态平衡，妨碍了这些国家的经济发展，也损害了这些国家和人民的切身利益，同时也加剧了发展中国家与发达国家之间的矛盾。

第三节　经济全球化与资本主义的历史地位

本节在阐明经济全球化的广泛发展及其原因、经济全球化的性质特点和社会经济后果的基础上，进一步就经济全球化趋势下资本主义的历史地位与发展前景作了必要的分析论证。

一、经济全球化的广泛发展及其社会经济影响

(一) 经济全球化及其特点

1. 经济全球化的概念

对于经济全球化的概念，国际和国内经济学界有着不同的理解和多种表述。国际货币基金组织对经济全球化的定义是："全球化是指跨国商品与服务交易及国际资本流动规模和形式的增加，以及技术的广泛传播使世界各国经济的相互依赖性增强。"①

经济全球化反映的各国在经济上相互依存、相互影响又相互渗透的关系，是一个长期的、渐进的发展过程。早在一百多年前，马克思和恩格斯在《共产党宣言》中就已指出：随着世界市场的形成，生产和交换日益越出国界，"使一切国家的生产和消费都成为世界性的了"，"过去那种地方的和民族的自给自足和闭关自守状态，被各民族的各方面的互相往来和各方面的互相依赖所代替了。"②经济全球化是世界经济发展的产物，它以市场经济和经济的国际

① 国际货币基金组织：《世界经济展望》，中国金融出版社，1997 年。

② 《马克思恩格斯选集》，人民出版社，1972 年版，第 1 卷，254～255 页。

化为基础。如果从更深层次上理解经济全球化的概念，它描述的是一种全球范围的深刻变化。自从1492年哥伦布远航美洲使东西两半球相互联系起，经济全球化过程就已萌芽。机器大工业出现及资本主义生产方式在欧美国家确立之后，伴随着资本主义国家在全球的扩张、国际分工与世界经济的形成，经济全球化事实上进入了它的起步阶段——经济国际化阶段。这一阶段是以商品资本的国际运动为特征的。以生产资本和金融资本的国际运动为主要特征的经济全球化在第二次世界大战结束后特别是20世纪80年代以来得到广泛而快速的发展。1989年柏林墙的坍塌，1992年前苏联的解体，以及统一的欧洲大市场的建立，意味着统一的世界市场的形成和真正意义的经济全球化时代的到来。市场经济的全球化和信息传播的全球化，应该是经济全球化时代的最重要标志。只有在当代，这一过程才达到了一个质的转折点，经济全球化才成为一种现实的、影响广泛的现象和趋势。

综上所述，经济全球化可以概括为：生产要素的配置和经济活动的开展不仅跨越了国界相对自由地以全球范围为空间运行，而且世界各国在生产、分配、交换和消费诸环节的相互联系和交织日趋紧密，向融入全球经济整体的方向发展。从本质上看，经济全球化就是指生产力和与之相关的生产的社会关系在时间与空间上的全球维度的扩展。它具有客观必然性。

2. 经济全球化的主要特点

经济全球化发展到现阶段，主要表现出以市场经济为基础、以生产力和新科技革命的迅猛发展为动力、以跨国公司为载体、以经济发达的资本主义国家为主导等若干特点。

经济全球化是以市场经济为基础的。经济全球化随着市场经济的产生、发展及其在世界范围的扩展而萌芽、发展。从15世纪地理大发现所引致的经济全球化的萌芽阶段，到机器大工业产生后的经济生活国际化，再到第二次世界大战后以资本的国际流动为主体的经济全球化，都是在市场经济的发展中出现的。20世纪80年代以后，伴随着中国的改革开放以及前苏联和东欧国家传统的中央集权计划经济模式的瓦解，市场经济作为世界上绝大多数国家经济发展模式的自主选择，其固有的运动规律和内在机制成为经济全球化的内在动因，在客观上也成为各国经济行为走向规范和趋同的共同基础。

然而，经济全球化产生和发展的根本动力还在于第二次世界大战后科学技术和生产力发展所导致的经济生活国际化。20世纪50年代以来，以原子能、电子计算机及空间技术的应用为主要标志的第三次科技革命，以及80年代开始的、以在当今世界上蓬勃发展的以微电子信息技术、生物和海洋工程、新型材料应用等高科技为代表的新科技革命所带来的生产力的巨大飞跃，不仅使世界各国之间生产的国际分工和协作达到空前水平，还使得商品资本、生产资本、金融资本以及其他生产要素的国际流动大大加快，从而导致世界各国在社会再生产的各个环节的联系大为密切。这种建立在现代科技与生产力高速发展基础之上的经济生活的国际化，以及世界经济体系中的相互依赖，客观上要求打破传统的国家的界限，走向全球范围的经济协调与联合。

以跨国公司为主要载体，是当代经济全球化的又一特点。按联合国贸发会议《2001年世界投资报告》的统计，2000年全球国际直接投资增长速度高达18%，远远超过同年世界产量、资本形成和贸易等其他经济指标的增长。而这主要是由在国外拥有180多万个子公司的6万多家跨国公司驱动的。这些跨国公司控制了全球生产的1/3、全球贸易的2/3、国际直接投资以及技术专利转让的70%，形成了一个规模庞大的全球性生产和销售体系。其中以石油产品为经营主体的埃克森—美孚公司，以及通用、福特、戴姆勒—克莱斯勒和壳牌等跨国公司的实力甚至超过许多发展中国家，达到富可敌国的程度。在跨国公司的推动下，企业国际竞争和跨国兼并之风愈演愈烈。全球产业结构的调整不仅表现为资金、技术等生产要素在不同国家和不同产业之间转移，更表现为各国生产的国际分工和跨国合作日益密切。以跨国公司为主要代表的国际资本流动，成为当代经济全球化的主要载体。

当代经济全球化以发达国家为主导也是一个客观现实。既然经济全球化是社会生产力高度发达的产物，则对于生产力高度发达的西方发达国家来说，经济全球化最符合其生产要素在全球范围配置及自身利润最大化的需要。西方发达国家虽然仅有世界20%的人口，却占有世界GDP的86%；它们所拥有的数量众多、规模巨大的垄断企业和跨国公司，以其强大的国际竞争力和市场竞争经验，左右着全球的生产和市场销售，它们是当代各种国际经济组织的实际操纵者。经济全球化所带来的利益和损失的分配比例，对经济发展水平不同的国家而言，是全然不同的。作为经济全球化主导者和积极推行者的经济发达国家，显然是经济全球化带来的利益的主要获得者；而广大发展中国家受益有限，有些甚至根本就被排斥在经济全球化所带来的利益之外。

（二）经济全球化的性质和社会经济后果

1. 经济全球化的性质

经济全球化的基本要求，是使全球成为一个统一的无阻碍的自由市场，实行自由贸易和自由竞争，在全球范围内实现资源的合理、有效配置，生产、消费、金融及资本流动、竞争规则全球化。经济全球化从本质上考察，其性质具有二重性：一方面，它是生产社会化及经济国际化高度发展，在时间和空间上多维度拓展，因而它反映了科学技术进步和人类社会生产力发展的客观要求。另一方面，经济全球化又是在当代资本主义的主导下进行的，是由以美国为首的发达资本主义国家积极推动起来的。这些国家从自身的利益和社会价值观出发，利用受其控制的国际经济组织，制定并竭力推行资本主义的生产方式及市场经济模式。由此，在现在及今后相当长一个时期内，经济全球化必然带有资本主义生产关系全球性扩张的色彩。

2. 经济全球化的社会经济后果

经济全球化是把“双刃剑”，它对世界经济的影响有利也有弊。

经济全球化给世界经济发展带来的最大好处是实现了资源的优化配置。一国经济运行的效率无论有多高，总要受到本国资源和市场的限制。只有资源和市场实现了全球化配置，才能使一国经济在既定条件下最大限度地摆脱资源和市场的束缚。经济全球化作为当代世界经济发展的最根本的特征，表现在随着当代科技革命的不断深入，世界各国的经济生活越来越国际化，不同社会制度、不同发展水平的国家都被纳入到全球经济体系之中。这种发展所带来的令人向往的结果是：生产效率提高，生产的商品更符合消费者的需要，人类社会生产活动的总体收益和社会福利得到明显提高。

经济全球化也为发展中国家实现经济发展和赶超发达国家提供了前所未有的大好机遇。经济全球化带来了国际分工的发展、产业的转移和资本及技术等生产要素的流动，这对发展中国家弥补资本、技术等生产要素缺口，利用后发优势迅速实现产业演进、技术进步、制度创新和经济发展都是非常有利的。经济全球化使新技术产生和应用的速度大大提高，发展中国家只有积极参与，才能充分享有经济全球化带来的好处，从而加快本国经济发展的进程；否则同先进国家的差距将被不断拉大。

与此相对应，经济全球化的发展也给世界经济带来了新挑战或消极影响。如前所述，这种挑战或消极影响首先表现在经济全球化所带来的收益在不同国家间的分配不平等。经济全球化涉及政治、经济以及社会发展的各个领域，而构成这种关系的基础——旧的国际经济关系就是不平等的，建立世界经济和国际贸易体系的方式是不平等的，贸易条件、金融、投资和技术转移是不平等的；经济全球化所带来的利益和损失的分配也是不平等的。在当代历史条件下，经济全球化增加了发展中国家以各种方式向发达国家交纳的“贡赋”，加重了发展中国家的损失。

经济全球化的发展给世界经济带来的新的挑战或消极影响，还表现为在全球治理机构尚未形成、超国家主权的基础还不够牢固的情况下，经济全球化发展将引发世界性的、多方面的冲突和相当大的震荡。在当代世界经济格局中，发达国家占主导地位，世界市场基本上受它们支配；世界经济运行的一些惯例和准则主要也是由它们确立的。它们只考虑最大化自己的利益，很少考虑发展中国家的利益，或根本忽视甚至完全牺牲发展中国家的利益。一方面，它们大肆宣扬自由贸易，目的只是要他国特别是发展中国家向它们开放市场，而自己却大搞种种形式的贸易保护主义。另一方面，某些经济发达的西方国家还把发展中国家的迅速发展视为威胁，为它们搞贸易保护主义和对发展中国家实行其他种种限制制造借口。近些年来，有些发达国家把人权、民主等非经济问题与对外经济关系挂起钩来，并将环保、劳工等条款的单方面标准强加于人，动辄对发展中国家施加压力。在经济全球化进程中，不仅获得巨大利益的发达国家和未获甚至丧失巨大利益的发展中国家之间的对立将更加严重，少数跳跃式发展的新兴工业化国家与力图保持其原有市场份额的发达国家之间也将会产生持久的利益不一致和冲突，经济全球化引发的欠发达国家内部经济的衰退和失控也可能激化这些国家的内部矛盾而导致动乱和战争。

经济风险国际传导机制的强化，是经济全球化发展给世界经济带来消极影响的另一个突出方面。这一状况是经济全球化下国与国之间经济联系加强，以及贸易和投资自由化的伴生物。在经济全球化条件下，世界各国经济周期的相互影响或同步性进一步得到加强。西方主要发达国家和地区特别是美国、欧盟和日本中的任何一个国家和地区的经济动荡或衰退都将对整个世界经济产生冲击。新世纪之初，步入衰退的美国经济一度使整个世界经济的前景暗淡，以及 2008 年美国次贷危机发展到全面的金融危机对世界其他国家和地区产生巨大冲击，都充分反映了这一点。经济全球化趋势下，金融自由化和全球化的发展会使发生在一些国家和地区的金融动荡和危机迅速向全球蔓延传播，进而引发并形成全球性金融危机。这一点在 1997 年的亚洲金融危机中已有所体现。

除此而外，经济全球化还使各国政府的宏观调控遇到新的困难。经济全球化和与之相应的国际经济一体化在增强了一系列国际经济组织以及超国家行为主体的经济和政治协调功能的同时，势必使传统意义上的国家主权削弱。以生产、交换、分配及消费的国际化为特征的世界经济全球化及区域经济一体化是以参与国的国家主权的一定让渡和转移为条件的。在特定的领域内，主权国家必须服从国际机构的领导或协调，这势必在某种程度上对传统的国家主权形成挑战，并使各国政府的宏观经济决策的独立性和国民经济宏观调控能力不同程度削弱。在传统的国家主权向国际经济组织及超国家行为主体让渡的过程中，其进程及衔接的不当都可能对国际经济的运作产生巨大的冲击。

由此可见，利用经济全球化提供的有利条件，积极促进经济全球化朝着有利于实现共同繁荣的方向发展，趋利避害，使各国特别是发展中国家都从中受益，是世界各国特别是发展中国家面临的一个重要课题。发展中国家除了要在国内采取正确的战略，实行一整套有效的政策措施外，还必须正确处理对外经济关系中的矛盾。一方面，要在平等互利原则的基础上加强对外经济合作，另一方面，要同那些有损本国核心利益、侵犯国家主权的无理要求和行径进行坚决斗争。

(三)反全球化运动的兴起及其影响

经济全球化迅猛发展的同时，反全球化浪潮在一些国家和地区也在日益高涨。1999 年 11 月底 12 月初发生在美国的"西雅图风暴"拉开了世界范围的反全球化运动的序幕。尽管反全球化的手段和形式可谓五花八门，但总体而言，其基本形式不外乎以示威游行为表现形式的街头抗议浪潮，以及以反全球化为宗旨的世界社会论坛。反全球化运动是在经济全球化带来一系列负面影响的背景下兴起的，其发展十分迅速，涵盖领域广泛，参与者包括不同国家的不同阶层人士。

反全球化运动的参与者的出发点和动机是多样的。有的批判经济全球化伤害了民族主义和爱国主义的感情，有的批判经济全球化在推动世界经济财富增长的同时又导致社会分配更加不公平，也有的批判经济全球化导致了宏观经济管理的混乱和失控，还有的是批判资本主义制度、资本主义市场经济和新自由主义，等等。

从反全球化运动参与者的主张可以看出，反全球化运动是一种有广泛社会基础的特殊的国际运动。这个运动一开始就直接指向以美国为首主导全球化的七国集团，指向主要依照七国集团制定的规则推行全球化的国际组织——世界贸易组织、国际货币基金组织和世界银行。反全球化运动对全球化的质疑和批判主要集中在主导当前经济全球化的新自由主义，并剖析了这种全球化所带来的消极影响和危害性后果。一些发达资本主义国家的共产党人则把反全球化同他们反对资本主义制度、争取社会主义的斗争结合起来，把斗争的矛头直接指向世界资本主义制度及国际经济政治秩序。

总体而言，反全球化运动的兴起是对标榜公正与平等、繁荣与富足的全球化的一个极大讽刺，它成了全球化时代一个极不和谐的音符。反全球化已越来越成为一场世界性的运动，其本身也已全球化了。它的产生和发展在一定程度上有利于减少或纠正经济全球化带来的负面效应。

二、经济全球化趋势下资本主义的矛盾及历史地位

(一)经济全球化趋势下垄断资本主义的矛盾

资本主义经济制度是一种以生产资料私有制为基础、以资本家无偿占有雇佣工人剩余劳动为特征的剥削制度。与资本主义之前的其他社会制度相比，这种剥削有着自己的特性：首先，它以商品生产与商品交换为起点，价值规律是其他各种经济规律得以展开和发生作用的基础，其中资本对剩余劳动的占有采取的是等价交换形式；其次，它以劳动力转化为商品为前提条件，以剩余价值的生产为直接目的和动机。

作为人类历史发展的一个阶段，相对资本主义之前的其他社会经济制度，资本主义制度有着历史进步性的一面。对此，马克思主义经典作家曾经给予高度评价：

其一，资本主义为商品经济的最广泛发展提供了条件。正如马克思、恩格斯指出的那样，"资产阶级在它已经取得了统治的地方把一切封建的、宗法的和田园诗般的关系都破坏了。

它无情地斩断了把人们束缚于天然首长的形形色色的封建羁绊，”①这种普遍的商品关系是对传统的自给自足的自然经济和封建等级制度对人类社会发展的严重束缚的否定，取而代之的是生产的社会化和社会分工的广泛发展，并日益突破国家的疆域和民族的界限。这些已经被经济全球化和国际经济一体化的现实所证实。

其二，商品经济固有的市场竞争和价值规律的内在要求，以及资本对剩余价值和超额利润的疯狂追逐，为科学技术的进步和社会生产力的迅猛发展提供了强劲的动力。正因为如此，才如马克思和恩格斯所说："资产阶级在它的不到一百年的阶级统治中所创造的生产力，比过去一切世代创造的全部生产力还要多，还要大。"②资本主义生产方式在创造和发展生产力方面所取得的成就，在马克思、恩格斯之后的一百多年来，继续得到了实践的验证。

其三，资本主义摆脱了奴隶社会和封建社会对劳动者的超经济强制，以及劳动者对统治阶级的人身依附，首次实现了人在法律上的平等和人身自由。这显然有利于劳动者生产积极性和创造性的发挥，为劳动者素质及劳动技能的提高和科技进步创造了必要的条件。

相对于人类社会的全面发展，资本主义制度又有着其消极落后的一面，这主要反映在资本主义生产方式固有的基本矛盾的存在及发展上。

生产力与生产关系的矛盾在资本主义生产方式中表现为生产的社会化与生产资料资本主义私人占有这一基本矛盾。对此恩格斯作了深刻和全面的说明。他认为，在资本主义制度下，生产资料成了社会真正的生产资料，但是这些社会化生产资料和产品已经不归那些真正作用于生产资料和真正生产这些产品的人所占有，而归资本家占有。"生产方式虽然已经消灭了这一占有形式的前提，但是它仍然服从于这一占有形式。这个使新的生产方式具有资本主义性质的矛盾，已经包含着现代的一切冲突的萌芽。"③

资本主义的基本矛盾是商品经济基本矛盾发展到一定阶段的必然产物。在商品经济社会中，一方面，生产者的劳动是为了满足社会的需要，这种劳动具有社会的性质；另一方面，生产资料的私有制又使得生产者独立进行生产决策，生产出的产品归生产者私人占有，生产者的劳动又具有私人劳动的性质。私人劳动与社会劳动之间的这种矛盾，只有通过市场交换的实现才能得以解决。随着简单商品经济发展到资本主义商品经济，商品经济的基本矛盾——私人劳动与社会劳动的矛盾，就进一步发展成为资本主义的基本矛盾。这一基本矛盾在自由竞争的资本主义时期，在资本积累的过程中，通过平均利润的下降、资本和人口的相对过剩以及生产过剩的经济危机表现出来。恩格斯在对资本主义基本矛盾的分析中也指出，只要资本主义还存在，就免不了危机的袭击；其中既包括经济危机，也包括社会危机。在自由竞争的资本主义经济中，经济运行完全是靠市场机制来调节的。国家的作用仅限于维护法律和秩序，至多也只是承担某些公共工程和最基本的社会保障，而不是对经济运行过程进行干预，这对于打破封建制度的束缚、促进市场经济和生产力的发展起到了积极的推动作用。但是，随着机器大工业的产生和社会化大生产的发展，自由市场经济的问题就逐步暴露出来了。

19世纪70年代发生的以电力和化工为先导的工业革命，不仅引起了冶金业、机械制造业、交通运输业等传统工业部门的质的飞跃，而且推动了电力、电信、广播、日用电器、化工等

① 《马克思恩格斯选集》，人民出版社，1972年版，第1卷，第253页。

② 《马克思恩格斯选集》，人民出版社，1972年版，第1卷，第256页。

③ 《马克思恩格斯选集》，人民出版社，1972年版，第3卷，第428页。

一系列新兴工业部门的兴起，推动了生产规模的进一步扩大和生产社会化程度的进一步提高，为生产和资本的迅速集中奠定了物质技术基础。19世纪末20世纪初，垄断组织迅速发展，自由竞争的资本主义变成了垄断的资本主义。垄断是生产社会化的产物，它可以在更大程度上适应生产社会化的发展；但垄断的存在又造成了财富的过度集中，导致了金融寡头在经济和政治上的统治地位，阻碍了社会生产力的发展。垄断资本主义时期，生产和资本的国际化加强，资本主义大国对世界市场、投资场所和原料产地的争夺激化。为此，它们变本加厉地推行殖民主义，抢占和分割世界领土。所以，列宁在分析资本主义矛盾时，着重从世界范围内和从资本主义对外关系的角度，指出资本主义世界的矛盾包括资本主义国家之间的矛盾，资本主义国家与殖民地、半殖民地之间的矛盾，各大资本集团之间的矛盾。这些矛盾的激化导致了各种危机，特别是导致了世界大战。

1929－1933年发生的震撼世界的资本主义经济大危机迫使资本主义生产关系进行局部调整。第二次世界大战后，资本主义社会出现了一系列依靠私人垄断资本无法解决的问题，社会化生产的进一步发展迫使垄断资本主义国家持续、全面、稳定地介入资本主义经济生活，私人垄断资本主义被国家垄断资本主义所代替。国家垄断资本主义在某些方面突破了私人垄断资本的局限性，使得资本主义基本矛盾及其在各方面的表现比过去有所缓和：国家对经济进行宏观调控，使社会生产的计划性加强，资本主义经济比例失调和由此产生的危机有所缓和；国家之间的相互政策协调加强，对涉及国际经济关系中共同性问题经过协调，互相妥协，求得解决；在发达资本主义国家，由于社会生产的发展和工人阶级长期不懈的斗争，工人阶级的状况有了很大的改善，社会福利制度的广泛实行，也在一定程度上有助于社会矛盾的缓和。但另一方面，国家垄断资本主义并没有从根本上改变资本主义经济的性质，资本主义基本矛盾依然存在并支配着资本主义发展过程。在第二次世界大战后半个多世纪的时间内，在资本主义矛盾趋向缓和的情况下，不同国家、不同时期、不同领域的矛盾往往表现得十分尖锐，冲突和斗争仍十分激烈。

20世纪80年代以来特别是“冷战”结束后经济全球化的迅猛发展对当代资本主义制度产生了巨大影响。在发展高科技的有力推动下，向信息社会转变，是资本主义社会经济的一个阶段性变化。在发展高科技的有力推动下，资本主义经济又有了令人瞩目的新发展。但资本主义经济规律如资本积累规律、价值规律、发展不平衡规律等仍在发挥作用的同时，资本主义的矛盾也有了新变化，产生了发达国家之间的矛盾、发达国家与发展中国家之间的矛盾、发展中国家之间的矛盾、国际区域组织内部的矛盾等。发达资本主义国家的经济矛盾，特别是由于高新技术发展和全球化趋势的加强所带来的新矛盾和危机，进一步表现为科学技术和生产力的迅猛发展与经济体制的矛盾、生产发展与分配不公的矛盾、经济与社会发展不协调的矛盾、物质生产高水平与文化危机的矛盾。在经济全球化和国际经济一体化日趋发展、深化的今天，这些矛盾及其引发的社会各方面的失调和危机也日益突出，且正在向全球蔓延。

（二）经济全球化趋势下资本主义的历史趋势

1. 垄断资本主义的发展为社会主义最终取代资本主义奠定了物质基础

首先，垄断使资本主义生产走向全面社会化。垄断使各产业部门产生了规模巨大的企业，这些企业控制了各所在行业国内及国际市场产品生产、销售和科研的主要部分。在国家垄断资本主义阶段，国家政权同垄断组织的结合、经济力量和政治统治的结合、跨国公司和形形色色的国际垄断同盟的发展以及由国家政权出面的国际经济协调等，使生产社会化和国际化达到空前程度，这在客观上为向社会主义过渡创造了物质基础。

其次，垄断使生产管理社会化大大加强。伴随着垄断特别是国家垄断的发展，社会性组织管理机构不断发展和完善。在银行、交通、邮政通信等全国规模的组织管理机构广泛扩展的基础上，在国民经济各部门及社会再生产的各个环节中，各种现代社会管理机构和组织形式纷纷出现，这就为社会主义准备了社会性的组织管理机构。

最后，垄断使资本社会化程度进一步提高。作为资本家私人所拥有的资本，在股份制度和信用制度发展的条件下，其所有权和使用权的分离已成为一种普遍现象。尤其是国家垄断资本主义统治地位的确立使资本的使用不仅突破了资本家个人的私有范围，也突破了垄断组织的私有范围，它们联合起来为社会所使用，资本的社会化程度空前提高。显然，资本的社会化已经成为将其变为公共占有的过渡点。

2. 由垄断资本主义向社会主义的过渡是一个相当长的历史阶段

列宁在阐述帝国主义的垂死性或过渡性时指出："帝国主义是衰朽的但还没有完全衰朽的资本主义，是垂死的但还没有死亡的资本主义。"①这个垂死到死亡的过程，从世界资本主义制度整体来讲，是一个很长的历史阶段，包括资本主义制度相对稳定甚至较快发展的一定时期在内。虽然在垄断资本主义条件下，现有的生产关系已越来越成为高度发展了的生产力前进的桎梏，但正如马克思所说的那样，"无论哪一个社会形态，在它们所能容纳的全部生产力发挥出来以前，是决不会灭亡的；而新的更高的生产关系，在它存在的物质条件在旧社会的胎胞里成熟以前，是决不会出现的。"②生产关系作为人们之间的社会关系，有着自己产生和运动的规律，而推动这一过程的动因只能是社会的生产力。生产关系与生产力既相适应又相矛盾的结果，推动了人类社会的前进。当一定社会形态的生产关系最终形成之后，生产关系和生产力的矛盾必然会导致这一生产关系走向自己的反面，被一种新的更高级的生产关系所替代。但是，生产关系的这种变化并不能否认它本身经过局部调整，可在一定程度上缓和与生产力发展的矛盾。资本主义生产关系的发展变化也是如此。在以机器大工业为基础的社会化大生产形成而最终确立资本主义生产方式的统治以后，股份公司的出现、垄断的形成以及国家垄断资本主义的广泛发展正是资本主义私有制基础上生产关系的局部调整。离开了这种变化，就很难解释资本主义生产方式在形成后，为什么在一个较长时期内还具有生命力，生产力在一定阶段还有较快的发展。

此外，垄断资本主义向社会主义过渡的长期性，还体现在：

其一，垄断资本主义是一个庞大的世界体系。根据列宁的理论和社会主义革命的实践，社会主义革命只能在一国或少数国家首先取得胜利，而其余大多数国家将仍然处于资本主义体系内。由于种种原因，现在已经取得社会主义革命胜利的，都是资本主义未获得较充分发展的国家，因而还不足以给资本主义世界体系以致命打击。而众多经济发达的资本主义国家尽管已经具备了向社会主义社会转化的物质条件，但这一转化的实现离不开一定的国际、国内社会政治环境。即在这些国家，还未出现阶级矛盾的激化导致无产阶级和人民大众只有从推翻资产阶级的统治中才能找到自己的出路这样一种形势。从目前的情况看，当代资本主义适应其生产力发展的要求，适度调整了其生产关系，在理论和政策实践上推行诸如国民经济

① 《列宁全集》，人民出版社，1957年版，第24卷，第431页。

② 《马克思恩格斯选集》，人民出版社，1972年版，第2卷，第83页。

计划化、福利国家和全民资本主义等改良主义手法，其国内社会的阶级矛盾总体上得以暂时缓和，要经过相当长的一段时期，实现这种转化的社会政治条件才能成熟，因而社会主义在全世界范围内最终取代资本主义，还将有一个长期的过程。

其二，已经实现了社会主义革命、初步建立了社会主义制度的国家，集中精力抓好经济建设，创造出比资本主义更高的生产力，这不仅是解决社会主义社会主要矛盾的实际需要，也是体现社会主义制度优越性、进而从根本上战胜资本主义的根本保证。现有的社会主义国家，由于原有经济文化的落后，前资本主义的经济残余尚存和小生产自发势力强大等原因，在解放生产力和发展生产力方面显然面临着长期而艰巨的任务。

其三，社会主义革命和建设没有一个现成的统一模式，其经济制度和政治制度的巩固及完善有一个探索的渐进过程。垄断资本主义的对立物——国际社会主义的力量在自身的发展过程中遇到挫折或产生失误也是难免的。无产阶级及其先锋队如果不能从实际出发，创造性地把马克思主义的基本原理和本国的国情及实践相结合，就会在革命和经济建设的过程中犯这样或那样的错误，甚至出现一时的倒退——在国际共产主义运动的历史上，这种情况曾多次发生。这当然也会给垄断资本主义以更多的喘息机会。

尽管如此，从根本上看，人类历史上最后一种人剥削人的制度最终过渡到社会主义和共产主义，是历史前进的必然。

思考题：

1. 垄断是如何形成的？它有哪些组织形式？
2. 资本主义自由竞争有哪些特征？
3. 国家垄断资本主义产生和发展的原因有哪些？
4. 试述经济全球化发展的特点及其社会经济后果。
5. 如何正确理解资本主义历史地位的二重性？

◆第七章 社会主义初级阶段的基本经济制度及中国特色社会主义

社会主义经济制度是以生产资料社会主义公有制为基础和实行按劳分配，消灭剥削，消除两极分化，满足全体社会成员的需要和最终达到共同富裕的社会经济制度。在不发达国家取得社会主义革命胜利后，必须经历一个社会主义初级阶段，以实现生产力现代化，完善社会主义生产关系和上层建筑。我国在社会主义革命和建设中，把科学社会主义理论和我国的实践相结合，走出了一条具有中国特色的社会主义道路，极大地丰富和发展了科学社会主义理论。在中国特色社会主义理论的指引下，又进一步提出了构建社会主义和谐社会的要求。

第一节 社会主义经济制度的建立

一、社会主义革命和社会主义经济制度的建立

随着资本主义的发展，它的基本矛盾即生产社会化和资本主义私人占有之间的矛盾日益尖锐化。这个矛盾，只能用生产资料社会主义公有制代替资本主义私有制，才能获得解决。正如列宁所指出的："生产社会化不能不导致生产资料转变为社会所有，导致'剥夺者被剥夺'。"①因此，在人类社会的发展中，资本主义经济制度必然为社会主义经济制度所代替，这是生产关系一定要适合生产力状况规律作用的必然结果，是不以人的意志为转移的客观历史进程。

在阶级社会里，一种社会经济制度代替另一种社会经济制度，只能通过社会革命来实现。社会主义经济制度是以生产资料公有制为基础的，社会主义公有制本身是对资本主义私有制的否定。迄今为止，社会主义经济制度是通过无产阶级带领广大劳动群众进行革命斗争，夺取政权，在改变生产资料私有制的基础上逐步地建立起来。

新中国成立前是一个半殖民地、半封建的社会，这种特殊的社会性质，使中国革命必须分两步走：第一步，进行新民主主义革命，建立新民主主义社会；第二步，使革命向前发展，建立社会主义社会。这两个步骤是互相联系、互相衔接的，前者是后者的必要准备，后者是前者的必然趋势。

中华人民共和国的成立标志着新民主主义革命的胜利，从此，在我国建立了新民主主义社会。新民主主义社会是一个过渡性质的社会，在这个社会中存在着三种基本经济成分，即

---

① 《列宁全集》，人民出版社，1987年中文2版，第26卷，第74页。

社会主义经济、资本主义经济和个体经济;与此相适应,存在三个基本阶级,即工人阶级、资产阶级和小生产者阶级。工人阶级和资产阶级的阶级利益是根本对立的,而小生产者阶级的自发发展,又会发生两极分化。因此,新民主主义社会的主要矛盾是工人阶级和资产阶级之间、社会主义道路和资本主义道路之间的矛盾。这个矛盾的解决,要在发展生产力的基础上用社会主义代替资本主义,使新民主主义社会逐步地转变为社会主义社会。从资本主义社会向社会主义社会的转变,要经历一个过渡时期,过渡时期是从无产阶级建立政权开始,到社会主义公有制在整个社会经济生活中占主体地位时止。过渡时期的根本任务是把非社会主义所有制占主体地位的经济结构,改造成为社会主义公有制为主体的经济结构。我国的过渡时期是从新民主主义社会向社会主义社会的过渡。实践证明,只有走社会主义道路,才能使我国生产力获得更加迅速的发展,人民生活逐步得到改善,国家越来越繁荣富强。

有的人认为,我国的生产力水平低,没有条件建立社会主义社会。这是完全错误的。1. 我国的生产力水平虽然低,但并不意味着毫无建立社会主义社会的物质基础。1949 年,我国近代工业拥有 200 多亿元资本,产业工人已有 400 多万人,加上运输工人和城市手工业工人,则达到 2000 万 ~ 3000 万人。我国工人阶级身受封建主义、帝国主义和官僚资本主义的三重剥削和压迫,具有高度的觉悟性、组织性和纪律性。这些,都为我们建立社会主义社会提供了一定的物质条件和较好的主观条件。2. 既然我国已经具有一定的建立社会主义社会的物质条件和较好的主观条件,而新民主主义社会的主要矛盾又是社会主义道路和资本主义道路的矛盾,因此,这个矛盾只有用社会主义代替资本主义才能获得解决。在这种条件下,有什么理由不进行社会主义革命,建立社会主义社会,发挥社会主义制度的优越性,加速社会主义物质基础的建设呢?当革命的物质条件已初步具备、革命的政治形势已经成熟,我们就应当进行革命,然后利用新社会制度的优越性,更好地进行建设,以改变落后的状态。所谓我国没有建立社会主义的物质基础,不能建立社会主义社会的说法,其实质是要求在中国建立资本主义社会,这在中国的具体历史条件下,是绝对行不通的。如按这种主张去办,只能使我国重新回到半殖民地半封建社会,使广大劳动人民重新遭受奴役和压迫。

二、社会主义经济制度建立的途径

社会主义经济制度是以生产资料社会主义公有制为基础的,因此,考察社会主义经济制度的建立,也就是考察怎样把各种不同性质的私有制转变成为以社会主义公有制为主体的社会主义经济制度。

我国在建立社会主义经济制度过程中所遇到的私有制,主要有两种:一是资本主义私有制,其中又分为官僚资本和民族资本;二是农业和手工业中以个体劳动为基础的小私有制。这些私有制在性质上是不同的,所以,我们对它们采取了不同的变革方法。

变革官僚资本是采取没收的方法实现的。官僚资本属于国家垄断资本主义,它控制着旧社会的国民经济命脉。据统计,在新中国成立前夕,官僚资本掌握了我国全部工业资本的大约 2/3 和全国工矿、交通运输业固定资产的 80% 。中国的官僚资本,是在半殖民地半封建社会中产生的一种极端腐朽的资本主义生产关系,它依附于帝国主义并和封建主义相勾结,严重地阻碍了生产力的发展,是国民党反动统治的经济基础。因此,新中国成立后,实行了没收官僚资本的政策,把它转变为社会主义全民所有制经济,使无产阶级领导的人民共和国掌握了国民经济命脉,为建立社会主义经济制度奠定了基础。我国在消灭官僚资本的同时,也采取各种方式消灭了帝国主义在华的资本和它们的特权，这是取得国家独立和掌握国民经济命脉所不可缺少的措施。

改变民族资本是在社会主义改造中采取赎买的方法实现的。中国的民族资本在我国从新民主主义到社会主义转变过程中在经济上具有二重作用：一方面，具有有利于国计民生的积极作用，如可以提供一部分工业品供应人民和国家建设的需要，可以为社会主义建设训练一部分技术人员和熟练工人，可以为国家积累部分的建设资金，可以促进城乡物资交流的发展等等；另一方面，也有不利于国计民生的消极作用，如剥削工人和劳动群众，生产的无政府状态，搞投机倒把和哄抬物价，等等。我国的民族资产阶级在这一转变过程中在政治上也具有两面性：它有剥削工人阶级取得利润的一面，又有拥护宪法、愿意接受社会主义改造的一面。由于民族资本具有二重作用和民族资产阶级具有两面性，所以，我国工人阶级同民族资产阶级的矛盾属于人民内部矛盾，他们之间的阶级斗争一般地属于人民内部的阶级斗争。在我们这样原来经济基础落后的国家，完全有必要允许民族资本在一定时期内存在和在一定范围内得到某些发展。因此，我们对民族资本实行利用、限制和改造的政策，即利用它的积极作用，限制它的消极作用，通过赎买逐步地把它改造成为社会主义全民所有制经济。同时对民族资本家实行团结、教育和改造的政策，把他们由剥削者改造成为自食其力的劳动者。

我国对民族资本主义经济的改造，是通过国家资本主义形式，采取和平赎买方式实现的。在人民民主专政即无产阶级专政条件下，“国家资本主义，就是我们能够加以限制、能够规定其范围的资本主义”①。我国的国家资本主义经历了一个从初级形式（在工业方面是加工、订货、统购、包销，在商业方面是经销、代销）到高级形式（个别企业的公私合营和全行业的公私合营）的发展过程。这个过程也就是社会主义经济成分和资本主义经济成分从企业外部的联系逐步进入企业内部的联合，并通过社会主义经济成分在企业内部的扩大，逐步改造资本主义私有制，使之成为社会主义公有制的过程。到1956年民族资本主义工商业实行全行业公私合营，标志着我国对民族资本主义经济的社会主义改造基本完成。我国对民族资本的和平赎买，不是由国家拿出一笔钱作为赎金付给资本家，而是采取在国家资本主义企业中使资本家取得一部分利润的方式实现的。

改变农业和手工业中的个体私有制是采取合作化的方法实现的。小农本身具有二重性：一方面是私有者，另一方面又是劳动者。根据我国小农经济的特点，只能采取合作化的方法，使其走上社会主义集体经济的道路。我国的农业合作化，是遵循自愿互利、典型示范和国家帮助的原则，采取三个互相衔接的步骤和形式实现的。这就是先从组织带有社会主义萌芽性质的农业生产临时互助组和常年互助组开始，然后进到半社会主义性质的初级农业生产合作社，最后再进到完全社会主义性质的高级农业生产合作社。这是一个循序渐进的方针，执行这一方针能够适应并逐步提高农民的社会主义觉悟，逐步改变他们的生产和生活方式，使他们走上社会主义道路不感到很突然，并且有利于生产的发展和干部的培养。到1956年底，我国农业中的生产资料所有制的社会主义改造基本完成。

个体手工业的性质同小农经济一样，所以，对它实行社会主义改造的原则同对小农经济的改造也是一样的。不过由于个体手工业是商品经济，同市场的联系比较密切，如果离开市场，它就无法活动。因此，对它的改造是从流通入手的。首先组织手工业供销小组或者供销

① 《列宁全集》，人民出版社，1987年中文2版，第43卷，第84页。

合作社，然后在生产上逐步组织起来，发展成为手工业生产合作社。到1956年，基本上完成了对手工业的社会主义改造。

上述变革和改造各种私有制的方针、政策和方法，符合马克思主义基本原则，是马克思列宁主义在我国的运用和发展。正因为如此，我国的社会主义经济制度才得以建立和发展起来。像任何一次伟大的革命都难免会产生一些这样或那样的缺点一样，我们在社会主义改造中，在工作上也出现过一些缺点甚至错误，如改造要求过急，工作过粗，改变过快，形式也过于简单划一，遗留了一些问题。但整个说来，在我国这样一个几亿人口的大国中，通过复杂和深刻的社会变革，建立起社会主义经济制度，促进了工农业和整个国民经济的发展，这的确是伟大的历史性胜利。

三、社会主义的本质

(一)社会主义的根本经济特征是生产资料公有制和按劳分配

马克思主义理论和人类社会发展的历史表明，不同社会形态之间的根本区别在于劳动者同生产资料的结合方式，即生产资料的所有制。马克思说过，不论生产的社会形式如何，劳动者和生产资料始终是生产的因素……凡要进行生产，就必须使它们结合起来。实行这种结合的特殊方式和方法，使社会结构区分为各个不同的经济时期。生产资料归谁所有，以及与此相应的劳动者同生产资料的结合方式，决定着社会生产和再生产的各个环节的特点，所以，生产资料所有制构成社会的根本经济特征。又因为在社会中人们之间的关系最本质的是物质利益关系，而分配关系则是物质利益关系的重要表现形式。所以，一定社会的分配方式同该社会的所有制都是该社会的根本经济特征。

随着向社会主义过渡时期的结束，生产资料社会主义公有制成为社会所有制结构的主体，标志着社会主义社会的建立。正是生产资料社会主义公有制代替资本主义私有制，劳动人民成为生产资料的主人，这就使社会生产和再生产的各个环节发生了根本性的变化，它们不再是为资本家追求最大限度的剩余价值服务，不再体现资本对雇佣劳动的剥削，而是为满足劳动人民不断增长的物质文化需要服务，体现了消灭剥削，逐渐达到共同富裕的关系。所以，生产资料社会主义公有制是社会主义的根本经济特征。

此外，在社会主义公有制范围内，生产资料公有制和社会生产力的状况决定了人们通过按劳分配来实现其物质利益，这种分配方式既区别于一切剥削制度下的分配方式，也区别于共产主义高级阶段的分配方式，因此，按劳分配也构成社会主义的根本经济特征。关于社会主义的根本经济特征，列宁曾做过这样的表述："人类从资本主义只能直接过渡到社会主义，即过渡到生产资料公有和按每个人的劳动量分配产品"①。

在我国的经济体制改革中，如何正确把握社会主义的根本经济特征，从而坚持改革的社会主义方向，始终是一个带根本性的原则问题，对此，邓小平曾指出，我国坚持了科学社会主义，其重要表现就在于，"我们坚持了社会主义公有制和按劳分配的原则"。"一个公有制

---

① 《列宁全集》，人民出版社，1987年中文2版，第29卷，第178页。

占主体，一个共同富裕，这是我们所必须坚持的社会主义的根本原则。”“坚持社会主义，实行按劳分配的原则，就不会产生贫富过大的差距。”这些精辟论述，实质上讲的都是社会主义根本经济特征问题。

1992年春，邓小平同志进一步对社会主义本质进行了科学的概括，即科学地揭示社会主义的生产力、生产关系和上层建筑等方面的根本特征。他指出:“社会主义的本质，是解放生产力，发展生产力，消灭剥削，消除两极分化，最终达到共同富裕。”这一本质的概括正是社会主义公有制和按劳分配的综合体现。1. 社会主义公有制代替资本主义私有制，这是生产关系一定要适合生产力性质规律作用的必然结果，这是一场革命，革命就是解放生产力，随着社会主义公有制的建立，使社会生产力得到解放，并能大大促进和推动生产的发展。而社会主义经济体制的改革，又使社会主义所有制结构和社会主义公有制的实现形式更加完善，从而进一步地解放和发展生产力。所以，解放和发展生产力都是社会主义公有制的建立和完善的结果。2. 消灭剥削，消除两极分化，达到共同富裕，都只有在社会主义公有制和实行按劳分配的条件下，才能得到实现。

我国是社会主义制度的国家，其根本经济特征必然是社会主义公有制和按劳分配。但我国又处在社会主义发展的初级阶段，生产力水平比较低，而且发展不平衡、存在着生产力发展水平的多层次，这就使得我国在相当长时期内在所有制结构上必然是多种所有制并存的结构，相应地在分配方式上也必然是多种分配方式并存。在这种情况下，必须坚持在多种所有制结构中社会主义公有制的主体地位和多种分配方式结构中按劳分配的主体地位，如果离开了这两个主体地位，我国的社会主义社会性质就会发生变化。

(二)社会主义的根本任务是解放和发展生产力

关于社会主义的根本任务是发展生产力的问题，马克思主义经典作家已明确地做过论述。马克思和恩格斯早在《共产党宣言》中就指出:无产阶级取得政权并把全部资本集中到自己的手里后，就要“尽可能快地增加生产力的总量”。列宁在俄国十月革命胜利后论述苏维埃政权任务时更明确指出:“在任何社会主义革命中，当无产阶级夺取政权的任务解决以后，随着剥夺剥夺者及镇压他们反抗的任务大体上和基本上解决，必然要把创造高于资本主义的社会结构的根本任务提到首要地位，这个根本任务就是:提高劳动生产率。”①在我国生产资料私有制的社会主义改造基本完成以后，毛泽东同志也指出，我们的根本任务已经由解放生产力变为在新的生产关系下面保护和发展生产力。邓小平在设计建设中国特色的社会主义宏伟蓝图中，多次精辟指出:“社会主义阶段的最根本任务就是发展生产力”。特别是在总结我国改革开放的经验基础上，进一步地把“解放生产力，发展生产力”提到社会主义本质的高度。诚然，发展生产力是极为重要的，但是它的首要前提是解放生产力，只有解放生产力，才能发展生产力。在以私有制为基础的社会，生产关系与生产力之间的矛盾运动必然导致代表新生产力的革命阶级通过革命斗争，摧毁旧生产关系，建立起新生产关系，从而使生产力获得解放，所以，革命是解放生产力。我国的新民主主义革命和社会主义革命，解放和进一

① 《列宁全集》，人民出版社，1985年中文2版，第34卷，第168页。

步解放了生产力。但是，实践证明在社会主义制度建立之后，仍然存在着生产关系和上层建筑的某些方面同生产力发展不相适应的问题，特别是传统的僵化的经济体制和不够完善的政治体制日益不利于生产力的发展，这就要求不断完善社会主义的生产关系和上层建筑，改革旧的经济体制，建立起充满生机活力的社会主义经济体制，改革和完善政治体制，促进生产力的发展。可见改革也是解放生产力。我国改革开放三十多年来取得的巨大经济成就，生产力的飞跃发展，就是有力的证明。所以，邓小平明确地指出："过去，只讲在社会主义条件下发展生产力，没有讲还要通过改革解放生产力，不完全。应该把解放生产力和发展生产力两个讲全了。"这一科学论述，是对马克思主义关于社会主义根本任务理论的丰富。

社会主义的根本任务之所以是解放和发展生产力，具体是由以下几方面决定的。

1. 是由社会主义社会的主要矛盾及其解决所决定的。随着过渡时期的结束和社会主义经济制度的建立，社会主要矛盾也跟着发生变化，前面已讲过过渡时期的社会主要矛盾是无产阶级和资产阶级、社会主义和资本主义两个阶级两条道路的矛盾。社会主义经济制度的建立，标志着过渡时期主要矛盾的解决，但社会生产力水平还很低，而成为社会主义社会主人翁的广大人民群众却强烈要求物质文化生活日益增长，这时产生了新的社会主义社会的主要矛盾，这就是人民日益增长的物质文化需要同落后的社会生产之间的矛盾，矛盾的主要方面是解决落后的生产力问题，只有解放和发展生产力，社会的主要矛盾才能得以解决。解决社会的主要矛盾，便成为社会的根本任务。因此，党在社会主义初级阶段的基本路线中明确规定"以经济建设为中心"。我们必须把发展生产力摆在首要位置，一心一意搞建设，聚精会神谋发展，在经济发展的基础上，推动社会全面进步。

2. 是建立社会主义物质基础的要求。任何一种社会生产关系，都有着与其相适应的物质基础，即物质条件和技术条件，也就是与生产关系相适应的社会生产力水平。社会主义生产关系是在资本主义社会化大生产基础上产生的，所以，社会主义生产关系的物质基础应当高于资本主义已经达到的物质基础。列宁在他所处的历史时代曾对社会主义的物质基础作过表述："社会主义的物质基础只能是同时也能改造农业的大机器工业。"①随着资本主义的发展，特别是新的科学技术革命极大地推动了生产力的前进，当前发达的资本主义国家已进入信息社会，这表明建立社会主义物质基础的要求和标准，比列宁生活的时代大大地提高了。对一些发达的资本主义国家来说，它的物质技术基础已相当雄厚，这些国家在社会主义革命胜利后，就已基本具备了同社会主义生产关系相适应的物质基础。而生产力水平较低的国家，在建立起社会主义生产关系后，还必须用极大的努力来发展社会生产力，才能建立起社会主义的物质基础。只有社会主义物质基础建立起来，社会主义生产关系才能巩固和发展。

3. 是社会主义最终战胜资本主义的客观要求。马克思主义认为，评价一种社会制度的优越与否，归根到底就是看这种社会制度是否能为社会生产力的健康快速发展开辟广阔的道路，从而创造出更高的劳动生产率。社会主义社会只有建立起强大的物质基础，才能够产生比资本主义更高的劳动生产率，才能在各方面显示出比资本主义具有优越性，才能最终战胜

① 《列宁全集》，人民出版社，1987 年中文 2 版，第 42 卷，第 7 页。

资本主义。列宁曾精辟地指出:“劳动生产率,归根到底是使新社会制度取得胜利的最重要最主要的东西……资本主义可以被最终战胜,而且一定会被最终战胜,因为社会主义能创造新的高得多的劳动生产率。”①特别是当今国际社会中两种社会制度在相当长时期内和平共处,国际社会的竞争集中表现为经济实力和以经济实力为基础的综合国力的竞争和较量,更加要求加速社会主义物质基础的建设。改革开放三十多年来,我国的经济发展取得举世瞩目的成就,综合国力显著提高,国际影响和作用日益增强,社会主义的中国吸引着世界越来越多人的关注和重视。

4.是实现社会主义的共同富裕目标和为将来过渡到共产主义社会创造物质条件的需要。实现共同富裕最根本的前提条件就是有发达的社会生产力,从而生产出丰富的社会财富。社会主义是共产主义的低级阶段,人类社会最终要进入共产主义高级阶段。共产主义高级阶段是物质文明和精神文明高度发达的社会,是“三大差别”被消灭的社会,是每个社会成员都得到全面发展、“各尽所能,按需分配”的社会。这一切都必须以生产力高度发展,社会产品极大丰富为物质前提。正如邓小平所说:“我们讲社会主义是共产主义的初级阶段,共产主义的高级阶段要实行各尽所能、按需分配,这就要求社会生产力高度发展,社会物质财富极大丰富。所以社会主义阶段的最根本任务就是发展生产力。”

(三)社会主义的根本目的是要消灭剥削和消除两极分化,最终实现共同富裕

一切以生产资料私有制为基础的社会,都是少数人剥削广大劳动人民的社会,都是存在两极分化、贫富悬殊的社会。所谓剥削就是一部分人凭借生产资料的私人占有来实现对他人劳动的无偿占有。所以,生产资料私有制是人剥削人的经济根源。两极分化是指在社会经济生活中,少数人的财富越积累越多,在社会财富中占有的份额越来越大,从而越来越富有;多数人则在社会财富中占有的份额越来越少,生活在贫困线上。这种经济现象是一切以私有制为基础的社会经济制度中普遍存在的,因为剥削阶级总是凭借其私人占有的生产资料,尽可能地加重对广大劳动者的剥削榨取,把自身的富裕建立在劳动人民贫困的基础上。

社会主义经济制度与以往一切以私有制为基础的社会经济制度的根本区别就在于,它要消灭剥削和消除两极分化,最终实现共同富裕。因为社会主义社会是以生产资料公有制为基础的社会,劳动人民用共同占有的生产资料进行联合劳动,创造的物质财富归劳动人民共同占有和支配,并按照劳动人民的共同利益来使用与分配,即实行按劳分配。这就使人剥削人和两极分化成为不可能,并且随着社会生产的发展和社会物质财富的不断增多,劳动人民将实现共同富裕。所以,邓小平指出:“社会主义的目的就是要全国人民共同富裕,不是两极分化。”且把“消灭剥削,消除两极分化,最终达到共同富裕”确定为社会主义本质的重要内容。

社会主义不仅要求消灭剥削,消除两极分化,最终实现共同富裕的目的,而且为实现这一目的提供了可能。一方面社会主义公有制和按劳分配的实现,本身就是消灭剥削、消除两极分化的制度保障,而且也是实现共同富裕的前提。另一方面,社会主义制度本身的自我发展和自我完善,通过改革来进一步解放生产力和发展生产力,就为实现共同富裕提供了物质

① 《列宁全集》,人民出版社,1987年中文2版,第37卷,第18页。

基础。我国十分重视实现广大人民的共同富裕。改革开放以来，随着我国经济的发展，人民生活得到很大的改善。但是，必须看到，在我国社会主义现阶段，还存在着多种经济形式和多种经营方式，存在个人收入的多渠道和分配不公，存在收入分配体制上的缺陷，这就有可能在城乡之间、一部分地区、一部分人中间出现贫富差距的拉大，而且在近几年的现实生活中已经呈现出这种贫富差距日渐扩大的趋势，这就要求国家通过宏观调控，加大收入分配体制改革的力度，运用经济、法律和必要的行政手段加以解决。

第二节　社会主义初级阶段及其规定性

一、社会主义初级阶段的提出

社会主义发展要不要划分阶段，如何划分阶段，曾经历过相当长的探索过程。早在社会主义制度建立之前，马克思主义的经典著作就作过预测，认为从资本主义灭亡到共产主义实现要经过三个历史阶段，即从资本主义向共产主义的过渡时期、共产主义的第一阶段和共产主义的高级阶段。共产主义的第一阶段即通常所说的社会主义社会。至于社会主义社会在其发展过程中还要经过哪些阶段，特别是经济文化落后的国家建设社会主义要经过哪些阶段，马克思没有也不可能作出具体的回答。列宁曾依据从资本主义向社会主义过渡时期的实践，指出在向共产主义前进的过程中会出现若干重要阶段，并提出了“初级形式的社会主义”、“发达的社会主义”、“完全的社会主义”等概念。但是，这仍然是一般的构想，当时还缺乏足够的实践经验来作出科学的概括。列宁同时还认为，人类社会要经过哪些阶段到达共产主义，需要实践来回答。

经过多年对社会主义艰苦探索的历史过程，1981 年 6 月召开的党的十一届六中全会通过了《关于建国以来党的若干历史问题的决议》，首次提出了社会主义初级阶段的科学范畴，并作出了“中国仍处于社会主义初级阶段”的论断。这是依据我国的基本国情提出来的，是对马克思主义科学社会主义理论的丰富和发展。

新中国成立之初，在进行社会主义经济建设的同时，我国就对国情问题进行了初步的探讨。从 1949 年 10 月新中国成立到 1956 年，从当时的国情出发，有步骤地实现了从新民主主义到社会主义的转变，迅速恢复了国民经济并开展了有计划的经济建设，在全国绝大部分地区基本上完成了对生产资料私有制的社会主义改造。包括过渡时期的总路线在内的一系列正确的指导方针和基本政策，保证了这一时期繁重的经济、社会任务的顺利完成，取得了辉煌的胜利。社会主义改造基本完成之后，我国开始转入全面的、大规模的社会主义经济建设。在这样的情况下，毛泽东指出，我国的社会主义制度还刚刚建立，还没有完全建成，还未完全巩固，还需要一个继续建立和巩固的过程。其后，从 1957 年起至“文化大革命”前夕这十年中，做了大量的工作，积极进行社会主义经济建设，取得了很大的成就：工业产品的产量实现了巨大增长，工业布局有了改善；农业基本建设和技术改造开始大规模展开并逐步收到成效；科技、教育事业也有了较大的发展。我国现在赖以进行现代化建设的物质技术基础，很大一部分是在这个时期建立起来的。但是，在这一期间，也发生了脱离国情、超越社会主义发展阶段的一些严重错误，诸如：在经济建设中搞高指标和“大跃进”；在所有制形式上盲目求大、求公，将个体经济当作“资本主义尾巴”割掉等等；在意识形态领域片面强调阶级斗争，严重干扰了经济建设，并导致了1966年5月至1976年10月灾难性的“文化大革命”。经济指导思想上的许多是非观念被混淆、颠倒，经济建设的正常秩序被严重破坏，国民经济运行陷入混乱状况，社会主义建设事业遭受了新中国成立以来最严重的挫折和损失。

中国共产党的十一届三中全会以后，在深刻总结历史经验教训的基础上，我国恢复了实事求是的思想路线，在社会主义建设实践中不断深化对国情的认识。邓小平提出，现在搞建设，要适合中国情况，走出一条中国式的现代化道路。在总结实践和理论发展的基础上，1981年6月党的十一届六中全会通过的《关于建国以来党的若干历史问题的决议》中第一次提出:“我们的社会主义制度还处在初级阶段”，“我们的社会主义制度由比较不完善到比较完善，必然要经历一个长久的过程。”1982年9月，党的十二大肯定，“我国的社会主义社会现在还处在初级发展阶段”。1986年党的十二届六中全会通过的《关于社会主义精神文明建设指导方针的决议》中进一步指出:“我国还处在社会主义初级阶段……在相当长历史时期内，还要在公有制为主体的前提下发展多种经济成分，在共同富裕的目标下鼓励一部分人先富起来。”党的十三大对社会主义初级阶段作了全面的论述，指出“正确认识我国社会现在所处的历史阶段，是建设有中国特色社会主义的首要问题，是我们制定和执行正确的路线和政策的根本依据。对这个问题，我们党已经有了明确的回答:我国正处在社会主义的初级阶段。”党的十三大以后，我国根据改革开放和现代化建设的发展，不断深化对社会主义初级阶段问题的认识。1992年党的十四大把社会主义初级阶段理论作为邓小平理论的重要组成部分加以概括。党的十五大进一步阐述了社会主义初级阶段问题，指出中国现在处于并将长期处于社会主义初级阶段，并且具体阐述了我国社会主义初级阶段的基本纲领和要实现的目标。党的十六大强调指出，我国正处于并将长期处于社会主义初级阶段，现在达到的小康还是低水平的、不全面的、发展很不平衡的小康，人民日益增长的物质文化需要同落后的社会生产之间的矛盾仍然是我国社会的主要矛盾。党的十七大报告全面分析了当前我国发展的阶段性特征，同时强调，“经过新中国成立以来特别是改革开放以来的不懈努力，我国取得了举世瞩目的发展成就，从生产力到生产关系、从经济基础到上层建筑都发生了意义深远的重大变化，但我国仍处于并将长期处于社会主义初级阶段的基本国情没有变，人民日益增长的物质文化需要同落后的社会生产之间的矛盾这一社会主要矛盾没有变。当前我国发展的阶段性特征，是社会主义初级阶段基本国情在新世纪新阶段的具体表现。”至此，我国对基本国情和科学社会主义的阶段划分有了更加全面、客观的认识。

二、社会主义初级阶段质的规定性及其依据

我国经过长期的社会实践和艰苦的理论探索得出的社会主义初级阶段理论，不是泛指任何国家进入社会主义社会都要经历的起始阶段，而是特指我们这样一个脱胎于半殖民地半封建社会的国家，在生产力落后、商品经济不发达条件下建设社会主义必然要经历的阶段。它有科学的规定性，即:

第一，从社会性质来说，我国已经进入社会主义社会，这是共产主义的初级阶段。我们必须坚持而不能离开社会主义，我们所进行的一切改革和建设事业都必须坚持社会主义的方向和道路，都要不断逼近而不是偏离共产主义的远大目标。

第二，从发展程度和发展水平来看，我国的社会主义制度还不完善，生产力与生产关系之间、经济基础与上层建筑之间还存在诸多不相适应的部分，社会主义社会还处在不发达阶

段。我们必须从这个实际出发进行改革开放和现代化建设，而不能超越这个阶段，采取不合实际的路线和政策。

确认我国处于社会主义初级阶段，有其客观的依据。

首先，这是由我国生产力发展状况决定的。在一个落后的半殖民地半封建国家，没有经过资本主义的充分发展而直接走上社会主义道路，这是马克思主义的基本原理同中国实际相结合而取得的重大历史性胜利。但由此产生的问题是，我国无可选择地接受了生产力水平低、社会化大生产不发达、商品经济落后等“历史遗产”。这一历史事实决定了我国在生产资料私有制的社会主义改造基本完成以后的相当长的历史时期内，生产力的落后仍然是主要的矛盾。从1956年进入社会主义初级阶段以后，虽然经过几十年的发展，我国社会生产力、综合国力、人民生活水平都有了很大提高；但总的来说，我国人口多，底子薄，生产力的总体水平还不高，自主创新能力还不强，人均国民生产总值居于世界后列，同世界发达国家相比仍然处于比较落后的状况。我国的经济增长方式比较粗放，付出了过大的资源和环境代价，劳动生产率、经济效益、经营管理水平不高；产社会化程度低，市场经济还不发达，自然经济、半自然经济还占相当比重；结构性矛盾依然突出，第三产业比重远低于发达国家，城乡结构、地区结构也不合理；一部分现代工业与大量落后的工业并存，手工劳动特别是农村中的手工生产仍占有很大比重；大部分人口从事农业生产，城市化程度不高；国民经济整体实力较差，国际竞争力不强；经济建设与人口增长、资源利用、环境保护之间还存在较大矛盾。由这些情况所决定，在相当长的时期内我国的社会主义只能是处于初级的、不发达的阶段。

其次，这是由我国的生产关系和上层建筑性质决定的。从生产关系来看，经过长时间的努力，作为社会主义基本特征的生产资料公有制和按劳分配的主体地位已经确立，这使我国实现共同富裕、避免两极分化的社会主义目标有了根本保证，并由此确立了我国经济的社会主义性质。但是，我国社会主义市场经济体制还不完善，影响发展的体制机制障碍依然存在，改革攻坚面临深层次矛盾和问题。对于公有制的实现形式、公有制的生产资料与劳动者的结合方式、按劳分配的具体实现形式以及如何处理好效率与公平的关系等问题的认识还有待加深。由于生产力总体水平不够高及其多层次、不平衡发展，在相当长的历史时期，我们还必须允许和鼓励多种非公有制经济成分的发展，允许某些非劳动要素参与分配过程，从而不可避免地会存在某些分配不公、居民收入差距过大的问题，所有这些都还需要长期继续探索。从上层建筑来看，社会主义的上层建筑已经确立，社会主义基本政治制度已占社会统治地位，劳动人民成为国家主人，由此确立了我国社会的社会主义性质。但是，我们的政治体制还有待改革，民主和法制两个方面都还有待进一步完善。在具体的领导制度、组织形式和工作方式上，还存在一些缺陷，官僚主义、封建残余思想、腐败现象还时有发生，有时还相当严重。这些都说明，完善社会主义民主，健全社会主义法制，改革上层建筑中不适应经济基础的部分，任务还是长期和繁重的。

三、社会主义初级阶段的主要矛盾

任何社会都存在多种矛盾，其中有一种矛盾居于主要地位，决定并制约着其他矛盾的发展，这种矛盾称为主要矛盾。根据马克思社会矛盾的学说，任何社会的主要矛盾都产生于社会基本矛盾，主要矛盾是社会基本矛盾在不同历史发展阶段的集中表现。

在社会主义制度建立之前的剥削阶级社会，社会的基本矛盾具有对抗性，表现为激烈的阶级斗争，因而阶级斗争始终是社会的主要矛盾。社会主义制度建立后，剥削制度和剥削阶级已被消灭，社会的基本矛盾不再是对抗性的，阶级矛盾也不再是主要矛盾。

在我国，1956 年以后，随着生产资料的社会主义改造的基本完成，剥削阶级作为一个完整的阶级已经退出了历史舞台，虽然生产力和生产关系、经济基础和上层建筑之间的矛盾仍然是社会基本矛盾，但其主流已不表现为阶级矛盾。由我国社会主义初级阶段的国情所决定，人民不断增长的物质文化需要同落后的社会生产之间的矛盾日益突出，贯穿于我国社会主义初级阶段的整个过程和社会生活的各个方面，成为社会主义初级阶段的主要矛盾。在这个主要矛盾中，矛盾的主要方面是落后的社会生产。所谓落后的社会生产，一是特指我国社会生产力还不是很发达，还没有实现现代化，社会主义的物质基础还没有充分建立起来，人民还没有完全摆脱贫穷的状况；二是相对于发达资本主义国家的生产力发展状况而言，我国目前的生产力水平还有相当大的差距。这就决定了我国必须把经济建设作为全党、全国工作的中心，各项工作都要服从和服务于这个中心。只有牢牢抓住这个矛盾和工作中心，才能清醒地观察和把握社会矛盾的全局，有效地促成各种社会矛盾的解决。

对于社会主义初级阶段主要矛盾的认识，我们经历了一个长期而曲折的过程。早在 1956 年党的第八次全国代表大会上，就形成了对我国社会主要矛盾的初步认识，大会的报告指出："国内的主要矛盾，已经是人民对于经济文化迅速发展的需要同当前经济文化发展不能满足人民需要的状况之间的矛盾。这一矛盾的实质，在我国社会主义制度已经建立的情况下，也就是先进的社会主义制度同落后的社会生产力之间的矛盾。"①基于对社会主义主要矛盾的这种判断，党的八大及时提出转移工作重点，指出我国当前的主要任务就是要集中力量解决社会主义主要矛盾，把我国尽快从落后的农业国发展为先进的工业国。实践证明，当时关于我国社会主义社会基本矛盾的判断是正确的。遗憾的是，这种正确的认识未能得到实施。从 1957 年到 1978 年的二十多年里，阶级斗争仍然被作为主要矛盾，甚至在长时期内"以阶级斗争为纲"，结果导致文化大革命的悲剧，生产力的发展遭到严重破坏，人民物质文化生活水平的提高受到极大阻碍。党的十一届三中全会以后，我国在对社会主义发展阶段问题进行认识的同时，也对社会主义社会的主要矛盾问题进行重新认识，在总结我国社会主义建设正反两方面经验的基础上，得出了科学、正确的结论。1981 年 6 月党的十一届六中全会通过的《关于建国以来党的若干历史问题的决议》，在重新肯定党的八大路线的基础上，对我国社会的主要矛盾作了新的概括，指出："在社会主义改造基本完成以后，我国所要解决的主要矛盾，是人民日益增长的物质文化需要同落后的生产之间的矛盾。"随着对社会主义社会主要矛盾正确认识的重新确立和工作中心转移到经济建设上来，我国的社会生产力迅速发展，综合国力不断增强，人民生活水平日益提高。实践证明，我国对社会主义初级阶段主要矛盾的概括是符合我国实践的科学结论。

四、社会主义初级阶段的根本任务

社会主义初级阶段的主要矛盾决定了社会主义初级阶段的根本任务。我国社会主义初级阶段的主要矛盾贯穿于社会生活的各个方面，决定了在整个社会主义初级阶段，我国的根本任务是集中力量发展生产力。准确地把握我国社会生产力的发展趋势和要求，坚持以经济建

① 《中国共产党第八次全国代表大会关于政治报告的决议》，民族出版社，1956 年。

设为中心，采取切实的措施，不断促进生产力的发展，是我国的首要任务。

生产力的发展是人类社会发展的最终决定力量。人类社会的发展，就是先进生产力不断取代落后生产力的历史进程。任何一种社会形态的产生和更替，生产力是最根本的因素。社会主义是一种比过去任何社会形态更高级的社会形态，应该有更高的生产力发展水平作为它的物质基础。不发展生产力就建设不成真正的社会主义，贫穷落后不是社会主义，社会主义现代化必须建立在发达的生产力的基础上。

处于社会主义初级阶段的当代中国，集中精力发展生产力具有特殊的重要性和迫切性，必须把发展生产力摆在首要地位。这是因为：

第一，只有大力发展生产力，才能不断巩固和完善社会主义制度，最终建立共产主义制度。我国生产力总体水平不高，物质技术基础比较薄弱，只有大力发展生产力才能建立起社会主义的雄厚物质技术基础，巩固和发展社会主义经济制度。邓小平提出："社会主义的任务很多，但根本一条就是发展生产力，在发展生产力的基础上体现出优于资本主义，为实现共产主义创造物质基础。"①现阶段，要改变相对落后的面貌，必须大力发展生产力。将来进入社会主义的高级阶段，也必须大力发展生产力。

第二，只有大力发展生产力，才能满足人民群众不断增长的物质文化需要，实现社会主义生产的根本目的。由社会主义的本质所决定，必须大力发展生产力。只有发展生产力，才能向社会提供日益丰富的物质文化产品，不断提高人民的生活水平。就我国的现实情况来看，由于生产力总体水平不高，正在全面建设小康社会，大力发展生产力具有更重要的意义。

第三，只有大力发展生产力，才能建设高度的社会主义精神文明。社会主义不仅要建设高度的物质文明，而且要建设高度的精神文明，这是我国社会主义现代化建设的一个根本方针。一定的精神文明是以一定的物质文明为基础的，高度的精神文明只能建立在高度的物质文明基础之上。在现阶段，我国社会生产力水平不高，决定了教育科学文化事业的发展水平还不高，这在一定程度上制约着精神文明的建设。为此，必须大力发展生产力，加快物质文明建设速度，才能更好地为精神文明建设提供必要的物质基础，最终建立起与社会主义要求相适应的高度的精神文明。

第四，只有大力发展生产力，才能维护国家主权和独立。世界格局向多极化发展的趋势不可阻挡，和平与发展仍是当今世界两大主题。科技革命和经济全球化的发展，使经济日益成为当今国际关系中的决定性因素。世界各国特别是大国都着眼于提高以经济和技术水平为标志的综合国力。为维护国家主权和独立，实现和平统一祖国的大业，我们需要有强大的国力。而强大的国力首先需要有强大的经济实力和先进的科学技术来支撑。所以，只有大力发展生产力，建立雄厚的物质技术基础，才能增强国家的经济实力，增强综合国力，从而为维护国家主权和独立，建立强大的国防奠定可靠的坚实基础。

总之，是否有利于发展社会主义社会的生产力，是否有利于增强社会主义国家的综合国力，是否有利于提高人民生活水平，是我国现阶段考虑一切问题的出发点和落脚点。

---

① 中央财经领导小组办公室：《邓小平经济理论学习纲要》，人民出版社，1997年版，第29页。

第三节 社会主义初级阶段基本经济制度

一、社会主义初级阶段基本经济制度的确立和依据

生产资料所有制关系是社会经济制度的基础，是区别不同经济制度的重要标志。经过反复的探索，我国确认公有制为主体、多种所有制经济共同发展是我国社会主义初级阶段的基本经济制度。

社会主义究竟实行什么样的所有制关系，在过去很长一段时间，由于认识上的偏差，我们在实践中曾脱离我国生产力的发展状况，急于建立单一的公有制经济，急于扩大全民所有制经济的比重，其间虽然也做过一些调整，但单一公有制的所有制格局没有根本的改变。党的十一届三中全会以来，党从实际出发，逐步消除所有制结构不合理对生产力的羁绊，出现了公有制为主体、多种经济成分共同发展的局面。党的十五大将公有制经济的主体地位和多种所有制经济共同发展，用“制度”固定下来，反映了我国对社会主义建设和发展规律认识的深化。这对于完善社会主义的生产关系，进一步解放和发展生产力，具有重要意义。

把公有制为主体、多种所有制经济共同发展作为社会主义初级阶段的基本经济制度确立下来，是由我国社会主义初级阶段的国情决定的:第一，我国是社会主义国家，必须坚持公有制作为社会主义经济制度的基础。在社会主义初级阶段，公有制不是惟一的经济成分，要发展多种经济成分，但为了发展社会化大生产，为了逐步达到共同富裕，必须坚持公有制的主体地位。第二，我国处于社会主义初级阶段，生产力发展不平衡、多层次，与这种状况相适应，需要在公有制为主体的条件下发展多种所有制经济。生产资料所有制形式一定要与生产力发展的水平相适应，才能促进生产力迅速发展，反之对生产力发展就会起阻碍作用。与生产力发展状况相适应，我国公有制经济只能在经济中占据主体地位，不能成为社会经济的惟一形式，这就需要多种所有制经济共同发展，即在公有制经济发展的同时，鼓励非公有制经济共同发展，以促进生产力的迅速提高。第三，公有制为主体、多种所有制经济共同发展，已是我国现实经济中客观存在的事实。

实践证明，这种所有制结构的变化和由此形成的公有制为主体、多种所有制经济共同发展的基本经济制度，有利于社会生产力的发展、有利于增强综合国力、有利于提高人民生活水平，必须继续坚持并在实践中不断完善。

坚持和完善公有制为主体、多种所有制经济共同发展的基本经济制度，要做到:毫不动摇地巩固和发展公有制经济;毫不动摇地鼓励、支持和引导非公有制经济发展;坚持平等保护物权，形成各种所有制经济平等竞争、相互促进新格局。

二、公有制经济的本质、实现形式及主体地位

所谓公有制，是指一个社会群体(一个社会的全体成员或部分成员)共同占有生产资料的所有制形式。社会主义公有制，是指生产资料归社会主义国家的全体或部分劳动者共同占有和支配的一种新型的所有制。实行社会主义公有制，有利于社会化大生产的进行，有利于保证劳动者在生产资料占有上的地位平等，有利于劳动者之间在社会生产和生活中结成新型的互助合作关系，有利于保证社会生产目的和劳动成果分配的社会主义性质，是社会主义生产

发展的基础，是全体劳动人民物质文化生活不断提高的基本条件。

社会主义公有制的本质是由劳动者在全社会或社会的部分范围内运用生产资料进行生产，并凭借对生产资料的所有权获得经济利益。至于如何运用生产资料进行生产，则是公有制的实现形式。社会主义公有制有多种实现形式，不仅包括全民所有制经济和集体所有制经济，还包括混合所有制经济中的国有经济成分和集体经济成分。改革开放以来，我国的公有制形式出现了许多新的变化，一些新的公有制形式正在出现，其中比较多的是在我国农村和城镇大量出现的、由劳动者自愿联合起来共同进行经营的多种多样的合作经济组织，这当中很大一部分是属于以劳动者的劳动联合和劳动者的资本联合为主的股份合作经济，兼有股份制与合作制的经济特征。在国有企业改革中，不少企业以建立现代企业制度为目标，以资本为纽带，实行了国有企业之间，国有企业与其他所有制企业之间的改组、改造、联合和兼并，形成了多种所有制共存，你中有我、我中有你的混合所有制形式。这种混合所有制的组织形式是股份制。

社会主义全民所有制是生产资料归社会全体劳动人民共同占有的一种公有制形式。由于我国的全民所有制经济主要是在新中国建立过程中，通过没收帝国主义、封建主义和官僚资产阶级的资本，并在其后的发展中由国家财政投入、积累所形成的，所以我国全民所有制采取了国家所有制形式，国家作为人民的代表，行使对生产资料的所有权。几十年来，我国的国有制有了很大的发展，形成了比较强大的国有经济。国有经济控制国民经济的命脉，对于发挥社会主义制度的优越性，增强我国的经济实力、国防实力和民族凝聚力，具有关键性作用，所以必须发展壮大国有经济。但在发展壮大国有经济的过程中，必须明确，生产资料归国家所有，并不意味着必须由国家直接占有、支配和使用，也不意味着必须由国家在全社会范围内直接组织具体的生产经营活动。无论是从理论上来说，还是从实际来看，全民所有制经济的所有权和经营权可以而且应当分离，即必须把全民所有制生产资料的占有权、使用权和具体经营权交给企业，形成法人财产权利，并保证企业行使这些权利，得到必要的经济利益。在过去一个时期内，我们对这个问题的理解不是完全准确的，比较流行的看法是把国家所有与国家经营直接等同。实践证明，这种认识和做法是不合乎生产力发展要求的，因此，从1978年开始我国对国有企业进行改革，对国有经济的布局进行调整，这种改革和调整今后还要继续深化下去。

社会主义集体所有制是部分劳动群众共同占有生产资料的一种公有制形式。它和全民所有制形式一样，都是劳动者共同占有生产资料的所有制形式，但两者又有明显的区别。表现在：与属于全民所有制的生产资料为全社会劳动者所占有相比，属于集体所有制的生产资料只为集体范围内劳动者所共有；在一个集体经济内部，人们在生产资料占有关系上是平等的，但在不同的集体单位之间则是不平等的；每一个集体经济单位作为生产资料的所有者，具有独立的经济利益，是自主经营、自负盈亏的社会主义商品生产者和经营者。不同集体单位耗费等量劳动，却获得不同数量和质量的产品，即表现为劳动收入和报酬上的差别。我国的集体所有制包括农村的集体所有制和城镇的集体所有制。农村集体所有制经济是我国农业中的主要经济形式。城镇集体所有制经济广泛存在于城镇的手工业、工业、建筑业、运输业、商业和服务业等许多行业：一部分是在20世纪50年代对个体手工业、个体商贩进行社会主义改造时建立起来的；另一部分是由劳动群众集资、组织街道闲散劳动力兴办起来的。集体所有制经济是社会主义公有制经济的重要组成部分，对实现共同富裕具有重要作用。它是同我国现阶段生产力发展水平和生产社会化程度相适应的一种公有制形式，具有很大的灵活性，能够容纳不同发展水平的生产力和不同的生产社会化程度。集体所有制经济在促进三次产业的发展，扩大商品流通，活跃城乡市场，对外出口贸易，满足人民生活需要，扩大劳动就业以及为社会主义现代化建设积累资金等方面起着重要作用。

股份制，在我国过去长时期内被认为是只有在资本主义条件下才可以实行的反映私有制关系的企业组织形式。随着实践的发展和认识的深化，人们越来越认识到，股份制是一种现代企业的资本组织形式，适应于现代市场经济和社会化大生产发展的要求，有利于所有权和经营权的分离，有利于提高企业和资本的运作效率，有利于把分散的资本集中起来，迅速扩大企业的生产经营规模。股份制企业的治理结构比较合理，既有利于保证经营者有充分的经营权和决策权，又有利于保证所有者对经营者的有效监督，保证所有者的利益不受侵害，在不同的社会经济制度下都可以利用，应该大力发展。在我国社会主义条件下，多种多样的股份合作经济，是群众在实践中的企业制度创新，对于搞活中小型国有企业有比较明显的作用，应该给予肯定和支持。对劳动者劳动联合和资本联合为主的集体经济，尤其要提倡和鼓励。

公有制实现形式可以而且应当多样化。一切反映社会化生产规律的经营方式和组织形式都可以利用。要努力探索能够极大促进生产力发展的公有制实现形式。

关于公有制的主体地位，我们也经历了一个由不明确到比较明确的认识深化过程。在过去一段时间内，讲公有制为主体，往往只强调公有制在数量上占优势而忽视了公有制资产质量的提高。而且往往把公有制在整个国民经济中的比重看成是只能提高不能减少。实际上这样的认识不符合社会主义发展的要求。实践证明，坚持以公有制经济为主体并不意味着以国有经济为主体，也不意味着公有制经济在整个经济中的比重越大越好。公有制的主体地位，主要体现在两个方面：一是公有资产在社会总资产中占优势；二是国有经济控制国民经济的命脉，对经济发展起主导作用。而国有经济的主导作用也主要体现在控制力上。所以，坚持以公有制为主体，关键是要提高公有制经济的整体质量，提高公有制经济的控制力和竞争力。这样才能够真正发挥公有制经济的优越性。按照这样的认识，除了要继续深化国有经济内部的改革，还要从战略上调整国民经济的布局。对关系国民经济命脉的行业和关键领域，国有经济必须占支配地位。在其他领域，可以通过资产重组和结构调整，加强重点，提高国有资产的整体质量。在坚持公有制为主体，国家掌握国民经济的命脉，国有经济的控制力和竞争力得到加强的前提下，国有经济比重减少一些，不会影响我国经济的社会主义性质。

三、多种所有制经济共同发展

在我国社会主义初级阶段，个体、私营等各种形式的非公有制经济是社会主义市场经济的重要组成部分。

个体经济是指劳动者个人占有生产资料并从事生产经营活动和支配劳动产品的一种经济形式。在历史上，个体经济从来没有成为独立的生产方式，它总是依附于当时占统治地位的所有制关系并受其制约和影响。在社会主义条件下，个体经济是与社会主义公有制经济相联系，从属于社会主义公有制经济并为其服务的经济成分。在社会主义初级阶段，个体经济对促进经济发展具有积极作用，但在生产经营活动中它也会有一定的盲目性和自发性。国家在支持、鼓励其发展的同时，要通过经济的、行政的和法律的手段，加强对其管理和监督，以引导其健康发展。

私营经济是指企业资产属于私人所有，存在着雇佣关系的经济成分。在我国现阶段私营经济的存在有其必然性。这是因为，现阶段我们允许、鼓励个体经济存在和发展，而个体经济发展到一定程度就可能成为私营经济。同时现阶段公有制还无力把一切生产要素组织起来，而私营经济则能以较快的速度把资金、技术、劳动力结合起来，形成生产力，适应社会需要，起到促进生产、活跃市场、扩大劳动就业、更好地满足人民群众生活需要和为国家积累资金的积极作用。私营经济是公有制经济的必要的、有益的补充。但私营经济存在雇佣关系，所以国家要在制定有关私营经济的政策和法律，保护其合法权利和利益的同时，加强对它们的引导和管理。

外资经济是指在我国开办的中外合资、合作经营所形成的混合所有制企业和外商独资的企业，简称“三资企业”。在这类企业中，国有和集体所有的部分属于公有制经济成分。即使是外商独资的企业，也要受到我国法律和经济政策的制约和影响。发展“三资企业”，适应现阶段生产力发展状况和社会主义现代化建设的客观需要，对于弥补我国建设资金不足，引进国外先进技术和设备，学习国外科学的管理经验，培训技术和管理人才，扩大出口，增加外汇收入，以及安排劳动就业和改善人民生活等方面，都有着积极的作用。随着我国改革的深化和开放的扩大，外资经济还会有更大的发展，对此我们应做好充分准备，以引导其健康发展。

总之，非公有制经济虽然有一定的局限性，但在社会主义市场经济条件下，非公有制经济的发展，对于发展社会生产力，增强综合国力，创造就业机会，提高人民生活水平，都有重要作用。要进一步采取有效的政策措施，放宽国内民间资本的市场准入领域，在投融资、税收、土地使用和对外贸易等方面采取措施，实现公平竞争;依法加强监督和管理，促进非公有制经济健康发展;完善保护私人财产的法律制度，以充分发挥个体、私营等非公有制经济的积极作用。

第四节　社会主义初级阶段的个人收入分配制度

生产决定分配，“消费资料的任何一种分配，都不过是生产条件本身分配的结果;而生产条件的分配，则表现生产方式本身的性质”。①个人收入分配是生产资料所有制的实现。个人收入分配是否合理，直接关系到全体社会成员的经济利益，也关系到我国社会经济制度的生存和巩固。在社会主义初级阶段，个人消费品实行按劳分配的原则。但是，在我国社会主义市场经济条件下，按劳分配的内容及形式有着其自身的特点。

一、按劳分配的基本内容

(一)按劳分配的客观必然性

按劳分配是社会主义公有制经济中个人消费品分配的基本原则，是由社会主义社会的客观经济条件决定的，具有客观必然性。

首先，生产资料公有制是实行按劳分配的前提条件。生产资料所有制是劳动产品分配关

① 《马克思恩格斯选集》，人民出版社，1995 年版，第 3 卷，第 306 页。

系的基础，在社会主义公有制经济中，生产资料归劳动者共同所有，劳动者不为那些生产资料的私有者劳动，他们劳动的成果是属于全体劳动者所有，并在劳动者内部按照劳动者的共同利益分配。因此，在生产资料公有制的范围内，消灭了一小部分人凭借他们掌握的生产资料无偿占有广大劳动者剩余劳动或剩余产品的制度，为实现按劳分配建立了前提，按劳分配是同公有制经济相适应的分配形式，它体现着社会主义公有制经济的特性和要求。

其次，实行按劳分配的根本条件是由生产力发展水平决定的。生产力发展水平的高低，直接决定了一个社会可供分配的产品数量的多少。在社会主义公有制经济中，为什么只能按劳动而不能按需要来分配个人消费品呢？恩格斯指出："分配方式本质上毕竟要取决于可分配的产品的数量"。①也就是说生产力发展水平决定社会产品满足社会需要的程度，原始社会实行平均分配，未来共产主义实行按需分配都是由生产力发展水平决定的；现阶段，在生产力没有达到高度发展以前，在旧的社会分工依然存在的条件下，不具有实行按需分配的物质条件，因而只能实行按劳分配。

最后，旧的社会分工的存在和劳动还是个人谋生的手段，是实行按劳分配的直接原因。在社会主义初级阶段，旧的社会分工还没有消失，工农之间、城乡之间、脑力劳动和体力劳动之间的本质差别还依然存在，因而劳动者向社会提供的劳动在数量和质量上也有着明显差别。同时，在现阶段，劳动仍然是谋生的手段，还没有成为人们生活的第一需要。如果在分配个人消费品的时候，不考虑劳动者劳动的差别，实行平均主义分配，就会挫伤人们的劳动积极性，不利于生产的发展。因此，只有承认各个劳动者的劳动存在差别，并把劳动者向社会提供的劳动量同他可能获得的消费品的数量联系起来，实行按劳分配，才能调整劳动者的积极性并进而推动社会生产的发展。

（二）按劳分配的基本内容

社会主义初级阶段在公有制范围内对个人消费品实行按劳分配的原则，这是不以人们的意志为转移的客观规律。一般而言，按劳分配的主要内容包括：

第一，凡是有劳动能力的人，都必须以参加劳动作为获取消费品的前提条件。按劳分配是在社会主义公有制基础上，劳动者对共同劳动的成果进行分配。因此，要想获取个人消费品，必须参加劳动。只有这样，才有资格从劳动的总成果中获取应得的份额，劳动是获得消费资料的惟一手段，有劳动能力而不参加社会劳动的人，没有权利向社会领取劳动报酬。

第二，实行按劳分配的物质对象不包括全部社会产品，只是其中的个人消费品。全部社会产品，在减去用来补偿消耗掉的生产资料以及扩大生产基金、后备基金、管理费用、满足公共需要的费用和社会救济费用等各项社会扣除以后，剩余的部分才在劳动者个人之间进行分配，用于满足劳动者个人及其家庭的消费需要。按劳分配也必须借助商品货币形式来实现，按劳分配的实现程度必然会受到市场机制的制约。

第三，社会以劳动作为分配个人消费品的尺度。按劳分配所依据的劳动，在质上是符合社会需要的、被社会所承认的劳动。在社会主义市场经济条件下，劳动虽然失去私人性质，但是由于全民所有制企业之间、集体所有制企业之间以及全民所有制企业与集体企业之间还存在商品货币关系，所以商品生产劳动还存在个别劳动和社会劳动的矛盾，劳动还不完全具

---

① 《马克思恩格斯选集》，人民出版社，1995 年版，第 4 卷，第 475 页。

有直接的社会性。只有被社会承认的劳动才代表劳动者对社会的真正贡献，它才是按劳分配的根据。在量的方面，是以社会平均劳动量为尺度。社会和集体按劳动者提供的劳动的质量和数量分配给个人消费品，等量劳动领取等量报酬，多劳多得，少劳少得，不劳不得。按劳分配还不能在全社会范围内按照统一的标准进行，而只能在公有制企业和单位内部实现。从全社会来看，不同企业和单位的劳动者所付出的等量劳动，并不一定能获得等量报酬。

按劳分配不等于平均分配，必须反对分配上的平均主义，要承认不同劳动者在劳动上的差别，并在劳动报酬上体现这种差别，应当允许劳动者在共同致富的道路上有先有后。因此，按劳分配的实行对于社会主义制度具有十分重要的意义。首先，它用劳动代替了资本，使劳动成为占有社会产品和获得收入的惟一根据，体现了生产资料公有制中人们在占有生产资料上的平等关系，从而为消灭剥削、消除两极分化、实现共同富裕奠定了基础。其次，它用劳动的尺度代替了需要的尺度，承认个人能力和与此相关的利益差别是个人天然的权利，承认社会主义经济中劳动者所具有的“经济人”身份，从而为社会主义经济的有效运行提供了有效的激励和约束机制。最后，按劳分配内容所包含的劳动者之间劳动相交换的个别劳动与社会劳动的矛盾关系，是推动劳动者提高自身素养、革新技术、发展生产力的重要力量，也是推动社会主义经济不断发展的动力所在。

二、按劳分配的实现形式

我国现阶段的按劳分配同马克思当年设想的未来社会的按劳分配存在着重大差别。马克思设想的按劳分配，是不存在商品货币关系条件下的按劳分配，而我国现阶段的按劳分配是在市场经济条件下实行的，存在着商品货币关系。这种差别主要表现在：

第一，按照马克思的设想，由于不存在商品货币关系，“个人的劳动不再经过迂回曲折的道路，而是直接作为总劳动的组成部分存在着”。①而在市场经济条件下，个别企业中联合劳动者的劳动，也只能是局部劳动，不可能直接成为社会劳动。必须经过市场交换，产品被社会接受了，局部劳动才能实现为社会劳动。不适应市场需要的商品长期积压在仓库里，最终报废，就是局部劳动得不到社会承认，最终成为无效劳动的表现。

第二，按照马克思的设想，由于社会主义劳动者的个人劳动直接被视作社会劳动，“各个生产者的个人劳动时间就是社会劳动日中他所提供的部分”。②劳动者的劳动贡献就可以直接用劳动时间或劳动强度来衡量。而在市场经济条件下，商品中所包含的劳动量，不能直接用劳动时间或强度来衡量，只能迂回曲折地通过价值来表现。

第三，在没有商品货币关系的条件下，马克思设想，按劳分配将借助于劳动证书或劳动券的形式来实现，而在市场经济条件下，必须借助于货币。

第四，没有商品货币关系，就不再有价格与价值的背离，所以马克思设想，虽然消费品的按劳分配“通行的是商品等价物的交换中通行的同一原则，即一种形式的一定量的劳动同另一种形式的同量劳动相交换”，“原则和实践在这里已不再互相矛盾”。③这就是说，将不会有劳动报酬与劳动贡献相脱节的情况。但是，由于商品货币关系的存在，劳动报酬与劳动贡

① 《马克思恩格斯选集》，人民出版社，1995 年版，第 3 卷，第 303 页。

② 《马克思恩格斯选集》，人民出版社，1995 年版，第 3 卷，第 304 页。

③ 《马克思恩格斯选集》，人民出版社，1995 年版，第 3 卷，第 304 页。

献相符也只能是一种趋势。两者完全相符是罕见的，两者之间一定程度的背离则是普遍的。

第五，马克思所设想的按劳分配在全社会按统一的标准实行分配，而现实中，由于各个全民所有制经济、集体所有制经济单位都是市场主体，都以利润最大化为目标，都有自身独立的利益，因而，按劳分配在全社会范围内没有统一的标准，只是以企业为单位，在各个企业内部按照各自企业内部的状况进行分配。

由于社会主义的现实同马克思的设想相去甚远，所以社会主义现阶段按劳分配的实现形式也必然不同于马克思所设想的；而且在公有制经济中，由于生产力发展的水平和公有制的形式有所不同，按劳分配的实现形式也有所不同。

在全民所有制经济和城镇集体所有制经济里，按劳分配借助于货币工资形式来实现。社会主义工资是实行按劳分配的劳动报酬形式，是劳动者在必要劳动时间内创造的价值的货币表现。社会主义工资有计时工资和计件工资两种基本形式。至于选择何种工资形式，也应体现按劳分配的要求，如在那些劳动量可以直接通过产品数量或工作定额反映出来的工种和岗位，实行计件工资是适当的；在不适于实行计件工资的地方，实行计时工资时也应尽可能使工资与劳动实绩联系起来，实行按劳分配。此外，在全民所有制经济和城镇集体所有制经济里，还有奖金，津贴等补充形式。

由于全民所有制经济、城镇集体所有制经济各自具有独立的经济利益，所以，社会主义的按劳分配只能在企业内部进行，各个企业职工的工资标准也就很难一致。在这种情况下，职工个人收入不仅取决于个人提供的劳动量，而且决定于企业经济效益的高低。企业经济效益的高低，既受主观因素的影响，也受客观因素如技术水平，自然条件等的影响。因此，在社会主义现阶段，各个企业之间劳动者个人收入分配必然会出现差别。

在我国农村合作经济中，农户的收入除劳动收入外，还包括对土地投资带来的收益等。当前我国农村实行家庭承包责任制，即以家庭为单位，通过承包合同将国家、集体和农户之间的关系固定下来。根据合同，集体将土地等生产资料包给农户使用，规定农户上交国家和集体的任务。合同实际上是预先确定了分配方案，承包户收获的农产品在完成了合同规定的该上缴的任务以后，其余部分就是劳动者的个人收入。这种分配方式把劳动成果与劳动报酬联系起来，较好地贯彻了按劳分配原则，并有效地克服了平均主义，极大地调动了广大农民的积极性，推动了社会经济的巨大发展。

三、社会主义初级阶段的多种分配形式

（一）确立社会主义初级阶段分配制度的依据

分配是所有制的实现。我国社会主义初级阶段以公有制经济为主体的多种所有制形式并存的所有制结构，决定了我国在个人收入分配制度上，除了以按劳分配为主体以外，还存在按生产要素分配等其他多种分配形式。确立以按劳分配为主体、多种分配方式并存这一社会主义初级阶段分配制度的依据主要是：

第一，多种所有制经济共同发展的所有制结构决定了分配领域的多种分配方式并存。社会主义初级阶段的所有制结构，所有制形式决定了分配方式，有什么样的所有制形式，就会有什么样的分配方式。我国现阶段除作为主体的公有制以外，还有个体经济、私营经济、外资经济以及混合所有制经济等多种所有制经济。按劳分配只是公有制范围内个人收入的分配方式。在公有制以外的经济成分中，由于生产资料的占有关系不同，存在不同的分配方式。在

各种生产要素，如资本、技术、劳动力、信息、房地产及其他各种生产资料属于不同个人所有的情况下，它们在生产经营中的投入，其所有者必然要求取得相应的收入，从而存在着按生产要素获取收入的个人收入分配方式。

第二，多种经营方式也是决定多种分配方式的重要条件。即使在公有制经济中，也有多种经营方式。按照所有权与经营权分离的原则，根据企业的性质、规模和技术特点，分别实行国家经营、承包经营、租赁经营、股份制经营等经营方式。在这些不同的经营方式中，所有者、经营者、劳动者的职能以及他们的相互关系存在着差别，因此，他们获得收入的方式也会不同。

第三，社会主义市场经济的发展要求实行多种分配方式。在社会主义市场经济条件下，市场对社会资源的配置起着基础性作用。而通过市场对资源进行配置，意味着各种生产要素的流通及其在生产经营中的投入，都应按照市场经济原则，向生产要素的所有者支付代价，或者为生产要素的所有者带来相应的收益，从而形成按生产要素分配。如在市场经济中，资金要通过市场筹集和调配，这样所筹集的资金要支付一定代价，通过发行股票和债券来筹集资金，就要支付一定股息、红利和利息等等。在市场经营中有风险和机遇，从而形成风险和机遇的收入。因此，社会主义市场经济的发展是建立这一分配制度的现实要求。

(二)社会主义初级阶段的其他分配形式

把社会主义按劳分配和按生产要素分配结合起来，是社会主义市场经济发展的必然要求。目前，我国社会主义初级阶段的收入分配方式除了存在按劳分配这个主体外，还存在着其他分配方式，主要有以下几种。

第一，个体劳动收入，即个体劳动者和农村专业户的个人收入，其实质是劳动者及其家庭成员的劳动和经营所创造的全部新价值。但是，它不同于按劳分配，因为个体劳动者是独立的小商品生产者，同样存在着生产商品的个别劳动时间与社会必要劳动时间、私人劳动与社会劳动的矛盾，只有个别劳动时间小于或等于社会必要劳动时间，而生产出来的商品又是社会所需的，则私人劳动才会转化为社会劳动。这样，个体劳动者通过出售商品而实现了其劳动经营所创造的价值，便获得了收入。所以个体劳动收入，是以个体私有制为基础的商品价值关系中的劳动收入。

第二，劳动力价值收入，即在私营企业和外资企业中工作的劳动者得到的工资收入。包括:(1)私营企业中劳动者的工资。我国的私营经济中存在雇佣劳动关系，雇佣工人取得的工资，实际上是工人劳动力价值或价格的转化形式，反映了雇主对工人的剥削关系。(2)外资企业中劳动者的工资。外商独资企业职工的收入是劳动力价值或价格。中外合营企业是国家资本主义性质的企业，职工的个人收入具有二重性。一方面，职工是国家的主人，也是企业内国有资产的主人，他们的收入是劳动报酬，具有按劳分配性质;另一方面，职工同外商的关系是雇佣关系，他们的收入又具有劳动力价值的性质。因此，这里既存在有按劳分配收入，也有劳动力价值或价格收入。

第三，资本收入。主要有两种情况:一是私营企业和外资企业的企业主的利润，其实质是雇佣工人创造的剩余价值，具有剥削性质。但是，只要是合法收入，就受到国家法律的保护。二是各类社会成员通过储蓄、购买债券、投资入股等所带来的利息、债息、股息、红利等，都是凭借资金所有权获得的资本分配收入。

第四，风险收入和机会收入。在市场经济中，个体劳动者、私营企业等市场主体，在经营活动中都受到市场供求与竞争的影响，会给他们带来有利或不利的后果，他们在经营上都有一定的风险，如果在经营中取得较好效果，其中就包含着风险收入。同时，那些善于捕捉市场有利机会并善于经营的经营者，会得到较多的收入，其中就包含着机会收入。个体劳动者、私营业主、外商以及公有制企业的经营者的收入中，都有一部分属于风险收入和机会收入。

第五，技术、信息、房地产收入。随着市场经济的不断发展，技术、信息、房地产等越来越成为重要的生产要素，它们在生产经营中的投入，必然参与个人收入的分配，为其所有者带来相应的收入，从而形成技术、信息、房地产等收入分配方式。中共十六大报告明确指出："确立劳动、资本、技术和管理等生产要素按贡献参与分配的原则，完善按劳分配为主体，多种分配方式并存的分配制度"。

上述各种收入，包括劳动收入和非劳动收入，只要是合法的，都应受到法律的保护。在分配上，既要坚持按劳分配，又要提倡按生产要素分配；既要坚决反对平均主义，允许富裕程度的先后差别，又要贯彻效率优先、兼顾公平的原则。而对那些以非法手段牟取暴利或以索贿受贿等形式攫取非法收入的，则应依法严厉制裁，以维护社会积极进取、合法致富的良好社会风气，推动社会进步。

（三）公平与效率的关系

在分配关系中，效率与公平是矛盾的统一体，也是经济学中的一道难题。效率与公平之间既存在着此消彼长的替代关系，同时又存在着相辅相成、互相促进的关系。在社会主义初级阶段，个人收入的差距是不可避免的。但是，无论是试图通过实行平均主义的政策拉平这种差距，还是对过分悬殊的收入差距置之不理，甚至人为地拉大差距，都会不利于社会主义经济的发展。允许适度收入差距的存在，允许一部分人通过合法经营和诚实劳动先富起来，有利于优化资源配置，提高效率，促进经济发展。但是，收入差距过大，又不利于社会稳定。没有稳定的社会环境，经济发展也是不可能的。因此，在我国社会主义初级阶段，收入分配必须坚持效率优先、兼顾公平的原则。

为了促进经济效率的提高，就必须建立健全与社会主义市场经济相适应的激励机制，就必须依法保护社会成员的合法收入，允许和鼓励一部分地区、一部分人通过诚实劳动和合法经营先富起来，允许和鼓励资本、技术等生产要素参与收益分配。因为在社会主义初级阶段，劳动者的劳动客观上存在质和量的差距，而且，由于多种所有制经济的共同发展，社会成员对生产资料的占有也会产生差别。为了广泛调动劳动者的积极性和创造性，广泛动员社会资金和其他经济资源，发展社会生产，就必须打破平均主义，引入竞争机制，合理拉开收入差距。但是，我国是社会主义国家，在坚持效率优先的同时，必须兼顾公平。要坚决取缔非法收入，对侵吞公有财产和用偷税逃税、权钱交易等非法手段牟取利益的，要坚决依法惩处。要整顿不合理收入，对凭借行业垄断和某些特殊条件获得个人额外收入的，必须纠正。要通过完善个人所得税制，开征遗产税等新税种，调节过高收入。要规范收入分配，使收入差距趋向合理，防止两极分化。同时，要通过建立和不断完善社会保障制度，为社会成员提供最基本的社会保障，走共同富裕的道路。

第五节　中国特色社会主义

一、中国特色社会主义思想的形成与发展

我们党领导全国各族人民开创伟大的社会主义事业，要把拥有十几亿人口、经济文化比较落后的中国建设成为富强、民主、文明、和谐的社会主义现代化国家，实现强国富民，这是一个前无古人的极其艰巨的历史使命。完成这一历史使命，要依靠、集中全党全民的智慧，在马克思主义基本原理的指导下，结合我国的国情进行艰辛的探索。三十多年来我国改革开放的实践就是探索如何完成这一历史使命的历史进程，也就是中国特色社会主义思想的形成过程。

1978 年党的十一届三中全会，重新恢复了“解放思想，实事求是”的马克思主义思想路线，坚持了“实践是检验真理的惟一标准”的科学认识论，使得人们得以冲破思想樊篱，开始从我国国情出发探索我国的社会主义建设如何实现又好又快地发展，坚持一切观点、理论、措施正确与否，要由实践来检验。这就为我们探索中国特色道路奠定了坚实的理论基础。所以，我们可以说中国特色社会主义的历史起点是党的十一届三中全会。1982 年，邓小平同志在党的十二大开幕词中第一次鲜明地提出“走自己的道路，建设有中国特色的社会主义”的科学思想。此后的五次党代会，都是在总结我国改革开放的历史经验，把我国改革开放的伟大实践不断上升到理论高度，大会的主题始终围绕着建设中国特色社会主义，每次代表大会都使得中国特色社会主义的内涵和外延更加丰富。2007 年党的十七大把中国特色社会主义提升到了“旗帜”的高度，突出强调要“高举中国特色社会主义伟大旗帜”，“为夺取全面建设小康社会新胜利而奋斗”，标志着我们党对中国特色社会主义的认识升华到了一个崭新的高度。可见，中国特色社会主义的形成，是经过几代中央领导集体带领全党全国各族人民，在建设社会主义的伟大实践中，把马克思主义同中国的实际相结合，发扬求真务实、开拓进取精神，坚持理论创新和实践创新的伟大成果。我国改革开放三十多年来在经济与社会发展上取得了举世瞩目的成就，雄辩地证明了我们党提出的建设中国特色社会主义是完全正确的。改革开放以来我们取得一切成绩和进步的根本原因，归结起来就是:开辟了中国特色社会主义道路，形成了中国特色社会主义理论体系，确立了中国特色社会主义制度。理论和实践都充分证明了中国特色社会主义是指引我国实现社会主义现代化和中华民族伟大复兴、夺取全面建设小康社会新胜利的惟一正确的指导思想，成为引领我们在社会主义大道上从胜利走向新胜利的伟大旗帜。

二、中国特色社会主义的内涵

从中国特色社会主义的形成可以清楚地看到，中国特色社会主义，就是改革开放以来当代中国共产党带领中国人民以科学社会主义为指南、立足于中国国情进行的伟大的历史性创造。这个创造，体现在实践上，就是开辟了中国特色社会主义道路;体现在理论上，就是形成了中国特色社会主义理论体系;体现在制度上，就是确立了中国特色社会主义制度。可见，

中国特色社会主义包括中国特色社会主义道路、中国特色社会主义理论、中国特色社会主义制度，其丰富而深刻的内涵，党的十七大报告和胡锦涛《在庆祝中国共产党成立90周年大会上的讲话》中，作了科学的揭示。

中国特色社会主义道路，是实现社会主义现代化的必由之路，是创造人民美好生活的必由之路。中国特色社会主义道路，就是在中国共产党领导下，立足基本国情，以经济建设为中心，坚持四项基本原则，坚持改革开放，解放和发展社会生产力，巩固和完善社会主义制度，建设社会主义市场经济、社会主义民主政治、社会主义先进文化、社会主义和谐社会，建设富强民主文明和谐的社会主义现代化国家。中国特色社会主义道路既坚持了科学社会主义的基本原则，又根据我国实际和时代特征赋予其鲜明的中国特色，在当代中国，坚持中国特色社会主义道路，就是真正坚持社会主义。

中国特色社会主义理论体系，是指导党和人民沿着中国特色社会主义道路实现中华民族伟大复兴的正确理论。中国特色社会主义理论体系，是包括邓小平理论、“三个代表”重要思想以及科学发展观等重大战略思想在内的科学理论体系，系统回答了在中国这样一个十几亿人口的发展中大国建设什么样的社会主义、怎样建设社会主义，建设什么样的党、怎样建设党，实现什么样的发展、怎样发展等一系列重大问题。这个理论体系，坚持和发展了马克思列宁主义、毛泽东思想，是马克思主义中国化最新成果。在当代中国，坚持中国特色社会主义理论体系，就是真正坚持马克思列宁主义、毛泽东思想。

中国特色社会主义制度，是当代中国发展进步的根本制度保障，集中体现了中国特色社会主义的特点和优势。我们推进社会主义制度自我完善和发展，在经济、政治、文化、社会等各个领域形成一整套相互衔接、相互联系的制度体系。人民代表大会制度这一根本政治制度，中国共产党领导的多党合作和政治协商制度、民族区域自治制度以及基层群众自治制度等构成的基本政治制度，中国特色社会主义法律体系，公有制为主体、多种所有制经济共同发展的基本经济制度，以及建立在根本政治制度、基本政治制度、基本经济制度基础上的经济体制、政治体制、文化体制、社会体制等各项具体制度，符合我国国情，顺应时代潮流，有利于保持党和国家活力、调动广大人民群众和社会各方面的积极性、主动性、创造性，有利于解放和发展社会生产力、推动经济社会全面发展，有利于维护和促进社会公平正义、实现全体人民共同富裕，有利于集中力量办大事、有效应对前进道路上的各种风险挑战，有利于维护民族团结、社会稳定、国家统一。

中国特色社会主义伟大旗帜，是当代中国发展进步的伟大旗帜，是全党全国各族人民团结奋斗的旗帜。高举中国特色社会主义伟大旗帜，最根本的就是要坚持和开拓中国特色社会主义道路，坚持和丰富中国特色社会主义理论体系，坚持和完善中国特色社会主义制度。

三、中国特色社会主义事业的总体布局及奋斗目标

随着对中国特色社会主义认识的不断深化，我们党对中国特色社会主义事业的总体布局从而对我们的奋斗目标更加完善，党的十七大把原来的经济建设、政治建设、文化建设“三位一体”的布局拓展为经济建设、政治建设、文化建设、社会建设“四位一体”的布局，相应地将原来的“建设富强民主文明的社会主义现代化国家”的奋斗目标，拓展为“建设富强民主文明

和谐的社会主义现代化国家”。党的十八大进一步提出了经济建设、政治建设、文化建设、社会建设、生态文明“五位一体”的总布局，并拓展了全面建成小康社会和全面深化改革开放的奋斗目标，提出了实现社会主义现代化和中华民族伟大复兴的总任务。对于这一总体布局中的五个方面的建设目标和具体要求，党的十八大都作了明确的阐述。

党的十八大指出，在经济建设上，明确提出加快完善社会主义市场经济体制和加快转变经济发展方式的指导思想，要以科学发展为主题，以加快转变经济发展方式为主线。要适应国内外经济形势新变化，加快形成新的经济发展方式，把推动发展的立足点转到提高质量和效益上来，着力激发各类市场主体发展新活力，着力增强创新驱动发展新动力，着力构建现代产业发展新体系，着力培育开放型经济发展新优势，使经济发展更多依靠内需特别是消费需求拉动，更多依靠现代服务业和战略性新兴产业带动，更多依靠科技进步、劳动者素质提高、管理创新驱动，更多依靠节约资源和循环经济推动，更多依靠城乡区域发展协调互动，不断增强长期发展后劲。坚持走中国特色新型工业化、信息化、城镇化、农业现代化道路，推动信息化和工业化深度融合、工业化和城镇化良性互动、城镇化和农业现代化相互协调，促进工业化、信息化、城镇化、农业现代化同步发展。在政治建设上，要求坚持走中国特色社会主义政治发展道路和推进政治体制改革，必须继续积极稳妥推进政治体制改革，发展更加广泛、更加充分、更加健全的人民民主。必须坚持党的领导、人民当家作主、依法治国有机统一，以保证人民当家作主为根本，以增强党和国家活力、调动人民积极性为目标，扩大社会主义民主，加快建设社会主义法治国家，发展社会主义政治文明。要更加注重改进党的领导方式和执政方式，保证党领导人民有效治理国家；更加注重健全民主制度、丰富民主形式，保证人民依法实行民主选举、民主决策、民主管理、民主监督；更加注重发挥法治在国家治理和社会管理中的重要作用，维护国家法制统一、尊严、权威，保证人民依法享有广泛权利和自由。要把制度建设摆在突出位置，充分发挥我国社会主义政治制度优越性，积极借鉴人类政治文明有益成果，绝不照搬西方政治制度模式。在文化建设上，要求扎实推进社会主义文化强国建设，必须推动社会主义文化大发展大繁荣，兴起社会主义文化建设新高潮，提高国家文化软实力，发挥文化引领风尚、教育人民、服务社会、推动发展的作用。必须走中国特色社会主义文化发展道路，坚持为人民服务、为社会主义服务的方向，坚持百花齐放、百家争鸣的方针，坚持贴近实际、贴近生活、贴近群众的原则，推动社会主义精神文明和物质文明全面发展，建设面向现代化、面向世界、面向未来的，民族的、科学的、大众的社会主义文化。在社会建设上，要求在改善民生和创新管理中加强社会建设，必须从维护最广大人民根本利益的高度，加快健全基本公共服务体系，加强和创新社会管理，推动社会主义和谐社会建设。必须以保障和改善民生为重点。提高人民物质文化生活水平，是改革开放和社会主义现代化建设的根本目的。要多谋民生之利，多解民生之忧，解决好人民最关心最直接最现实的利益问题，在学有所教、劳有所得、病有所医、老有所养、住有所居上持续取得新进展，努力让人民过上更好生活。必须加快推进社会体制改革。要围绕构建中国特色社会主义社会管理体系，加快形成党委领导、政府负责、社会协同、公众参与、法治保障的社会管理体制，加快形成政府主导、覆盖城乡、可持续的基本公共服务体系，加快形成政社分开、权责明确、依法自治的现代社会组织体制，加快形成源头治理、动态管理、应急处置相结合的社会管理机制。在生态文明建设上，要求必须树立尊重自然、顺应自然、保护自然的生态文明理念，把生态文明建设放在突出地位，融入经济建设、政治建设、文化建设、社会建设各方面和全过程，努力建设美丽中国，实现中华民族永续发展。坚持节约资源和保护环境的基本国策，坚持节约优先、保护优先、自然恢复为主的方针，着力推进绿色发展、循环发展、低碳发展，形成节约资源和保护环境的空间格局、产业结构、生产方式、生活方式，从源头上扭转生态环境恶化趋势，为人民创造良好生产生活环境，为全球生态安全作出贡献。

思考题：

1. 中国的社会主义经济制度是如何建立的？
2. 为什么说我国处于社会主义初级阶段？认识这一问题的理论意义和实践意义是什么？
3. 怎样理解公有制经济及其实现形式？
4. 确立我国社会主义初级阶段基本经济制度的根据是什么？

◆第八章 社会主义市场经济体制

社会主义市场经济理论是马克思主义政治经济学的继承和创新，是指导社会主义经济建设的理论，目前学术界已经勾勒出了这一理论的基本框架，但是并不完全成熟，需要随着实践的发展而不断完善。

第一节 社会主义市场经济及其基本特征

社会经济的发展必然要经历市场经济阶段，但在生产力不发达的社会主义阶段如何利用市场经济来建设社会主义，不仅是一个实践问题，更是一个理论问题。社会主义市场经济理论来源于对实践的总结和摸索，和任何其他理论一样，学术界对社会主义市场经济理论的认识也有一个不断深化的过程。

一、市场经济是社会经济发展不可逾越的阶段

马克思指出，要"把社会运动看作受一定规律支配的自然历史过程"①，社会经济形态是一个不断变化的有机整体，其自身的发展过程是一个不断变化的历史过程，它的发展具有不以人们的意志为转移的客观规律性，每一阶段都是必然的。特定社会经济形态中的经济范畴也是客观的。决定和推动社会过程的根本动力是社会生产力，社会生产力的发展水平决定着社会劳动方式和生产资料所有制形式以及与之相适应的整个社会经济结构状况，生产力不仅是人类社会发展的根本动因，而且是判断社会形态的根本标准。

人类社会的演进和发展，既可以划分为原始社会、奴隶社会、封建社会、资本主义社会和共产主义社会，共产主义社会又划分为第一阶段和第二阶段；也可以划分为自然经济、商品经济和产品经济，这两种划分是统一的，与自然经济相对应的是原始社会、奴隶社会、封建社会阶段，与商品经济相对应的是资本主义社会和共产主义社会的第一阶段，共产主义社会的第二阶段是指社会生产力极大发展、物质财富极大丰富的社会，人类真正成为自然的主人、社会的主人、自己的主人。人类历史的发展也就从必然王国过渡到了自由王国，但是在进入共产主义社会第二阶段之前，人类社会必然要经历商品经济的社会和商品经济高度发达的社会经济形态。

---

① 马克思：《资本论》第1卷，人民出版社，1975版。

首先，商品经济取代自然经济促进了社会生产力的发展，这是人类社会历史上的一大进步。主要表现在：第一，在自然经济中，各个生产者的生产是分散独立、互不往来的，仅限于自然分工，排斥劳动的社会分工和协作；商品经济以社会分工为前提，反过来又促进社会分工的发展，不断地提高劳动生产率，有利于生产力的发展。第二，自然经济条件下的产品没有交换，或者只有有限的交换，因而具有自我封闭、因循守旧的特征；商品经济是开放经济、交换经济，具有竞争性和开放性，各个商品生产者和经营者有不断革新技术的压力，从而促使社会生产力不断地向前发展。第三，自然经济的生产基本上是为了生产者自己消费，自给自足，自己不需要就不生产，因此没有扩大生产和再生产的强大动力；商品经济以获取价值为目的，对价值占有的无限性激励人们不断提高生产技术，扩大生产规模。

其次，社会生产力的不断发展又推动商品经济向市场经济发展。以交换为目的的商品经济是一个特定的历史范畴，随着生产力的发展而不断发展，在近代以前一直处于从属地位。19 世纪工业革命之后，社会分工得到了空前的发展，导致了交换关系的普遍化，越来越多的国家、地区和居民都卷入了商品经济之中。主要表现在：第一，不同生产者之间的经济联系都是以商品为纽带展开的；第二，除了产品和劳务（即商品）之外，生产商品的生产资料和劳动力（即生产要素）都必须经过市场交换才能取得；第三，人们生活的各种物品都依赖于市场的供给。从而市场机制成为生产要素或社会资源配置的基础，生产要素会自动的配置到市场最需要生产的产品上。

二、社会主义市场经济理论的形成与发展

社会主义市场经济理论是在我国经济体制改革过程中逐步形成的，大体经历了以下几个认识阶段。

第一阶段：从计划经济到有计划的商品经济（1978－1984）。

我国的经济体制改革首先是在农村取得突破的。在十一届三中全会之前，安徽和四川等地的农村基层干部和群众就已经开始了实行包产到组、包产到户、包干到户等形式的农业生产责任制。1980 年在上一年允许包产到户形式存在的基础上，中共中央又发文指出，对于边远山区和比较贫困的地区，群众对集体丧失信心，要求包产到户的，应当支持群众的要求。由于有了这个文件精神，包产到户、“大包干”等发展很快，到 1983 年初，全国实行农户家庭承包的生产队已占到93%，其中绝大部分是包产到户①。在城市，从 1978 年开始扩大企业自主权试点，1981 年推行承包经营责任制，1983 年实行利改税，国家放权让利给国有企业，激发了企业生产的积极性。在此基础上，中共十二大明确提出了经济体制改革要贯彻“计划经济为主、市场调节为辅”的原则。

第二阶段：从“有计划的商品经济”到“国家调节市场，市场引导企业”（1984－1989）。

1984 年，中共十二届三中全会认为，增强企业活力，特别是增强全民所有制的大、中型企业的活力是以城市为重点的整个经济体制改革的中心环节。其改革的进一步方向是：第一，确立国家和全民所有制企业之间的正确关系，继续扩大企业的自主权；第二，改变企业吃国家“大锅饭”、职工吃企业“大锅饭”的分配体制，明确国家、集体和个人之间的责权利关系，建立物质利益和经济收入挂钩的分配体制；第三，将政企不分的纵向隶属关系为主、条块分割的

① 《十一届三中全会以来农村政策文件选集》，中共中央党校出版社，1985 版，第 42～43 页。

经济组织结构，改变为政企职责分明，横向经济联系为主，以中心城市为枢纽的网络化经济组织体系。同时指明，个体经济是社会主义经济必要的有益的补充，是从属于社会主义经济的。第一次正式突破了把计划经济同商品经济对立，否定商品经济的观念，正式提出了"有计划的商品经济"。中共十三大将计划和市场看做是经济运行的形式和手段，不再是区分资本主义和社会主义的标志，指出社会主义商品经济的发展离不开市场的发育和完善，利用市场不等于搞资本主义，把市场和计划的关系概括为"国家调节市场，市场引导企业"，从而市场调节的范围不再是一个狭小的辅助领域，而是覆盖全社会。

第三阶段:社会主义市场经济体制基本框架的确立(1989－1992)。

1992年中共十四大正式提出，我国经济体制改革的目标是建立社会主义市场经济体制，其目的是要使市场在社会主义宏观调控下对资源配置起基础性作用。1993年，中共十四届三中全会勾勒出了社会主义市场经济体制的基本框架，指出"社会主义市场经济体制是同社会主义基本制度结合在一起的。建立社会主义市场经济体制"，"必须坚持以公有制为主体、多种经济成分共同发展的方针，进一步转换国有企业经营机制，建立适应市场经济要求，产权清晰、权责明确、政企分开、管理科学的现代企业制度;建立全国统一开放的市场体系，实现城乡市场紧密结合，国内市场与国际市场相互衔接，促进资源的优化配置;转变政府管理经济的职能，建立以间接手段为主的完善的宏观调控体系，保证国民经济的健康运行;建立以按劳分配为主体，效率优先、兼顾公平的收入分配制度，鼓励一部分地区一部分人先富起来，走共同富裕的道路;建立多层次的社会保障制度，为城乡居民提供同我国国情相适应的社会保障，促进经济发展和社会稳定。这些主要环节是相互联系和相互制约的有机整体，构成社会主义市场经济体制的基本框架。"①

第四阶段:社会主义市场经济理论的发展和完善(1992年至今)。

1997年中共十五大对社会主义市场经济理论又有了新的认识，主要表现在三个方面:第一，在基本经济制度方面，指出公有制经济不仅包括国有经济和集体经济，还包括混合所有制经济中的国有成分和集体成分，公有制实现形式可以而且应该多样化，股份制是现代企业的一种资本组织形式，有利于所有权和经营权的分离，有利于提高企业和资本的运作效率，资本主义可以用，社会主义也可以用，关键看控制权在谁手中，国家和集体控股，具有明显的公有性。第二，加快推进国有企业改革。一是要按照现代企业制度的要求，对国有大中型企业实行规范的公司制改革，使之成为适应市场的法人实体和竞争主体。二是国有企业改革要同改组、改造、加强管理结合起来。三是实行鼓励兼并、规范破产、分流下岗、减员增效和再就业工程，形成优胜劣汰的竞争机制。四是建立有效的国有资产管理、监督和运营机制，建立社会保障体系等各项配套措施。第三，依法保护合法收入，在坚持按劳分配为主体、多种分配方式并存的制度前提下，把按劳分配和按生产要素分配结合起来，允许和鼓励一部分人通过诚实劳动和合法经营先富起来，允许和鼓励资本、技术等生产要素参与收入分配。

2002年中共十六大提出，要建立中央政府和地方政府分别代表国家履行出资人职责，享有所有者权益和权利，履行相应的义务和责任，管理资产和管人、管事相结合的国有资产管理体制，除了极少数必须由国家独资经营的企业外，应积极推进股份制，发展混合所有制经济;完善保护私人财产的法律制度;整顿和规范市场体系，健全现代市场经济的社会信用体

---

① 《中共中央关于建立社会主义市场经济体制若干问题的决定》，人民出版社，1993年版，第12页。

系，打破行业垄断和地区封锁，促进商品和生产要素在全国市场的自由流动。

2003年中共十六届三中全会通过了《中共中央关于完善社会主义市场经济体制若干问题的决定》，在理论上又有重大突破，主要有：第一，明确指出要“大力发展国有资本、集体资本和非公有制资本等参股的混合所有经济，实现投资主体多元化，使股份制成为公有制的主要实现形式”①。明确个体、私营等非公有制经济是促进我国社会生产力发展的重要力量。消除限制非公有制经济发展的体制性障碍。第二，提出建立健全现代产权制度。指出这是完善基本经济制度的内在要求，是构建现代企业制度的重要基础。第三，对国有资产管理和监督的新体制做出具体描述。强调了国有资产管理机构对企业监管以及企业有效经营的关系，实行政企分开，所有者职能和经营者职能分开。政府公共管理职能和国有资产出资人职能分开，国有资产管理机构履行出资人职责，维护所有者权益，维护企业享有的各项权利，督促企业实现国有资本保值增值。第四，建立健全社会信用体系。认识到建立健全社会信用制度是建设现代市场体系的必要条件和规范市场经济秩序的治本之策。《决定》指出，按照完善法规、特许经营、商业运作、专业服务的方向，加快建设企业和个人信用服务体系。

2006年中共中央发布了《关于构建社会主义和谐社会若干重大问题的决定》，指出“社会和谐是中国特色社会主义的本质属性，是国家富强、民族振兴、人民幸福的重要保证”。2007年中共十七大对科学发展观进行了深刻论述，阐述了社会主义市场经济条件下社会经济应该如何发展，是对社会主义市场经济理论的又一次创新。2012年中共十八大又就加快完善社会主义市场经济体制和加快转变经济发展方式进行了深刻阐述。

三、社会主义市场经济的涵义与基本特征

社会主义市场经济既不同于传统意义上的社会主义经济，也不同于市场经济，有自己独特的特征和运行机制。

（一）社会主义市场经济的涵义

社会主义市场经济体制是一项全新的体制，对社会主义市场经济这个概念如何界定，不仅是一个理论问题，而且是一个涉及社会主义市场经济体制如何发展和完善的实践问题。目前主要有以下几种认识：一是认为社会主义市场经济是指“社会主义条件下的市场经济”；二是指“同社会主义基本制度结合在一起的市场经济”；三是指“为社会主义服务的市场经济”；四是指“存在于社会主义制度之中的市场经济”；五是指“属于社会主义性质的市场经济”；六是指社会主义市场经济实际上就是“现代市场经济”。

社会主义市场经济是在研究什么是社会主义、怎样建设社会主义的理论和实践的过程中提出和逐步形成的。把握社会主义市场经济含义的前提是把握社会主义和市场经济的本质，对这个问题，邓小平作过多次论述，指出：“我们必须从理论上搞懂，资本主义和社会主义的区分不在于是计划还是市场这样的问题，社会主义也有市场经济，资本主义也有计划控制……不要以为搞点市场经济就是资本主义道路，没有那么一回事。”1992年进一步强调“计划多一点还是市场多一点，不是社会主义与资本主义的本质区别。计划经济不等于社会主义，资本主义也有计划；市场经济不等于资本主义，社会主义也有市场。计划和市场都是经济手

---

① 《中共中央关于完善社会主义市场经济体制若干问题的决定》，人民出版社，2003版，第4页。

段。社会主义本质，是解放生产力，发展生产力，消灭剥削，消除两极分化，最终达到共同富裕”①。江泽民同志1994年指出“我们搞市场经济，是同社会主义基本制度紧密结合在一起的。如果离开了社会主义基本制度，就会走向资本主义”②。

综上所述，可以看出社会主义市场经济指的是社会主义制度下的市场经济，是市场经济同社会主义基本经济制度相结合的经济。也就是说，社会主义规定了社会主义市场经济的特殊属性，市场经济规定了社会主义市场经济的一般属性，是二者的有机统一。

(二)社会主义市场经济的基本特征

所谓社会主义市场经济的基本特征，是相对于资本主义市场经济和社会主义计划经济而言的。

1. 相对于计划经济而言，社会主义市场经济的基本特征

第一，市场在资源配置中起基础性调节作用。

计划经济体制的主要特征之一是资源配置依靠的手段是指令性计划、行政审批。由计划体制向市场经济转变最根本性的转变就是资源配置方式的转变，即由行政审批分配资源为主转变为依靠市场机制自动在生产的各个方面配置资源。

第二，社会主义市场经济必须坚持效率优先。

由于在社会主义初级阶段劳动还是人们谋生的手段，劳动本身的特点使其效果的计量难以十分准确，因而在计划经济体制下的按劳分配实际上成为“吃大锅饭”的平均主义，干多干少一个样，干好干坏一个样，抑制了劳动者的积极性，降低了生产效率。社会主义市场经济，由于引进竞争机制，必然会调动各个方面发展生产、不断提高劳动生产率的积极性，促进社会财富的不断增长。

第三，社会主义市场经济是信用经济和法治经济。

市场经济是信用经济，随着市场经济发育的成熟程度不断提高，交易规模不断扩大，信用交易方式逐步取代传统的“一手交钱、一手交货”，已经成为现代市场经济中的主要交易方式，信用交易的普遍化，大大降低了市场交易费用。在没有信用制度的条件下，交易者为了避免利益受到损害，必须花费大量的精力、财力、物力去查证对方的信誉，那些以次充好、假冒、欺诈、逃债、恶意违约的一方却会得到利益而不受惩罚。只有把诚实守信作为行动的准则，市场竞争才能充分发挥资源配置的基础性作用，没有信用就没有秩序，市场经济就不能健康发展。

市场经济是一种法律治理的经济。市场主体的确立、财产权的有效保护、市场交易的正常进行以及政府对市场的调控和管理都需要完善的法制。缺乏相应的法律法规，就不可能有健康、繁荣的市场经济。

第四，社会主义市场经济是开放经济和平等竞争的经济。

在计划经济体制下，由于基本是按行政区划、行政部门和行政层次管理经济，形成了行业和地区之间的条块分割，各行政区域内追求自给自足，搞地方保护，各部门也从自身的利益出发不能分工协作，搞部门垄断。这些是与商品经济的发展背道而驰的。商品经济的发展历史和运行规律表明，市场经济的发展要求参与主体能够有充分自由竞争的环境，要求市场

---

① 《邓小平文选》，人民出版社，1993版，第3卷，第364，373页。

② 《江泽民论有中国特色社会主义》，中央文献出版社，2002版，第69页。

是开放的而不是封闭的，这种开放性不仅指的是国内各地区各行业的开放，而且也包括对外的开放，只有如此，才能在更大程度上优化资源的配置。

2. 相对于资本主义市场经济来说，社会主义市场经济的基本特征

第一，在所有制结构上，必须坚持市场经济与社会主义基本经济制度相结合。任何一种市场经济都是同一定的经济制度相联系的，社会主义市场经济是在社会主义条件下搞市场经济，同在资本主义条件下搞市场经济有本质区别。市场经济符合社会化大生产、符合市场一般规律，这是共性。但西方市场经济是在资本主义制度下搞的，我们的市场经济是在社会主义制度下搞的，不同的社会制度规定了发展市场经济的不同方向。发展社会主义市场经济，就是将社会主义的制度优势同市场经济的优势结合起来，更好的解放和发展生产力。

第二，在分配制度上，必须坚持按劳分配为主体，多种分配方式并存的制度。生产决定分配，生产资料的所有制结构决定分配的结构和内容。社会主义的基本经济制度要求坚持“效率优先，兼顾公平”的原则，既要反对平均主义，又要防止收入差距过大。初次分配注重效率，发挥市场作用，再次分配注重公平，加强政府对收入分配的调节，最终实现共同富裕。

第三，在宏观调控上，国家能够更好地把当前利益和长远利益、局部利益和整体利益、经济效益和社会效益结合起来，充分发挥计划和市场两种手段的长处，保证市场经济按照社会主义的目的运行。

由于对社会主义市场经济的认识还有待深化，社会主义市场经济体制的改革还处在不断发展和完善之中，其特征需要依据实践的发展而加以总结和提炼。

第二节　社会主义市场运行中的经济机制与市场体系

一、社会主义市场经济运行中的经济机制

（一）市场运行中的市场机制构成

“机制”源于希腊文，本意是指机器的构造与运作机理，后来被引入经济学中，用于描述经济有机体的运行功能。市场机制是指在市场机体内价格、供求、竞争、风险等基本要素相互作用的机理。我们可以对市场机制作如下描述，它是指谋求自身利益的市场主体在进行竞争和承担风险的基础上，其交易行为引起价格变动和供求变化，从而实现资源配置的机理和功能。

在现实中，市场机制的构成要素为价格机制、供求机制、竞争机制和风险机制等。价值规律就是通过上述机制实现资源配置的。

1. 市场机制的核心是价格机制

价格机制是指在竞争过程中与供求相互联系、相互制约的市场价格的形成和运行的机理和功能，是从价格变动角度描述的市场机制。价格机制是市场机制的核心，是价值规律的直接作用形式。

在市场配置资源过程中，价格最主要的功能是信号诱导功能和利益调节功能，它通过市场价格变动——生产规模变动——市场供求变动——价格变动这样一种循环往复的运动方式，调节生产者与消费者的关系，实现价值规律的作用。价格机制的具体内容包括价格体系、价格形成机制和价格管理体制三个方面。

所谓价格体系，就是各种商品和要素价格在市场上形成的一个相互联系、相互制衡的有

机整体。它可以从比价体系和差价体系两个角度来考察。比价是指在同一时间同一市场上不同商品和要素价格之间客观存在着的比例关系；差价是指同种商品和要素的价格因质量、花色、式样不同，或因生产所处的阶段、地区、季节不同而形成的比例关系。

比价本身又是一个复杂的体系。它可以指市场体系中各个子市场中的价格关系，如生产资料、劳动力、资本等生产要素之间的价格比例，又可以指各个市场中各类商品或要素之间的价格比例。这些价格比例关系还存在子系统、孙系统。以商品市场为例，人们首先可以考察工业品与农产品之间的比价，又可以进一步考察各种农产品之间的比价，如农林牧副渔业产品之间的比价。其中，农业（种植业）中又有粮食作物、经济作物的比价之分，在粮食作物中还有各种粮食的比价关系。

差价主要有购销差价、批零差价、地区差价、季节差价、质量差价等。

价格形成机制也称价格形成方式。我国价格形成的基本方式有三种：

（1）市场价格，或称为自由价格。它通过市场竞争和供求关系形成。随着我国社会主义市场经济体制框架的基本形成，市场价格已经成为最基本的价格形成。

（2）国家指导价格，它是国家为达到特定的经济社会目标，通过政府物价管理部门对市场价格进行一定程度干预而形成的价格。它又可以分为三种具体形式：一是以保护消费者利益为目的的最高限价；二是以保护生产者利益为目的的最低限价；三是由政府价格管理部门制订的中准价和浮动范围的浮动价格。

（3）政府定价，也称政府统一价格。它是各级政府价格管理部门按照价格管理权限制订的价格。在计划经济体制下，政府定价是价格形成的主要方式。随着市场经济体制的发展，这种价格形成的范围和数量已大大缩减，并将进一步减小，但不可能取消。在市场经济中，这种价格形成主要适用于少数战略性物资、部门公益事业收费、垄断性行业，以及在非常时期的价格管制，如经济大幅度波动时期或战争时期。需要指出的是，采取这种价格形成不等于说政府可以随意定价，这种价格也应尽可能反映其成本和市场供求状况，也不意味着价格可以长期固定不变，而应该随着市场供求关系和成本变化变化经常调整。

价格体制也称价格管理体制，它是政府管理价格的机构设置及其价格管理权限划分的总称。机构设置是指各级政府部门及其专门价格管理机构；权限划分主要是指价格形成确定、制订和管理价格的权力在相关机构之间的配置。

2. 市场机制发挥作用的具体形式

（1）供求机制。供求机制是指在竞争过程中供求决定价格、价格有调节和平衡供求的内在联系和自行调节的机理。它是供求规律在市场运行中发挥作用的具体形式，包括供求决定价格机制和价格调节供求机制。为此，价格机制与供求机制实际上是同一市场机制的两个侧面。

供求机制的主要功能是反映供求与价格的联系和供求之间通过价格实现自我平衡。

供给是指某种商品或要素的卖者、生产者、供应者的总和。它强调的是这些市场主体在某一时刻在各种可能的价格水平上，愿意并且能够向市场提供的商品和要素量，即供给量。一般说来，商品的价格和其供给量是同方向变化的。商品的价格越高，表示在成本既定的情况下，生产者的利润越大，因此，生产者的生产积极性越高，生产领域的生产者越多，这种商品的供给量也就越多；反之反是。这种在其他条件不变的情况下，商品供给量和其价格同方向变化的规律被称为供给规律。

需求是指某种商品或要素的买者、消费者、需求者的总和。它强调的是这些市场主体在某一时间、某一市场、某一价格水平上受购买力限制的对商品和要素的需要量，即有购买能力的需要量。一般说来，商品的需求量和价格变动的方向是相反的：一种商品的价格越高，消费者愿意购买的数量就越少；价格越低，消费者愿意购买的数量就越多。这种在其他条件不变的情况下，商品价格变动引起需求量反方向变动的规律被称作需求定律。

需求和供给二者共同决定价格。当某一商品价格上涨时，需求量减少，供给量增加，供给量超过需求量，结果是供过于求导致价格下降，趋于平衡；相反，当某一商品价格下跌时，需求量增加，供给量减少，需求量大于供给量，结果是供不应求导致价格上涨，趋于平衡。需求和供给二者相互作用，最后会使这一商品的需求量和供给量大致相等；这时既没有过剩，也没有短缺。需求量与供给量相等时的商品数量就是均衡数量，而需求量和供给量相等时的价格就是均衡价格。

这里描述的只是价格变动引起供求变化的机理和趋势，而没有涉及价格变动与供求变动之间的具体数量关系。这种关系可以用供求弹性及弹性系数来表示。

(2)竞争机制。竞争机制是指市场主体之间的竞争同供求关系、价格变动之间联系和作用的机理和功能，是众多市场活动参与者为追求自身利益最大化和占据有利市场地位而共同行动所形成的一种经济机制。

竞争的类型多种多样，依据不同标准，可以分为以下几种类型：从竞争主体构成看，包括供给者之间的竞争、需求者之间的竞争以及供给者与消费者之间的竞争；从竞争范围看，有生产同种商品的企业在部门内部展开的竞争、生产不同商品的部门间的竞争、国内市场竞争和国际市场竞争；从竞争的内容看，有商品竞争（包括质量、价格、花色品种等方面）、广告竞争、技术竞争、信息竞争、人才竞争等。无论哪一种竞争，其本质都是一种利益的竞争，是竞争规律在市场运行中发挥作用的具体形式。

物质或经济利益是市场主体展开竞争的内在动力，而竞争的开展又从外部给市场主体以压力，使市场主体的利益得以强化。为此，竞争机制正是通过影响商品生产者的切身利益，来促进商品经济的有效运行，从而使竞争机制对市场经济发挥了如下功能：第一，竞争机制使优势厂商获取较多利益，激励市场主体改善经营，提高资源配置效率；第二，维护市场主体的权益，实现市场公平；第三，促进市场经济优胜劣汰机制的形成，提高市场主体乃至整个国民经济的素质。

(3)风险机制。风险是指市场中存在的不确定性因素，它的存在使市场主体在从事市场牟利性活动时面临受损的可能性。风险主要来源于未来事物的不确定和市场竞争。风险机制是指在竞争中经济行为可能产生的成功或失败的不确定性对市场主体决策产生影响和作用的机理和功能。它强化了市场机制运行的压力机制和约束功能，是保证市场正常运行的一个基本要素。

追求自身利益最大化是市场经济主体的内在动力，趋利避害也是理性市场主体的一种本能。市场经济之所以不容易成为谋求私利的市场主体的逐利场，能形成正常的市场运行秩序，在很大程度上是因为存在风险及其机制。这是因为在正常情况下，获利大小与风险大小成正比关系，追求更大利益就必须承担更大的风险。所以市场风险及其机制的作用对追逐私利的市场主体形成强大的外在制衡，并强化市场主体的自律意识，迫使他们审慎地衡量风险成本，进行风险选择，谨慎行事，减少决策的盲目性，促进资源的合理利用和经济行为合理化。

(二)市场机制的一般作用及其局限性

1. 市场机制的一般作用

由市场调节经济或配置资源，对任何性质的商品经济都有积极作用。它的最大优势表现为自利性的市场主体按照市场信号，通过周密计算后进行分散决策来追求自身利益最大化，并通过全体市场主体的类似行为和市场的自行调节引致社会财富的增长和实现资源的有效配置。

这种优势可以具体表述为:第一，市场主体的自利性行为是促进科学技术和生产经营管理的进步动力。市场只有通过科学技术创新和经营管理创新来提高劳动生产率，才能实现自身利益最大化。第二，市场可以引导自利性的市场主体按照市场供需关系优化生产要素组合，并自行在微观上实现产需结合，在宏观上实现生产结构与需求结构的配套。第三，市场的竞争和优胜劣汰机制一方面可以把个体的逐利动机和行为转变为一种社会压力，迫使其节约资源，提高效率，并在实现社会财富增长和社会福利增进的前提下实现个人利益最大化；另一方面，它还可以在竞争过程中不断提高个人和企业的素质，保证整个国民经济整体素质的不断优化。

2. 市场机制的局限性

市场机制配置资源或者说调节经济不是万能的，也存在自身不能克服的缺陷和局限性。市场的这种局限性又称为“市场失灵”或“市场失败”。

(1)市场调节存在自发性、盲目性、事后性和时滞性。由于存在竞争，经济主体往往不顾社会资源的约束，而拼命盲目投资和扩大生产，这就必然造成资源的浪费和破坏。同时，由于从价格形成、信号反馈到生产有一定的时间差，企业和个人掌握的经济信息不足，加之社会生产活动具有一定的惯性，从而在供求已经平衡甚至供给已经过剩时，生产仍有进一步增长的可能，而在供求平衡甚至供给已经短缺时，生产却会继续收缩。这些都将导致社会劳动的浪费。

(2)市场配置资源过程中的优胜劣汰竞争法则，容易导致严重的收入不均和两极分化现象。严格说来，从经济人的角度看，每一个市场活动的参与者所关心的都是个人利益最大化。但是，由于个人之间在体格、天分、知识、技能、环境以及其他条件上存在着客观差别，市场的自发分配势必造成个人与个人之间得到的经济和社会成果有差别。在一定意义上，市场经济就是靠这种差别及其示范效应来刺激人们不断参与竞争、追求财富，并由此带来效率的。但这样往往同时也会加剧社会矛盾和冲突，影响社会公平和安定。可见，市场本身虽然可以比较好地解决人们行为的效率问题，但是不能解决社会财富分配不平等问题。①

(3)市场调节难以解决经济活动中产生的外部性问题。这里所讲的外部性问题包括外部经济和外部不经济两个方面。所谓外部经济，是指有些经济主体不付任何代价便可得到来自外部的经济好处，如兴建道路可以带来附近地价上涨，出现所谓“搭便车”现象。所谓外部不经济，

---

①　市场经济导致的分配不公问题，是西方经济学家也不讳言的。1981 年诺贝尔经济学奖获得者 J · 托宾在当年 12 月 3 日美国的《纽约书评》杂志上发表了一篇题为《里根经济学和经济学》的文章，对当时的里根政府进行抨击。托宾写道：“机会均等一向是美国的理想或美国的辩解借口……当然经济和社会成果是极不平均的，其辩解借口是大家的机会都是平等的……然而实际上是极不平等的。美国虽然没有旧世界的封建等级制，却也形成了自己的一套特有的种族、宗教和民族方面的障碍。即使克服了这些障碍，收入多、地位高的父母，其子女也会在竞赛中得到优先起步的地位，这仍是铁一般的现实……他(里根)肯定能够做到的不过是把财富、权力和发展机会重新分配给富裕而有势力的人们及其子女而已。”

是指经济主体在追求自身利益的过程中，对其他经济主体的利益构成损害。例如，有些经济主体的活动会造成外部主体遭受经济损失而得不到补偿，如工厂排放污染物而使附近居民受损害。此外，有些产品的个体效益与社会效益相互冲突，如毒品、武器、黄色书刊等，经营者可以大获其利，但公民健康、社会治安和社会风尚则会受到损害。这些都是市场机制的自发作用难以解决的。所以自发的市场调节不利于社会公益事业的发展，并会破毁资源环境。

(4)市场调节对经济主体的自利性激励机制，可能会引发个别利益和社会利益、短期利益与长远利益的冲突。从短期来看，它难以保证宏观经济总量的持续平衡，只能通过周期性的经济危机来为自己开辟道路；从长期来看，它在社会重大经济结构调整和在实现国民经济长远目标上容易出现失灵。

(5)自发的市场调节会导致垄断的产生。一旦垄断形成，就会使竞争走向反面，竞争者将不再依靠竞争优势获利，而是凭借地区垄断、行业和部门垄断等垄断形式，影响公平竞争的展开和价格信号的真实性。

(6)市场调节难以抑制现代市场经济"泡沫"的形成或阻止"泡沫"的破灭。市场自身对投机因素及投机因素的加剧难以控制，因此也就难以抑制市场中经济"泡沫"的形成，也无法阻止"泡沫"的破灭，从而造成股市、汇市、房地产市场行情等暴跌。这种调节对经济的破坏力往往是灾难性的。随着经济发展，证券化和资本流动自由化程度日益加剧，投机因素引起的市场失灵现象越来越普遍，例如，1637 年荷兰的"郁金香事件"、1720 年英国的"南海泡沫事件"以及 2000 年美国由"网络股"引发的股市泡沫的破灭等等。

由于市场经济中一些不利局面需要政府来控制，当今世界几乎没有哪个国家完全依赖市场经济体制。

二、社会主义市场体系

(一)市场体系的特征

1. 市场与市场体系

市场的本意是商品交易的场所。历史上的集市，现代的商场、贸易中心、交易所都是这种意义上的市场。随着商品经济的发展，许多交易行为不再与固定场所发生联系，市场也就超出了原来的地理含义，泛指交易行为、交易组织机构以及市场配置资源的机制等。马克思还在更深的理论层次上把市场视为商品所有者社会关系的总和。

原始的市场仅指商品市场，因此不存在市场体系问题。到了近代，随着劳动力成为商品，货币转化为资本，劳动力、资本生产要素与消费资料、生产资料一样通过市场交易来进行配置，从而产生了劳动力和资本这两个重要的要素市场，它们便与传统的商品市场一道构成了最早的市场体系。到了现代，随着市场经济的发展，市场体系的成员不断增加，技术、信息、房地产、产权等生产要素的交易也成为了市场体系中相对独立的子市场。

2. 市场体系的构成

市场体系是由诸多市场构成的有机统一体。按划分依据的不同，可以把市场体系中的各种市场分为不同的类型。

(1)按客体结构划分。这是从交易对象角度划分市场体系，也是最常用的市场体系划分。市场上所有被用来交换的东西都属于市场客体。这种客体结构又可以从两个不同角度把握，即按市场客体的经济功能和按市场客体的存在形态划分。

按市场客体的经济功能划分，可将市场体系分为一般商品市场和生产要素市场。一般商品市场指消费品市场和生产资料市场；生产要素市场指资本市场、劳动力市场、技术市场、房地产市场、信息市场等。

按市场客体存在的形态划分，可将其分为有形商品市场、无形服务品市场、混合形态市场和特殊商品市场。有形商品市场是指交易各种实物形态的商品的市场，如消费品市场和生产资料市场；无形服务品市场主要指交通、邮电通信等市场；混合形态市场是指音像制品、图书报刊、旅游、信息、技术等市场，运输市场、信息市场等；特殊商品市场是指劳动力市场、资本市场。

(2)按主体结构划分。这是以企业和个人为核心，并以政府机构和其他社会组织为外围所构成的一个系统。对市场主体的结构同样可以进行多视角的考察。

按在社会生产中的作用不同，市场主体可分为生产者、消费者、交换中介者和市场调节者。生产者代表市场供给。从生产的前提看，生产者是以购买者的身份出现在市场上的；从生产的终结看，生产者是以出售者的身份出现的，因而生产者兼有消费者(指生产性消费)的角色。消费者代表市场需求，由从事生产活动的消费者和单纯的消费者组成。交换中介者是买卖双方的中间联系人，以商人、经纪人、代理人的面貌出现，起着生产与消费媒介的功能。市场调节者指国家和各级政府机构，它们在市场活动中发挥着组织协调、管理监督的作用，推动市场合理运转。

按所有制的性质及资本组织形式的不同，市场主体分为国有经济单位、集体经济单位、合作经济单位、个体劳动者、私营业主、外商以及股份企业等。由于现阶段我国实行以公有制为主体的多元经济形式，它们一起活跃在市场舞台上，通过千姿百态的交换活动，追求自身的经济利益，受财产权利的约束。这些不同类型的企业和个人在市场活动的目的、方式和行为方面都有区别，显示出市场主体之间的差异。

(3)按空间结构划分。市场空间是市场主体和市场客体的活动区域或范围。社会主义市场的空间结构是以多层次的地区市场为脉络，以全国市场为骨架，以国际市场为大环境的纵横交错的网络。地区市场是商品和劳务交换以某一特定地区为活动空间的市场。地区市场应是经济性的、超越行政区划的一定地域范围内的市场。如果地区市场是行政性的，容易造成“地区封锁”，出现人为阻止商品和劳务的自由流动及交易的问题。全国市场是交换客体以全国范围为活动空间的市场。商品或劳务之所以会在全社会范围内流通，主要在于交换比较利益的存在使它具有向全国各地扩散的内在动力；反之，则该商品或劳务就没有必要也不可能辐射全国。国际市场是交换超越国界在世界范围内活动形成的市场。国际市场上通行国际价值规律或国际生产价格的规律，国际市场的规模受国际分工和国际协作的制约。在大多数情况下，一国商品不可能进入世界所有国家，而只能进入若干国家。尤其是发展中国家，其商品即使打进国际市场，市场覆盖率也是极低的。改变这种状况的主要途径是大力发展外向型企业集团。

(4)按时间结构划分。市场时间是指市场主体交换客体过程的持续性和顺序性。市场的时间结构是由现货交易、期货交易和信用交易构成的。现货交易是交易成立后立即或在极短的期限内完成交割的一种买卖。这种交易存在的历史最悠久，是最基本的方式，适合于批量较小和其他事先不能确定的商品流通。由于现货交易时间极短，“当面成交，银货两讫”，当事人之间的权利让渡和交换对象的位移大体同步进行，因而价格信号不易失真，不易造成虚假需求。这种交易对生产者行为和消费者行为都有灵活的引导和调节作用，但不适合于大批量交易。期货交易是在交易成立时约定一定日期再进行交割。它适合于大宗商品、有价证券、外汇等交易。在市场经济中，期货交易占有相当重要的地位，但因为付款和交割之间间隔的时间较长，当事人的权利让渡和市场客体的位移在时间上分离，因而具有双重效应：一方面分散了生产经营者的价格风险，促进了市场预测和再生产的顺利进行；另一方面可能产生买空卖空等投机行为，对市场运行将产生一定的破坏作用。信用交易主要有两种方式：先付款，后取货；先取货，后付款。尽管两种方式有一定的区别，但有一个共同点，即取货与付款在时间上分离。这种分离有利于协调供求关系，繁荣市场，融通短期资金，并推动银行信用的发展。但是，延期付款的交易有可能导致资金互拖的"三角债"，预先付款之后也有可能出现不能及时按质取货的现象。

3. 市场体系的特征

市场体系是市场主体交易行为的基础，是市场经济中经济利益实现的地点，集中体现了市场主体之间的经济关系。同时，各类市场的相互作用、制约是实现市场一般均衡的基础。市场体系的特征集中反映在四个方面。

(1)统一性。在一个完整的市场体系中，各类市场在其运行中虽有各自的特点，但各类市场在结构上、在运行的基本要素以及功能优化的目标等方面又是统一的。市场体系的统一性具体表现在：市场体系是一个结构完整、层次合理的统一体。首先，市场体系的结构应该是完整的，既包括商品市场也包括要素市场，同时各要素市场互相补充、互相促进，缺一不可。其次，市场体系是市场要素共同作用的统一体。从其内部的每一个空间组成部分看，市场体系在规模、结构、布局等方面均有区别，从而形成合理的多层次市场系统。市场体系的运行取决于各类市场的形成和发展，而各类市场的形成和发展又取决于市场主体、市场客体、竞争、供求和价格等要素的存在及作用状况。为此，市场体系正是上述各市场要素共同作用的统一体。再次，市场体系是一个要求实现整体功能优化目标的有机统一体。市场体系的要素有机统一于市场体系中，形成了市场体系结构，相应地产生了市场体系的整体功能。市场体系整体功能的优化是建设社会主义市场体系的基本目标。市场体系整体功能的优化，既有赖于市场体系结构的完整，又离不开市场机制的健全与完善。

(2)开放性。社会主义的市场体系不应是封闭式的市场体系，而应是合乎生产社会化和国际化潮流、符合现代市场经济要求的市场体系。市场体系的开放性是现代市场经济运行的基本要求。

市场体系的开放性表现为：它不是自我封闭的，而是内外全方位开放的；不是独家垄断的，而是充满竞争的；不是相互割裂的，而是相互补充、相互联系、有机统一的；不是完全自发的分散性开放系统，而是由宏观调控指导的。社会主义市场经济要正常运行与发展，没有一个竞争的、统一的、开放的市场体系是不可能实现的。市场体系的开放性也是市场经济的内在要求与商品流通的属性决定的，它对合理配置社会经济资源、增强国民经济活力具有重要意义。

(3)竞争性。市场体系的竞争性是指市场应成为保护经济主体竞争的场所。竞争是追求各自利益的经济活动当事人之间的复杂的相互作用过程，是市场体系有效运作的必要条件。市场价值的形成、市场价格的运行都必须借助于市场竞争，都是竞争的结果。没有竞争的市场无疑是无效率的，它既不可能提供准确的价格信号，又不能给市场活动者以激励和压力，因而无法实现社会资源的合理配置。建立竞争性的市场体系，应当充分认识到合理利用竞争机制是加速市场发育和成熟的重要条件。一方面必须坚持通过市场竞争来判断经济主体的优劣，在竞争中实现优胜劣汰；另一方面，必须防止垄断的产生，保护公平竞争。

(4)有序性。市场体系的有序性是市场经济运作规范化、秩序化的必要条件。市场经济作为发达的商品经济，其市场必须形成健全的网络、合理的结构，各类市场都必须在国家法令和政策规范要求下有序、规范地运作。市场无序、规则紊乱是市场经济正常运行的严重阻碍，它会损害整个社会经济运行的效率，容易导致社会经济发展的无政府状态。在社会主义市场经济条件下，实现和保持市场有序运行表现在：市场主体及其行为规范化，市场体系环境完善化，市场交易和管理规范化、制度化和法制化，市场有序运行和发展。

(二)社会主义现代市场体系的健全

经过改革开放30年来的实践，我国社会主义市场体系已经初步建立。要在更大程度上发挥市场在资源配置中的基础性作用，必须加快形成统一开放、竞争有序的现代市场体系。其重点主要有以下四个方面①：

1. 发展各类生产要素市场

经过多年改革，我国包括产权、土地、资本、劳动力和技术市场等在内的生产要素市场迅速发展，商品交易市场规模庞大，服务市场不断完善，同时消除了行政壁垒，打破了地区封锁，使全国统一的市场体系初步形成。新世纪新阶段，发展各类生产要素市场主要要求：

一是发展多层次的资本市场，包括在海外上市的大公司回来发行A股，加快创业板和场外交易市场建设，大力发展公司债券市场等，完善市场结构和运行机制，提高直接融资比重。同时，稳步发展金融衍生产品市场，培育外汇市场，解决发展保险市场等。资本等各类金融市场的健康发展，对于提高我国资源配置效率具有决定性意义。

二是要建立和健全统一规范的劳动力市场。劳动力市场资源丰富，是我国的一大优势。要形成城乡劳动者平等就业的制度，使数以亿计的农村剩余劳动力平稳有序地向城市和第二、三产业转移，以提高我国的社会劳动生产率。与此同时，还要发展各类人才市场，完善技术创新、管理创新等激励机制和市场环境。

三是规范土地市场。我国人均耕地只及世界平均水平的40%，在工业化、城镇化过程中，要严格限制农用地转移为非农用地，提高土地使用率。要发展和规范土地市场，更多地用市场手段节约土地，杜绝浪费宝贵的土地资源，提高土地资源配置效率。

此外，还要进一步发展技术、产权等生产要素市场。

2. 完善反映市场供求关系、资源稀缺程度、环境损害成本的生产要素和资源价格形成机制

随着社会主义市场经济体制的建立和完善，我国不仅理顺了价格体系，而且初步形成了与社会主义市场经济相适应的价格形成机制和价格管理体制，价格机制在资源配置中发挥着主导作用，除了少数关系国计民生的工农业产品实行政府指导价外，在社会商品零售总额、农副产品收购总额和生产资料销售总额中，市场调节价比重分别达到95.6%、97.7%和91.1%。

但是，市场资源配置中的基础性作用没有制度化的硬约束，在一些地方和一些领域，价格机制在资源配置中的基础性作用常常得不到有效发挥。例如：从资金资源看，我国长期实

---

① 胡锦涛：《高举中国特色社会主义伟大旗帜为夺取全面建设小康社会新胜利而奋斗——在中国共产党第十七次全国代表大会上的报告》，人民出版社，2007年版，第26页。

行低利率政策，加上间接融资占主导地位，利率和贷款的投向不能正确反映资金的市场供求，资金的市场配置常常被扭曲；从土地资源看，国家规定工业用地必须采用招标、拍卖、挂牌的方式出让，但一些地方为吸引投资，仍然采用协议方式或“零地价”，土地资源被大量浪费，市场配置资源的基础作用没有得到落实；从矿产资源看，对一些关系国计民生的煤炭、金属等矿产，国家要求实行资源有偿使用制度，但一些地 方任意采用变通的办法，无偿或低价发包，没有形成反映市场供求关系、资源稀缺程度、环境损害成本的资源价格形成机制，导致一些不可再生资源被浪费。

为此，今后应根据经济发展需要和社会承受能力，按照价格机制的要求，完善反映市场供求关系、资源稀缺程度、环境损害成本的生产要素和资源价格形成机制。

3. 规范发展行业协会和市场中介组织

市场中介机构是介于政府和市场之间的组织，是建立社会主义市场经济不可或缺的重要环节。市场中介组织包括会计师、审计师、律师事务所，公证和仲裁机构、专利事务所，信息、咨询公司，商品检验所，消费者协会，职业介绍所以及行业协会和商会等。它们遵循国家的法律、法规，对企业和居民个人实行沟通、服务、协调和监督。应制订必要的政策措施，规范和引导市场中介组织；中介组织本身也要加强建设，在服务的同时承担相应的责任。

为避免政府对企业的直接干预和行政垄断（包括地区垄断，又称地方保护主义；假借“自然垄断”而实施的部门垄断，又称行业垄断；通过规模经营实施的集团垄断），可引导企业组建行业协会，进一步提高企业的经营自主权。

行业协会（商会）是依法注册登记的，独立的社会团体法人，是为实现共同愿望，自愿组成，按照章程活动的非营利性组织，是同行业市场主体的联合组织，是自律性行业管理组织和民间性的社会经济组织。行业协会是企业与市场之间的中介组织，代表会员企业利益和行业利益，维护企业和行业的合法权益。行业协会不是国家政府机关或其授权组织的附属机构，但以服务企业、行业、政府和社会为宗旨，是企业与政府间的桥梁和纽带。改革开放以来，我国行业协会有了较大发展，在社会主义市场经济体制中，已经初步建立了“宏观调控、行业协会商会自律服务，企业自主经营”的体制框架。但是，当前行业协会、商会不能适应改革发展新形势和新任务的要求，规范和发展相对滞后，存在不少问题和困难。主要是政社关系不清，行政色彩较重，法制建设滞后，自律作用不突出，服务水平不高，行为不规范；组织结构不合理，人员素质不高；制度不完善，外部环境也亟待改善。这些问题若不尽快加以解决，势必影响行业协会、商会的健康成长，影响经济体制的深化改革和建设事业的持续发展。因此，应当按照市场原则和国务院《关于规范和发展行业协会的若干意见》等有关政策法规进一步加强自身的规范发展。

4. 健全社会信用体系

社会道德意义上的信用，是指人们在为人处事及进行社会交往中应当遵循的道德规范和行为准则，它要求人们遵守诺言，以取得他人的信任。经济学意义上的信用，是指以偿还为条件的价值运动的特殊形式，它主要存在于交易双方非同一时空的交易过程中。信用的上述双重含义是相互联系、彼此制约的。在市场经济条件下，经济学意义上的信用赋予一般社会道德意义上的信用以特有的经济内涵；同时，经济学意义上的信用也要以一般社会道德意义上的信用为依托。信用是现代市场经济的基石，信用机制缺损，市场机制就不可能有效运行；信用机制扭曲，会降低市场的有序性，从而使市场经济难以健康发展。社会主义市场经济具有一般市场经济的共性，因而完善的信用体系也是社会主义市场经济内在运行机制不可或缺的重要组成部分。

目前，我国社会信用体系的发育程度仍然较低，远不能适应发展社会主义市场经济的需要。社会信用体系不健全、不完善，是市场交易活动中失信行为屡禁不止的主要原因。社会信用缺失，严重破坏了市场秩序，增加了市场交易成本，降低了交易效率，成为市场体系健康成长的重大障碍。改革与发展的实践表明，建立健全社会信用体系的任务繁重而紧迫。

与社会主义市场经济的要求相适应的社会信用体系，应以道德为支撑，以产权为基础，以法律为保障。道德是人们的自身行为和人际交往的准则和规范，是社会公认并倡导的价值理念和传统文化习惯。道德通过人们的自律，可以对社会经济行为产生一定的约束作用。在全社会提倡社会主义道德，弘扬中华民族诚实守信的传统美德，可以为建立健全社会信用体系提供必要的社会自律机制。信用关系是产权制度的延伸，明晰产权是建立健全社会信用体系的制度前提。产权明晰可以使经济主体意识到只有讲信用、重信誉，才能保证自身长远利益的实现，由此增强追求长远利益的动力。进一步推动产权制度改革，明晰经济主体间的产权关系，可以为建立健全社会信用体系提供必要的制度基础。市场经济是法制经济，法律体系可以为建立健全社会信用制度提供代表国家权威的强制性保障。建立起完备的法律体系，可以用法律上的严格他律促进道德上的自律，可以通过防范和惩治经济主体的不当行为，保证社会信用体系的有效运行。

当前，应增强全社会的信用意识和信用观念，为建立健全社会信用体系奠定坚实的社会伦理基础；加快相关法律法规的制定，使社会信用体系的建立与运行有法可依，有章可循；推动社会信用体系的商业化运作，以降低运行成本，提高服务水平；完善信用监管和失信惩戒制度，形成有效的失信慑止机制；逐步开放信用服务市场，增加国内信用机构的竞争压力和发展动力，以推动我国社会信用体系的建立和完善。

此外，加快形成现代市场体系，还要进一步发展商品生产，整顿和规范市场秩序。要发展现代化流通方式和新型流通业态，促进营销方式转变，培育各类市场流通主体，降低流通成本和交易费用，提高国际竞争力。构建农村现代流通体系，支持龙头企业、农民专业合作组织和农户联结，提高农民进入市场的组织化程度和增收能力。在整顿和规范市场秩序方面，当前要特别注意维护食品、药品安全，打击各种商业欺诈活动和哄抬物价行为。

（三）社会主义市场规则：市场秩序的保证

社会主义市场经济是法制经济，这决定了调整市场经济的手段主要是法治。市场经济尊重价值规律，维护自由竞争。但是，对价值规律的盲目遵从，会导致市场失灵；无节制的自由竞争，会产生垄断。市场经济需要市场调节，但是不能仅靠市场调节，法律是调整市场经济不可或缺的手段。

市场秩序是市场在运行中形成的各种市场参与者都必须遵循的各种规则与法律规范的总称。市场秩序本质上是市场内在的各种规定性在市场运行中实现所产生的各种具体要求的法律和规则形式。首先，市场秩序体现的是市场内在的规定性。市场经济是商品经济的一种属性，其基本特征为:(1)分工生产;(2)平等交换和公平竞争。平等交换和公平竞争在市场运行中的实现，必然导致一系列的特定规则和规范的形成，表现为市场秩序。其次，市场运行的内在秩序一旦形成，就必然不同程度地上升为法律形式，使市场运行的内在要求或秩序法制化，转换为市场运行的法律规范。因此，市场秩序具有两重性质，其一是市场内在的客观规定性，其二是这些市场内在规定性的法律表现或实现形式。通常所说的市场秩序，就是指市场运行的内在规定性的法律形式。

市场运行秩序主要表现为分散的市场活动主体进入市场交易所要遵守的市场规则。市场规则是国家为了保证市场有序运行而依据市场运行规律所制定的规范市场主体活动的各种规章制度，包括法律、法规、契约和公约等。就实质而言，市场规则就是以具有法律效力的形式确定或规定的市场运行准则。市场规则可以有效地约束和规范市场主体的市场行为，使其有序化、规范化和制度化，保证市场机制正常形成并发挥应有的优化资源配置的作用。

市场规则的具体内容涉及市场运行的主要方面和主要环节，大体上可以分为市场进出规则、市场竞争规则、市场交易规则和市场仲裁规则等四个方面。

1. 市场进出规则

这是市场主体和市场客体(即商品)进入或退出市场的法律规范和行为准则，从具体内容上可以区分为市场进入规则和市场退出规则两个方面。

市场进入规则要求:凡是符合市场进入规则的主体和商品，都可以自由地进入市场;凡是不符合市场进入规则的主体和商品都不能进入市场。市场退出规则要求:凡是符合市场退出规则的主体和商品，都必须让其退出市场。市场进出规则是使市场主体和商品进出市场的行为规范化，以及保证市场有序运行的重要制度基础。

市场进出规则对市场运行的积极作用主要体现在两个方面。首先，它可以规范市场主体及其行为，例如规范市场主体进入市场的资格与条件、市场主体的经营规模与范围、市场主体退出市场的行为等。其次，它可以净化进入市场的商品:(1)商品必须名副其实，不得假冒伪造;(2)商品必须质量合格，劣质商品不得入市;(3)商品必须不损害购买方特别是消费者的经济利益;(4)商品的价格、计量及包装都必须符合有关规定和要求，价格标写不明、短斤少两、包装破损的商品不得入市。

2. 市场竞争规则

市场规则的内涵是国家为维护市场各主体之间平等交换、公平竞争，根据市场经济的内在规定和要求，依法确立的市场竞争行为规范。市场竞争规则是市场主体间地位平等、机会均等的竞争关系的制度体现。它要求各市场主体都有均等的机会从市场选购生产要素，进出市场，在平等竞争中由市场形成价格、税负公平等。为保证公平竞争，各国普遍制定市场竞争规则和反不正当竞争法、反垄断法。通过这些规则的确立，可以有效地消除特权和垄断，为所有市场主体进行公平竞争创造或提供一个平等的制度环境，保证市场竞争机制形成并充分发挥作用。

3. 市场交易规则

市场交易规则是各市场主体在市场上进行交易活动所必须遵守的行为准则与规范，是市场规则的最主要内容。它主要包括：禁止强买强卖、囤积居奇、哄抬物价；公平交易，明码标价，禁止黑市交易；等价交换，实行交易货币化；市场交易要规则化，包括交易场所、计量器具、批发和零售等，都要遵守相应的规则。

4. 市场仲裁规则

这是市场仲裁机构在对市场主体之间的经济纠纷进行仲裁时必须遵守的准则和规范。各种市场主体在进出市场、进行交易和开展竞争的过程中，彼此之间难免发生各种经济纠纷。为了解决这些经济纠纷，必须建立凌驾于所有市场主体之上的有法律权威的仲裁机构，并确立和遵守相应的仲裁规则。仲裁规则最重要的是遵循公平原则，对发生纠纷的双方必须一视同仁，不能偏袒任何一方。

思考题：

1. 如何理解社会主义市场经济？
2. 简述市场机制的一般特性及其局限性。
3. 加快形成现代市场体系的重点有哪些？

第九章 社会主义市场经济的微观基础

市场经济的微观基础是市场经济运行的基本前提，其核心是产权界定与保护的制度安排。而企业、个人、农户则是市场经济微观基础的构成要素，它们各自的经济行为选择及经济行为特征，是对市场经济微观基础更为具体和更为深层次的展现。其中，市场经济中国有企业的制度改进及其经济行为方式选择的演进，是一条值得关注和理解的有关社会主义市场经济微观基础形成和发展的重要线索。

第一节　市场经济的微观基础

一、市场经济微观基础的内涵与构成

在市场经济活动中，交换关系是最基本的经济关系，市场作为交换关系的总和，将各个由社会分工所形成的处于分离状态的利益主体有机地联系在一起，形成在社会分工基础上的交换关系和协作关系。这些参与市场交换的利益主体就是市场经济的交换主体，在经济学上也被称为微观经济主体。广义的市场经济微观基础就是指市场经济中微观经济主体的总和以及这些主体所具有的基本特征；而狭义的市场经济微观基础仅仅是指微观经济主体。市场中的微观经济主体主要有三类，即企业（含一切以盈利为目的的经济组织）、个人（主要是城镇居民）和农户（即农民家庭），我们所指的狭义的市场经济微观基础也就是由企业、个人和农户这三类微观经济主体构成的。

企业是一种生产性组织，是市场经济中最重要的微观经济主体。在市场经济中，企业一方面是产品和服务最主要的供给者，国内生产总值（GDP）的绝大部分是由企业创造出来的；另一方面，企业为了维持自身的生产活动，必须大量地从要素市场上购买各种生产要素（包括劳动力），从而又是生产要素最大的购买主体。企业对大量的产品和服务的供给以及大量的生产要素购买在整个社会所有交换活动中的比重占有支配性地位，进而决定了企业是构成市场经济微观基础最重要的组成部分。

在市场经济条件下，由于社会分工的日益细致化，个人绝无可能通过自给自足的方式来实现自己所有的生活需要；其必然的选择是参与市场交换，在交换中实现或满足自己部分或全部的需要。个人首先作为劳动力的供给者在劳动力市场上与企业进行交换，进而获得足以满足自己生活需要的收入，同时个人利用所获得的收入在产品或服务市场上充当消费者的角色与企业进行交换以获得能够满足生活需要的各类产品或服务。个人提供劳动力并用其所获得的收入购买产品或服务的活动是国内生产总值生产和实现的最终力量，因此，个人是构成

市场经济微观基础的又一个重要的组成部分。但个人不是直接的生产性组织，这里个人包括市场经济中所有的居民及其家庭，这里的家庭也只被看做为个人的扩充形式，而不是生产的组织形式。

农户，即农民家庭，与企业和个人有相当的不同，所以单独列出予以考察。农户是中国农村最基本的微观基础，农户占有一定量的土地、劳动工具等生产资料，是相对独立的小型生产者，是农产品的主要供给者。因而农户首先是一种生产性的经济组织，而不是单一的个人，这一点与企业组织很相似。同时，除一部分的生活需要可以通过自给自足的方式予以满足外，农户作为消费者在市场上购买其他产品或服务方面以及在农村剩余劳动力的供给方面，农户与个人的经济行为特征是完全一致的。从这一点上看，农户又只是个人的特殊表现形式。因此，农户兼有企业和个人的行为特征，是中国农村特殊生产方式的基本形式。

除上述三类主要的市场经济微观基础外，还有两类微观基础值得注意：一是政府，二是境外的个人、企业和政府。后者在开放经济条件下越来越受到重视，也是构成市场经济微观基础的重要组成部分。至于前者，严格地讲，政府不是市场经济的微观基础（这一点本节第二部分将予以分析），但政府为了维持自身正常运作而进行的办公用品的政府采购以及不管出于何种目的的政府投资都是以微观经济主体的身份并以市场化的方式进行的，这与一般的微观基础又有相似之处，因而也可以视为市场经济微观基础的组成部分之一。

二、市场经济微观基础的基本特征

前面提到广义的市场经济微观基础不仅仅指构成微观基础的各类微观经济主体，还包括各类主体的基本特征；微观基础的基本特征也是判断某一主体是否构成市场经济微观基础的主要依据。具体地讲，微观基础的基本特征包括平等性、自主性、逐利性和自发性四个特征。

平等性。平等性是指构成微观基础的微观经济主体之间的地位是相对平等的，不存在任何超经济的强制性权利和义务关系。市场经济的重要原则之一就是等价交换原则。只有当交换双方均处于相对平等的地位时等价交换才有可能进行，如果其中一方能够凌驾于另一方的地位之上，该方为了自身的利益就会利用这种地位影响交易的过程和结果，这就会导致市场经济的公平等价交换不能得到满足。当然，在市场经济中绝对的平等是不存在的，例如垄断、供求关系失衡等均可导致交换双方地位的不平等。因此，市场经济微观基础的平等性是一种相对的平等，重点强调的是交换双方之间不存在超经济的权利和义务关系。

自主性。市场经济微观基础之间的平等性直接决定了微观基础的自主性，即市场经济中各类微观基础独立自主地按照自己的真实意思决定自己的经济行为而不受其他主体的干涉，并由自己独立承担其经济行为的结果。对于企业而言，自主性特征包括自主经营、自负盈亏、自我发展和自我约束四个方面，其中：自主经营是指企业拥有经营自主权，企业作为独立的经营主体和交易主体自主地决定“生产什么”、“生产多少”、“怎样生产”等等；自负盈亏是指扣除成本、税收后的盈利归企业所有，亏损则由企业自己承担，这样企业才会有足够的生产经营动力；自我发展是指企业规模的扩张、经营链条的延伸、跨行业跨国经营等等都取决于企业自身能力，企业根据市场状况及其预期自主决策；自我约束是指企业除了受外界的诸如法律法规、政策、道德等约束外，还要从自身的利益出发，在成本、风险和收益的比较中形成自觉的约束机制和风险防范机制。对于个人而言，自主性主要体现在个人进行消费、储蓄、投资、就业等等经济活动时，根据市场信息和主观预期，自主地对自己现有的经济资源（如收入、时间、个人资产等等)进行合理的配置，以达到自身受益最大的目的。农户的自主性兼有企业和个人的特征，这里不再赘述。

逐利性。逐利性是指在市场经济中，微观基础或微观经济主体的一切经济行为都以自身利益的最大化实现为最终目标。这里包含两个内容:一是经济主体的自利性，其所有经济行为均以自身的利益为出发点和归宿;二是经济主体的理性，即经济主体为了自身利益所作出的经济行为都是最优的(至少他认为是这样)，，从而能够为其带来现有约束条件下尽可能最大的收益或满足感(效用)。例如企业，在市场经济中不管企业为社会创造的财富多么庞大，也不管其生产的产品多么精美并为人类带来多大的方便，企业最终的目的不在于产品本身，企业真正关心的是这些产品是否能够给其带来收益或利润;同时，为了最大限度地实现利润，就必须最大限度地增加收益和减少成本，企业最终会在一个利润最大化的产量水平上生产，并且用最为经济的生产方式进行生产。很显然，微观经济主体的自主性是其逐利性的权利性保障。

自发性。上面谈到市场经济微观基础是相互平等的，各经济主体为了自身的利益可以自主地决定自己的经济行为，并且努力寻找一条最优的途径以实现自身利益的最大化，从各微观经济主体的角度看，其经济行为表现出计划性;但是从整个社会的角度看，上述的经济行为又带有整体上的自发性或盲目性，这一点在社会分工日益细化、经济活动日益频繁和复杂的今天表现得尤为突出。微观基础整体自发性的主要原因在于，随着市场经济的日益繁荣和交换关系的日益复杂，经济主体不可能完全掌握来自市场的全部信息并加以正确分析，从而也不能得出完全准确的市场预期，进而针对市场预期作出的经济行为就带有了盲目性，极有可能给市场带来供求严重失衡的后果。

以上分别说明了市场经济微观基础的四个基本特征，我们可以发现平等性是自主性的直接条件，自主性又是逐利性的前提，而自发性则是市场经济微观基础总体上的特征。

市场经济微观基础的前三个特征，尤其是逐利性特征，是市场机制或"看不见的手"原理的直接基础。关于"看不见的手"原理，经济学鼻祖亚当·斯密1776年在《国富论》(即《国民财富的性质和原因的研究》)一书中论述道:每个人都在力图应用他的资本，来使其生产的产品能够得到最大的价值，这样他就必然竭力使社会的财富尽量增大。一般说来，他并不企图增进社会福利，也不知道其所增进的社会福利为多少，他所追求的仅仅是其个人的安乐和利益，但在他这样做的时候，有一只"看不见的手"引导他去尽力达到一个并非他本意想要达到的目标，而且往往使他能比在出于其本意的情况下更有效地促进社会福利。"看不见的手"原理实质上是"主观为自己，客观为别人"哲学的反映，也极其形象地描述了市场经济微观基础的基本特征。

但是"看不见的手"并不总是有效的。正如我们在自发性特征中所提到的那样，在市场经济关系高度复杂的情况下，微观经济主体的自发性很可能带来市场供求的严重失衡，这样就不是增进社会福利而是给社会经济带来灾难了，也即会产生经济危机。为了克服这种自发性或"看不见的手"的缺陷，政府作为一只"看得见的手"，利用公众赋予的公共权力对微观市场进行强制性的规制并对经济进行宏观调控，因而政府与微观经济主体之间的地位是不平等的。另外，政府也不以自身赢利为目的，不具有逐利性特征。因此，从一般意义上讲，政府不是市场经济微观基础的构成者。

三、市场经济微观基础的形成条件:明确的产权界定

产权(Property Rights)是由社会或法律规定的一组财产权利，这些权利的所有者能够在法律的保护下，自主地行使相应的财产权利，并取得一定的收益，不受他人的干涉，从而使财产权利的所有者有动力去运用这些权利积极地从事经济活动，增进自己的福利。理解产权应当把握以下几个产权的特征：

第一，产权具有排他性，同一产权同一时间只可能由某一经济主体单独享有，其他任何主体不得行使相应财产权利。

第二，产权是一种权利束，它可以包括占有权、使用权、收益权和处分权四项基本财产权利，也可以仅仅体现上述四项权利的某一项权利，还可以分解为多种权利并统一呈现一种结构状态。

第三，产权应当有确定的界限或范围。即在规定某一产权时必须明确该项产权具体包括哪些权利以及这些权利的行使方式，告诉产权主体可以做什么、不能做什么以及各自相应的后果，这一点也被称为产权的有界性。

第四，产权可以转让或授权他人行使，市场经济中的交换实质上就是不同产权的相互交换。

总之，产权是一种社会工具，其作用在于帮助从事经济活动的主体形成一种可以合理把握的预期。由于产权具有排他性和有界性的特点，一项明确的产权就应当对该产权的主体以及相应权利范围作出明确的规定，告诉他可以做什么、不能做什么以及能获得什么、不能获得什么，并用法律的强制力予以保护或惩戒。经济主体可以根据产权的界定对自己经济行为的结果作出相对准确的预测，进而有效地或促进或约束微观经济主体的经济行为。

产权界定是指通过法律明确规定产权的主体和其相应拥有的财产权利范围的过程和结果状态，本章特指后者，即不研究产权界定的具体过程，只研究产权界定的结果。产权的界定实质上是通过社会契约的形式对微观经济主体财产权利的确认和保护，必须是明确的。根据产权的特征，产权界定一般包括两个方面的内容:一是产权主体的界定，二是产权范围的界定。产权主体的界定，也就是谁拥有该项产权的问题，是基于产权的排他性特征而提出的，产权的排他性要求享有某一产权的经济主体在同一时间必须是惟一的，不能就同一产权规定两个或两个以上的拥有者。产权范围的界定，也就是某项产权所包含的财产权利的边界问题，是基于产权的有界性特征提出的，有界性要求某一产权必须有一个明确的权利范围，即上面特征中所提到的产权的主体能做什么、不能做什么、. 能获得什么、不能获得什么等等问题均应有明确的规定。

明确的产权界定是市场经济微观基础形成的条件或前提。首先，市场经济中的交换实质上是不同产权的交换，而交换的前提是财产权利隶属于不同的微观经济主体。产权界定中的产权主体界定就直接地为市场交换创造了前提条件，从而间接地决定了微观基础的形成。当然，对主体的界定必须是明确的。其次，从微观基础的核心特征——逐利性上讲，产权界定中的权利范围界定直接明确规定了构成微观基础的经济主体的权利义务范围，使经济主体知道自己可以做什么并能获得什么样的利益，从而使经济主体拥有了对自己某种利益相对准确的预期，进而才有可能为了自己利益作出最优的、能使自身利益最大化的经济行为。也就是说，明确的产权权利范围的界定是微观基础逐利性的前提，因为逐利性是微观基础的核心特征，所以明确的产权权利范围界定又是市场经济微观基础形成的决定性前提。最后，明确的

产权界定也是微观基础平等性特征和自主性特征的物质前提。在市场经济中，法律以各种形式普遍确立了个人财产权利神圣不可侵犯的原则，作为微观基础的经济主体在享有法律赋予的某项产权时，就可以理所当然地在法律的保护下，就该项产权平等地与其他微观经济主体进行交换，并可以对自己享有的产权自主地进行符合自己意思的处分。

第二节　社会主义市场经济中的居民

一、在市场经济运行系统中居民的地位

个人或家庭，在经济学中统称为居民(Household)，是市场经济中的微观经济主体之一。居民既是市场经济活动中的消费主体，又是投资主体和劳动力的供给主体。

从居民与企业的关系看，二者之间存在四种基本的经济关系：第一，居民向企业提供生产要素(包括劳动力、资本等)；第二，企业向居民支付生产要素的回报(居民的劳动收入、资本收入等)；第三，企业运用生产要素生产产品和服务；第四，居民用可支配收入向企业购买产品和服务。如果居民将一部分收入作为储蓄，这部分储蓄将通过银行或其他金融机构转化为企业投资和政府投资。

在以上经济活动关系的基础上，加进另一经济活动主体——政府或国家，那么，经济主体之间的关系将进一步增加以下四种：第一，企业向政府交纳税金；第二，政府向企业采购商品和提供政府服务；第三，居民向政府交纳税金；第四，政府向居民提供“转移支付”(Transfer Payments)和政府服务。除此之外，政府还是投资主体之一，尤其是主要的公共投资主体，兴建公共工程和开办国有企业。从纯经济活动的角度理解，政府作为市场经济活动的主体之一，主要的出发点是通过参与经济活动过程，对经济活动发挥调节作用。

在封闭经济条件下，居民、企业、政府三大经济主体之间构成以上八种基本经济关系，而在开放经济中，由于国外经济主体的参与，经济活动关系将变得更为复杂。

从上可以看出，居民作为微观经济主体，在形成市场经济主体间利益循环关系中具有重要地位。居民以最终消费主体、投资主体、劳动力的供给主体等身份与企业和政府结成广泛的利益交往关系，构成国民经济的整体。作为微观经济活动主体，它的消费行为、投资行为、储蓄行为、劳动力供给行为等行为方式及其变化，对国民经济运行产生重大的影响。

二、从计划体制下的居民向社会主义市场经济中的微观经济主体的转变

在计划经济体制中，居民不是真正的微观经济主体，主要体现在以下几方面：

第一，在计划经济体制中，居民不是投资主体。在盲目追求纯而又纯的公有制计划经济体制中，居民不拥有独立的生产资料所有权。在全民所有制经济中，全体居民(或者称为“全体人民”)作为一个整体共同拥有全民所有制生产资料的所有权；在集体所有制经济中，部分劳动者结成为一个整体共同拥有属于集体所有制生产资料的所有权，但单个居民不是独立的投资主体，不具有独立的投资决策权、生产资料的支配权和直接的生产资料收益权。

第二，在计划经济体制中，居民不属于真正的劳动力的供给主体。由于生产要素的配置权集中在行政部门和受到严格的户籍管理制度的控制，劳动力的配置由相关的行政部门主导，居民不拥有自主的择业权和自由流动的权利。

第三，在计划经济体制中，由于居民不是投资主体，居民收入主要来源于劳动收入。即使是劳动收入，在平均主义分配体制条件下，收入分配也不能真正体现居民的劳动贡献。在一定意义上，居民也不是真正的收益主体。

第四，在计划经济体制中，居民也不是完全意义的具有消费者主权的消费主体。供给不足和“凭票限量供应”使得居民缺乏实际的消费选择权。消费品价格的行政决定机制使得居民作为消费者只是被动的价格接受者。

总之，计划经济条件下的居民在经济活动中是属于受政府计划支配的被动经济主体。建立社会主义市场经济体制，让市场机制在资源配置过程中发挥基础性作用，就需要形成适应市场机制运行的微观经济主体。要让居民成为真正的在市场经济活动中具有一定自主决策权的经济主体，就需要进行相关的体制改革。

第一，要解放思想，突破传统的所有制观念的束缚，坚持公有制为主体，多种所有制经济共同发展，畅通投融资渠道，在培育多元投资主体过程中，使居民成为社会主义市场经济的投资主体之一。

第二，要通过人力资源配置体制及其相关制度的改革，实现劳动力配置市场化，增强居民的自由择业权和合理流动权，使之成为社会主义市场经济中的真正的劳动力资源的供给主体。

第三，坚持按劳分配为主、多种分配形式相结合的分配制度和效率优先、兼顾公平的原则，在承认劳动收入和合法的非劳动收入并存的前提下，通过分配制度的改革，使居民真正成为社会主义市场经济中的多元收益主体之一。

第四，通过流通体制、价格体制等方面的改革，使居民真正成为社会主义市场经济中的具有充分消费者主权的消费者。

总之，要通过系统的经济体制改革，使居民成为真正的投资主体、劳动力供给主体、要素收益主体和市场需求主体，使之真正成为社会主义市场经济的微观经济基础之一。

第三节 社会主义市场经济中的企业

一、市场经济中的企业与行为选择

（一）市场经济中的企业

市场经济中的企业，无论是何种类型，首先都应当拥有独立的产权，这是取得经济主体地位的前提，也是企业享有平等、自主权利的前提，更是企业追求利益最大化的动力。自然人企业包括个人独资企业和合伙企业。此类企业不具有法人资格，投资人一般亲自参与企业的经营管理，并以个人所有财产对企业的债务承担无限清偿责任。自然人企业的产权一般包括对企业财产的占有权、使用权（或经营权）、收益权和处分权四个内容，是完备的产权。它与所有权的范围恰好相等，是一种所有权与经营权不分离的传统企业产权形式。具有法人资格的现代企业在我国主要是指现行公司法规定的三类公司，即有限责任公司、国有独资公司和股份有限公司。这类企业是完全的所有权与经营权相分离（企业的投资者不直接参加经营管理）的现代企业，其产权范围比所有权狭窄，主要包括对企业所属财产的占有权、使用权（或经营权）以及部分收益权（主要是企业留利），而企业财产的处分权以及另一部分的收益权仍然由企业的投资者所拥有。我们经常讲的明确界定企业产权，尤其是明确界定国有企业的产权，指的是企业与投资者（对于国有企业则是政府或政府的授权组织）之间的财产权利划分问题。明确的产权界定是产权排他性和有界性要求的，但企业产权的界定不是任意的，应当以能够最大限度地使企业平等参与市场、能够自主决策并获得最大利润为界定标准。

（二）市场经济中企业的行为选择

企业是生产性组织，企业的一切经济行为都是围绕着企业的生产展开的，并且遵循利润最大化原则。具体地讲，企业的经济行为主要包括三个类别的行为：企业的投资行为、企业的生产行为和企业的创新行为。① 其中企业的生产行为处于核心地位。

1. 企业的投资行为

企业的投资行为是指企业运用其所控制的资金购买用于生产的各种生产要素的行为。企业的这种购买实际上又是企业在要素市场上充当需求者的行为。企业对要素的具体需求是由企业的具体生产行为决定的，我们将在企业的生产行为部分作详细的讨论。企业的投资行为还派生出企业的另一个相关的行为——企业的融资行为。企业的融资行为是指企业在金融市场上，运用各种金融工具筹集生产所需资金的行为，其中金融工具实际上是企业或其他主体在筹集资金时与他人形成信用关系的凭证。金融工具包括传统的金融工具和金融衍生工具两类，传统的金融工具主要有债券、股票、商业票据（本票、汇票）等等；金融衍生工具主要有金融期货、金融期权等。另外，金融工具是针对筹资主体（发行者和出售者）而言的，对于持有者和购买者来说，金融工具就是金融资产。企业进行融资的时候具体运用哪种或哪几种金融工具，主要取决于该企业的经营业绩、财务状况、抗风险能力等因素，当然也与金融市场的状态相关。

2. 企业的生产行为

企业的生产行为是指企业运用生产要素进行生产的过程。为了讨论的方便，我们将生产过程分为两个阶段来分析：第一阶段先分析既定总成本下的最优产量以及相应所耗费的要素组合；第二阶段再分析变动成本下的最优产量以及相应的要素组合。另外，我们假设只使用资本（K）和劳动（L）两种要素，而且资本和劳动的价格是已知且确定不变的。

首先我们来讨论既定总成本（或总投资）的情况。由于总投资和要素价格都是已知且确定的，故而企业可以用全部总投资（总成本）从要素市场上购得若干单位的资本和若干单位的劳动共同用于生产。但是，企业到底购买多少单位的资本和多少单位的劳动合适呢？我们知道企业具有逐利的特性，所以，企业所购买的资本与劳动数量的组合，是能在既定总成本下实现最大产量的要素组合，这个组合对企业来说是最优的，我们将之记作（K_i，L_i）。如果我们将相应的总成本记作 C_i，相应的产量记作 Q_i，这样就可以得到与总成本 C_i 相对应的生产要素最优组合（K_i，L_i）和相应的最优产量 Q_i。

接下来我们考察总成本变动时的情况。我们可以将总成本的变动看成无数个既定总成本的情况组成的集合。也就是说，我们可以假设一个既定总成本的集合，这个集合能够包含企业所有可能的总成本 $\{C_1, C_2, \cdots, C_n, \cdots\}$，其中 n 为正整数；变动的总成本则是这个集合中所有既定总成本的连续化。按照上面一个既定总成本对应一个最优要素组合和一个最优产量

① 严格地讲，企业的经济行为中还包括企业的储蓄行为，例如提取各种公积金，但它不是企业的特征性行为，本书省略了相关内容。

的原则，C_1，C_2，…，C_n，…都分别对应一系列最优要素组合（K_1，L_1），（K_2，L_2），…，（K_n，L_n），…，以及一系列最优产量 Q_1，Q_2，…，Q_n…。企业要做的是从上述三组序列中找出一个总成本 C_e 以及与之对应的一个最优要素组合（K_e，L_e）和一个最优产量 Q_e，使得企业的利润达到最大。当然，$C_e(K_e$，$L_e)$ 和 Q_e，是存在的且代表了企业的具体生产行为。

这里的要素组合（K_e，L_e）就是企业在投资时，需要在要素市场上购买的资本和劳动数量；这里的能实现企业利润最大化的最优产量 Q_e 就是企业的最优生产规模。值得注意的是：企业的最优生产规模 Q_e 不一定对应着最低的平均成本（即单位产出的成本），因为利润不仅受成本的影响，还受市场需求的影响；但在完全竞争的市场上，两者是一致的，因为在完全竞争市场上，单一企业的产量变动不足以影响市场的需求。

另外，企业为了寻找最优生产规模，会不断增加总投资，总产量也就随之而不断增加，规模逐渐扩大。在这个过程中，平均成本将呈现出先逐渐下降、达到最低点后又逐渐上升的状态。随着生产规模的逐渐扩大，平均成本在达到最低点前逐渐下降的状态称为规模经济，在平均成本达到最低点后逐渐上升的状态称为规模不经济。

3. 企业的创新行为

在现代市场经济中，企业的创新行为越来越受到关注，企业的创新实际上是为企业提供一种新的优势，这些优势可以归结为成本优势和市场优势。成本优势是指产品的单位成本低于其他生产同类产品的企业；市场优势是指企业在某一市场上占据绝对的份额。企业的创新主要集中在产品创新、技术创新、组织创新、原料来源创新、市场创新等五个方面，其中技术创新、组织创新和原料来源创新能为企业提供成本优势，产品创新和市场创新则可以为企业提供市场优势。

创新也是需要成本的，而且企业也要承担创新失败的风险，因而企业创新行为首先取决于企业对创新成本和创新预期收益的比较，如果收益大于成本，企业才会产生创新行为。企业家是企业创新行为的主导者和推动者，企业具体的创新行为是由企业家的才能决定的。

二、现代企业制度与法人治理结构

（一）现代企业制度的含义

现代企业制度即现代股份公司制度，其核心是其法人产权制度。现代企业的法人产权制度的确立，产生了两个相对于古典企业的质变结果：一是使资本的所有权与企业的经营管理权发生彻底分离，产生了职业化的“支薪管理人员”，即企业的经理阶层；二是资本社会化导致企业规模扩大，在企业内部形成了“管理层级制”，即企业层级组织包含两个以上决策层级，在企业的高、中层级的决策者之间形成了较为复杂的决策分工体系。美国企业史专家钱德勒在其论述美国企业制度演进历史的专著中，对现代企业组织下的定义是：由一组支薪的中、高层经理人员所管理的多单位企业。钱德勒对现代企业组织所下的定义进一步证实了现代企业制度不同于古典企业制度的复杂性。现代企业在内部管理控制权的职业化和管理权配置方式的层级制，表明市场交易内部化已取得某种组织规范，这就是钱德勒所说的美国企业的管理革命，即以“管理上的看得见的手取代了市场机制的看不见的手”。

随着现代企业制度的出现，现代企业特别是一些现代巨型公司，本身就是一个庞大的“帝国”，一年可以实现几百亿乃至上千亿美元的销售额。它们内部有庞大而层级严密的管理机构，其外部又有极为广阔的市场空间。它们对内实行行政化的权力层级控制，对外适应市场制定和调整经营战略。可见，现代企业在适应及适用"市场"和"行政"两种协调方式上，是严格执行"内""外"有别的。这表明现代企业已经是一种兼备对外市场协调和对内行政协调的现代经济组织。

构成现代企业制度的制度要素主要有法人产权制度、法人治理制度、有限责任制度和管理层级制度等。其中，法人产权制度是基础，法人治理制度是核心，有限责任制度是保障，管理层级制度是工具。

现代企业所具有的多元产权结构、管理层级制、委托代理制以及多种协调方式和多元战略目标组合等，都表明现代企业已逐渐成为一种复杂的组织系统：它既有内部层级化的组织结构，又有需要适应和协调的外部市场结构（多样化、多层次的市场）；既有内部的行政协调机制，又有适应外部环境的市场经营机制；既有控制权配置的治理结构，又有规范企业组织和行为的法制体系；既有对管理层的内部激励约束，又有对企业及企业管理者的外部市场筛选和淘汰机制等等。现代企业的组织体系又是一个开放的系统，其要素配置、技术及产品创新等都必须与市场系统对接，规则及调整方式受到它所赖以生存的那个社会的政治法律制度的深刻影响。现代企业还是一个不断创新的组织系统，它要适应不断变化的市场，对各种生产要素进行新的组合，并因此而进行包括制度创新、技术创新和管理创新的一系列组织及运作方式的变革活动，以使现代企业的组织系统趋于完善。

（二）现代企业制度的基本特征

1. 现代企业拥有由出资者出资形成的独立的法人所有权，并取得由法律认定的独立的企业法人地位。现代企业的法人产权与自然人企业的私人产权有着本质的区别：法人企业享有的法定财产权是以"组织"名义行使的，不被自然人（公司所有者）意志和行为左右；法人企业具有永续存在的"生命"，不受自然人生命周期的限制；法人企业取得了企业法律形态，由公司法规范其组织形式、组织原则和商事权利、义务。总之，现代企业的法人化特征，是资本社会化的一种成熟制度规范，并为现代企业的规模扩张拓展了广阔的空间。同时，由企业法人明确界定的产权边界，也为现代企业进行有效的内部管理和经营运作奠定了产权基础。

2. 现代企业的投资者对企业债务承担有限责任。这意味着投资者以其投入企业的资本额（股本）为限承担有限责任，即当企业亏损到资不抵债、依法破产时，投资者所承担的最大责任仅仅是收不回投资（股本）而已，这与由投资者承担企业经营亏损的无限责任有着本质的不同。这有利于降低和分散投资风险，也有利于资本的流动和优化配置。在投资者承担有限责任的同时，企业法人则要以全部资产对企业的经营风险承担责任，投资者的投资（股本）只能转让，不能抽回；投资者以其投入的资本额享有终极所有者的权利，但不能直接干预企业的生产经营活动。这就把企业投资者的有限责任和企业法人的无限责任有机地结合起来，使两者互为存在条件，从而真正体现了权利和责任统一、利益和风险对称的原则。

3. 现代企业是具有管理层级制的科层组织。科层组织也即等级组织，是企业内部组织专业化分工并进行协调管理的方式。现代企业科层组织的出现有三个原因：一是企业规模扩张；二是企业专业化分工协作趋于强化；三是市场内部化的要求。现代企业的科层组织包含至少两个以上的决策层级，先后采用过三种科层组织结构：第一种是控股公司结构，简称 H 型结构；第二种是集中的、按职能划分部门的结构，简称 U 型结构；第三种是多分支单位结构（Multidivisional Structure，或译事业部制），即 M 型结构。科层组织出现并趋于多样化和复杂化，表明现代企业内部行政协调机制的强化和对市场协调机制的替代效应的增强。这是古典企业所不具备的。

4. 现代企业制度的经营管理走向职业化，并造就了一个职业管理阶层。这是现代企业制度法人产权独立、企业委托代理制兴起的必然结果。同时，分工的专业化发展，使管理在科层组织的基础上逐步独立化为一种专门的职能，这种职能已不能为一般的资本所有者胜任，而由具有管理知识的专业人员来承担，这样就逐渐产生了职业管理阶层也即职业经理。与此相应的是，在外部市场结构中出现了经理市场，以及市场化的经理筛选机制。职业经理的产生既使现代企业的经营管理趋于成熟，又对现代企业内部控制权的配置产生了巨大影响，使对资本的所有权和对资本的实际控制权不仅在产权制度上而且在人事安排上实现了彻底分离。

5. 现代企业行为目标的转移，由直接追求利润最大化目标转变为在企业长期稳定的发展中实现利润最大化。传统经济学中的"经济人"利益最大化行为假定，也即追求利润最大化假设，已经受到现代企业存在的委托代理制的挑战。职业经理追求的目标与单纯资本所有者（股东）的目标偏离的可能性显示出企业决策管理层目标的多元化，利润最大化目标已不是惟一的目标。以完全理性为前提条件的个人利益最大化行为假设，在市场日益表现出的不确定性、多样性和复杂性的冲击之下，事实上已不可能成立，"满意"的利润也是企业投资者所能接受的目标。面对多变的市场，面对日益增加的市场风险，现代企业不得不把追求企业的长期稳定发展放在首位。当然，也不排除在企业内部激励约束机制和外部市场（如证券市场、经理市场）约束机制的共同作用之下，职业经理会把追求企业长期稳定发展的目标和实现利润最大化的目标有机地统一起来。

（三）现代企业制度的法人治理结构

对现代企业制度也称公司制度的法人治理结构的研究，源于对公司制度中的资产所有权和经营管理权（现在更多的人称之为"控制权"）相分离所产生的代理问题的关注。由于在公司这种企业制度之下，资产所有者通过持股而外在于企业的运作和控制，经营管理者则内在于企业实际控制着企业的运作，这样，在资产所有者（委托人）和经营管理者（代理人）之间就存在着信息的不对称，而信息不对称背后的实质问题是两者利益目标可能出现的差异。为此，资产所有者就会寻求某种制度化的方式来解决对经营管理者的监督约束和利益激励，以实现自身利益的最大化。所以，在公司里存在的所谓委托代理关系问题实质上是资产所有者对企业控制者的权力制衡问题。正因为如此，公认的公司治理结构的含义是：在所有权与控制权分离的情况下，为解决代理问题而设计的制度安排。在这里，公司治理结构的实质是解决所有权对控制权的制衡和配置问题，目的是提高公司运作绩效。

公司的法人治理结构主要是解决两权分离下的代理问题，其关键是解决委托人如何有效地监督和激励代理人的问题。由于在委托人和代理人之间存在着利益目标差异和信息不对称的问题，代理人有自利动机而委托人已难以监督。委托人作为理性的投资者，为使其资本权益和投资回报最大化而自愿地将资本的经营控制权交给代理人时，他要解决的核心问题是在给代理人以充分的经营控制权的同时，如何才能使代理人尽职尽责地履行对委托人的义务，为委托人谋取利益。从理论上讲，给代理人以相当的"好处"（激励）以使其自愿为委托人"卖力"，同时给代理人以约束（监督）限制其自利行为（损害委托人利益之行为）都是没有问题的，但问题是怎样使委托人对代理人的激励与约束成为制度化的同时又是监督成本相对较少的可操作方式，这就涉及公司的法人治理结构以及法人治理结构的有效性问题。

公司的法人治理结构包括三个层次：公司内部治理机制、公司外部治理市场以及有关公司治理的法律法规。公司内部治理机制的主要内容是在公司内部构造一个合理的权利结构，从而在股东、董事会与经理人之间形成一种有效的激励、约束与制衡机制，以保证公司遵守有关法律法规，并实现公司及股东利益的最大化。公司外部治理市场主要是指与公司密切相关的外部市场，包括产品市场、资本市场、经理市场等三大市场，通过产品与价格竞争、公司控制权竞争、经理人才竞争等方式对公司经理人产生激励约束作用。有关公司治理的法律法规主要是指国家及政府监管部门为了保护广大投资者的利益，保证公司遵守国家法律与社会道德规范而制定的一系列法律规范。这些法律法规构成了有关公司治理的法律约束。

(四)建立现代企业制度的意义

1. 适应市场结构变化，抵御日益增大的市场风险

现代企业的资本经营和多元发展战略以及适度规模扩张的发展方式有利于其适应多变的市场，其社会化的融资方式和有限责任制度又能较为有效地抵御市场风险。

2. 利于形成有效的内部激励约束机制和外部市场制衡机制

现代企业的法人产权一般延伸为以委托代理制为依托的治理结构，从而形成对企业控制权的内部制衡;同时企业外部存在的证券市场和经理市场又形成对企业管理者行为目标和经营绩效的评价机制，并由此实现企业管理者的筛选和淘汰。

3. 利于进行科学的管理和企业创新机制的形成

现代企业一般是由具有专业管理知识的支薪职业经理控制的，职业经理以追求企业长期稳定发展来实现自身利益的最大化。现代企业存在的对经理行为偏差的校正机制，也会促使职业经理追求优化管理以满足企业有效发展的目标。另外，现代企业的层级管理制和市场导向的经营理念，也有利于企业适应市场不断创新。

4. 完善的法律规范性和国际惯例性

现代企业既进行国内经营，又进行跨国经营，经济的国际化已使现代企业逐渐形成了适应国际市场和国际惯例的一些经营模式。随着现代企业制度的成长，一方面国家对企业制定的法律规范更趋完备，另一方面也要求其按国际惯例进行运作。现代企业制度运作遵循的国际惯例主要包括:企业股东财富最大化是企业的宗旨;企业通过一个法人治理结构实施经营管理，经营者往往由非股东的职业经理担任;企业法人产权具有独立性、整体性和连续性，因而企业具有永续寿命;企业实行有限责任制度;企业以登记注册的章程作为企业营运的行为准则;企业建立管理层级制的组织结构;等等。现代企业完善的法律规范性和国际惯例性是与其竞争水平和竞争质量的提高联系在一起的。

5. 利于资本的流动和资源的优化配置

现代企业往往通过控股、兼并、收购、合并等方式进行资产重组和资本经营，从而优化资源配置，实施规模经济，极大地提高了经济效益和市场竞争力。如美国从20世纪初至今，已先后进行了五次大规模的公司兼并重组浪潮，而每一次公司兼并重组浪潮都给美国工业和国民经济带来了前所未有的影响，极大地促进了一批巨型、超巨型跨国公司的产生和发展，完成了资产规模的迅速扩张和增值，推动了产业升级和资产结构在社会范围内的优化配置，极大地提高了企业的经济效益和市场竞争力。1994年至今的美国第五次企业兼并重组浪潮已经演化为世界性的企业兼并重组浪潮，资源的优化配置已跨越国界，扩展到国际范围。

三、社会主义企业的演变与类型

关于企业历史演变的研究多以企业的产权制度或产权结构变迁为线索，将其描述为由古典企业（主要包括业主制与合伙制这两类企业）向现代企业（主要指股份制企业）演变的历史过程，其突出特征是企业产权由单纯个人财产权到多元产权结构演变。伴随企业以产权结构为基础的演变，企业的规模结构、治理结构、竞争结构等都会发生相应的变迁，从而推动企业走向成熟和完善。而对我国社会主义企业的演变过程的分析，核心是要揭示对我国企业由行政性集权到市场化分权的演变过程。这个过程也是我国社会主义企业逐渐获得独立产权或产权结构清晰的过程。

（一）我国社会主义企业的演变

企业是市场经济中最重要的微观基础。在我国，以经济体制改革的启动为分水岭，企业的历史演变在总体上可分为两大阶段，一是经济体制改革之前的计划经济时期，二是从1978年开始至今的经济体制改革时期。

计划经济时期（1956－1978年），企业是单一的国有企业，这些企业是在继承解放区的军工企业、没收官僚资本、对资本主义工商业进行社会主义改造以及计划经济时期各个阶段国家财政投资的基础上建立起来的。这一时期的企业基本均直接由中央政府统一集中管理。1953年之前，我国国有企业除了华北地区由中央直接管理外，其他各地基本由大行政区管理。1954年，国家撤销了大行政区制度，将原各大行政区所管理的绝大多数大中企业划归中央各工业部门管理，这些企业和原中央直属企业由各归口部委统一编制计划，统一组织物资供应，统一分配和统一销售产品，其财务收支、职工工资、人员配备也由各部委直接管理，这样，由中央政府高度集中统一、直接管理的企业管理体制初步形成。到了1957年，中央政府直属的企业由1953年的2800家增加到9300家，各类统配物资由1953年的50种增加到231种，这些企业的生产计划和基本建设接受指令性计划指导，生产和物资供应大量使用实物指标，产品和物资实行统分统配制度。① 当然，这样的企业管理体制有其历史必然性，而且在医治战争创伤、恢复国民经济和迅速建立完整的工业体系等方面发挥了重要的历史作用。但随着国民经济的恢复和发展，这种高度集权的企业管理体制的弊病就显现出来了，如政企不分，企业完全隶属于政府，企业没有自主产权，政府与企业及工人之间权责利不明等等，从而造成了企业管理机制上的混乱并使企业丧失了持久生产的动力。从市场经济的角度看，这样的企业并非真正意义上的企业（没有独立的产权，不能自主经营、自负盈亏和自我发展），其本质上是中央高度集权的计划经济体制下的行政附属物。

经济体制改革时期（1978年至今），企业开始向多元化的格局发展，市场由原来单一的国有企业向国有企业与非国有企业并存的格局发展。我们首先来回顾一下国有企业的改革历程。

国有企业由于高度集权的管理体制上的缺陷，丧失了持久生产的原动力，使企业自身一再地陷入困境，国有企业的改革迫在眉睫。国有企业改革沿着由“放权让利”到“转换经营机制”的路径，又可以将二十多年来的国有企业改革大致分为两个阶段。②

第一阶段的国有企业改革（1979－1992年）主要是以“放权让利”为主线，是一种不对传

---

① 逄锦聚，洪银兴，林岗：《政治经济学》，高等教育出版社，2002年版，第343页。

② 戴歌新：《中国国有企业制度创新研究》，西南财经大学出版社，1999年版，第51页。

统体制形成根本性冲击的表层化分权式改革。由于是初始性改革，没有明确的目标和坚实的理论基础，以放权让利为诱饵启动的国有企业改革不免带有浓厚的功利主义色彩，其目的主要是对国有企业及其职工形成激励，以改变企业生产效率低下的状况。这一阶段改革的主要缺陷在于国有企业的改革目标不明确，对当时国有企业效率低下的原因分析不足，认为国有企业效率低下的原因只是国有企业缺乏必要的自主权和激励，没有涉及产权等体制上的根本性问题。

第二阶段的国有企业改革(1992 年至今)是以建立现代企业制度为主线展开的。邓小平"南方谈话"和中共十四大之后，国有企业的改革开始由分权让利转向企业经营机制的改革，由表层的行政性分权转向企业制度创新——创建公司制，由企业改革的单项突进转向以企业改革为主线的综合配套、整体推进式改革。这一阶段的国有企业改革基本上是沿着明晰企业产权和实现政企分开的主线展开的，在实践上则以推行股份制、进行国有企业产权制度变革为基点，深入到对国有企业自身体制的改革;并在国有企业建立现代企业制度的目标导向下，推出了价格、税收、财政、金融及外汇管理体制等诸多方面的总体配套联动式改革。因而第二阶段的国有企业改革在广度和深度上均超过了第一阶段改革，其改革的难度也远远超过了前一阶段。

在国有企业改革的同时，市场经济体制的改革还孕育了大量的非国有企业，也即我们常说的民营企业。这些企业的生长是市场经济的客观要求和必然结果，是公有制和其他所有制形式共同发展的直接结果。非国有企业的形式是多样的，可以是个人独资企业、合伙企业，也可以是公司制的企业，包括有限责任公司、股份有限公司。另外，非国有企业中有一类特殊的企业，即乡镇企业，它是指农村集体经济组织或者农民投资为主，在乡镇(包括村)举办的各类企业。乡镇企业的前身是农村的社队企业，是农村剩余劳动力自我内部转移和消化的结果。

开放的市场经济条件下，企业的格局向多元化方向发展，除了包括上述的国有企业和非国有企业外，还包括所谓的"三资"企业，即外商投资的企业，包括中外合资经营企业、中外合作经营企业和外商独资企业三种。三资企业起初是经济体制改革和对外开放过程中为了引进生产技术和管理经验，促进我国的生产力发展而设立的，而现在三资企业在国民经济中发挥着更为重要的作用，尤其是在就业、出口等方面。

(二)社会主义市场经济中企业的类型

在市场经济中，企业的格局是多元化发展的，企业的类型也是多样的。根据不同的划分标准可将企业分为以下主要类型。

1. 根据所有权性质不同，可以将企业划分为国有企业、非国有企业和外资企业。国有企业是指国有独资及国家授权的组织在企业的股权结构中拥有控制地位的企业，其余的均属于非国有企业。外资企业特指中外合资经营企业、中外合作经营企业和外商独资企业三类外商投资的企业，外资企业也可以参股或控股我国的国有企业或非国有企业，但其投资后的企业产权性质是不变的。

2. 根据企业组织的类型不同可以将企业划分为业主制企业、合伙制企业和公司制企业。业主制企业是一种自然人企业(不具有法人资格)，是由单个自然人(公民)投资设立并自己经营的企业，投资人以其所有个人财产对企业的债务承担无限清偿责任;合伙制企业也是一种自然人企业，是由两个或两个以上的自然人(公民)按照书面协议共同出资、共同经营、共同承担经营风险的企业，合伙人对企业债务承担连带的无限清偿责任；公司制企业是一种具有法人资格的企业，出资人以占有股权的方式对企业投资，并以其出资额为限，对企业债务的清偿承担有限责任，但出资人一般并不直接参与企业的经营管理。

3. 我国法律规定或确认的企业类型，主要包括有限责任公司、国有独资公司（一种特殊的有限责任公司）、股份有限公司（含上市公司）、个人独资企业、合伙企业、中外合资经营企业、中外合作经营企业、外商独资企业等。其中，有限责任公司、国有独资公司和股份有限公司是公司制的企业，具有法人资格；个人独资企业和合伙企业是自然人企业，不具有法人资格；外商投资企业中中外合资经营企业和外商独资企业采用有限责任公司的形式，具有法人资格，而中外合作经营企业可以是法人型的公司制企业，也可以采用合伙制企业形式。

四、社会主义市场经济中的国有企业

（一）传统计划经济体制下国有企业的基本特征

如前所述，传统计划经济体制下的国有“企业”基本上是政府的行政附属物，不具备能够作为市场经济微观主体的基本经济特征。因此，对国有“企业”进行改革，首先就要求除去它既有的体现计划经济体制要求的行政化管制和运行特征。这些特征主要有：

1. 形成了取消（排斥）市场的行政导向机制，对企业的管理和控制是以行政命令（指令性计划）的方式直接地进行的。

2. 国有企业既有自己的上级行政主管部门，又有自己固有的行政级别，企业管理者首先是某一级行政干部，其次才是企业家。这种制度不利于培养真正意义上的企业家。

3. 形成了以低工资、全福利推动的企业型保障体制，以“企业办社会”，形成“大而全”、“小而全”的自我封闭机制和非公开化的待遇机制。

4. 导致了国有资产的低效或无效运行。而对国有资产流动严格限制的体制性障碍，又使大量国有资产变成低效或无效的存量资产。

可见，传统体制下的国有企业，既无明晰的产权，又不能自主经营、自负盈亏，显然是不能适应市场经济的要求的。因此，明晰国有产权主体，建立并强化其自负盈亏的权责机制，使其逐步成为真正能够参与市场竞争的微观经济主体，就是国有企业改革的基本取向。

（二）深化国有企业改革面临的主要问题

中国国有企业经历了从“放权让利”到“产权变革”的改革以后，在一定程度上引入了市场机制，也取得了明显的成效，但由于种种原因，仍然存在以下一些突出的问题。

第一，冗员问题。国有企业的冗员问题源于“企业办社会”、“企业办保障”的体制性积淀。但国有企业的改革必然涉及“减员增效”、“减员转制”的问题。若不能彻底解决国有企业的冗员问题，既难以实质性地解决企业的负担，也难以实现企业资源的优化配置。

第二，国有改制企业中内部人控制问题。一般意义上的内部人控制问题有两层意思：一是公司内部人员脱离了出资者的所有权约束，二是公司的控制权不能有效地转移，即难以通过证券市场形成对代理权的竞争和接管。内部人控制问题既是国有产权模糊或缺位的直接结果，又是公司法人治理失效的直接表现，从而扭曲了国有企业公司化改造的既定目标。

第三，布局与结构问题。虽然经过多年改革，我国国有企业在布局上仍然存在战线长、主业多、分布广的问题。不仅在垄断行业，甚至在竞争性行业，如家电、汽车、机械等制造行业中，国有企业仍占主导或规模优势地位。这对发挥国有企业在行业中的竞争活力是有不利影响的。

第四，大型国有企业或国有企业集团的产权结构与治理问题。在这类国有企业中，仍然存在国有独资和行政性垄断带来的诸如效率低、透明度低等问题。在国有商业银行的改制中，通过引入战略投资者，实行股权多元化，使其在治理与效率上有了一定的改善。但相当部分的大型国有企业或国有企业集团以股权多元化为基础的公司化改制仍然是不彻底的，其行政性垄断和行政性管制的色彩还比较浓厚。

上述问题既有国有企业传统体制在改革进程中的延续，也有国有企业在改革进程中新出现的问题。要通过对国有企业进一步的深化改革和制度创新，使这些问题得到实质性的解决。

（三）国有企业进一步深化改革的目标和任务

国有企业进一步深化改革的目标，就是要实现投资主体的多元化，健全和完善公司制度，使以规范的股份制为典型形式的现代企业制度成为国有经济的主要实现形式。同时，还要坚定不移地优化国有经济的布局和结构，增强国有经济活力、控制力和影响力。要深化对国有垄断行业的改革，引入竞争机制，加强政府监管和社会监督，以使其发挥出应有的效率。

规范运作的股份制企业，是从业主制、合伙制等传统企业形式演进而来的，它实质上是一种具有多元产权结构的混合所有制企业。在规范的股份制企业中，首先，它的两权分离是法律化、制度化和组织化的。它实现了投资者股权和股份制企业法人产权的彻底分离。法人产权既是一种聚合产权，又是企业的实际经营控制权，它由企业法人独立享有。而投资者股权是对企业法人的最终约束权，它既可以形成对投资收益和风险的制度预期，也可以在必要时通过共同行动对企业实际经营控制权形成替代。股权和法人产权的共同特征是其人格化的权责利机制。其次，它的法人治理结构体现了分权制衡的权责机制。股份制企业的法人治理结构实质上是投资者所有权对企业控制权的最终约束，其制度路径是通过股东会对董事会、董事会对经理层的授权以及经理层对董事会、董事会对股东会承担相应责任的权责对称的制度设计实现的。这样，在法人企业内部就形成了权力机构、决策机构、监督机构和经理层之间的制衡机制。最后，它的职业经理聘任制度和分权的专业化管理层级组织，是其实施科学管理的人事与组织保障。职业经理人在规模化经营管理中的独特价值，是所有权从股份制企业的直接经营管理中退位的最重要原因，而分权的专业化管理层级组织，既是职业经理人可以指挥和控制的管理团队，又是职业经理人所不能替代的专业化管理职能的组织的延伸，它可以保证各专业化管理职能的落实和到位。

把国有企业改造成为规范运作的股份制公司企业，从根本上革除国有企业传统固有的产权不清、权责不明、政企不分、管理不科学的历史积弊，还需要从以下方面进一步进行国有经济的制度创新：

第一，继续深化国有资产管理和监督体制改革，以塑造清晰的国有产权主体，切实保障国有资产的保值增值。国家要指定法律法规，建立由中央政府和地方政府的专职机构分别代表国家履行出资人职责，享有所有者权益，权利和责任相统一，管资产和管人、管事相结合的国有资产管理体制。要坚持政府公共管理职能和国有资产出资人职能分开的原则，由国有资产管理机构独立地对授权监管的国有资产依法履行出资人职责，维护所有者权益，完善国有资产有进有退、合理流动的机制，以实现国有资产的保值增值，防止国有资产的流失。

第二，进一步健全和完善国有股份制企业的法人治理结构，有效地控制内部人控制问题。一要改变国有股的股权结构，切实推进国有股的减持和流通，以逐步形成可以“用脚投票”的在资本市场上的控制权替代机制；二要健全和完善独立董事制度，对内部人形成较为有效的制度性制约，从而保证董事会决策的公正性和科学性；三要协调和处理好“老三会”与“新三会”的关系，特别是要处理好其中党委与董事会在企业重大决策问题上的权责关系，做到权责明确、分工合理、协调配合；四要建立和完善竞争性的职业经理人市场，以逐步形成在国有企业中以职业经理人取代“职业官员”的人力资本替代机制，使职业经理人对董事会负责，以其专业化的管理素质立足于企业，从而真正推动企业的科学管理。

第三，要进一步推动和完善对国有经济的分类改革，优化国有经济的布局与结构。在经济市场化的条件下，国有资本要有进有退，在关系国家安全和国民经济命脉的重要行业和关键领域，要增加国有资本的进入，当然也要通过建立现代企业制度塑造这类重要的国有企业的经营机制；而在其他竞争性行业和非关键领域，则应通过资产重组和公平竞争，坚定地使国有资本从这些部门中逐渐退出，以保持国有经济的控制力和影响力。在现有的国有垄断行业，既要引入竞争机制，又要加强政府监管和社会监督。事实证明，国有经济分布太广，战线太长，是其积弱的重要原因。所以，收缩其实是为了更有力的出击。

此外，还应为国有企业进一步进行制度创新创造一个良好的外部环境。尤其是应创造条件，逐步卸掉国有企业的“三大包袱”，即过度负债问题、企业办社会问题和冗员分流问题，要建立和健全相应的社会保障体系。

思考题：

1. 为什么说明确的产权界定是市场经济微观基础形成的条件？
2. 作为市场经济微观基础的企业具有哪些基本特征？
3. 结合中国实际，你认为如何建立现代企业制度？

第十章 宏观经济运行与政府的宏观调控

社会主义市场经济的正常运行，需要加强和完善国家的宏观经济调控，建立和健全社会主义市场经济的宏观经济调控体系。本章着重阐述社会总供给与总需求的矛盾运动，以及宏观经济中就业与失业、通货膨胀与通货紧缩两大矛盾现象，宏观经济运行的内在特点及要求，政府在市场经济中的经济职能和进行宏观调控的意义以及实行宏观调控的目标、手段和主要政策。

第一节　宏观经济运行

一、社会总供给与社会总需求

（一）社会总供给与社会总需求的含义

宏观经济的运行状况是通过若干宏观经济总量来表现的。由于这些宏观经济总量处于不停的变化之中，我们称之为宏观经济变量。在宏观经济变量中，社会总供给与社会总需求是最重要的一对变量。

社会总供给是指一个国家在一定时期内（通常为一年）向社会提供的最终产品和劳务的总量。社会总供给在数量上会表现为物质的量和价值的量两个方面。从价值形态上看，社会总供给是指进入市场可供购买的全部最终产品和劳务的价值总量，它是由国内供给与国外供给两部分构成的。国内供给从价值形态上说，就是国内生产总值（GDP）减去不可分配的部分。这里的不可分配的部分是指包括在 GDP 中的林业和畜牧业自然增长的部分。国外供给从价值形态上说，是指海关统计的进口总值（以本币为单位计算）。社会总供给用公式表示为：

社会总供给 = 国内供给 + 国外供给

= 国内生产总值（扣除不可分配部分）+ 进口总值

社会总需求是与社会总供给相对应的概念。它是指一个国家在一定时期内（通常为一年），社会有支付能力的购买力总和。从实物形态上看，社会总需求包括对物质产品的需求和对服务的需求；从价值形态上看，社会总需求表现为社会购买最终产品和劳务的价值总量。

社会总需求包括投资需求和消费需求。投资需求指整个社会在一定时期内（如一年）货币资金的支出所形成的对投资品或生产资料的需求，又称投资支出。消费需求指整个社会在一定时期内（如一年）通过货币资金的支出所形成的对消费品或消费资料（包括服务）的需求，又称消费支出，它表现为用于支付消费品需求所形成的商品的购买力。投资需求可区分为固定资产投资需求和流动资产投资需求，消费需求可分为公共消费需求和个人消费需求。在开放条件下，社会总需求还包括国外需求。社会总需求可以用公式表示为：

社会总需求 = 投资需求 + 消费需求 + 国外需求
= 固定资产投资需求 + 流动资产投资需求 + 公共消费需求
+ 个人消费需求 + 出口总值

（二）影响社会总供给与社会总需求的因素

1. 影响社会总供给的因素

（1）总需求规模。供给首先是由需求决定的，因为在任何情况下，商品的供给都只能通过满足市场的需求来实现其价值。社会对商品的总需求规模，决定着社会总供给的规模。在供过于求的条件下，会形成需求约束，抑制供给规模；而在供不应求的条件下，会产生需求拉动，促进供给规模的扩大。

（2）物价总水平。物价总水平是各种商品价格的加权平均值，每种商品的价格高低对其供应量的影响，最后会表现为宏观上的物价总水平对总供给水平的影响。这种影响一般是正相关的关系，即：物价总水平上涨，总供给量增加；物价总水平回落，总供给量减少。

（3）一定时期内的资源可供量。资源可供量通常是指一定时期内可供最终产品和劳务生产的资源数量，它是形成潜在的总供给规模的决定因素，也就是说，有多少可供资源，才会有多大规模的总供给。在一定时期内，资源可供量是有限的，当总供给的增加已经趋近于潜在总供给规模时，无论总需求怎样增加，物价总水平怎样上涨，总供给水平都难以提高。

（4）资源利用效率。这里主要指单位资源利用效率。在资源可供量既定的条件下，单位资源利用效率高，则意味着一定量的资源会有更多的产出，从而会形成较大规模的总供给；反之，单位资源利用效率低，则意味着一定量的资源所形成的总供给会减少。

（5）政府及其政策。总供给的形成还会受到社会因素的影响，其中比较重要的是政府及其政策。政府的作用是通过一定的经济体制和政府所推行的政策来体现的。经济体制影响着资源的配置及其配置效率，影响着经济运行是否平稳，从而影响着生产的扩大和供给的增加。政府通过若干宏观调控政策直接影响总供给的规模，这一点，我们将在后面分析。

在考虑开放经济的条件下，进出口贸易所引起的国际收支变动，以及国际收支变动所表现的实物运动和价值运动必然对社会总供求关系产生重要影响。从社会总供给方面来看，进口和资本流入的增加会扩大总供给，这是因为进口增长本身意味着供给规模的扩大，而资本流入的增加则会增加投资需求，从而导致总供给规模扩大。相反，进口和资本流入的减少则意味着总供给规模相应缩小。在一般情况下，如果进口大于出口，国际收支出现逆差，表明总供给规模在扩大。

2. 影响社会总需求的因素

在假定一国经济是封闭的条件下，社会总需求的规模主要取决于投资需求和消费需求的规模。

影响投资需求的因素主要是：

（1）企业投资倾向。企业投资倾向又取决于投资收益率的预期，它主要是由企业对市场需求量、利润率和资金利息率的综合预期来确定。

（2）政府税收与政府支出。税收增加，企业和居民相对收入减少，就会使投资规模减小；反之，企业和居民的相对收入增加，就会使投资规模扩大。这里的政府支出一般分为政府投资和政府购买(政府采购)两部分，前者直接增加投资需求，后者则是通过增加市场需求来刺激投资需求的增加。

(3)货币供应量。货币供应量的变化既会影响物价水平也会影响利率变动。货币供应量增加，有利于降低利率，企业会增加贷款，扩大投资，投资利润率也会相应发生变化;货币供应量减少，利率上升，企业会减少贷款，缩小投资规模。

(4)市场投资环境。它既包括“硬件”环境如基础设施、能源供给，它们直接关系到资源能否得到充分利用;又包括“软件”环境，如政府是否鼓励投资、税收、市场秩序等，这些因素关系到企业生产经营活动能否正常进行，生产和交易成本的高低等。

影响消费需求的因素主要是:

(1)居民收入水平。它既包括居民现时的可支配收入，也包括居民未来的预期可支配收入。国民收入的分配体制既确定了积累与消费的比重，也确定了居民的收入水平，从而影响着消费需求的规模。

(2)利率及储蓄倾向。当可支配收入一定时，消费需求的大小就取决于消费与储蓄的比例。在宏观经济分析中，人们一般把居民不用于消费的那部分收入视为储蓄。储蓄倾向就是居民用于储蓄的选择程度，表明了不用于消费的那部分收入的发展趋势。居民储蓄倾向受利率的影响:利率提高，人们会减少消费、增加储蓄;利率降低，人们则会增加消费、减少储蓄。

(3)物价水平及其预期。消费者对物价水平变动的支出反应，主要取决于物价水平的变动同消费者可支配收入的变动之间的关系。如果物价水平的变动同消费者可支配收入的变动是同比例的，即实际收入不变，则消费者的消费与储蓄的比例也不会改变。但是，如果物价水平的变动同消费者可支配收入的变动不是同比例的，就会导致实际收入水平上升或下降，消费需求就会相应增加或减少。另外，消费者对价格的预期也会影响当前的消费支出:如果消费者预期未来物价上涨，就会增加当前的消费支出;相反，如果消费者预期未来物价下降，就会减少当前的消费支出。

(4)政府转移支付。在政府的财政支出中，转移支付主要用于社会福利和社会救济，它们直接构成消费需求的一部分。转移支付的数额增大，消费需求的规模扩大;转移支付的数额减少，消费需求的规模也相应缩小。

在开放条件下，社会总需求同样会受到进出口贸易和国际收支变动的影响。与社会总供给变化不同的是，出口的增加会导致总需求的增加，因为出口意味着世界市场对本国产品的需求，其对总需求的影响与国内需求并无差别。而资本流出的增加会导致总需求的减少，因为资本流出意味着本国资本在外国投资规模的扩大，相应会减少本国的总需求。

(三)社会总供求的平衡与不平衡

社会总供给与社会总需求(简称社会总供求)之间存在着非常密切的互为因果的关系。供给以需求为目的，需求以供给为基础。在宏观经济运行中，总供求这一对变量一方面反映其他宏观经济变量如货币供应量、投资及消费指数、就业率等的变化，另一方面又会影响其他宏观经济变量的变化，所以说总供求是宏观经济变量中的核心变量。

在市场机制的作用下，供求关系总是伴随着价格信号的变化，在平衡与不平衡之间不停地运动和变化着，这种运动会呈现出一种二者不断地趋近于一致又不断地出现新的不一致的状态。平衡始终是相对的，而不平衡则是绝对的。在市场经济中，社会总供求之间的关系表现为三种形态:

第一，总供求的平衡状态。

社会总供求的平衡是指社会总供给与总需求处于一种基本平衡或均等的态势。所谓基本平衡，包括两个方面：一是总量平衡，即在实物形式和价值形式的总量上，总供给与总需求之间基本平衡；二是结构平衡，即在实物形式和价值形式的结构上，供给结构与需求结构之间基本平衡，合乎客观的比例。

在社会总供求基本平衡的情况下，国民经济一般会呈现出比较稳定而又具有活力的发展状况，在宏观经济面上，物价比较稳定，就业充分，经济增长可以保持一定速度。因此，各国政府都把保持社会总供求的平衡作为宏观调控的基本目标。

第二，社会总供给大于社会总需求。

这是指总供给过剩或总需求不足，生产总量大于有购买力的需求总量。在这种情况下，经济的主要表现是：(1)企业市场急剧缩小，产品卖不出去，导致企业开工不足，对劳动力的需求相应减少，失业人口增加；(2)经济增长速度放慢，出现零增长、负增长或只有少量增长的停滞状态，导致国家税收大幅度减少，引起财政赤字的增加；(3)企业生产投资和居民消费减少，货币需求量下降，从而形成通货紧缩。

第三，社会总需求大于社会总供给。

这种情形指总需求大大超过了总供给，总供给严重不足的状况，又叫做需求膨胀。这种情况下经济的主要表现是：(1)企业市场扩大，产品不愁销售，企业由此而丧失技术改造和管理创新的动力，形成竞争不足；(2)经济增长过快，超过资源可供能力和国民经济所能承受的程度，引起结构失调、效率下降，短线制约突出；(3)投资基金和消费基金的增长超过国民收入的增长，呈现“双膨胀”，信贷规模相应扩张，信贷支出额大于存款额，这种情形的必然结果是出现通货膨胀。在需求膨胀的情况下，社会经济秩序容易失控，价格信号失灵，资源配置扭曲，居民实际生活水平下降，意味着各种经济矛盾趋于尖锐化。

总供给过剩和总需求膨胀这两种形态都表示社会总供求关系的不平衡或失衡。社会总供求关系失衡的原因，从根本上说仍然是商品生产和交换中的基本矛盾。以货币为媒介的商品交换产生了买和卖的分离、供给与需求的分离、生产过程与流通过程的分离，商品的内在矛盾所表现的私人劳动与社会劳动之间的对立，本身就存在着供求失衡的可能性。同时，一定的经济体制对社会总供求关系有着极大的影响。在纯粹的市场经济体制下，当生产与市场的扩大不能同步进行，商品生产的基本矛盾表现为整个社会的经济矛盾时，很容易出现生产过剩的危机。而在市场机制不充分发挥作用的计划经济体制中，一方面资源配置效率、供给效率过低往往使供给不足，另一方面投资需求增长速度往往超过国民收入增长速度，投资需求膨胀，因此常常导致持续的供不应求即短缺经济的局面。

从理论上说，如果市场是完善的，在市场机制的协调下，总供给与总需求的失衡，会由于价格机制的反向拉动作用，逐渐又趋向于平衡。尽管失衡是经常发生的，但供求趋于平衡的运动也是客观的。问题在于，市场机制的调节作用有一定的局限性，会导致市场失灵，而一旦总供求发生严重失衡，对经济的破坏性影响会很大。所以，在宏观经济的运行中，还需要有一种市场以外的力量对宏观经济变量施加影响，这就是政府的宏观调控。

二、劳动力的供给与需求

社会再生产既是劳动者与生产资料相结合的过程，也是物质资料的生产与人类自身生产相结合的过程。物质资料生产是人类生存和发展的物质基础，而人类自身的生产是物质资料生产的目的和动力。在市场经济中，两种生产的相互关系也要通过劳动力的供求关系来表现。劳动力的供求是宏观经济运行的一对重要的变量。

(一)劳动力的供给

劳动力供给指社会在一定时期内可以向社会再生产过程提供的劳动力资源。劳动力供给的主体是具有一定质量的劳动者，劳动力的运用体现为一定数量的劳动时间和一定质量的劳动。从宏观经济的角度上说，劳动力供给就是一个社会的总人口能够提供给经济活动利用的劳动力总量，也可以看做是社会在一定时期内所能获取的劳动总量。

劳动力供给主要受到社会人口规模及结构、经济发展水平和经济体制等多种因素的影响，从而形成一定的供给规模和供给结构。

人口规模决定着一个国家或地区的劳动力资源总量，直接影响着劳动力供给规模。在一个社会的总人口中，一般有劳动能力的人口等同于劳动年龄人口(大多数国家把年龄在16～65周岁之间的人口定义为劳动年龄人口)，它是劳动力和就业人口的主要来源。劳动年龄人口减去不愿就业或因不同原因(如丧失劳动力或在服刑)不能就业的人口称为劳动力人口，它构成实际的劳动力供给规模。一般情况下，人口规模与劳动力供给规模呈正相关关系。人口结构则影响着劳动力供给结构，如人口的年龄、性别构成影响着不同劳动力供给的量和男女劳动力构成，人口的文化教育构成影响着劳动力的职业构成。

劳动力供给还受到一定的经济发展水平和经济体制的影响。如果一个国家或地区的经济发展水平低，生产技术水平落后，劳动者受教育的水平低，那么即使劳动力供给规模较大，在劳动力供给结构上，也会出现低层次劳动力多、高层次劳动力少，劳动力供给的总体质量不高的情况。如果一个国家或地区的劳动力市场不健全，劳动力不能有序流动，劳动力商品价格即货币工资不能反映劳动力供求关系，劳动力资源的配置就会出现低效率。这两种情况都意味着劳动力供给与物质资料生产之间缺乏合理的结合，社会的就业压力会增长，社会总供求关系也会出现失衡。

(二)劳动力的需求

劳动力需求指一定时期内社会再生产过程所能容纳和吸收的劳动力总量。与劳动力供给不同的是，劳动力需求的主体是拥有资本和生产资料并从事生产或服务活动的组织及个人，主要是企业、政府和自我雇佣的劳动者个人。劳动力需求意味着经济主体将拥有的资本和生产资料与一定的劳动力相结合，从而构成就业岗位。

劳动力需求也有一定的规模和结构。影响劳动力需求的因素主要是经济发展水平、产业结构和技术进步程度。经济发展水平体现着一定社会的资本规模和产业规模，它通常决定着劳动力的需求规模，一定的投资总是要求一定的就业岗位与之相适应。产业结构通常决定着劳动力的需求结构，如劳动密集型产业往往需要大量低层次劳动力，而技术密集型产业往往需要大量高层次劳动力。技术进步程度由于决定着资本与劳动力的比例即资本有机构成的高低，从而影响着不同产业和企业对劳动力的需求状况。在技术进步比劳动效率增进得更快的条件下，对劳动力的需求会相对减少。

在经济学的分析中，通常把劳动力需求看做市场对商品需求的一种派生需求。就是说，如果市场对商品的需求是充分的、增长的，那么对劳动力的需求也是充分的，增长的；而如果市场对商品的需求减少，那么对劳动力的需求也会相应减少。在凯恩斯之前，许多经济学家都认为，在完全自由竞争的条件下，由于市场机制的自发调节作用，社会总供求关系包括劳动力的供给与需求会自动平衡。凯恩斯则指出，在存在有效需求不足的情况下，会出现大量非志愿失业的情况。因此就需要政府通过对经济的积极干预来提高有效需求，促进生产，增加就业。事实上，市场经济中的劳动力供求关系是很难自动平衡的。正是由于市场机制的作用，劳动力供给经常与劳动力需求不一致，产生了就业与失业的矛盾。

（三）就业与失业问题

就业是指一定年龄段内的人们所从事的为获取报酬或为赚取利润所进行的活动。一个国家的经济发展，在相当大的程度上要以满足本国劳动者的充分就业为前提。这是因为，充分就业意味着一国经济资源，包括劳动力资源和与劳动力相结合的物质资料资源都得到了充分利用。所谓充分就业，就是指在劳动力供给与劳动力需求相均衡的状态下，国民经济各部门能够为愿意就业的劳动者提供所需要的全部工作岗位。

失业是就业的对称，指有劳动能力并愿意就业的劳动者找不到工作这一社会现象。在存在失业的条件下，经济资源就存在非充分利用的问题。衡量一个社会的就业水平或失业水平的主要有就业率和失业率两个指标。就业率是总就业人口与总劳动年龄人口之间的比率，而失业率是失业人口与劳动力人口之间的比率，用公式表示为：

$$就业率=\frac{总就业人口}{总劳动年龄人口}\times 100\%$$

$$失业率=\frac{失业人口}{劳动力人口}\times 100\%$$

劳动力供给和劳动力需求都不等于就业。劳动力供给来自于劳动力人口，劳动力需求来自于可以提供的工作岗位数量；就业则是劳动力供给与劳动力需求相吻合时的一种状态，即劳动者愿意工作并找到工作时的状态。就业人口不包括找不到工作的劳动者，因此就业人口是劳动力人口减去失业人口的余额。

失业是市场经济中不可避免的现象。在市场经济中，就业人口的数量是通过劳动力市场的供求关系来决定的，劳动力是供求的对象商品，而工资则是这一商品的价格。从劳动力的供给来说，供给数量取决于工资水平与劳动者付出劳动的代价之间的比较。如果工资水平大于付出劳动的代价，劳动者就愿意在这个工资水平下供给劳动，并且工资水平愈高，供给的数量愈多。从劳动力的需求来说，需求数量取决于工资水平与劳动的边际生产率之间的比较。一般来说，随着劳动力的增加，劳动的边际生产率会下降，企业如果增加劳动力，就必须降低工资水平。也就是说，企业对劳动力的需求是随工资水平的下降而增加、随工资水平的上升而减少的。当劳动力的供给与需求在市场上趋近于均衡时，就形成了均衡就业量和均衡工资。假设市场是完全竞争的，工资是弹性的，工资就可以随着供求关系的变化而浮动。当社会的实际工资高于均衡工资时，就会出现劳动力供过于求的现象，在企业不增加工资的情况下，一部分劳动者就会选择自愿失业，即在现有工资水平下选择不工作。

但是，在实际生活中，工资是具有刚性的，即不能随时、经常浮动，而是有一个缓慢的调整周期，这一周期是与商品市场的周期相关的。在商品市场萧条、企业产品滞销的情况下，企业往往是强制性地裁减雇员，以平衡支出与收入的数量关系。如果社会总需求不足，即国民经济中对产品的总需求不足以创造出对所有能够投入生产的劳动力的需求，大量的失业就是不可避免的。这种失业不再是自愿失业，而是非自愿失业，也就是不是劳动者不愿接受现行工资水平，而是他们接受但找不到工作。可见，在工资不能起到调节劳动力市场的供求关系的作用时，劳动力供求就会出现失衡，社会会出现大量失业人口。

在经济学的分析中，一般根据失业产生的原因，把失业分为三类：摩擦性失业、结构性失业和周期性失业。

摩擦性失业指劳动力供求出现的短期失衡的状况。处于摩擦性失业的劳动力主要指在一些对劳动力的性别、年龄有特殊要求的行业，在自身条件（如年龄、生育等）发生变化时离开工作岗位的劳动者；或是劳动力在市场流动过程中，由于信息不灵和市场不健全，获取信息需要较高的成本，这样出现的暂时未能找到工作的人。处于摩擦性失业的劳动力经常变换工作岗位，或寻找更好的工作，所以人们也把这种失业看做一种"自愿的失业"。

结构性失业指劳动力的供给与需求在结构上出现不相吻合的状况，如对一种劳动力的需求上升，对另一种劳动力的需求下降，而劳动力的供给不能及时适应这种变化，就会出现劳动力供求失衡。产业部门的兴衰、演变和重新组合，往往会引起因产业结构变动而产生的劳动力流动，这种流动就意味着结构性失业。结构性失业与摩擦性失业与劳动力在总量上的供求关系并无直接联系，就是说，即便是在劳动力的总供求处于均衡状态时，它们也会发生。因此，这两种失业又可称为自然性失业或正常失业。

周期性失业指失业率与经济周期相联系，在经济衰退时，由于对劳动力的需求大幅度减少而出现的失业。当社会总产出和社会总支出下降时，社会几乎所有的产业领域都会出现失业率上升的现象；相反，当经济复苏，社会总产出和社会总支出增加时，失业率就会普遍下降。

较高的失业率往往会使一个国家的经济蒙受巨大的损失。这是因为：一方面，高失业率意味着社会总供求的失调，它会使资源产生巨大的浪费，本来这些失业人口如果不失业，生产出来的商品和提供的劳务可以满足社会的需要，现在失业了，就被白白耽搁掉了，社会生产力受到极大破坏。另一方面，高失业率会使成千上万的失业人口丧失收入来源，陷于生活的困境，从而引发更多的社会矛盾和社会问题，使社会陷入动荡。因此，政府的一个作用，就是抑制高失业率的发生，并且在失业率上升时，通过公共政策的运用，最大限度地减少它的负面作用。

三、通货膨胀和通货紧缩

（一）通货膨胀及其影响

通货膨胀是指一国经济中物价水平的普遍上涨。仅仅是一种或几种商品价格的上涨并不构成通货膨胀，因为它们很可能被其他商品价格的下跌所抵消。通货膨胀是指多数商品价格一起上涨而其他商品价格没有发生下跌的情况。通货膨胀一发生，就意味着货币的供应量增多，货币的购买力下降了。所以，通货膨胀往往表现为物价持续上涨、货币不断贬值。

通货膨胀一般是通过物价指数来衡量的。物价指数是各种商品价格的加权平均价格。通过对物价水平的比较，可以得到通货膨胀率。通货膨胀率表示通货膨胀的发展速度及程度，用公式表示：

$$\text{通货膨胀率}(t\text{年})=\frac{t\text{年的价格水平}-(t-1)\text{年的价格水平}}{(t-1)\text{年的价格水平}}\times 100\%$$

一个国家的通货膨胀可能由多种因素引起。根据通货膨胀的生成原因，可以把通货膨胀分为需求拉上型通货膨胀、成本推动型通货膨胀、结构型通货膨胀等几大类。

需求拉上型通货膨胀主要是指由过度需求的拉动而产生的物价水平的普遍上涨。这种通货膨胀源于两大因素：货币因素和实物因素。从货币因素来看，如果货币供应量扩大，会引起投资需求和消费需求的增加，在商品供给不能满足需求的情况下，物价水平必然上涨。从实物因素来看，一旦需求超过了现有商品的供给规模，就会引起物价上涨。但是，在供给或生产能力还有相当大的潜在能力没有发挥的条件下，需求的增长可能导致实际产量的增长而不是物价水平上涨。只有在国民经济中基本没有闲置资本和劳动力、供给趋近于生产能力极限的条件下，需求的过度扩张才会引发通货膨胀。

成本推动型通货膨胀主要是指由于商品和劳务的供给者因成本上升而提高价格推动的物价水平的普遍上涨。从供给方面来看，自然灾害、战争或资源供给条件以及某些生产条件的变化，会大幅度提高生产成本而导致供给大幅度减少，从而推动物价的快速上涨。例如，20世纪70年代世界石油价格两次突然成倍增加，就形成了典型的成本推动型的通货膨胀。但是，如果物价上涨是由供给因素或成本推动形成的，在供给短缺得到弥补后，价格就会回落或不再上涨。

结构型通货膨胀主要是指在经济结构的变动与经济发展并不同步的情况下，由某一产业部门物价上涨所引起的物价水平的普遍上涨。经济结构的变动有时会与经济增长和经济发展不一致，有的产业或部门随着经济增长相应地发展较快，有的发展并不快，但却是经济发展所需要的产业或部门，这时可能出现结构型通货膨胀。例如：工业部门发展较快，会引起对农产品的需求上涨，而农产品的供给缺乏弹性，农业部门发展慢，农产品的价格会随之上升。农产品价格上升会使城市居民生活费用上涨，由此导致工资成本的上涨，推动整个物价水平的上涨。如果劳动生产率在一些部门的增长快于其他部门，劳动生产率增长较慢的部门也会导致通货膨胀的发生。比如，制造业的劳动生产率比服务业高，制造业的工资成本相对减少，但绝对数额可能随劳动生产率的增长而增加，服务业可能会攀比制造业的工资水平而提高价格（不是提高劳动生产率）。事实上，服务业的价格上涨往往快于制造业，从而形成通货膨胀的一个起因。

从通货膨胀的生成原因可以看到，通货膨胀往往是伴随着社会总供求的失衡产生的。通货膨胀对国民经济的影响是多方面的，在高通货膨胀率的情况下，就会对经济的运行产生破坏性的影响。首先，在高通货膨胀率（高通胀）的情况下，价格信号被严重扭曲，生产者无法判断价格高低的真实意义，从而导致供求关系的紊乱，加剧供求之间的矛盾。其次，在高通胀的情况下，货币的作用也被扭曲，由于物价上涨很快，货币迅速贬值，消费者因货币贬值而无法购买消费品，生产者的生产投资因货币作用的扭曲也会受到打击。同时，经济秩序遭到破坏，市场机制失灵，效率普遍丧失。再次，高通胀改变了收入分配格局，加剧了社会矛盾。高通胀使一部分生产者（因生产成本上升）和消费者（因购买力下降）收入减少，陷于困难境地，同时也会导致政府财政赤字的增加，加大政府投资和转移支付的压力。这时，生产过剩会转化为经济危机，加剧社会矛盾，甚至引发社会动乱。一些美国经济学家看到了这一点："历史上，恶性通货膨胀几乎总是同战争和革命相伴。"①

---

① 保罗·萨缪尔森，威廉·诺德豪斯：《经济学》，华夏出版社，1999年版第16版。

通货膨胀对经济运行的影响还表现在通货膨胀与失业之间的关系上。从短期来看，通货膨胀率与失业率之间存在一种此消彼长、此起彼落的关系，这种关系在经济学中被称为菲利普斯曲线关系。① 如果社会总需求大大超过了社会实际总供给，在低失业率情况下，物价水平会迅速上涨；相反，如果总需求大大低于社会实际的总供给，在高失业率的情况下，物价上涨的压力很小。就是说，在短期内，低失业率与高通胀率相联系，高失业率与低通胀率相联系。但从较长时期看，这种关系很难成立。例如，在失业率长期较高的情况下，也可能出现物价高居不下的现象，反之亦然。这种短期存在的关系为政府采取一定的宏观调控政策对失业和通货膨胀施加短期影响提供了一定的依据。

（二）通货紧缩及其影响

在宏观经济运行中，与通货膨胀相对应，还可能出现通货紧缩的现象。通货紧缩一般指物价水平的持续性下跌。但物价水平的下跌可能是多种因素引起的，从而使通货紧缩带来的后果也不一样。有的学者认为通货紧缩是指在货币供应量持续下降和产出增长率下降的条件下所形成的物价水平持续下跌。

通货紧缩作为与通货膨胀相对立的经济现象，其具体表现形式与通货膨胀完全不同。首先，通货紧缩表现为流通中的货币太少，货币流通量少于商品流通对货币的需要量；而通货膨胀却表现为流通中的货币太多，货币流通量超过商品流通对货币的需要量。其次，通货紧缩表现为物价水平普遍持续下降，物价指数下降的程度和持续时间表明通货紧缩的程度；而通货膨胀则表现为物价水平普遍持续上涨，物价指数上涨的程度和持续时间反映通货膨胀的程度。

通货紧缩产生的原因从根本上说仍然是社会总供求严重失衡。社会总供求的严重失衡，使影响价格的诸多因素发生了改变，从而导致物价水平的下跌。

首先，通货紧缩是总需求不足的产物。总需求不足意味着供给过度扩张，生产出现过剩，企业产品卖不出去，这是导致价格下降的基本因素。在生产过剩的条件下，商品滞销，货币流通速度减缓，这很容易引发信用危机。一方面，企业货币不能及时回笼，另一方面，银行因害怕收不回贷款而不得不紧缩信贷，其结果就造成利率上升，物价下跌。

其次，通货紧缩常常由货币供应量减少而引起。货币供应量减少一方面是由于信用紧缩，流通中所需要的货币量减少了；另一方面是政府减少货币发行量的结果。政府减少货币发行量一般是针对通货膨胀采取紧缩政策的一项措施，它有利于抑制物价暴涨和货币贬值。这种政策措施的效应，就是物价下跌，货币升值。

再次，通货紧缩还会由技术进步引起。从经济周期的角度看，经济波动与技术进步因素密切相关。技术进步是推动供给的力量，一方面它促进产出的增长，另一方面它推动成本的下降。从供给的角度来分析，它与形成成本推动型通货膨胀的因素正好是反向作用的。技术进步推动供给，从而推动经济增长，改变总供求关系，同时又为降低成本创造了条件，如果需求跟不上供给的增长，也会造成通货紧缩。

通货紧缩与通货膨胀一样，由于产生原因的复杂性，它对经济运行的影响也是多方面的。在一般情况下，人们都把通货紧缩与经济衰退联系在一起，因为通货紧缩常常伴随着社

① 菲利普斯曲线是英国经济学家 A. W. 菲利普斯对 1862 - 1957 年近一百年间英国的失业率与货币工资变动率的统计资料进行整理后得出的结论，借以说明失业与通货膨胀的关系。

会购买力减少、生产下降、大批企业破产、失业人口增加这些经济衰退现象。例如，1929－1933年大危机期间出现全球性通货紧缩，与此同时，美国消费物价指数年均下降6.7%，实际GDP年均下降8.2%，失业率高达20%以上。但是通货紧缩作为一种经济现象，不能简单地等同于经济衰退。历史上，同样是美国，在1866－1896年间经历了长达30年的通货紧缩，但这30年产出的年均增长率超过7%，成为美国经济赶超英国的关键时期。因此，通货紧缩对经济运行的影响，要从其成因和现实效应等方面进行全面分析。总体来看，通货紧缩在两种情况下对经济增长和经济发展都是不利的。一种是急剧的大幅度的通货紧缩。这种通货紧缩对经济的冲击力过大，往往激发各种经济矛盾和社会矛盾，如需求不足、失业严重、居民和企业收入减少、经济出现严重衰退。另一种是长期的持续的通货紧缩。这种情况下也会出现前述现象，造成供给不足，生产力遭到破坏，经济没有活力。如果通货紧缩是短期的，或只是针对通货膨胀的一种政策效应，其对经济运行的负面影响就是有限的。

1997－2003年，我国消费物价指数持续下降，也出现了一个时期的通货紧缩现象，而与此同时，我国保持了较高的经济增长速度(GDP年均增长7%以上)。中国通货紧缩的成因是多方面的：一是消费需求疲软(不是投资需求)，这是重要的约束因素；二是国有企业运营效率低下引致的信用紧缩促使总需求和物价水平进一步下降；三是货币流通速度慢，贷款增长速度慢于存款增长速度；还有基础货币供应量的增幅逐年减少，流通中的货币量相应减少。当这些因素逐渐发生改变后，通货紧缩现象就慢慢消失了。

第二节 社会主义市场中政府的职能和宏观调控的必要性

一、社会主义市场经济中的政府职能

在社会主义市场经济条件下，政府不仅是重要的政治组织，同时又是重要的宏观经济管理与调控组织。作为宏观经济管理与调控组织，政府的主要职能是：

第一，经济调节。首先政府实行科学决策，制定一定时期的国民经济和社会发展的战略规划，提出发展的重大战略，确定全局性的国民经济和社会发展的基本任务、重要指导性指标，决定其他必须由政府统一决策的重大事项，例如，保护土地资源，为保护资源而控制某种资源消费方式、控制人口增长等。同时，政府制定并实行包括财政政策、货币政策、产业政策、收入分配政策等在内的宏观政策，引导和调节国民经济的健康发展，调节收入分配，达到发展经济实现共同富裕的目标。

第二，市场监管。政府为市场主体服务，通过健全法律体系，规范各类经济主体的行为，限制各种不正当竞争行为，创造公开、公平、公正的竞争环境，维护正常的市场秩序。

第三，社会管理和公共服务。政府提供完善的法律、法规和基本制度与规则，以奠定市场经济顺畅运行的基本前提；提供道路、交通、公共卫生、义务教育等方面的建设和投资；保护各类产权主体合法的财产权利；提供社会治安与社会秩序，进行国防建设，维护领土完整与主权独立，营造有利于国民经济发展的和平稳定的环境。

第四，管理国有资产。政府作为国有资产的代表，行使国有资产的管理职能。改革国有资产管理体制，在坚持国家所有的前提下，充分发挥中央和地方两个积极性。国家要制定法律法规，建立中央政府和地方政府分别代表国家履行出资人职责，享有所有者权益，权利、义

务和责任相统一，管资产和管人、管事相结合的国有资产管理体制。关系国民经济命脉和国家安全的大型国有企业、基础设施和重要自然资源等，由中央政府代表国家履行出资人职责。其他国有资产由地方政府代表国家履行出资人职责。各级政府要严格执行国有资产管理法律法规，坚持政企分开，实行所有权和经营权分离，使企业自主经营、自负盈亏，实现国有资产保值增值。

二、社会主义市场经济条件下宏观调控的必要性

在社会主义市场经济条件下，发挥政府职能的一项重要任务，是政府必须对国民经济的运行和发展实行宏观调控。所谓宏观调控，是指政府以满足人民需要和国民经济持续、协调健康发展为目标，综合运用经济的、计划的、法律的和必要的行政手段，对整个国民经济运行和发展进行调节和控制。宏观调控的基本要求是，使宏观经济活动通过市场中介和微观经济活动有机地结合起来，保持总供求的基本平衡，顺利实现经济发展的战略目标。

在社会主义市场经济条件下，实行对国民经济的宏观调控，有其必要性。这是因为：

第一，实行宏观调控是实现社会主义生产目的和经济社会发展战略目标的需要。社会主义的生产目的，归根到底是为了满足人民的日益增长的物质文化需要。这个根本目的是通过各个不同发展阶段的具体发展目标实现的。在市场经济条件下，市场在资源配置中虽然占有基础地位，但单纯地依靠市场的自发调节，通过市场竞争所达到的资源配置和收入分配的结果，不一定与社会主义生产目的和经济发展战略目标完全相吻合。政府对国民经济进行宏观调控并使之吻合就是完全必要的。

第二，实行宏观调控是保持社会经济总量平衡，实现按比例地进行资源配置的需要。社会化大生产要求按比例地配置社会资源，建立起适合于国民经济协调发展的总量关系，保证社会各个部门和社会再生产各个环节顺利进行。而要达到这个目标，在发挥市场在资源配置中的基础作用的同时，还需要作好对国民经济的宏观调控。从本质上说，社会主义经济应该而且可能实现按比例地发展，但由于社会诸多因素的干扰和经济运行的复杂性，以及人们对客观经济规律认识的局限性等原因，社会总供给与总需求的总量失衡往往难以避免，并由此导致经济波动，因而需要政府经常性地从宏观上对国民经济进行调控，这是保持国民经济顺利发展的必要条件。另一方面，改革和发展必然涉及利益关系的调整，为了协调多元化、多层次的经济主体的利益关系，克服各地区、各部门经济利益的不平衡性，协调国家的整体利益、企业的局部利益以及个人利益，也必须对国民经济运行进行宏观调控。

第三，实行宏观调控是弥补市场调节不足的需要。市场虽然在资源配置中发挥基础性作用，但它在发挥积极作用的同时，也有其缺陷与不足，即通常所说的“市场失灵”。为了弥补这些缺陷和不足，就有必要由政府运用经济手段、法律手段和其他调控手段规范和调节市场，并通过市场引导国民经济按照预定的宏观经济的目标运行。

第三节　宏观经济调控的内容和目标

一、调节经济总量和经济结构

宏观经济调控是总量调控，是对全社会的经济活动从总体上进行控制和调节。调节经济总量就是调节社会总供给与社会总需求，使二者保持基本平衡。但由于经济总量平衡和经济结构优化是密切关联和相互制约的。因此，调节经济总量和经济结构是宏观经济调控的基本任务。

（一）调节经济总量，保持社会总供给与总需求的基本平衡

经济总量平衡是社会总供给与总需求的基本平衡。在社会主义市场经济条件下，社会总供给，在实物形式上是指国民经济各部门在一定时期内（通常为一年）向社会提供的物质产品和服务的总和。从价值形式上看，是指社会在一定时期内提供的进入市场可供购买的商品和服务的价值总量。社会总需求是指社会的有效需求，即以有货币支付能力为前提的社会购买力总额，在实物上表现为社会购买力所要购买的商品和服务总量。

市场商品和服务供应量，是在社会商品和服务资源总量的基础上形成的。一定时期进入市场的商品和服务资源总量，取决于下列主要因素：1. 物质生产发展水平和商品率的高低；2. 进出口商品的数量；3. 国家储备物资调入和拨出的差额；4. 不作为商品的军需品占社会总产品的比例；5. 可作为商品的物资的回收数量；6. 社会各行业所提供的有偿服务数量。

市场上商品和服务的需求量，是由有货币支付能力的社会购买力所形成的。一定时期对商品和服务的购买力，取决于以下主要因素：1. 城乡居民货币收入的数量；2. 社会各阶层、集团货币收入中用于储蓄和购买有价证券所占的比例；3. 社会集团购买力状况；4. 商品的价格水平；5. 各行业的服务收费水平；6. 社会积累基金和补偿基金所形成的对生产资料需求的总量。

保持社会总供给与总需求的基本平衡具有重要意义。社会总供给与总需求是否基本平衡，是国民经济运转是否正常的重要表现。供需总量平衡，是保持国民经济大体按比例发展的最基本的平衡。供需总量的失衡，无论是总供给大于总需求，还是总需求大于总供给，都会给国民经济的发展带来严重后果。总需求不足，会使市场疲软，生产停滞甚至萎缩、衰退。总供给不足，需求过旺，经济过热，势必使市场紧缺，物价上涨，通货膨胀，经济秩序混乱。

（二）调节经济结构，促进重大经济结构优化

经济结构是在社会生产一定发展阶段上国民经济各部门、社会再生产各环节、社会各地区之间的比例、构成及相互关系。它包括产业结构、地区结构、企业结构、商品和劳务的供给与需求结构等。经济结构优化，就是在各产业部门、各行业之间保持合理的发展比例和充分发挥关键产业对整个国民经济增长的带动作用，各地区的经济增长互相协调，并形成市场经济发展要求的互惠互利的分工协作关系。

经济结构优化和经济总量平衡是相互联系、彼此制约的。总量平衡是结构优化的前提，经济结构的合理和优化，是长期保持经济总量平衡的基础。只有在经济结构合理的基础上，才能达到真正的供需总量平衡。供给总量和需求总量内部都有着复杂的构成，如果供需结构不合理（产业结构、企业结构、地区结构的不合理最终都会表现为供需结构的失衡），即使在价

值形式上供需总量是平衡的，也会出现一些产品过剩甚至严重积压，同时另一些产品短缺甚至严重供不应求，导致供需总量的失衡。一方面，只有在经济结构合理和优化基础上的总量平衡，才是积极的、经济效益好的总量平衡。另一方面，经济总量平衡又会制约经济结构的合理和优化。只有在供需总量基本平衡的条件下，才能保持正常的市场秩序、基本稳定的价格和良好的市场供销环境，从而才有可能从资金、物资、技术等方面，有力地促进供需结构的调整与合理化。宏观经济调控的基本目标，不仅要保持经济总量平衡，而且要保持经济结构优化，这样才能使整个国民经济运行保持正常状态，才能促进国民经济又好又快发展。

(三)实现总量平衡和结构优化的途径

在我国的经济建设中，曾多次出现经济总量失衡和经济结构失调，明显地制约了国民经济的发展。根据我国的实践经验，在社会主义市场经济的条件下，保持经济总量平衡和经济结构优化的主要途径是：

1. 深化投资体制改革，调整、优化投资结构，建立与完善固定资产投资的有效约束与调节机制

固定资产投资对经济总量平衡和经济结构优化有重要影响，投资规模、投资结构和投资效益对国民经济的总体运行状况具有关键性的决定作用。深化投资体制改革，完善投资核准和备案制度，规范政府投资行为，明确界定政府投资范围，建立健全政府投资项目决策责任追究制，规范国有企业投资行为，鼓励扩大民间投资，逐步建立法人投资和银行信贷的风险责任制，有利于形成对投资主体的内在约束和外在约束，有效遏制盲目扩张和重复建设，有利于提高投资活动的合理性和效益，促进社会投资稳定增长和结构优化。

2. 加大经济结构调整力度

面对世界科技革命加快发展和国际经济结构加速重组的趋势，必须适应国内外市场需求的变化，依靠技术进步，对经济结构进行战略性调整，推动产业结构优化升级，提高经济的整体素质，才能为实现社会总供给和总需求的基本平衡及重大经济结构的优化创造条件。

3. 建立和完善科学、民主的经济决策体制

通过科学的、民主的经济决策，既要抓住有利时机，促进国民经济持续快速健康发展，又要防止急于求成，片面追求速度、产值的倾向。要从国力出发安排经济建设规模，搞好基本比例关系的综合平衡。

4. 建立和完善社会主义市场体系，疏通商品流通渠道

通过加快培育社会主义市场体系，大力发展消费资料和生产资料市场，保持各类商品流通渠道的畅通，以利于促进生产资料和消费资料生产的发展，增加有效供给。特别是由商业部门保持适度的商品储备，可起到蓄水池的作用，增强对供需失衡的随机调节能力。统一、开放、竞争、有序的现代市场体系的完善，可以促进物资的广泛交流，调节部门和地区之间的供需结构，并可通过发展对外贸易，来调节国内商品的供需结构。

二、宏观调控的主要目标

宏观经济调控经常使用经济增长率、失业率、通货膨胀率以及国际收支等相互联系的经济总量指标，因为经济总量是否平衡、经济结构是否合理往往在经济增长速度快慢、物价是否稳定、失业率的高低以及国际收支是否平衡等方面反映出来。坚持把促进经济增长，增加就业，稳定物价，保持国际收支平衡作为宏观调控的主要目标，是改革开放后我国现代化建设经验

的总结。

（一）促进经济增长

经济增长是社会经济发展的基础，“发展是硬道理”。中国解决所有问题的关键是要靠自己的发展。只有保持经济快速优质增长，才能较快地提高我国人民的生活水平，尽快地增强我国的综合国力；才能顶住霸权主义和强权政治的压力，维护国家的主权和独立，立足于世界民族之林；才能增加社会主义的凝聚力和吸引力，显示社会主义制度的优越性。因此，促进经济增长是我国宏观经济调控的重要目标。现在，我国进入了全面建设小康社会的新阶段，继续保持我国经济平稳较快增长，必须加快转变经济发展方式，坚持扩大内需特别是居民消费需求的方针。立足以人为本，推动经济增长和发展，把提高人民生活水平和促进人的全面发展作为根本出发点和落脚点。改革开放三十多年，我国的经济增长始终处于世界的前列。近几年我们有效应对国际金融危机的巨大冲击，保持了经济平衡较快发展的良好态势，战胜了重大自然灾害，胜利完成了“十一五”规划确定的主要目标和任务。综合国力大幅提升，国民经济迈上新的台阶。2010 年国内生产总值达到 39.8 万亿元，跃居世界第二位。

（二）增加就业

人口众多是我国的一个显著特点和重要国情。一方面，我国有着丰富的人力资源；另一方面，我国也面临着巨大的就业压力。由于人口基数大，每年新增劳动力达 1000 万，相当于一个中等国家的人口，此外，还有下岗和失业人口，农村剩余劳动力也需向非农产业转移。无论城市还是乡村，都将长期存在劳动力供给明显大于需求的问题，就业总量压力和结构性矛盾并存。因此我国必须坚持把促进就业放在社会经济发展的优先位置，统筹城乡就业，努力控制失业规模。要把改善就业结构，完善市场就业机制，扩大就业规模，增加就业岗位，实现充分就业作为宏观经济调控的重要内容和优先政策目标，实施就业优先战略和更加积极的就业政策。

就业是民生之本和安国之策。千方百计地扩大就业总量，实现充分就业既是经济发展的需要，也是保持和维护社会稳定的需要。解决新增劳动力就业和下岗职工的再就业问题，既关系到经济发展、社会稳定，又关系到深化国有企业改革，是完善社会主义市场经济体制的全局性大事。坚持实施就业优先战略和更加积极的就业政策，必须立足于发展经济和调整结构，保持经济增长对就业的有力拉动，把结构调整与扩大就业结合起来，实现经济增长和就业的同步推进。为此，要大力发展就业容量大的劳动密集型产业、服务业和小型微型企业，千方百计扩大就业创业规模。完善税费减免、岗位补贴、培训补贴等补贴政策，完善和落实小额担保贷款、财政贴息、场地安排等，鼓励自主创业政策，促进各类群体创业带动就业。建立健全政府投资和重大项目建设带动就业机制。完善就业援助政策，多渠道开发公益性岗位。加强公共就业服务，完善公共就业服务体系，健全统一规范灵活的人力资源市场，推动就业信息全国联网，为劳动者提供优质高效的就业服务。对新增长的劳动力普遍实行劳动预备培训制。鼓励企业开展职工岗位技能培训。加强创业培训。健全失业监测预警制度，开展就业需求预测。

（三）稳定物价

保持物价总水平的基本稳定，有利于企业和个人在比较稳定的价格预期下安排生产和消费，促进经济健康、平稳增长，避免经济增长的大幅波动。必须建立完备而有效的政府对价格的宏观调控体系，以约束定价主体的定价行为，防止剧烈的价格波动，抑制物价上涨，同时也要防止物价的大幅下滑。这种宏观调控主要不是直接为各种商品定价，着眼点是保持物价总水平基本稳定和经济总量平衡，促进经济发展。

物价的大幅上涨或大幅下滑，都会带来人们对价格预期的紊乱，影响经济行为主体的判断和信心，扭曲资源配置，影响消费者的心理预期，对社会稳定和经济发展产生负面影响。在物价上涨较快，通胀预期增强时，要把稳定物价总水平作为宏观调控的首要任务。同时要控制预算赤字和国际收支，长期的预算赤字和国际收支失衡会引起物价的波动。

(四)保持国际收支平衡

国际收支是指一个国家在一定时期内(通常为一年)与其他国家之间一切经济交往所发生的收入总额和支出总额。国际收支既包括经常项目收支，如贸易收支、劳务收支、单方支付转移等，也包括资本项目收支，如直接投资和非直接投资所形成的资本输入和输出。国际收支全面反映一个国家一定时期内的涉外经济交往状况，关系到该国的经济稳定程度。国际收支出现过度顺差和逆差都不利于本国经济稳定发展。国际收支顺差，虽有利于增强外汇储备，稳定币值，增强抵抗经济风险的能力，但顺差过大，往往会导致资金使用效益降低，引起对外贸易摩擦，对国民经济造成负面影响。国际收支逆差会减少外汇储备，影响币值和物价稳定，削弱抗衡金融风险的能力，使投资环境恶化，严重时会出现资本外逃，甚至导致经济危机。在国际经贸关系不断发展的情况下，受各种复杂的国内外因素的影响，难以使每年的国际收支都保持平衡，但重要的是要采取切实有效的政策手段，避免长期国际收支不平衡，以利于对外经济交往和国内经济的稳定发展。

促进国际收支基本平衡，是统筹国内发展和对外开放、推进经济社会切实转入科学发展轨道的要求，是改善国民经济总量平衡、实现又好又快发展的需要。贯彻落实科学发展观，实现经济又好又快发展，迫切要求我们必须把促进国际收支平衡作为宏观调控的重要任务。

上述各项宏观调控目标，相互联系、相互制约，共同构成社会主义国家宏观经济调控的目标体系。在不同时期和不同情况下，国家宏观调控的侧重点可以有所不同。

实现宏观经济调控目标，需要采取适当的宏观调控方式和调控手段，制定切实可行的宏观经济调控政策。

第四节 宏观经济调控的方式和手段

一、宏观经济调控方式

社会主义国家对国民经济运行进行宏观调控可以采取不同的调控方式。宏观经济调控基本上有直接调控和间接调控两种方式。直接调控就是国家用行政手段和指令性计划，直接对每个微观经济单位进行的宏观调控。间接调控是国家运用经济手段，借助于市场机制来实现的宏观调控。两种宏观调控方式相区别的主要标志是，国家采取的宏观调控手段是否借助于市场机制这一中间环节来发挥作用。

在传统的计划经济体制下，对国民经济的宏观调控主要采取直接调控方式。这种直接调控方式在新中国成立初期对迅速恢复国民经济和社会主义经济建设曾经发挥过它应有的历史作用，但它不适应社会主义市场经济发展的要求。在社会主义市场经济条件下，这种调控方式，一方面，容易忽视微观经济主体的利益，从而压抑微观经济主体的生产经营积极性，使其失去生机和活力；忽视市场机制的作用，不发挥甚至否定市场对资源配置的基础性作用；易于使计划脱离实际、生产与消费脱节，导致资源浪费。另一方面，由于经济利益主体的多元化和经济活动的日趋复杂，很难达到有效调控的目的。社会主义市场经济的发展，客观上要求国家的宏观调控由直接调控为主转向间接调控为主，建立以间接调控为主的宏观经济调控体系，借助于市场机制对整个国民经济进行管理和调控。

在社会主义市场经济条件下，宏观经济调控以间接调控为主，并不否定直接调控方式。由于直接调控方式具有强制性、约束力和速效性的特点，当国民经济的运行出现总量、结构或速度上的严重失衡和失常时，为迅速有效地解决矛盾克服困难，使国民经济的总体运行恢复正常状态，在重视间接调控的同时，也需采取某些必要的直接调控方式。当然，这种直接调控也必须符合社会主义经济规律和商品经济规律的要求，适应社会主义市场经济微观基础的特点，而不同于传统计划经济体制下的直接调控。

二、宏观经济调控手段

社会主义宏观经济调控是借助于各种宏观调控手段来进行的。与社会主义市场经济相适应，宏观调控主要运用经济手段和法律手段，同时也要重视计划手段，以及必要的行政手段。

（一）经济手段和经济杠杆

1. 经济手段的特点

社会主义宏观调控以间接调控为主，就是主要依靠经济手段进行宏观调控。经济手段是指依据价值规律的要求，通过运用与价值形式相关的各种经济杠杆调节经济主体的经济利益，以引导经济主体的经济活动，协调微观经济与宏观经济的运行，达到宏观调控目标的调节手段。经济杠杆是国家掌握和利用的各种价值形式和价值工具，是和商品货币关系特别是和价值规律及市场机制相联系的范畴。经济杠杆之所以能够从宏观上调节经济的运行，是因为经济杠杆是物质利益的引导杠杆，经济杠杆的本质属性和调节方式是物质利益的引导。因此，各种经济杠杆都是经济利益的调节者，它们的作用结果都从不同方面影响着经济主体的经济利益，促使各经济主体从自身的经济利益出发，自动地按照经济杠杆作用所引导的方向调整自己的生产经营与投资的方向和规模，因而它能从经济利益的制约上促使经济主体的经济活动大体上符合宏观经济运行目标。

经济手段具有间接性和灵活性的特点。经济手段借助于经济杠杆影响各经济主体的经济利益来引导其经济行为，促使其按照宏观经济目标调节它们的生产经营方向、规模和投资决策，因而对经济主体的经济活动的调节是间接的，它是以经济主体的自主选择、自动适应为基础的。运用经济手段进行宏观调控，可以根据不同的经济形势和外部环境，运用不同的经济杠杆，并随时调整经济杠杆的作用方向和作用力度，因而又是灵活的。

2. 经济杠杆体系及其作用

社会主义宏观经济调控中所运用的经济杠杆内容很多，主要有价格、税收、信贷、利率、汇率、工资、奖金等，它们共同构成经济杠杆体系。这一经济杠杆体系对经济活动具有调节、分配、监督等职能。

在社会主义经济杠杆体系中，价格杠杆占有重要地位。价格杠杆是国家自觉依据价值规律调整或安排价格，使其既反映价值又反映市场供求关系，从而合理配置资源的一种调节手段。价格杠杆在宏观经济调控中具有调节杠杆和核算工具两种作用。价格作为调节杠杆，其作用主要是通过价格的涨落，来调节生产和投资的方向，调节商品流通和消费结构，调节国民收入的再分配，以及促使企业加强经济核算，改进生产技术和经营管理，增强企业的市场竞争能力。价格作为核算工具，其作用主要表现为，它是编制国民经济计划的工具，借助于价格可以考核经济效益的高低，可以检验商品生产上的劳动耗费的多少，并可通过价格核算监督企业节约劳动时间。价格作为调节杠杆与核算工具，要求与价值相符并反映市场供求关系，保证价格在市场总体运动中既处于相对稳定状态，又以价值为中心随供求关系的变化而适当地波动。价格如果长期与价值相背离，或价格不能随供求关系的变化而灵活变化，则不能起到调节杠杆和核算工具的作用。

税收是一个重要的经济杠杆。它是国家通过设置税种、制定税收制度、规定税率、增减税目和征收税金，以及运用税收减免、纳税环节、纳税期限等方式，来调节国民经济运行的经济调节手段。税收的基本职能是分配和再分配国民收入，国家将税收作为集中财政收入和调节企业及社会各阶层经济利益的手段，它是调节国家与企业、企业与企业、国家与个人以及个人之间分配关系的强有力杠杆。国家还可以利用税收的分配职能调节生产、流通和消费，即通过调整税种、提高或减免税金，来调节产品生产和流通的增减及引导消费。税收对进出口贸易也有重要的调节作用。

信贷和利率作为经济杠杆，具有重要的调控作用。它是以中央银行为中心的银行体系，通过调整利率、信贷规模和信贷结构来调节国民经济运行的一种手段。信贷的调节作用主要表现为，银行根据国家的经济发展战略和产业政策，通过规定贷款的方向、规模和期限，来影响资金的投放领域，调节生产和流通结构，使之符合宏观经济发展的需要；银行可以通过吸收存款和发放贷款，加速资金周转，使社会资金得到合理有效利用；通过银行信贷的松紧调节货币供应量，以实现社会总供给与总需求的基本平衡。利息率的调节作用主要是通过利息率的高低来影响投资方向和投资领域，引导投资符合宏观经济发展的需要。

工资和奖金也是重要的经济杠杆。工资和奖金都是实现收入分配的具体形式，它们对国民经济发展有重要的调节作用。根据社会经济发展水平和社会劳动生产率的高低，合理确定国有企业的工资总额，完善最低工资和工资指导线制度，逐步提高最低工资标准，稳妥扩大工资集体协商范围，能够有效地调节国家、企业和个人的分配关系；工资和奖金的高低可以调节劳动力的分配，从而起到调节生产结构和地区经济结构的作用。

汇率杠杆是国家通过汇率的变动来进行宏观调节的手段。国家根据国际市场状况和国内经济发展的需要，调整汇率，以汇率的升降来影响国家的进出口贸易和国际收支的变化，从而影响社会总供给与社会总需求之间的平衡关系。

3. 综合运用经济杠杆

利用经济杠杆进行有效的宏观经济调控，必须综合地运用经济杠杆。所谓综合运用经济杠杆，就是按照宏观经济计划目标，统筹规划对各种经济杠杆的运用，使它们有机结合、相互协调，对国民经济运行发挥最佳效果。之所以必须综合运用经济杠杆，是因为各种经济杠杆都具有各自适用的领域和调节特点，也有各自的局限性。这就要求运用经济杠杆时既要考虑每种经济杠杆的调节特点，分别加以选择利用，又要使它们相互配合，取长补短。还因为企业之间、产业之间、地区之间以及社会再生产各环节之间，有着错综复杂的联系，不可能单靠某一种经济杠杆的调节，来实现国民经济的协调发展。

在利用经济杠杆的过程中，应从经济杠杆体系的整体性、互补性、选择性等特性出发，加以综合利用。利用经济杠杆的整体性，就是使各种经济杠杆的作用相互促进、相互配合，否则会给生产经营者以错乱的信号，使各种经济杠杆的作用互相抵消。利用经济杠杆的互补性，就是利用各种经济杠杆的特殊调节功能，互相加以补充，以达到总体调控的效果。利用经济杠杆的选择性，就是在利用经济杠杆调节国民经济的运行时，应根据各种经济杠杆的特殊功能，有选择地加以利用，使之起到最有效的作用。

为了充分发挥经济杠杆的调节作用，必须在建立和完善社会主义市场经济体制的过程中，建立合理的价格体系，完善税收制度，健全财政信贷制度，改革工资奖金制度，为经济杠杆创造一个发挥作用的良好场所和经济环境。

(二)法律手段

社会主义市场经济从一定意义上说就是法制经济。法律手段是依靠国家的法权力量，通过经济立法和经济司法机构，制定和运用法律、法规来调节经济的手段。法律手段具有权威性、规范性、强制性和相对稳定性等特点。法律手段的主要职能是采取法律的形式来调节各种经济关系和经济活动。通过法律手段可以有效地维护公有制为主体、多种所有制经济共同发展的基本经济制度，维护各种经济形式、各经济组织和劳动者个人的合法权利，调整各经济组织之间横向和纵向的关系，维护经济运行的正常秩序。在社会主义市场经济条件下，市场上各经济活动主体的权利、义务、地位和行为规则要依靠法律来规范、确认和保护，市场秩序要依靠法律来规范和维系，国家也要依靠法律来调节市场的运行。法制是市场经济秩序的内在要求和有机组成部分。

法律调控手段的内容包括保护和制裁两个方面。法律保护手段是通过经济立法，制定和实施各种具有强制性和普遍约束力的法律、法规，借以保护各种经济计划、经济政策、经济合同的贯彻执行，保护市场主体之间的公平竞争及市场主体正当的权力和利益，保护社会主义建设的顺利发展。法律制裁手段是通过经济司法，审理各种经济纠纷案件，维护市场秩序，制止非法竞争和犯罪活动，对违法单位和犯罪分子给以惩罚和制裁。

发挥法律手段的调节作用，需要进一步完善社会主义市场经济的法律体系，制定和完善有关社会主义市场经济的基本法律，包括规范市场主体的法律、保障市场经济秩序的法律、规范政府培育和调控市场行为的法律以及涉外经济法律等。

(三)计划手段

邓小平同志指出："计划和市场都是经济手段。"①实行社会主义市场经济，让市场机制对资源配置起基础性作用，并不排斥计划调节。计划和市场两种调节手段相结合，是现代市场经济的客观要求，是建立社会主义市场经济体制的内在要求。计划和市场两种调节手段相结合，实现两者的优势互补，才能保证社会主义市场经济的健康发展。第二次世界大战后，许多西方市场经济国家都通过制定中长期计划和短期计划，实行"经济计划化"，来加强对市场经济的干预和调节。我国是以公有制为基础的社会主义国家，更有必要和可能利用计划手段的调节作用。通过计划来组织社会生产，协调再生产的各种比例关系，是社会化大生产的客观要求。可见，计划是宏观调控的一个重要手段。在现代市场经济中，计划手段和财政政

---

① 《邓小平文选》，1版，第3卷，373页。

策、货币政策并列为经常性的宏观政策工具。在社会主义市场经济条件下，计划手段与财政政策、货币政策协调配合又相互制约，共同指导和调节经济运行，保证国民经济的长期稳定协调发展。在社会主义市场经济运行中，国家计划对维护宏观经济稳定具有不可替代的综合协调作用。

计划调控手段的主要功能是能够从宏观总体上保持社会总供给与总需求的平衡，实现国民经济按比例地协调发展；可以在全社会范围内对资源配置进行调控，动员和集中必要的财力、物力和人力，从整体利益和长远利益出发，进行重点投资，建设重大项目，有计划地调整和优化产业结构；能够通过收入分配的宏观调节，促进社会分配公平和提高经济效率。

计划手段是通过国家所制定的长期和中期规划以及短期国民经济和社会发展计划，对国民经济的运行和发展进行调节。在计划管理中，采取指令性计划和指导性计划两种方式。指令性计划具有强制性，是有关部门、单位和企业必须执行的计划管理形式。指导性计划不带强制性，是国家通过运用经济杠杆和经济合同等方式，引导企业能动地实现国家计划任务的计划管理形式。

我国传统经济体制中所实行的高度集中统一的计划体制，存在诸多弊端，正确发挥计划作为宏观调控重要手段的作用，必须加快计划体制改革，进一步转变计划管理职能。改革计划体制的基本原则，是使国家计划以市场为基础。国家计划以市场为基础，主要指计划要与市场机制作为资源配置的基础性手段相适应，通过对市场信号和市场参数的影响，间接地调节市场主体的行为，达到既定的计划目标。以市场为基础的计划就是指导性计划。因此，计划体制改革，就是要从指令计划管理为主，转变为以指导性的间接计划管理为主，即国家计划总体上应当是指导性的计划。计划工作的任务，是合理确定国民经济和社会发展的战略、宏观调控目标和产业政策，搞好经济预测，规划重大经济结构、生产力布局、国土整治和重点建设。计划工作要突出宏观性、战略性、政策性，把重点放到中长期规划上，综合协调宏观经济政策和经济杠杆的运用。

我国的计划（或规划）按行政层级分为国家计划、省级计划、市县级计划三级；按计划的对象和功能划分，分为总体计划、专项计划、区域计划三类。它们相互衔接、相互补充，共同构成我国的计划（或规划）体系。我国要推进国家规划改革，完善国家规划体系，健全规划编制程序，完善国家中长期规划和年度计划的管理和实施机制，形成以经济社会发展规划为统领，各类规划定位清晰、功能互补、有效衔接的规划体系，发挥国家规划、计划、产业政策在宏观调控中的导向作用，综合运用财政政策、货币政策，提高宏观调控水平。

（四）行政手段

社会主义宏观调控，有必要采取一定的行政调控手段。行政手段是国家依靠行政机构，采取带有强制性的命令、指示、指标、规定和下达指令性任务等形式，按照行政系统、行政层次来直接调节和管理国民经济的手段。它具有强制性、纵向性和直接性的特点。

社会主义国家在宏观经济管理中，为了保证社会主义公有制基础上市场经济的顺利发展，保证国民经济协调一致地有序运行，实现社会的长远利益和整体利益，需要在一定范围内、运用一定的行政手段对国民经济进行管理，这在任何时候都是必要的。

社会主义宏观调控虽然需要采用必要的行政调控手段，但不能片面强调和过多地运用行政调控手段，否则会不利于社会主义市场经济体制的建立和社会主义市场经济的发展。而且即使运用行政调控手段，也必须符合和反映客观经济规律的要求，要从实际出发，不能带有主观随意性，要重视和保护被调节者的经济利益。

从上述对宏观经济调控各种手段的分析可以看出，经济、法律以及计划、行政等调控手段各具特点，各有所长，它们相互联系、相互补充，共同组成一个完整的社会主义宏观经济调控手段体系。发展社会主义市场经济，应以经济和法律手段为主，综合采用各种调控手段，发挥宏观调控手段的总体功能，从而有效地调节社会主义市场经济的运行。

三、宏观经济调控政策

社会主义宏观经济调控目标，需要通过宏观经济调控政策来实现。宏观经济调控政策主要有财政政策、货币政策、产业政策、收入政策等。

（一）财政政策

财政政策在宏观经济管理与调节中有着非常重要的地位，尤其是在调节社会供需总量方面有着特别重要的作用。财政政策是由财政收入政策、财政支出政策、预算平衡政策、国家债务政策等构成的财政政策体系。

财政收入政策的主要内容是税收政策，财政收入主要来源于税收。财政支出政策的主要内容是政府的各项预算拨款政策，财政支出主要用于政府购买、公共工程建设和转移支付。财政收入政策和财政支出政策的主要任务在于通过国民收入的分配和再分配调节社会总供给和总需求的基本平衡。

根据财政政策在调节社会总供给和总需求方面的不同功能，可将财政政策区分为平衡财政政策、盈余财政政策和赤字财政政策三种类型。平衡财政政策又称为中性财政政策，即财政支出应根据财政收入的多少来安排，既不要有大量结余存在，又不要有较大赤字发生，使财政收支基本平衡，从而对社会总需求既不产生扩张也不产生紧缩性影响。盈余财政政策又称为紧缩性财政政策，它是指通过增加税收而增加财政收入，或通过压缩财政支出来减少或消灭财政赤字，致使出现或增加财政盈余，达到抑制或减少社会总需求，消除总需求膨胀的效应。赤字财政政策又称为扩张性财政政策，它是指通过减税而减少国家的财政收入，增加企业和个人的可支配收入，刺激社会需求，或通过扩大政府财政支出的规模，来扩大社会需求。

宏观经济调控的主要目标，是保持社会总供给与总需求的基本平衡，以促进国民经济持续平稳较快发展。不论是平衡财政政策、盈余财政政策还是赤字财政政策，都和社会总供给与总需求的平衡状态相联系。在宏观调控中，应根据社会总供给与总需求的不同对比状态来选择适宜的财政政策，以求达到社会总供给与总需求的基本平衡。当社会总需求明显不足、资源和生产能力未能充分利用，致使经济增长缓慢，失业增加时，一般应实行赤字财政政策或称扩张性财政政策，以增加社会总需求，促进经济增长，扩大就业规模；在社会总需求明显超过总供给并由此导致通货膨胀的情况下，应实行盈余（紧缩性）财政政策，以抑制过旺的社会总需求，降低通货膨胀率；而当社会总供给与总需求大体平衡时，则应实行平衡财政政策。根据我国的经验，从我国经济发展的长远过程来看，主要应采用平衡财政政策。

（二）货币政策

货币政策是国家为实现一定的宏观经济目标而制定的关于货币供应和货币流通组织管理的政策，它是由信贷政策、利率政策、汇率政策等具体政策构成的一个有机的政策体系。

我国货币政策的基本目标是稳定货币与发展经济。稳定货币是指把货币供应量控制在流通中对货币的客观需要所能容许的范围内，以保持物价总水平的基本稳定。发展经济是指通过合理分配货币资金，充分发挥各种生产要素的作用，使社会总供给与总需求保持基本平衡，推动国民经济健康发展。稳定货币和发展经济从根本上说是一致的，二者互为条件、相互促进。稳定货币是发展经济的必要条件，发展经济是稳定货币的物质基础，但二者有时也会出现矛盾。应把稳定货币与发展经济作为一个总体目标来把握，既要实现货币的稳定，又要促进经济的发展，使二者达到最佳结合，以破坏货币的稳定来发展经济或以牺牲经济发展来实现货币稳定都是应该避免的。

货币政策的核心是通过变动货币供应量，来调节社会总供给与总需求。根据货币政策在调节社会总供给与总需求方面的不同功能，可以把货币政策分为均衡性货币政策、扩张性货币政策和紧缩性货币政策三种类型。均衡性货币政策是指保持货币供应量与货币需求量的大体平衡，以实现社会总供给与总需求的基本平衡。扩张性货币政策是指货币供应量超过流通中对货币的客观需要量，其主要功能是刺激社会总需求的增长。这一政策除在总需求不足时，会刺激有效需求增加，促使供需总量趋于平衡外，在其他情况下实行扩张性财政政策，会进一步加剧通货膨胀。紧缩性货币政策是指货币供应量小于流通中对货币的客观需要量，其主要功能是抑制社会总需求。

上述三种类型的货币政策在调节社会总供给与总需求方面具有不同的功能，对经济发展具有不同的影响。必须根据社会总供给与总需求的不同对比状况，慎重地选择以上三种政策。由于扩张性货币政策的结果往往会造成通货膨胀，或进一步加剧通货膨胀；而紧缩性货币政策又往往会造成经济停滞的后果，二者都应是在特定情况下实行的特殊政策。从我国经济发展的长期趋势来看，主要应选择采用均衡性货币政策。

货币政策是通过货币政策手段来发挥作用的。由于货币政策的核心是如何控制货币供应量，货币政策手段实际上也就是中央银行所运用的调节货币供应量的各种手段。当前，我国中央银行即中国人民银行运用的货币政策手段有计划手段、利率手段、再贷款手段和存款准备金率、公开市场业务以及再贴现率手段等。

需要指出，财政政策和货币政策作为政府进行宏观经济调控的两大基本政策手段，二者对社会总供给与社会总需求的调节作用是相互联系、相互制约的。根据不同时期社会总供给与总需求的不同态势，在选择不同的财政政策和货币政策时，应注意二者的互相配合、协调使用，使二者作用方向一致，以降低宏观调控成本，实现宏观调控目标。

（三）产业政策

产业政策是国家根据国民经济和社会发展的内在要求所制定的用来指导产业组织和产业结构调整的所有政策措施的总和。制定和实施正确的产业政策，对保持社会总供给与总需求的平衡，合理配置和利用资源，提高经济效益和推动国民经济持续平稳较快发展，具有重要作用，关系到现代化建设的全局。

产业政策作为重要的宏观经济调控政策，要根据市场需求、产业关联、技术进步、创汇作用和经济效益等因素，安排好产业发展序列，并制定相关的各项政策，明确支持和限制什么产业。所以，社会主义产业政策的基本内容有三：一是产业支持政策，即支持和鼓励什么产业的发展；二是产业抑制政策，即限制和紧缩什么产业的发展；三是产业替代政策，即在产业结构调整中，以新兴和高效的产业，取代某些传统和低效的产业。同时，还要确定重点产业、先导产业、支柱产业，处理好重点产业与一般产业协调发展的关系，生产要素存量调整与增量配置的关系，产业总体配置与发挥地区优势的关系。

根据我国当前的产业政策和产业格局的状况，我国应推进产业结构优化升级，形成以高新技术产业为先导、基础产业和制造业为支撑、服务业全面发展的产业格局。

有选择地在税收、财政、拨款、信贷方面对不同产业给予优惠或限制，以及相关的工商管理和市场调节措施，都是实施产业政策的手段。

（四）收入政策

收入政策又称收入分配政策，它是指国家根据宏观经济调控目标所规定的个人收入总量和结构的变动方向，以及政府调节收入分配的基本方针、原则和政策。我国的收入分配政策的主要内容是：1. 坚持和完善按劳分配为主体、多种分配方式并存的分配制度，健全劳动、资本、技术和管理等生产要素按贡献参与分配的制度，创造条件让更多群众拥有财产性收入，形成与社会主义初级阶段基本经济制度相适应的分配机制。2. 允许和鼓励一部分地区和一部分人通过诚实劳动和合法经营先富起来。既要注重物质利益，激励人们创业致富，又要提倡回报国家、为人民为社会作贡献和先富帮后富、先富带后富，最终达到共同富裕。3. 收入分配政策应体现效率与公平相结合，把效率与公平统一起来。国民收入初次分配和再分配都要处理好效率和公平的关系，再分配要更加注重公平。既要保持合理的分配差距，又要防止收入过分悬殊和两极分化。努力提高居民收入在国民收入分配中的比重，提高劳动报酬在初次分配中的比重，尽快扭转收入差距扩大趋势。4. 规范个人收入分配秩序，强化对分配结果的监管。要着力提高低收入者收入水平，逐步扩大中等收入者比重，调节过高收入；努力缓解行业之间、地区之间、社会成员之间收入分配差距扩大的趋势。对公务员和国有企事业单位的工资分配制度要加以规范和监管，控制和调节垄断性行业收入。整顿不合理收入，保护合法收入，取缔非法收入。

除上述宏观经济调控政策外，还有投资政策、消费政策和对外经济政策等，它们共同构成宏观经济政策体系。各项宏观经济政策各有长短处和特点，各自调控的主要对象和对同一调控对象的调控力度也各不相同，每项政策的具体操作又有不同的选择方案。进行宏观经济调控必须从国民经济运行的具体实际出发，将各项宏观经济调控政策结合起来，才能使它们取长补短，相互配合，达到最佳调控效果。

思考题：

1. 社会总供求失衡的表现形式是什么？
2. 社会主义市场经济中政府的职能有哪些？
3. 简述政府调控的目标、方式与手段。

◆第十一章 社会主义市场经济中的对外关系

社会主义国家在发展经济的过程中，必然发生与其他国家和地区之间的经济关系。社会主义经济是开放型的经济，对外经济关系是社会主义市场经济运行总过程中不可缺少的一个方面。本章阐明社会主义国家对外经济关系的理论。正确认识这一理论，对于加速社会主义现代化建设和改革开放事业，有着极其重要的意义。

第一节　社会主义国家发展对外经济关系的必要性

一、社会主义国家对外开放的客观必然性

对外经济关系是一个国家同其他国家和地区间各种经济联系的总称，包括国际商品交换，资金和技术交流，劳务的输出与输入等。国家之间经济关系的产生和发展，是社会生产力发展，特别是生产社会化和国际化以及商品经济和市场经济发展的结果。对外开放，是指一种积极开展国际交流的对外政策，开展国际交流，包括经济、文化、体育、卫生等许多方面，最主要的是对外经济技术交流。

国际经济关系是随着商品交换越出国界和国际分工的发展扩大而开始的。但在资本主义生产方式产生之前，这种国际经济联系是不确定和不稳定的。因为当时的社会生产力水平还很低，各国的经济主要还是自给自足的、地区性和封闭性的经济。真正意义上的国际分工是在资本主义制度产生以后，特别是产业革命以后，随着生产社会化程度的提高而发展起来的。社会生产力的提高，市场经济的发展，客观上打破地区和国别的界限。国际分工、国际交换和世界市场不断扩大，逐渐把世界各国卷入了统一的、无所不包的资本主义世界体系之中，使一切国家的生产和消费都具有世界性，以致离开国际贸易和世界市场，资本主义经济就不能得到发展。当今世界上任何一个国家和地区都不可能只依靠自己的资源和技术，孤立地发展自身经济。只有通过经济交流，互通有无，调剂余缺，来加快本国的经济发展。当今世界是一个开放的世界，任何一个国家如果离开国际交往，就不能立足和发展。

社会主义国家实行对外开放有着客观必然性。

1. 这是社会化大生产本身发展的要求。社会主义国家经济的发展，必须遵循社会化大生产内在规律的要求，积极参与国际分工和国际交换，不断开展和扩大对外经济联系。

2. 实行对外开放，发展对外经济关系，是发展社会主义市场经济的需要。具体说来，第一，发展对外经济联系，可以促进社会主义国民经济的协调发展。在社会主义市场经济的运行过程中，会出现某些商品短缺、另一些商品过剩的市场失衡现象，除了依靠国内调节外，可

以利用国际分工和世界市场来调剂余缺，减少失衡，从而保证国民经济协调发展。第二，发展对外经济关系，可以节约社会劳动，提高经济效益。世界各国由于各种主客观原因，生产不同商品的成本和劳动耗费有很大差异。要善于利用自己的优势，参与国际分工，出口自己有优势的产品、技术或劳务，换回本国需要、在本国生产效率又低的短缺商品、技术或劳务，这样就能在国际经济交往中获得利益、节约社会劳动。

3. 发展对外经济关系，是加速社会主义现代化建设的必由之路。一方面，在科技发展迅猛的当代，一个国家要不甘落后，就要善于利用对外经济技术交流，取外国之长补自己之短，以加速经济的发展和现代化的进程。另一方面，要积极利用国外资金，弥补本国发展经济所需资金的不足。这两方面对我国这样一个生产力水平较低、科技水平不高、资金不足的社会主义发展中国家来说尤其重要。

二、坚持对外开放基本国策，实施互利共赢开放战略

党的十一届三中全会以来，我国实行了改革开放的方针。当今世界的经济和政治格局已发生了极大变化，我们必须坚定不移地坚持对外开放的基本国策。

对外开放的重要性和紧迫性，可从国际国内两方面来认识。从国际形势来看，当今世界的两大主题是和平与发展。经济全球化的日益发展，促使世界范围内生产社会化、国际化程度不断提高，国际分工、国际竞争和国际经济联系不断加强。在这种形势下，闭关锁国不可能，只保持一定的开放度而不扩大开放程度也不行。近年来世界经济的一体化、多元化、区域化、集团化发展，也要求我们扩大开放程度。而且新的科学技术的发展以及世界经济结构和格局的调整，对我国的对外开放和现代化建设，也是一个难得的、稍纵即逝的机遇，必须抓住机遇，扩大对外开放。从国内形势来看，对外开放是加快现代化建设的需要，也是建立社会主义市场经济体制的要求。建立和完善社会主义市场经济体制，必须不断扩大开放程度，向发达市场经济国家学习和借鉴，使改革和开放相互促进，从而建立起中国特色的社会主义的市场经济新体制。

当前我国经济社会发展进入新的阶段，必须坚持对外开放的基本国策，在更大范围、更广领域、更高层次上参与国际经济技术合作和竞争。我国要实施互利共赢开放战略，就是要利用有利的国际环境，通过积极参与经济全球化和区域合作实现自身发展，并以我国自身的发展更好地维护世界和平，加强世界各国的经济合作及促进共同发展。实施互利共赢的开放战略，有利于维护和扩大我国在国际经济贸易中的权益，缓和国际经贸摩擦，促进各国经贸共同发展，推动经济全球化进程，营造一个公平、和谐、开放的国际经贸环境，因而是我国必须长期坚持的对外开放战略。

适应我国对外开放由出口和吸引外资为主转向进口和出口、吸收外资和对外投资并重的新形势，必须实行更加积极主动的开放战略，不断拓展新的开放领域和空间，扩大和深化同各方利益的汇合点，完善更加适应发展开放型经济要求的体制机制，有效防范风险，以开放促发展、促改革、促创新。

三、对外开放与独立自主、自力更生

社会主义国家发展对外经济关系，必须正确处理对外开放和独立自主、自力更生的关系。自力更生就是在政治独立和经济自主的前提下，主要依靠本国力量发展民族经济。社会主义

国家不能靠对外剥削和掠夺来发展自己的经济，不能完全依赖外国的力量实现现代化，只有从本国国情出发，主要依靠自己的力量，勤俭建国、艰苦奋斗，才能建设起一个社会主义现代化强国。特别是中国这样拥有13亿多人口和广大幅员的发展中国家，更是如此。因此，对外开放必须以自力更生为基础和前提，在发展对外经济联系时，要维护国家的主权和独立，要充分考虑我国的国情和国力，并且通过发展对外经济关系，进一步增强我国自力更生发展经济的能力。

强调自力更生绝不意味着闭关锁国，或者降低对外开放的重要地位。自力更生与对外开放是相辅相成、相互依赖、相互促进的。片面强调自力更生，排斥对外开放，不利于本国经济的发展，从而会降低自力更生能力。而充分利用对外经济联系，会促进国内经济的发展，增强自力更生的能力。在自力更生的基础上，扩大对外开放，还必须贯彻平等互利的原则，使各国在平等的基础上通过发展经济联系，各得其所、互相促进。

第二节 我国的对外经济关系

一个国家发展对外经济关系的中心内容是同世界其他国家或地区进行商品、资金、技术、劳务等的交流，发展对外经济的基本形式是对外贸易、对外资本交流、对外技术交流、对外承包工程和劳务合作、发展国际旅游业等。

改革开放30年来，我国对外开放迅速发展，对外开放的形式和战略发生了重大变化，对外贸易、对外资本交流等都发挥了积极的作用。在此基础上，我国坚持对外开放的基本国策，把“引进来”和“走出去”结合起来，迅速扩大开放领域，提高开放型经济水平。

一、我国的对外贸易

对外贸易是国际间经济交往中传统的重要形式，是发展对外经济关系的基础。所谓对外贸易，就是指一个国家或地区同其他国家或地区进行的货物和服务交换活动。从一个国家的角度看，这种交换活动称为对外贸易；从国际的范围来看，这种交换活动就称为国际贸易或世界贸易。海岛国家如英国、日本，也常用“海外贸易”来表示对外贸易。对外贸易又称进出口贸易，包括进口（输入）和出口（输出）两个部分，出口是对外贸易的基础，但进口又能带动和促进出口。对外贸易通常是以年度结算的。出口总额与进口总额相等，称为外贸平衡；出口总额大于进口总额，称为外贸顺差；出口总额小于进口总额，称为外贸逆差。

社会分工的发展超出国家界限而形成的国际分工是国际贸易产生的前提条件。对外贸易是国与国之间进行经济联系的一般形式。早在资本主义经济制度建立以前，国际贸易就已经萌芽，但只有在商品经济发达的资本主义阶段，国际贸易才在世界范围内充分发展起来，成为在经济活动中起重要作用的因素。

我国的对外贸易已有上千年历史。在近代国际经济关系中，我国在国际贸易中曾经受到极不平等的待遇。我国经济真正融入世界经济，是在20世纪80年代改革开放以后。对外贸易在我国经济发展中具有举足轻重的作用。

（一）对外贸易的作用

对外贸易是国民经济中不可缺少的环节，是国内外经济交往的桥梁和纽带。随着我国对外开放的不断扩大，与国际经济联系的进一步加强，对外贸易在我国国民经济发展中的地位和作用日益突出。在平等互利的基础上同世界各国发展贸易，对经济的发展不仅是有利的，而且是非常必要的，主要表现在：

一是可以弥补国内某些资源的短缺，优化资源的配置，促进经济增长。由于资源分布的不均衡性，当国内某些资源短缺不能满足经济发展的需要或是限制了经济发展时，就会产生对国外资源的需求，而发展对外贸易则是满足这种需求的有效途径；同时，通过对外贸易又可以把国内相对富裕的资源输往国外，从而使资源得到优化配置。对外贸易对经济的推动是十分明显的。据一些专家分析和计算，我国出口每增长1%，则国民生产总值增长0.1%；进口每增长1%，则会带动国民生产总值增长0.125%。①

二是可以利用国际分工，节约社会劳动，提高经济效益。在国际市场上，衡量商品价值的标准或尺度不是国别价值而是国际价值。由于各国的自然和经济条件不同，在国际市场上，会出现一国的国别价值高于或低于国际价值的情况，某一国家在生产同类商品较之其他国家处于相对有利的地位时，它就可以通过国际交换用较少的劳动换回较多的劳动。发展对外贸易就是利用国际分工，生产本国居于优势的产品，去换取国内需要而又比国外劳动生产率低的产品，最终节约社会劳动，提高国内经济活动的效益。通过出口本国资源富集的产品换取外汇，转而进口国内紧缺的资源和产品，也可以获得比较利益。

三是可以增加外汇收入，扩大国内就业机会。我国是一个发展中国家，实行对外开放，利用外国的资金和技术，需要大量的外汇。我国对外经济联系的规模和程度，经济建设的规模和进程，在很大程度上决定于我国的出口创汇能力。发展对外贸易，出口商品和劳务是取得外汇的主要来源。我国目前的外汇收入总额中，商品出口创汇占了很大的比重。大量的外汇意味着可以从国际市场上获得更多的生产要素，促进本国经济的发展。通过国际交换可以开拓新的生产门路，发展相关产业，扩大劳务出口，创造更多的就业条件。这对劳动力资源丰富的我国具有十分重要的意义。

四是有利于提高技术水平和管理水平，增强国家经济实力。对外贸易的扩大表明国内生产技术和管理水平得到国际社会的认可，反之，则表明有待改善和提高。对外贸易为各个国家和地区在经济实力方面的竞争提供了客观的条件和压力。通过对外贸易可以促进生产技术的发展和经营管理的改善，提高产品质量，还可以促进科学技术和经营管理的交流，加速科技进步，提高国家经济的整体素质，增强我国的经济实力。

五是通过对外贸易，进口国内市场需要的物资，调整国内市场，繁荣国内商业，可以更好地满足人们多方面的需要。

（二）我国对外贸易的沿革

在旧中国，西方列强操纵了国家的政治和经济命脉，控制了一切主要通商口岸和对外贸易。从19世纪70年代起，旧中国连续七十多年出现被外国人操控，洋货充斥市场，民族工商业备受摧残，宝贵资源被掠夺，工业落后，经济畸形。新中国成立后，我国同许多国家和地区发生了贸易关系，但由于客观的历史原因及长期“左”的经济指导思想的影响，对外贸易没有得到应有的发展。1953年到1978年的25年间，我国进出口总额从23.7亿美元增加到

① 马洪：《什么是社会主义市场经济》，中国发展出版社，1993年版，第131页。

206.4 亿美元，平均增长率仅为 2.4%。

改革开放以来，为促进对外贸易发展，我国对计划经济体制下的外贸体制进行了有步骤、分阶段的改革：

第一阶段(1979－1987 年)。这一阶段是外贸体制初步改革的阶段。一是调整了对外贸易的管理机构，明确了政府部门对外经贸的管理关系。二是地方下放外贸经营权，各地方、有关部委成立了一批外贸公司，一些大中型企业也开始经营企业产品出口和生产所需物质的进口业务。三是外贸和生产企业开始由收购制改为代理制。这些改革取得了一定成效，但外贸体制的根本问题尚未解决。

第二阶段(1988－1990 年)。这一阶段外贸体制改革的方向是:建立自负盈亏、放开经营、工贸结合、推行代理制的外贸体制。改革的核心是推动外贸企业实行自负盈亏。通过全面推行外贸承包经营责任制，中央和地方在外汇收入和使用上实行“分灶吃饭”，改变了过去财政统负盈亏、“吃大锅饭”的现象。但由于受财政体制的束缚和整个经济体制改革所处环境的影响，这种改革还是不彻底的。

第三阶段(1991－1993 年)。在总结经验的基础上，1991 年国家开始进一步深化外贸体制改革。改革的核心是深化外贸企业内部机制改革，推动外贸企业转换经营机制，促进外贸企业向实业化、集团化、国际化经营方向发展。

第四阶段(1994－2001 年)。中国共产党十四届三中全会在 1993 年 11 月通过了《中共中央关于建立社会主义市场经济体制若干问题的决定》，确定了“坚持统一政策，放开经营、平等竞争、自负盈亏、工贸结合、推行代理制”的改革方向，通过改革外汇制度，强化汇率对外贸的调节作用，从而强化外贸企业自负盈亏的机制，完善外贸宏观管理，加强外贸经营的协调服务机制。这些改革措施使困扰外贸发展的一些深层次的问题得到解决，有利于我国外贸体制向国际规范靠拢。

第五阶段(2002 至今)。我国加入世界贸易组织(WTO)后，开始全面实行 WTO 规则，履行入世承诺，也借此推动外贸体制全面改革，同国际接轨。改革取得了明显的成效，极大地促进了对外贸易的发展。但加入 WTO 以后，我们又面临一些严峻的新问题，如出口产品自主创新不足，技术含量较低，总体质量低下，附加价值不高，粗放型的外贸发展方式难以为继。同时，我国出现的巨额贸易顺差使国际间的贸易摩擦加剧，也反映了我国在经济结构演变和经济增长方式的转变上，在建立创新型企业，提高企业效率、效益和核心竞争力等方面还存在较大的差距。

改革促进了我国对外贸易的快速发展。1978 年我国进出口贸易总额只有 206.4 亿美元，居世界第 27 位;2004 年达到 11547.9 亿美元，居世界第 3 位。2011 年，我国货物进出口总额 36421 亿美元，比上年增长 22.5%。其中出口 18986 亿美元，增长 20.3%;进口 17435 亿美元。出口大于进口 1551 亿美元，比上年减少 264 亿美元。

二、我国的对外资本交流

资本在国际间的流动，是适应经济全球化的需要而产生和扩大的。利用外资加速本国经济和技术发展，是世界经济中的普遍现象，像美国和日本这样经济发达的国家，在其发展过程中就曾经大量利用外资。20 世纪 30 年代，前苏联利用西方发生经济大危机的有利时机，接受外国贷款，引进技术和设备，聘请了外国专家，利用美国和德国的资金和技术建成了不少大型企业。

积极而慎重地利用和引进外资，对像我国这样的发展中大国来说，具有特别的重要作用和意义。第一，它有利于弥补国内建设资金的不足和解决外汇短缺的困难，增加资金投入，加强能源、交通、环保等基础设施的建设，加快经济发展；第二，有利于吸收国外先进的技术和装备，推动国民经济的技术改造和设备更新，优化我国陈旧的产业和产品结构，开拓新的经济增长点，提高民族的科技水平，提高劳动效率；第三，有利于扩大劳动就业，增加就业岗位，培养人才，提高经济管理水平；第四，有利于开拓国际市场，扩大出口贸易，增加外汇收入。总的来说，外资在发展我国经济、提高技术水平、替代进口、扩大出口、保持外贸顺差和国际收支平衡、增加外汇储备等方面都发挥了积极的作用。外商投资企业在我国进出口总额中一直占有重要份额。2011 年，外商投资企业进出口占我国进出口总额的 51.1%，达 18601.6 亿美元。

在对外资本交流中，我国主要是输入外国资本，即利用外资来进行现代化建设。在 20 世纪 50 年代，我国利用前苏联政府提供的 74 亿旧卢布长期贷款建设了 156 项重点工程，奠定了我国的工业基础；后来由于受“左”的思潮的干扰，在很长的一段时期内都没有利用过外资，固守“既无内债，又无外债”的局面。党的十一届三中全会以来，我国改变了这种局面，在利用外资方面取得了明显的进展。特别是改革开放 30 年来，我国在吸收和利用外资方面取得重大成就。1979 – 2004 年，我国引进外资共计 7436.2 亿美元，其中外商直接投资 5603.9 亿美元。外商直接投资占 GDP 的比重从 1983 年的 0.2% 上升到 2004 年的 3.7%。① 2011 年，全国新批外商投资企业 27712 家，实际使用外资金额 1160.11 亿美元，比上年增长 9.72%。外资在我国经济中发挥着日益重要的作用。

正确吸收和利用外资，必须坚持以下重要原则：第一，吸收和利用外资，要根据我国经济发展的需要和偿还能力以及国内资金、物资配套能力，量力而行，合理确定利用外资的规模、结构和流向。第二，必须有利于提高综合经济效益。对利用外资要从各方面进行全面分析，对综合经济效益作出全面评价，然后作出正确决策。第三，必须维护国家主权和民族利益，拒绝一切不平等和奴役性条件，坚持平等互利原则。第四，充分发挥外资的作用，保证重点建设和现有企业的技术改造，以利于增强本国的经济实力和自力更生的能力。第五，改进投资环境，确保双方经济权益。

现阶段各国利用外资的渠道较多，形式灵活多样。我国利用外资的形式主要有两种：一是外国贷款，包括外国政府、国际金融机构、外国商业银行、出口信贷、民间商业贷款和发行国际债券等。外国贷款构成我国的对外债务，要用外汇或出口产品来偿还本金和利息。二是外商直接投资，包括中外合资经营企业、中外合作经营企业、中外合作开发资源企业、外商独资企业等，我方对这些外来投资一般不承担偿还义务，而是由参加合营的双方共负盈亏，共担风险。这种外资不构成对外债务。此外，我国利用外资还采用补偿贸易、来料加工、来件装配、国际租赁等形式。在这些多样的形式中，我们要选择最有利的条件、最低的利息和费用。通常，在外国贷款和外商直接投资这两类形式中，一般更看重直接投资。因为吸收外商直接投资，尤其是兴办合资企业，除了可以解决资金不足的矛盾外，由于是共同投资、共负盈亏、共担风险，双方按出资比例分配收益，还有助于调动外商生产经营的积极性，又可以在不花

① 中华人民共和国国家统计局：《中国统计摘要 2005》，中国统计出版社，2005 年版。

费外汇的情况下，引进一些用其他办法难以引进的先进技术、设备和管理经验，还可以利用外商的销售渠道，将产品打入国际市场，赚取外汇。

在开放经济条件下，外资的流入和流出、外汇市场的波动对一国经济特别是金融系统的影响是非常大的。20世纪90年代末期亚洲金融危机对该地区经济的冲击就是一个很好的印证。因此，我们必须加强对外资和外汇的管理。第一，要合理利用外资，加强对外汇的管理，注意外资结构的优化。一般情况下，外商直接投资主要指投向实物经济的部分，它具有流动性低的特点，不会轻易抽逃；间接投资则相反，金融风险也较大。在外债上，中长期外债较稳定，短期外债稳定性较低。因而我们应侧重利用外商直接投资和中长期外债，将金融风险降低到尽可能低的程度。如在1997年亚洲金融风暴发生时，我国吸收亚洲地区的外资数额明显下降；由于进行了外资来源结构的调整，1998年上半年我国吸收欧盟的合同外资金额比上年同期增长86.64%，来自美国的合同外资金额同比增长80.85%。① 第二，坚持有管理的浮动汇率与保持人民币币值的相对稳定相结合。作为发展中国家，我们面临的是变动中的国际经济秩序和不稳定的国际汇率体系。因此，要防范金融风险，就必须对本国经济实行有效的宏观调控，学会运用灵活的货币政策来保护本国经济安全。根据我国的实际，今后应继续坚持灵活的有管理的浮动汇率制度，同时保持人民币币值的相对稳定。第三，保持充足的外汇储备。足够的外汇筹备可以保证政府平衡外汇市场的干预能力。因此，我们要注重外汇储备的不断积累，并形成科学的外汇积累与管理机制。

在积极引进和利用外资的同时，我国的对外资本交流又适时地步入了积极“走出去”的新阶段，尝试向国外投资，兴办国际化企业。自1979年中国企业开始对外直接投资以来，截至2011年底，我国设立境外中资企业1.8万家。2011年，我国对外直接投资金额（非金融部分）已达746.58亿美元，比上年增长8.5%。投资项目涉及资源开发、贸易、工程承包、机电加工、运输、保险、医疗、餐馆等多种行业。在境外投资办企业，不仅有利于带动我国的商品和劳务出口，有助于打破各国的贸易壁垒，实现就地生产，就地销售，而且还可以获得稳定的原材料来源，弥补国内部分资源和投资的不足，保证我国经济的协调发展。随着我国经济力量的壮大和综合国力的增强，我国的对外投资和跨国生产经营将会继续扩大。

由于我国的资本还不充裕，在一段时期内还不可能大规模地发展对外直接投资，近阶段内只能选择能充分发挥具有比较优势的投资项目，进行有限的资本输出，比如向一些发展中的国家投资。为了获得先进技术和管理经验或得到某些物资的稳定来源，在发达国家也有少量投资。尽管我国对外投资起步迟、规模小，但作为长期发展战略，我国应注意充分发挥自己的比较优势，立足于全球，大力发展中国式的跨国公司，积极鼓励和扶植，以加快现代化建设。

三、我国的国际技术交流

我国是发展中国家，经济技术相对落后，工业设备中技术性能比较先进的所占比重较小，因此更加需要发展对外技术交流，尤其是引进国外先进技术。

（一）引进国外先进技术对我国的现代化建设有着积极的意义

第一，引进国外先进技术可以推进国民经济的技术改造和设备更新，提高生产技术水

① 逄锦聚，洪银兴，林岗：《跨世纪宏观经济难题研究》，天津人民出版社，2000年版，第335页。

平，提高劳动生产率。在现代化生产条件下，劳动生产率的提高、产业的升级主要依靠在生产上采用先进技术。在发达国家，经济增长的60%～80%来自于新技术的应用。因此，先进技术的引进、吸收和推广能有效地推动国民经济的技术改造，加速设备更新，提高企业的劳动生产率，而这些又可以进一步降低生产成本，改进产品质量，增加产品的花色品种，增强出口产品的竞争能力，扩大出口。

第二，引进国外先进技术可以避免漫长的摸索过程，为缩小我国与发达国家在生产技术上的差距、赶超世界先进水平赢得时间。据统计，一项技术发明，从科学研究、试验、设计到成批生产，一般需要10～15年时间，而从国外引进技术到投产，平均只需要3～5年。日本在第二次世界大战后用短短20年左右的时间走完了欧美各国要用40～50年才能完成的路程，主要依靠的就是从国外引进先进技术。

第三，引进国外先进技术成果可以节省大量科研和开发试验费用，弥补我国科研力量不足。购买现成的已经成熟的技术，不仅节约时间，所花经费还比自己研制少得多。从1950年到1975年，日本从40多个国家引进了25700项新技术，耗资大约60亿美元。如果这些技术由日本自己研制，估计所需经费约1800亿～2000亿美元，是引进费用的30倍左右。正如马克思所说的："一台新机器初次制造的费用和再生产的费用有很大的差别。"①

第四，引进先进技术的过程，就是学习外国先进科学技术和现代管理方法的过程，可以促进科学技术研究和管理水平的提高。引进国外先进技术的过程，同时就是消化、吸收、创新和提高的过程，这对于帮助我国科技人员尽快地掌握世界先进的科学技术知识，提高自己设计、自己制造、自己创新的能力，加速我国科技的发展，促进我国经济结构的改造与优化有着重要作用。同时，随着一项新技术引进的成功，与新技术相联系的现代管理方法也随之被引进，这有利于促进我国整体经营管理水平的提高。

总之，引进技术是一条花钱少、见效快、加速技术发展的有效途径。

（二）引进技术要坚持的原则

引进技术必须坚持正确的原则：一是引进技术要注意最新技术、尖端技术和适用技术相结合，"硬件"与"软件"相结合，重点是引进先进技术和关键设备，并以引进"软件"为主。二是引进技术必须量力而行，讲求经济效益，避免不必要的重复引进。在确定引进项目时，要做好各方面的综合平衡，考虑国内的配套能力、利用能力和偿还能力。三是引进技术要与消化吸收、改进创新相结合。引进技术要与独创结合起来，在引进的基础上加以改造、创新，不能盲目照抄照搬，真正做到"洋为中用"。四是要搞好综合平衡，防止盲目引进和重复引进。

（三）我国引进技术的主要形式

我国引进技术的主要形式有三种：第一，引进"硬件"，即进口各种设备。在工业基础薄弱、技术比较落后的情况下，引进一定数量的设备是必要的。考虑到创汇能力，引进"硬件"的重点应放在引进关键设备上，这样花钱少，收效大。第二，引进"软件"，即通过技术转让、生产合作、科技合作、技术咨询和技术服务等方式引进技术，如购买专利、技术资料等。一般来说，在引进技术和引进设备的关系上，应以引进技术为主。第三，引进智力，包括聘请外国专家来我国企业担任顾问或领导，组织外国专家来我国讲学，交流技术，选择技术人员、学

① 《马克思恩格斯全集》，人民出版社，1974年版，第25卷，第120页。

者到国外学习和考察等。利用外国智力为我国经济建设服务，有利于促进我国的科研水平和经营管理水平的提高。

(四)我国的技术输出

对外技术交流的状况取决于每一国家不同时期的具体经济条件。我国在积极引进技术的同时，也要努力扩大技术输出。虽然我国是发展中国家，同世界先进水平相比，科技的差距较大，总体上比较落后，这种状况直接制约了我国的技术输出，但是也要看到:第一，我国在某些方面、某些项目已达到或接近国际先进水平，具有技术出口的实力。第二，尽管我国的有些技术和设备不如发达国家先进，但价格低廉，适合发展中国家的需要，有一定竞争能力。正因为这个原因，在技术输出方面，我国除少数先进技术被经济发达国家采用外，主要是同发展中国家发展经济技术合作，提供力所能及的援助。我国出口技术的范围除了传统的针灸医疗、烹饪外，还涉及高技术产品(如卫星发射服务)和电子、化工、钢铁、机械、计算机、杂交水稻、食品、医药等行业，出口的国家和地区包括美国、澳大利亚、日本、西欧、中国香港地区等。随着我国科学技术的发展和经济发展水平的提高，今后应积极地输出技术和技术装备，使我国在国际科技市场上占有更大的份额。

总之，我国在对外技术交流方面也取得了明显进步。在引进技术的同时，组织出口技术，改变了长期以来只引进无输出的状况;引进方式发生了可喜变化，由以成套设备进口为主，变为以许可证贸易、顾问咨询、生产合作等方式引进为主，软件引进比重明显增加;由现汇引进为主，变为现汇和利用外资等多渠道引进。

四、我国的对外承包工程和劳务合作

国际劳务合作的产生和发展主要受以下几个因素的影响:

第一，各国之间要素禀赋不同(尤其是人口在国际间的分布是不平衡的，各国的人口结构存在着明显的差别)是国际劳务合作产生和发展的主要原因。生产要素在各国间分布是不平衡的，任何一个国家都不可能单纯依靠自己拥有的生产要素发展经济。一部分发达国家和地区人口老化和人口增长率下降，不同程度地面临着劳动力短缺的困难。大多数发展中国家资金不足，技术落后，承受着日益严重的人口压力和就业压力。还有一些国家资金充足，自然资源丰富，但缺乏劳动力和先进技术。只要存在着国家和地区间的自然资源不平衡和技术上的差异，包括劳动力在内的各种资源在国家和地区间的交流和合作就不可避免。因此，生产要素在国际间分布的不平衡，是劳务流动产生与发展的基础和前提条件。

第二，国际分工的发展和深化是国际劳务合作的重要原因。国际分工的深化，使各国和地区间的经济联系和互补性进一步加强。如美国是资本和技术密集型产业发达的国家，但农业机械化的高度发展并不能完全代替手工劳动，农忙季节仍需大批外籍劳工。日本、德国的高新技术产业十分发达，但钢铁、建筑、汽车制造等传统工业仍不可缺少，随着该国劳务向高新技术产业的转移，必须输入大批外国劳务来补充传统工业的“空位”。

第三，国际援助的发展。第二次世界大战后，为了推动发展中国家经济的发展，世界银行等一些国际性经济组织向发展中国家提供了大批的国际援助，用以援建发展中国家的大型基础设施和工农业生产项目。然而许多发展中国家缺乏技术设备和技术人才，无力自行施工和经营，不得不按国际惯例进行国际招标，吸引他国的技术、设备和技术管理人才。一些国家的政府便专门利用援外的方式发展本国对外劳务的输出。

我国的劳动人口数量居世界首位，劳动者吃苦耐劳，工资水平又比较低，因此，在对外承包工程和劳务合作上有很大的优势和潜力。充分利用我国劳动力资源丰富的优势，大力发展对外承包工程和劳务合作，对发展我国经济有积极的意义和作用：(1)可以扩大劳动就业，使部分劳动者逐步提高对不同自然条件、社会条件及不同技术要求的适应能力；(2)可以直接学到外国的先进技术和先进管理经验，提高我国的技术水平和管理水平；(3)可以增加本国外汇收入，为国家提供建设资金；(4)可以带动国内相关产品的出口(比如我国机电产品、建筑材料等物资的出口)，促进有关行业的发展。

我国对外劳务合作的领域十分广泛，主要是根据外方所需专业和工种的要求，提供工程技术人员、熟练技术工人或一般技术工人，具体形式有：(1)对外承建或承包建筑工程所带动的劳务输出；(2)对外投资兴办独资、合资企业所派出的管理人员、技术人员和其他劳务人员；(3)与外国签订的劳务合作合同所派出的劳务人员(包括厨师、演员、教练、医生、专家等工作者)等。劳务合作的特点是：投资少，风险小，创汇周期短。为了发挥我国劳动力资源优势，我们应努力扩大劳务出口，在劳务输出方面进一步放宽政策，简化手续，制定鼓励劳务出口的政策措施，培训和提高输出人员的文化素质。

五、发展我国的国际旅游业

旅游业是第三产业中最具发展潜力的新兴行业，具有投资少、见效快、利润高的特点。发展国际旅游业也是对外开放的一种重要形式。国际旅游业是各国对国外旅游者的旅游活动提供服务设施和系列服务的行业。它主要包括旅游业、饮食业、交通运输业、商业、娱乐业等。第二次世界大战后，随着世界经济的发展和各国经济交往的扩大，被称为“无烟工业”的国际旅游业迅速发展，成为许多国家对外经济关系中的重要行业。

发展国际旅游业，对于一国的经济发展有着多方面的积极作用。第一，可以增加外汇收入。发展国际旅游业，可以以较少的投资在短期内获取大量的外汇收入，是获取外汇的一种极为重要的手段。第二，可以推动和促进与旅游业相关的许多经济部门和行业的发展。国际旅游业不是一个孤立的行业，涉及国民经济的许多部门和行业，如旅店、餐饮、交通、通信、特色产品等。国际旅游业的发展带动这些部门和行业的发展。第三，可以带动商品出口。在旅游过程中，外国游客除了支付服务费外，还会购买各种商品，特别是特色产品，这就等于增加了商品出口。第四，可以增加就业。旅游人数增加必然需要大量的服务人员和管理人员，这就为国内增加了就业机会。第五，可以扩大本国在国际上的影响，从而有利于推动与各国在经济、科技和文化等方面的交流，对促进本国经济、科技和文化的发展和各国人民的友谊起着积极的作用。世界旅游组织公布的最新统计数字显示，1998 年，全球旅游外汇收入为 4447.41 亿美元，旅游总产出占世界各国国民生产总值的 10%。2002 年全球国际旅游者达到 7.15 亿人次，比上年增长 3.1%①。

我国是人类四大文明古国之一，具有五千年的辉煌历史，历史古迹遍布全国，景色秀丽的风景区比比皆是，饮食文化、民俗风情令人向往，无论是自然资源还是人文资源都具有独特的优势，旅游资源十分丰富，具有开发国际旅游业的条件。我们应该充分利用这一优势，

① 逄锦聚，洪银兴，林岗：《政治经济学》，高等教育出版社，2003 年，第 2 版。

大力加强旅游基础设施建设，不断提高旅游服务质量，发展中国特色的国际旅游业。改革开放以来，旅游业在我国已经成为继能源、原料、钢铁、纺织之后的又一个主要创汇行业，成为国民经济的重要组成部分。随着我国与其他国家经济联系的增多，我国的国际旅游业也迅速发展。1978年，我国接待外国人员、华侨及港、澳、台同胞仅180.9万人次，全国旅游业外汇收入2.63亿美元。而到2011年我国旅游业总收入达2.25万亿元，全年入境旅游人数达1.35亿人次，增长1.2%。其中入境过夜旅游人数达5758.07万人次，增长3.4%；旅游外汇收入达484.64亿美元，增长5.8%。国内旅游人数达26.41亿人次，增长13.2%；国内旅游收入达19305.39亿元，增长23.6%。随着我国对外开放不断扩大，各种旅游资源得以充分利用，新的旅游活动不断开展，我国国际旅游业必将有更快更好的发展。

当前我国发展际旅游业需要解决的问题有：第一，进一步提高服务质量，加强科学管理，以高质量的服务吸收更多的游客，以科学的管理提高经济效益；第二，积极开发旅游商品，提高创汇能力；第三，改善和加强交通运输、通信、住宿，餐饮等方面的基础设施建设，为国际旅游业的发展提供良好的基础条件。

第三节　我国对外开放的发展战略与优化结构

一、我国对外开放的发展战略

对外开放的实践已经促进了我国经济的快速发展，继续扩大对外开放将保证我国未来经济的持续发展。当前重要的是选择正确的对外开放战略，主要就是“把‘引进来’和‘走出去’更好结合起来，扩大开放领域，优化开放结构，提高开放质量，完善内外联动、互利互赢、安全高效的开放型经济体系，形成经济全球化条件下参与国际经济合作和竞争新优势。”①

第二次世界大战以后，在新的科技革命和生产力提高的基础上，在国际生产关系变化和国际分工深化的影响下，国际贸易出现了一些新特点。1.国际贸易发展迅速，不仅贸易总额绝对增长，而且其增长速度在大多数年份超过了世界生产的增长速度。2.国际贸易中国别地位发展不平衡。第二次世界大战后发达国家在国际贸易中所占比值持续上升，而发展中国家所占比值急剧下降。在发达国家或地区中，西欧、日本的对外贸易发展迅速，美国、英国则相对下降。在发展中国家，石油输出国的外贸发展迅速，非石油输出国所占外贸比值减少。而像“亚洲四小龙”这样的新兴工业化国家和地区的出口增长快于其他发展中国家和地区。3.国际贸易中的商品结构发生了重大变化。如工业制成品的比重扩大，初级产品的比重减少；在工业制成品贸易中，生产资料和耐用消费品的比重增加，纺织和轻工业品的比重减少；在初级产品贸易中，燃料的比重增加，原料和食品的比重减少。4.贸易区域集团化趋势增强。由于世界经济发展不平衡，多极化趋势明显，市场竞争激烈，贸易保护主义抬头，单凭一个国家的力量发展经济已嫌不足，各种区域性贸易集团纷纷成立。集团内部各成员国之间降低关税、消除或减少关税壁垒、实行相互优惠待遇和多边经济合作等措施使得区域集团内部贸易

① 胡锦涛：《在中国共产党第十七次全国代表大会上的报告》，人民出版社，2007年版，第27页。

急速增长，推动了国际贸易的发展。

在这样的国际贸易背景下，原有的国际经济关系格局不断发生变化。世界各国在参与激烈的国际市场竞争的同时要求和平与合作，在维护本国利益、争取民族利益最大化的同时要求建立和维护共同认可的市场秩序和规则。因此，在WTO的框架中建立国家经济关系，发展国际贸易成为各国的必然选择。作为一个发展中的大国，要应对国际经济关系和国际贸易的新变化、新特点，尽快发展本国经济，就必然要加入WTO，这也是我国政府作出的战略性抉择。

目前，WTO成员国之间的贸易量占全球贸易的95%。对我国来说，加入WTO需要一个使我国经济体制特别是外贸体制与世界贸易组织的多边贸易体制接轨的过程。为此，我国在确立社会主义市场经济体制、发展多种所有制经济、改革企业经营机制、推行现代企业制度改革、改革宏观经济管理体制、引进外资、设立经济特区等方面做了大量工作。2001年11月10日，在卡塔尔首都多哈举行的世界贸易组织第四届部长级会议通过了《关于中国加入世界贸易组织的决定》，完成了我国加入世界贸易组织的所有法律程序。12月11日，我国正式成为世界贸易组织成员。

在国际经济联系日益密切的今天，加入WTO对我国经济社会的长期发展具有重要的战略意义。一是有利于我国继续和扩大开放，实现全方位、多层次、宽领域的对外开放，尽快与国际市场接轨，促进我国社会主义市场经济的快速发展。二是有利于国际贸易环境的改善。我国加入WTO后，可以享受到在世界贸易组织内的多边的、无条件的、稳定的最惠国待遇和普遍优惠待遇，有利于我国商品平等地参与国际竞争；有益于市场多元化的实现，改善我国参与国际竞争的环境和条件，避免一些国家的单方面数量限制和歧视待遇。三是可以享受发展中国家的特殊优惠待遇。在对外经济贸易关系中，如果发生摩擦和纠纷，可以通过世界贸易组织的有关机构进行协商或仲裁，依据关贸总协定的原则和规定维护合法权益。四是可以为我国企业引进国际竞争机制。加入世界贸易组织后，我国的企业将直接参与国际竞争。国际市场的竞争将有力地迫使企业改进经营管理，采用现代技术，在竞争中不断进取，不断提高经济效益。五是根据世界贸易组织的无歧视待遇原则，我国在引进先进技术方面不再受西方技术出口管制的限制。

成为世界贸易组织的成员对我国也是一种严峻挑战。WTO原则和运作规则既为我国发展对外经济开拓了空间，又对我国传统的经济结构和经济体制产生了强烈的冲击。我国大量传统的一、二产业企业会因为技术、管理、资源利用效率的落后受到极大冲击，正在发展中的许多高新技术企业也会因为正处于幼稚期而面临强者的高压；我国的金融、科技研发、咨询、工业设计、知识产权转让等中介服务业由于对外开放也将面临着激烈的竞争。随着开放范围的不断扩大，中国受国际经济波动和他国经济危机的影响也会日益明显。我国正处于转型期的经济管理体制以及宏观调控体系的不足也会同经济运行的客观要求之间产生更多的矛盾。

为迎接这一挑战，在总的战略指导下，我国应当注意以下几方面：第一，采取切实措施，转变政府职能和管理方式。要通过深化政府管理体制改革，健全符合国际通行规则和我国国情的对外经济贸易体制。加快修订和完善相关的法律法规。抓紧培养熟悉国际贸易规则的专业人才。进一步加强与发展中国家的经济技术合作与交流。积极参与国际经济、贸易、金融等方面的规则制定，维护我国作为发展中国家的正当权益。第二，要进一步调整进出口贸易结构，继续实施以质取胜、科技兴贸战略。优化出口商品结构，提高高新技术产品比重，增加大宗传统商品的技术含量和附加值，扩大服务贸易规模。规范加工贸易管理，提高加工贸易的增值率。大力推进市场多元化战略，开拓新的出口市场。重点进口国内急需的先进技术、关键设备和重要原材料，积极参与多边贸易体系和国际区域经济合作。第三，要努力提高利用外资水平。有步骤地推进服务领域对外开放，鼓励外商特别是跨国公司投资高新科技产业、基础设施等领域以及在我国建立研究开发机构，参与国有企业改组改造。进一步改善投资环境。积极探索采用收购、兼并、风险投资、投资基金和证券投资等形式，扩大利用外资规模。积极引导外资更多地投向中西部地区。要继续办好经济特区、浦东新区。第四，要实施“走出去”战略。鼓励和支持有比较优势的企业到境外投资办厂，开展加工贸易，合作开发资源，发展国际工程承包，扩大劳务出口等。建立和完善政策支持体系，为企业到境外投资兴业创造条件。

二、开放经济对宏观经济运行的影响

一国经济运行是否平稳、顺利，很大程度上由宏观经济运行中的社会总供求关系决定。社会总供求关系相互适应，处于平衡状态，是宏观经济运行顺利的基本表现。但开放条件下社会总供求关系平衡的条件不同于封闭条件下社会总供求关系平衡的条件。简单而言，在封闭条件下，总供求关系失衡靠国内总供求的相应增减来调节，增加投资可以增加供给，增加收入可以增加需求，市场的表现是比较直接的。但开放经济的主要方面表现为国际间的商品（或服务）流动和资本流动，即商品的进出口和资本的流出流入，这两方面存在着密切相关、互为补充的关系：贸易收支产生的失衡需要国际资本产生方向相反的流动予以平衡；资本流出流入量出现差额，也需要在贸易收支上安排方向相反的差额予以弥补。因此，在开放条件下，社会总供求关系的平衡较为复杂。

（一）国际收支平衡与社会总供求

商品和资本的进出口会通过一个国家的国际收支平衡表来表现。在国际收支平衡表上，反映国际间商品流动的是经常收支项目，反映国际间资金流动的是资本往来项目。一国的国际收支按照国际收支平衡表采用的复式簿记法，借贷双方总是平衡的。但就实际的对外经济活动来说，收入与支出不可能总是相等的。对于这种实际生活与簿记不一致的现象，必须借助于自主性交易和调节性交易的区分才可能得到解释。通常反映在国际收支平衡表上的经济交易，具有两种不同性质：一种是自主性交易（Autonomous Transaction）或称事前交易（Beforehand Transaction）。这类交易纯粹出于经济上的某种目的自动地进行，如商品与劳务的输出入，政府和私人的援助、赠与，侨民汇款等。另一种是为弥补自主性交易的差额进行的交易，称为调节性交易（Accommodating or Compensatory Transaction）或事后交易（Afterwards Transaction），如一国的进口商取得出口商或外国银行延期付款的权利，入超国家得到出超国家或国际货币基金组织等金融机构的短期资金融通，入超国家动用黄金、外汇储备处理逆差，等等。从上述两种不同性质的经济交易的区分可以看出，一国的国际收支，当其自主性交易收支不能相抵时，必须以调节性交易来弥补才能维持平衡。但这种平衡是暂时性的，缺乏牢固的基础，不可能长久维持下去。因此，判断一国国际收支是否平衡，主要应看其自主性交易是否平衡。如果一个国家在国际经济交往中，其自主性交易相等或基本相等，不需要依靠调节性交易调节，则说明这个国家的国际收支是平衡的；否则，就是国际收支不平衡，或称国际收支失衡。

在一般情况下，商品和资本的进出对国内总需求会产生如下影响：商品出口引起总需求的扩大；而资本流入引起总需求的扩大，资本流出引起总需求的减少。商品和资本的进出对国内总供给会产生如下影响：商品进口引起总供给的扩大；而资本流入能增加进口，从而扩大总供给，资本流出会减少总供给。如果商品的出口大于进口，总需求大于总供给，就需要增加资本流入或减少资本流出来平衡；如果商品的进口大于出口，总供给大于总需求，就需要减少资本流入来平衡。这样，表现在国际收支平衡表上，就是要求资本净流入=净进口，或资本净流出=净出口。即国际收支中经常性项目贸易收支的逆差（净进口）为资本项目（资金流出入）的顺差（净流入）所抵消或前者的顺差（净出口）为后者的逆差（资金净流出）所抵消，实际上就是要求国际收支平衡。

可见，国际收支平衡的基本依据是社会总供求关系平衡的要求。国际收支平衡与社会总供求的平衡之间存在着密切的关系，恰当地处理二者的关系是社会主义国家进行宏观调控的重要内容。

（二）国际收支失衡对经济的影响

在开放经济中，社会总供求关系的失衡往往来自于国内和国际两方面的原因，而对于外贸依存度较高的国家来说，国际收支失衡常常是主要的原因。国际收支无论出现顺差或逆差都是失衡的表现。国际收支的平衡是相对的，失衡是绝对的，也就是说国际收支失衡是正常的。但是如果一国国际收支表现出长期大幅度顺差或逆差，则会对该国经济甚至对世界经济产生不利的影响。

国际收支持续大量逆差对经济发展的不利影响主要表现在以下三个方面：1. 使本国积累的对外负债超过本国的支付能力，从而引起偿还外债的困难，甚至出现债务危机；2. 耗尽一国的国际储备，使金融实力减弱，本币汇率下降，损害该国在国际上的信誉和地位；3. 由于出口收汇主要用于还本付息，无力进口本国经济发展所需的生产要素，国民经济的增长必然受到影响。

国际收支持续大量顺差对经济发展的不利影响也主要表现在三个方面：1. 国内总供给与总需求平衡遭到破坏。持续大量的顺差意味着出口大于进口，这对某些资源型出口国来说意味着国内经济资源的掠夺性开采。2. 增大本国的外汇供给。在外汇需求一定的情况下，外汇供给大于需求会使本币汇率上升，也使国内基础货币的供给增大。前者不利于商品的出口，后者则会增加通货膨胀的压力。3. 一国国际收支顺差意味着主要贸易伙伴国的其他国家逆差，如果顺差国不采取必要的措施缩减顺差，必然引起国际贸易摩擦，不利于国际经济发展。

国际收支失衡会给一国经济带来严重的影响。在一个开放经济中，国际收支平衡是整个宏观经济均衡的重要组成部分。宏观经济均衡决定了其对内经济的均衡发展，而国际收支的平衡决定了其对外经济的均衡发展。国际收支平衡与否对宏观经济均衡发展有着深刻的影响。

国际收支平衡状况会对外汇市场供求关系产生直接的影响，进而影响到国内的总供给和总需求。从货币供求的角度看，国际收支记录的外币收付实际上反映了外汇供求的变化过程。因此，从原则上讲，国际收支的经常项目、资本项目贷方所记录的是以外币标价的国际交易，表现为外币的供给。同样，借方项目所记录的交易表现为对外币的需求。所以说，国际间外汇的供求最终是由各国国际收支差额决定的。当一国国际收支为顺差时，外汇供给大于对外汇的需求；当国际收支为逆差时，外汇供给小于对外币的需求。外汇供求的这种此消彼长的关系造成了汇率升降，从而影响到该国商品的进出口和国内总供求。

此外，国际收支平衡状况是一个动态的过程，今年的国际收支可能影响到一国明年的贸易和收支，甚至影响到下一年的经济发展。

（三）国际收支失衡与经济结构

导致国际收支失衡的原因是多方面的，既有客观的，又有主观的，既有内部的，又有外部的，既有经济的，又有非经济的，既有经济发展阶段的，又有经济结构的。而且这些因素往往共同发生作用。如经济周期波动、货币供应量和物价水平、国民收入和居民储蓄消费水平、产品市场竞争力、对外债务、政府经济政策等等都可能对国际收支产生影响。开放经济条件下，国内经济与对外经济或国际经济之间存在着密切的互动关系，一国的经济结构与国际分工格局和国际市场的供求关系相适应的程度，往往在决定一国的国际收支平衡状况中有着更加重要的作用。

在经济结构中，产业结构是影响进出口商品结构层次和优化程度的最直接、最重要的因素，因此产业结构也是影响国际收支的一个决定性因素。这是因为产业结构决定着一个国家的进出口商品结构。如果一国的产业结构不能适应世界商品供给结构和需求结构的变化，该国就可能出现出口减少，进口增加，从而导致国际收支逆差或逆差加大；反之，就会出现国际收支顺差或顺差加大。例如，许多发展中国家的出口以初级产品为主，进口以制成品为主。近几十年来，由于国际市场上制成品价格大幅度上扬，而初级产品价格增长相对缓慢，导致这些国家贸易条件恶化，从而引起国际收支的失衡。所以，在开放经济条件下，一国的产业结构应当适应国际分工的要求，满足国际市场对商品供求的内在需要，并且在国际市场发生变化时相应地发生变化，才能够实现国际收支的基本平衡。如果一国的产业结构与国际分工和国际市场的需求脱节，或者在国际经济结构发生变化时不能适应这种变化，那么就可能出现国际收支失衡。

应当看到，在当代国际分工中，任何一个国家都难以享有永恒的比较利益，关键在于及时地对国内经济结构进行调整，以适应世界经济发展的需要。

三、优化开放结构

所谓开放结构就是指一国的对外经济结构。对于一个开放型的国家来说，由于国内经济结构是在适应国际经济结构的基础上建立的，从一定的意义上讲，优化开放结构也是优化国内经济结构。

开放经济是一个庞大的综合了多种因素的经济体系。开放结构包括进出口结构、利用外资结构、对外投资结构、引进技术结构、开放地区结构等。它们本身是一个国家经济结构的重要内容。

进出口结构即一般外贸结构，它是由产业结构决定的。在经济全球化的背景下，一国产业结构的形成，除了要受到本国的传统生产力结构的制约外，主要受到国际分工体系的影响。

在开放经济条件下，世界经济发展不平衡的局面依然存在，全球出现了新一轮的生产结构转换和转移，呈现新的国际分工格局。由于劳动力和土地等要素价格的上涨，发达国家乃至新兴工业化国家都要淘汰一批劳动相对密集的夕阳产业，发展技术密集的新兴产业。例如美国经过20世纪80年代的调整之后，已首先进入高科技信息时代，高科技产业成为其经济新的增长点，带动美国经济在20世纪90年代持续地增长。日本在20世纪80年代以前曾经是发达国家中经济增长最快的国家，虽然它在20世纪90年代出现了困难，但它仍是亚洲经济实力最强的国家。它在制造业方面是全球最发达的，在高科技和服务业方面也仅次于美国，居亚洲之首。我国香港特区和台湾省，以及新加坡和韩国经过20世纪80年代的调整和发展，也已基本上把劳动密集型产业转移出去，进入了新兴工业化社会。20世纪80年代大量接受劳动密集型产业的主要是中国内地和泰国、印度尼西亚等国。到了20世纪90年代，中国已在大量吸收资本比较密集和技术比较先进的外商直接投资了。

我国产业结构调整已经取得一定成果，但供求结构性矛盾仍然突出。为此，要着重解决以下几个问题。一是在三次产业的结构调整中加速发展第三产业，特别是加快信息服务、金融、科技、教育、旅游、咨询、物流等现代化服务业的发展。二是在产业内部调整中以高科技改造提高传统产业，实行信息化和工业化并举，发展信息、生物工程，新材料和先进制造业等高新技术产业。三是在产品结构调整中压缩、淘汰技术含量低、附加值低、质量低的产品，增加技术含量高、附加值高的优质产品。四是在产业组织结构调整中，一方面，进一步推动按照市场经济原则进行的企业兼并重组，建立更多国际竞争力强的企业集团；另一方面，支持和发展众多中小企业，特别是民营高科技企业。要实现国民经济的战略性调整，就要特别强调创新，包括技术创新、制度创新和管理创新，在创新中培育一批具有国际竞争力的跨国公司和国际知名品牌。

与产业结构相联系的还有利用外资结构。改革开放以来，我国政府与企业进行了广泛的国际合作，积极引进外资，开展技术贸易。大量的外国政府和国际组织贷款主要用于基础设施、能源和原材料工业重点建设，包括大型成套设备的引进，一部分用于开发农业和中小工业企业的技术改造及环境改善。商业贷款主要用于对现有企业进行技术改造或引进中小型技术项目，包括软件技术的引进。还通过政府财政机构到国际金融市场发行债券，为重点建设项目融资。从总体来看，大规模外商直接投资有利于传统产业和新兴产业得到协调发展，也使产品结构得到有效的调整。随着国际经济形势的变化，要进一步改善利用外资的产业结构，鼓励引入技术辐射能力强、吸收就业率高、资源节约型的外资企业，鼓励外资投向高新技术产业、基础设施、环境保护和服务业。改善利用外资的地区结构，鼓励外资到中西部地区和经济欠发达地区投资。

优化对外投资结构。目前我国对外投资的主要部分是国有大型企业在国外的金融、石油化工、建筑工程等行业的投资。截至2006年底，我国商业银行共在国外开设62家分行、32家。在培育具有国际竞争力的企业的同时，要鼓励国内各种类型的企业到国外发展，鼓励企业按照国际市场的需求在国外发展多种技术层次、多种产品、多种行业的跨国经营，参与国际资源分配。

优化引进技术结构。在引进技术方面，既要注意引进先进的高新技术，也要注意引进适用技术，特别是在节约资源、环境保护、有利于中小企业产品转型升级方面可以发挥积极作用的新技术。

优化开放地区结构。要深化沿海开放，加快内地开放，提升沿边开放，实现对内对外开放的相互促进。要积极利用外资促进区域经济协调发展，在政策上适度放宽中西部地区的外资准入条件，利用外资促进中部地区崛起、西部大开发、振兴东北老工业基地的战略实施。

思考题：

1. 社会主义国家为什么要对外开放？
2. 我国对外开放的基本形式有哪些？
3. 开放经济对宏观经济有什么影响？

◆第十二章 社会主义经济增长与经济发展

经济增长与经济发展理论是社会主义经济理论的重要组成部分。本章拟探讨关于经济增长与经济发展的一些重要内容，包括经济增长、经济发展的含义及相互关系，决定经济增长、经济发展的因素，我国发展的战略目标，经济发展方式的转变等问题。

第一节 经济增长与经济发展

一、经济增长与经济发展的含义及相互关系

经济增长是指一个国家或地区在一定时期内因就业人数增加、资本积累和技术进步等原因，经济规模（包括物质产品和劳务）在数量上的扩大和增加。它反映了一国国民经济总量的变化状况。

衡量经济增长，通常主要采用国民生产总值增长率、国内生产总值（GDP）增长率、国民收入增长率等总量增长率和人均增长率等指标。除此之外，衡量经济增长水平的指标还有各种效率增长率指标，包括：劳动生产率增长率，资本—产出率增长率，资本—劳动比率增长率等。无论采用何种指标，一般都用不变价格进行计算，以消除价格水平变动的影响。

经济发展是与经济增长既相联系，但又不完全相同的概念。与经济增长相比，经济发展具有更广泛的涵义，不仅包括经济增长，而且强调经济结构的变化，经济质量和人民生活水平的提高。

衡量经济发展的指标有多个。1990年联合国开发计划署首次发布的《人类发展报告》，公布了"人类发展指数"，包括预期寿命、成年人识字率、实际人均国内生产总值等三个指标。预期寿命代表物质生活水平；成年人识字率代表消费生活水平；实际人均国内生产总值经过了购买力调整，考虑到一个人购买商品以满足其基本需要的能力，因此，这个指数不但估计了国内生产总值的增长，而且估计了它的分配。

经济发展与经济增长是密不可分的。经济增长是经济发展的基础，没有经济增长就没有经济发展。但是，经济发展又不等同于经济增长，单纯的经济增长可能会出现"只增长不发展"的现象，即只有经济量的增加而没有经济结构的优化、经济质量和效益的提高。

二、决定经济增长和经济发展的因素

一般地说，决定经济增长的因素也就是决定经济发展的因素，但决定经济发展的因素比

决定经济增长的因素更多一些。在社会化大生产和市场经济的条件下，决定经济增长和经济发展的因素有：劳动力供给的数量与质量、自然资源及其开发利用程度、科学技术水平及其转化为现实生产力的状况、现有技术装备的水平、企业经营管理的水平、市场机制的完善程度、资本积累的最大可能性、社会有效需求总量与结构，以及社会经济制度、经济体制等。具体而言，主要包括：

1. 劳动力供给的数量与质量。生产要素投入特别是劳动就业量对经济增长具有决定作用。如果以一定时期（如一年）的国内生产总值作为衡量经济活动总量的综合指标，以国内生产总值增长率作为经济增长的指标，那么，在其他条件一定的情况下，国内生产总值就是这一时期所有部门的劳动就业量与社会平均劳动生产率的乘积，而国内生产总值增长率就等于劳动就业量增长率加上社会劳动生产率增长率。①

劳动力投入对经济增长的决定作用，不仅体现在劳动的量上，而且体现在劳动力供给的结构和质量上。劳动力供给是指适龄的劳动人口量，其中包括原先存在的失业人员和由于人口自然增长而新增加的劳动力。劳动力供给对经济增长的制约，主要包括人口的自然增长率、失业人员存量、劳动力供给结构特别是高素质劳动力供给等因素。高素质劳动力的短缺往往是制约经济增长的瓶颈。在现代经济发展中，简单劳动量的投入对经济增长的推动作用越来越小，劳动力素质在经济增长中的决定与影响作用日益明显。从一定意义上说，当今世界各国经济增长的差异很大程度上是劳动力素质的差异。

2. 社会劳动生产率的增长率。这对经济增长也具有决定作用。社会劳动生产率的增长，就微观而言取决于劳动者的积极性、企业的经营管理水平和技术水平；从宏观来看，取决于产业结构和生产力地区布局的合理化。由于影响社会劳动生产率增长率的因素较为复杂，例如投资增长也会伴随着新技术的应用，因而难以简单地量化为若干经济变量。但是随着经济发展和“知识经济”的兴起，社会劳动生产率增长率对经济增长、经济发展的贡献将越来越大。

3. 投资增长率和投资效率。在其他条件不变的情况下，经济增长率与投资增长率和投资效率成正比。在现实中，投资率存在客观的限制：一是积累率的高低，受现实生产力水平的制约。二是投资率的实物供给限制，即国民收入实物构成中生产资料与消费资料的数量和结构的限制。

4. 科技进步程度及其应用。一个国家能否实现持续的经济增长，归根结底取决于技术进步的程度和科技、教育的发展水平。只有实现科技进步并应用于生产过程，只有教育的高度发展和教育水平的不断提高，才能制造出先进的机器设备和设计出先进的工艺；只有让劳动者掌握先进的科学技术和管理知识，才能大大提高社会劳动生产率，使经济增长、经济发展具有坚实的基础。

5. 自然资源的数量及开发利用程度。自然资源是指存在于自然界中能够为人类利用的自然物和自然力的总称，包括土地、空气、水、矿藏、气候、森林植被、野生动物和自然景观等。一国的自然资源禀赋会影响该国经济结构，进而影响经济增长。一般而言，丰富的自然资源可以被用来生产优质的产品，满足人们的需要，促进本国经济的增长、经济发展。反之，自然资源的贫乏会阻碍经济的增长。当然，丰富的自然资源仅仅为经济增长、经济发展提供了一定的条件，要实现经济增长、经济发展，还必须对自然资源进行有效的开发和利用。

---

① 谷书堂，宋则行主编：《政治经济学（社会主义部分）》，陕西人民出版社，2000年版，第290~293页。

6. 制度和体制。制度和体制是影响经济增长、经济发展的重要因素。制度或体制安排不仅决定着财产和收入的分配，而且会改变经济中资源使用效率及其潜力。我国正面临从传统计划经济体制向社会主义市场经济体制的转型，经济体制对经济增长的推动作用是巨大的。改革开放以来，经济体制改革极大地推动了我国的经济增长、经济发展，而且在今后相当长的时期内仍将成为推动经济增长、经济发展的重要因素。

7. 对外开放。在对外开放的条件下，经济增长、经济发展还要受到该国参与国际经济活动状况的制约。一国经济发展可以突破国内资源和国内市场的限制，实行对外开放，参与国际分工，利用国内国际两个市场，开发国内国际两种资源，促进国内经济增长和经济发展。例如，进口可以克服国内自然资源与现实生产力的制约，还可以引起大量先进的技术与设备；出口则可以有效提高本国富余资源的利用效率和积累国民财富。

上述各种因素相互联系，共同对经济增长、经济发展发挥作用。因此，应当通过实现各个因素的相互协调、彼此配合来促进经济增长和经济发展。

第二节　经济发展方式转变的内涵及其实现

一、经济增长方式转变与经济发展方式转变的联系与区别

(一) 经济增长方式转变是科学发展观的必然要求和体现

经过改革开放30年的发展，我国工业化进入了加速发展的新阶段，这意味着经济进入了一个相当长的持续高速增长期。快速增长已不是难点，如何让中国经济发展得更“好”成为了我们面临的新的最大问题。“实现国民经济又好又快发展，关键要在转变经济发展方式、完善社会主义市场经济体制方面取得重大新进展”。因此，我们在研究经济增长方式转变的基础上，在科学地把握工业化、市场化深入发展的新形势下我国经济发展面临的新矛盾的基础上，更要以科学发展观统领和指导经济社会发展，进一步研究和实现经济发展方式的转变。

科学发展观是发展中国特色社会主义必须坚持和贯彻的重大战略思想，其第一要义是发展，核心是以人为本，基本要求是全面协调可持续，根本方法是统筹兼顾。

1. 发展对于全面建设小康社会、加快推进社会主义现代化具有决定性意义。要牢牢抓住经济建设这个中心，坚持聚精会神搞建设，一心一意谋发展，不断解放和发展社会生产力。更好实施科教兴国战略，人才强国战略，可持续发展战略，着力把握发展规律，创新发展理念，转变发展方式，破解发展难题，提高发展质量和效益，实现又好又快发展，为发展中国特色社会主义打下坚实基础。努力实现以人为本、全面协调可持续的科学发展，实现各方面事业有机统一、社会成员团结和睦的和谐发展，实现既通过维护世界和平发展自己，又通过自身发展维护世界平的和平发展。

2. 必须坚持以人为本。全心全意为人民服务是党的根本宗旨，党的一切奋斗和工作都是为了造福人民。要始终把实现好、维护好、发展好最广大人民的根本利益作为党和国家一切工作的出发点和落脚点，尊重人民主体地位，发挥人民首创精神，保障人民各项权益，走共同富裕道路，促进人的全面发展，做到发展为了人民，发展依靠人民，发展成果由人民共享。

3. 必须坚持全面协调可持续发展。要按照中国特色社会主义事业总体布局，全面推进经济建设、政治建设、文化建设、社会建设，促进现代化建设各个环节、各个方面相协调，促进生

产关系与生产力、上层建筑与经济基础相协调。坚持生产发展、生活富裕、生态良好的文明发展道路，建设资源节约型、环境友好型社会，实现速度和结构质量效益相统一、经济发展与人口资源环境相协调，使人民在良好生态环境中生产生活，实现经济社会永续发展。

4. 必须坚持统筹兼顾。要正确认识和妥善处理中国特色社会主义事业中的重大关系，统筹城乡发展、区域发展、经济社会发展、人与自然和谐发展、国内发展和对外开放，统筹中央和地方关系，统筹个人利益和集体利益、局部利益和整体利益、当前利益和长远利益，充分调动各方面积极性。统筹国内国际两个大局，树立世界眼光，加强战略思维，善于从国际形势发展变化中把握发展机遇、应对风险挑战，营造良好的国际环境。既要总揽全局、统筹规划，又要抓住牵动全局的主要工作、事关群众利益的突出问题，着力推进、重点突破。

（二）经济增长方式转变与经济发展方式转变的联系与区别

经济发展是指一个国家或地区随着经济增长而出现的经济、社会和政治的整体演进和改善。具体地说，经济发展的内涵包括三个方面：一是经济数量的增长，即一个国家或地区产品和劳务通过增加投入或提高效率获得更多的产出，构成经济发展的物质基础；二是经济结构的优化，即一个国家或地区投入结构、产出结构、分配结构、消费结构等各种结构的协调和优化，是经济发展的必然环节；三是经济质量的提高，即一个国家或地区的经济效益水平、社会和个人福利水平、居民实际生活质量、经济稳定程度、自然生态环境改善程度以及政治、文化和人的现代化，是经济发展的最终标志。经济发展方式是指实现经济发展的方法、手段和模式，其中不仅包含经济增长方式，还包括结构优化、环境改善、技术不断创新、人民生活水平提高、资源配置趋于合理等方面的内容。进一步地看，经济发展方式的转变，则主要包括粗放型增长方式向集约型增长方式转变，资源消耗型发展向资源节约型、环境友好型发展转变，技术引进型发展向技术创新型发展转变，外需拉动型发展向内需主导型发展转变，投资拉动型增长向居民消费拉动型增长转变，倾斜型发展战略向均衡型发展战略转变，效率优先的分配模式向兼顾效率与公平的分配模式转变。

从上分析可见，经济发展与经济增长、经济发展方式转变与经济增长方式转变有着密切的联系，但又有着显著区别：

一是经济发展方式包含经济增长的内容，但不等同于经济增长概念。经济增长是指一个国家或地区经济量上的变化或增加，即一定时期产品和劳务的增长。经济增长包含在经济发展之中，它是促成经济发展的基本动力和物质保障。一般而言，经济增长是手段，经济发展是目的；经济增长是经济发展的基础，经济发展是经济增长的结果。虽然在个别条件下有时也会出现无增长而有发展的情况，但从长期看，没有经济增长就不会有持续的经济发展。但经济发展是对社会经济的积极推动，更强调经济发展对社会的正向作用和影响，而传统的经济增长方式更多地强调数字的量度，它对社会既可以产生正向作用又可以产生负向作用。

二是经济发展方式注重经济质量意识，而传统的经济增长方式似乎更强调量的扩展。经济增长只是指一国经济更多的产出，其增长程度仅仅以国民生产总值与国民收入以及它们的人均值的增长率这一单一指标来表示。而经济发展除了包括经济增长的内容以外，还包括随着经济增长而出现的经济、社会和政治等方面的进展，其发展程度需要用能反映这种变化的综合性指标来衡量。经济增长的内涵较窄，是一个偏重于数量的概念；而经济发展的内涵较宽，是一个既包含数量又包含质量的概念，在质和量的统一中更注重经济质态的升级和优化。虽然经济增长是经济发展的必要前提，但并不是一切经济增长都能带来经济发展。如果只是传统经济在原有结构、类型、体制基础上单纯依赖增加资源消耗去实现数量增长，而没有经济质态的升级和优化，就不可能带来经济、社会和政治的整体演进和改善。这种情况就是只有经济增长而无经济发展。

三是经济发展方式注重经济社会综合协调发展的内涵，体现了科学发展观的理念；而传统的经济增长方式容易激发人与自然、人与人之间的矛盾。应当看到，“转变经济发展方式”的要求是在科学发展观的基础上提出来的，体现了发展的耦合性、关联性、价值性和人文性的统一。事实上，马克思很早就从唯物史观的角度揭示了社会进步的本质。他认为，社会进步遵循着生产力发展的铁律，受人类利益、需要的驱使和生产实践活动的支配。衡量社会进步的尺度，主要是生产力水平和人的解放程度。发展应当是追求自然规律和社会规律的统一，只有倡导一种旨在促进“自然—经济—社会”复杂系统和谐发展的战略，人类的发展才能真正实现手段与目的的统一。这也就是说，发展应当追求以人为本的原则，只有倡导一种旨在促进“全社会每个人的全面发展”的经济社会发展战略，经济增长和物质财富的丰裕才具有真正的社会价值。

二、经济发展方式转变的科学内涵与促进“三个转变”

长期以来，基于经济发展所处的历史阶段及整体技术水平的限制，我国经济增长主要通过增加生产要素的投入和物质消耗的粗放型增长的方式来实现。为提高经济增长的质量和效益，早在1987年我国就提出要将粗放经营逐步转变为集约经营。1995年更在提出实现经济体制从传统的计划经济体制向社会主义市场经济体制转变的同时，明确提出要实现国民经济增长方式从粗放型到集约型的转变，力求从根本上改变我国国民经济发展高投入、低产出，高增长、低效益的状况。由此，我国国民经济的增长方式逐步开始了从粗放到集约的第一个历史性转变。然而迄今为止，在我国经济的快速增长过程中，在原有的以高投入、高能耗、高物耗、高污染、多占地为特征的“四高一多”式的粗放型增长方式并未得到根本改变的同时，又积累了较多的经济社会矛盾和问题。这些矛盾和问题不仅表现为以投资消费关系不协调、“一二三产业”发展比例不协调、城乡发展和区域发展不协调、国际收支不协调和自主创新能力低下为表征的不稳定因素的存在，也表现为以收入差距的扩大及其所引发的一系列经济社会矛盾和问题为特征的经济发展中不和谐因素的存在。这不仅使我们为经济增长所付的代价日益增大，经济增长与资源环境的矛盾日趋尖锐，也使我国经济社会的发展具有内在的矛盾性结构。而在当前国民经济较快增长和较低通胀率的表象下，上述矛盾和问题的存在可能隐蔽着较大的经济风险和社会风险。

以上这些情况表明，传统的经济增长方式有待继续变革。我国的经济社会发展战略不能再仅仅靠GDP数量的增长，而应当纳入到社会这一大系统中，统筹兼顾，要有更为全面、更为辩证的要求，要更深刻、更自觉地把握经济发展规律，下更大的决心、采取更有力的措施提高经济发展质量和效益，促进经济社会又好又快的发展。党的十七大“转变经济发展方式”战略的提出，反映了党中央对这一问题的高度重视，标志着我们党对中国经济社会发展战略问题的思考进一步走向深化。党的十八大又进一步提出，要把推进经济结构战略性调整作为加快转变经济发展方式的主攻方向。强调必须以改善需求结构、优化产业结构、促进区域协调发展、推进城镇化为重点，着力解决制约经济持续健康发展的重大结构性问题。

改变传统的经济增长方式，强调转变经济发展方式，本质上就是要走全面协调可持续发展的道路，加快经济结构战略性调整，积极建设资源节约型、环境友好型社会，在合理充分利用自然资源、保护生态环境的基础上，促进经济的发展。这里面，保持合理适度的人口增长，维护社会秩序，为人民提供安全、公平的社会环境和良好的物质、文化生活条件，努力提升人民群众的身体和文化素质，逐步提高人民的生活水平，让经济发展的成果更多地体现在改善民生上，是实现经济社会又好又快发展的具体内容。要实现经济发展方式的根本转变，我们必须实现以下“三个转变”。

(一)促进经济增长由主要依靠投资、出口拉动向依靠消费、投资、出口协调拉动转变

总的来说，我国经济增长是依靠投资、出口和消费“三驾马车”拉动的。从多年历史来看，在“三驾马车”中，投资对经济增长的拉动作用一直很大，出口的拉动作用虽时有波动但也很强，而消费的拉动作用虽比较稳定实则相对较弱。从“十五”期间投资、出口和消费三者总体来看，国内投资率由36%上升到44.8%，对外依存度由39.6%提高到63.9%，而消费率则由61.5%下降到50.17%。这种经济增长格局表明，“三驾马车”尚未形成合力，特别是投资和消费明显失调。

消费不足的原因也是多方面的。我国居民总体消费水平之所以偏低，主要原因之一是在城乡二元经济结构下，农业发展缓慢，占人口大多数的农民收入低，消费力和购买力严重不足。同时，城市居民收入预期不确定和支出预期不确定(社会保障等不健全)，也影响居民的消费倾向。因此，要增强消费对经济增长的拉动作用，必须坚持以人为本，贯彻落实科学发展观，在发展生产的基础上扩大内需，积极提高消费率。增强消费对经济增长的拉动作用，要完善收入分配政策，持续增加城乡居民收入。要更加重视解决“三农”问题，要统筹城乡发展，多渠道增加农民收入，大力开拓农村市场特别是农村消费市场。这就要求我们坚持和完善按劳分配为主体、多种分配方式并存的分配制度，逐步提高居民收入在国民收入分配中的比重，提高劳动报酬在初次分配中的比重，着力提高低收入者的收入，扩大中等收入者的比重。要调整和健全消费政策，通过加快社会保障体系建设，稳定居民消费预期；通过改善消费环境，增强居民消费信心，促进居民扩大即期消费。要拓宽服务性消费领域，不断开拓城乡消费市场，继续拓展住房、汽车、通信、旅游、文化和健身等热点消费。同时，要适度控制投资规模，优化投资结构，提高投资效益，合理降低投资率。要转变外贸增长方式，调整进出口结构，促进对外贸易和国际收支基本平衡，使消费、投资、出口“三驾马车”协调发挥拉动增长的作用。

(二)促进经济增长由主要依靠第二产业带动向依靠第一、第二、第三产业协同带动转变

近十年来，第一产业和第三产业都有了显著的变化。从1995－2005年的十年间占国内生产总值的比重看：第一产业由19.8%下降为12.4%，下降了7.4个百分点；第三产业由33.0%上升为39.9%，上升了6.9个百分点(2001年服务业达40.1%，而到2006年又回落到39.5%)；而第二产业(2006年为48.7%)基本没有大的变化；同时我国第三产业即服务业在国民经济中的地位明显偏低。一些低收入的发展中国家，如印度，其服务业早已超过了50%，发达国家的服务业更超出75%。我国服务业发展滞后，经济增长长期主要依靠第二产业推动。因此，推进产业结构优化升级，坚持走中国特色新型工业化道路，促进信息化与工业化融合，巩固第一产业，做大第三产业，提升第二产业，发展现代产业体系，转变经济发展方式，是发展我国经济的迫切需要。

作为第二产业的工业，之所以受到资源约束和环境压力，就是因为内部结构不合理和技术落后。所以，必须大力推进工业结构调整和优化升级。推进工业结构调整和优化升级的方向是:按照走新型工业化道路的要求，坚持以市场为导向、公有企业为主体，把增强自主创新能力作为中心环节，继续发挥劳动密集型产业的竞争优势，调整优化产品结构、企业组织结构和产业布局，提升整体技术水平和综合竞争力，形成以高技术产业为主导、基础产业和制造业为支撑的工业产业格局，促进工业由大变强。经过工业结构调整和优化升级，特别是加快发展服务业，会逐渐实现经济增长由主要依靠工业带动和数量扩张带动向三次产业协调带动转变。解决了上述约束性因素，第二产业就可以进一步与第一、第三产业协同推动经济社会发展。

(三)促进经济增长由主要依靠增加物质资源消耗向主要依靠科技进步、劳动者素质提高管理创新转变

加快转变经济发展方式，关键是全面提高自主创新能力，促进科技成果向现实生产力转化。经过多年努力，我国科技创新取得明显成效，但从总体上看，自主创新不足，转化水平不高，劳动生产率和经济效益与国际先进水平相比还有较大差距。不论是从国际科技竞争加剧的趋势看，还是从国内低成本竞争优势减弱的现实看，都到了必须更多地依靠科技进步、劳动者素质提高和管理创新带动经济发展的历史阶段。

影响我国科技创新的负面因素较多，但最主要的是科技与经济结合不够紧密。要解决这个问题，必须采取综合性措施。要按照建设创新型国家的要求，认真落实国家中长期科学和技术发展规划纲要，加大对自主创新的资金投入和政策支持，抓紧组织实施重大科技专项，着力突破制约经济社会发展的关键技术。要推动国家创新体系建设，支持基础研究、前沿技术研究和社会公益性技术研究。要加快建立以企业为主体、市场为导向、产学研相结合的技术创新体系，使企业真正成为研发投入和自主创新的主体。要继续实施全民科学素质行动计划，大力提高劳动者科技文化素质，充分发挥我国人力资源优势在经济发展中的作用。

三、经济发展方式转变的实现机制

转变经济发展方式需要有一个有效的实现机制:需要深化改革和完善体制，为科学发展提供体制机制保障;需要坚持以人为本，坚持扩大内需的方针，着力增强消费需求对经济增长和方针的拉动作用;需要优化结构，发展现代产业体系，走新型工业化道路，统筹城乡发展、统筹区域发展、统筹国内外发展自主创新;需要广泛采用节能减排技术，着力建设资源节约型、环境友好型社会。

(一)深化改革和完善体制，为科学发展提供体制机制保障

1. 完善基本经济制度，健全现代市场体系

要坚持和完善公有制为主体、多种所有制经济共同发展的基本经济制度，坚持平等保护物权，形成各种所有制经济平等竞争、相互促进的新格局。首先，要继续毫不动摇地巩固和发展公有制经济。为此，要深化国有企业公司制股份制改革，健全现代企业制度，优化国有经济布局和结构，增强国有经济的活力、控制力、影响力。其次，要毫不动摇地鼓励、支持、引导非公有制经济发展。个体、私营等非公有制经济是我国社会主义市场经济的有机组成部分，是我国重要的经济增长点，提供新就业岗位的主渠道，满足全国人民不断增长的物质和文化

生活需要的生力军，必须继续鼓励、支持、引导它们健康发展。最后，要着力于形成各种所有制经济平等竞争、相互促进新格局，保障一切市场主体的平等法律地位和发展权利。

加快形成统一开放、竞争有序的现代市场体系，是完善社会主义市场经济体制、促进经济又好又快发展的重要内容。

新世纪新阶段，加快形成现代市场体系有两个重点：一是发展各类生产要素市场，建立多层次的资本市场，健全统一规范的劳动力市场和规范发展土地市场。二是完善反映市场供求关系、资源稀缺程度、环境损害成本的生产要素和资源的价格形成机制，从根本改变我国高投入、高消耗、高污染、低效率的粗放型经济增长方式。

2. 深化财税、金融等体制改革，完善宏观调控体系

第一，要深化财税改革，建立和健全有利于促进科学发展和社会和谐、推动科技进步、节约能源资源、保护生态环境的财税体制。要围绕推进基本公共服务均等化和主体功能区建设来完善公共财政体系，实现财政体系从经济建设型向公共服务型转变。

第二，要推进金融体制改革，发展各类金融市场，形成拥有多种所有制和多种经营形式、结构合理、功能完善、高效安全的现代金融体系。继续深化国有商业银行改革，稳步推进政策性银行改革。大力发展公司债券市场和多层次资本市场，优化资本市场结构，多渠道提高直接融资比重。积极发展保险市场。稳步发展货币市场和金融衍生产品市场，培育外汇市场。继续稳步推进利率市场化改革，实现金融产品和服务收费的市场化定价。

第三，要推进国家规划改革，完善国家规划体系，使国家的发展规划和地方的发展规划相衔接。深化投资体制改革，减少审批，需保留的审批要规范、简化程序。按照科学发展、节约资源和保护环境的要求，健全和严格市场准入制度。发挥国家发展规划如五年规划、年度计划和产业政策在宏观调控中的导向作用和协调作用，并综合运用财政、货币政策，不断提高宏观调控水平，为国民经济的运行提供稳定的环境。在调控方式上，逐步做到主要运用经济手段和法律手段，辅之以必要的行政手段。以总量调控为主，努力保持总供给和总需求的基本平衡，促进重大结构的优化，做到全面协调可持续发展。

(二)坚持以人为本，坚持扩大内需的方针，着力增强消费需求对经济增长和方针的拉动作用

科学发展观是发展中国特色社会主义必须坚持和贯彻的重大战略思想。而科学发展观的核心，就是坚持以人为本。首先，科学发展观强调“坚持发展为了人民”，就是要把实现好、维护好、发展好最广大人民的根本利益，作为党和政府一切方针政策和各项工作的根本出发点和落脚点，把发展的目的真正落实到满足人民需要、实现人民利益、提高人民生活水平上。其次，科学发展观强调“坚持发展依靠人民”，就是要尊重人民主体地位，发挥人民首创精神，密切联系群众，始终相信群众，紧紧依靠群众，最充分地调动人民群众的积极性、主动性、创造性，最大限度地集中全社会、全民族的智慧和力量，最广泛地动员和组织亿万群众投身中国特色社会主义伟大事业。最后，科学发展观强调“坚持发展成果由人民共享”，就是要走共同富裕道路，把改革发展取得的各方面成果体现在不断提高人民的生活质量和健康水平上，体现在不断提高人民的思想道德素质和科学文化素质上，体现在充分保障人民享有的经济、政治、文化、社会等各方面权益上，让发展成果惠及广大人民群众。

在强调经济发展和经济增长的时候，也必须坚持以人为本，坚持扩大内需的方针，着力

增强消费需求对经济增长和方针的拉动作用，促进经济增长由主要依靠投资、出口拉动向依靠消费、投资、出口协调拉动转变。目前，我国需求结构的投资率偏高，消费率较低。2006年36%的居民消费率是历史上的最低点。投资与消费比例失衡，使得居民生活不能随着经济快速增长而同步提高，导致国内市场规模受限，生产能力相对过剩。消费率的持续下降还严重制约内需的扩大，使得经济增长对出口的依赖程度不断提高。而外贸顺差过大和国际收支盈余过多，还会造成国内资金流动性过剩，反过来又助长了投资的高增长。因此，无论是着眼于改善民生，还是着眼于产业结构调整和国际收支平衡，都要坚持扩大国内需求，鼓励合理消费，把经济发展建立在开拓国内市场的基础上，形成消费、投资、出口协调拉动经济增长的局面，促进国民经济良性循环和人民生活水平不断提高。

增强消费对经济增长的拉动作用，要完善收入分配政策，持续增加城乡居民收入。这就要求我们坚持和完善按劳分配为主体、多种分配方式并存的分配制度，逐步提高居民收入在国民收入分配中的比重，提高劳动报酬在初次分配中的比重，着力提高低收入者收入，扩大中等收入者比重。要调整和健全消费政策，通过加快社会保障体系建设，稳定居民消费预期;通过改善消费环境，增强居民消费信心，促进居民扩大即期消费;要拓宽服务性消费领域，不断开拓城乡消费市场，继续拓展住房、汽车、通信、旅游、文化和健身等热点消费。同时，要适度控制投资规模，优化投资结构，提高投资效益，合理降低投资率。要转变外贸增长方式，调整进出口结构，促进对外贸易和国际收支基本平衡，使消费、投资、出口“三驾马车”协调发挥拉动经济增长的作用。

扎实推进社会主义新农村建设，促进城镇化健康发展，既是扩大国内需求的迫切要求，也是转变经济发展方式的重要途径。目前，农民仍然是我国人口的主体，农村是国内市场的潜力所在。保持经济长期平稳较快发展，必须更加重视解决“三农”问题，多渠道增加农民收入，大力开拓农村市场特别是农村消费市场。要统筹城乡发展，建立以工促农、以城带乡的长效机制，形成城乡经济社会发展一体化新格局。同时，要走中国特色城镇化道路，促进大中小城市和小城镇协调发展，有序转移农村富余劳动力，这是提高农民收入和扩大内需的重要举措。

(三)优化结构，发展现代产业体系，走新型工业化道路，统筹城乡发展，统筹区域发展统筹国内外发展

1. 从一定意义上说，现代化过程就是在科技进步的推动下，经济不断发展、产业结构逐步优化升级的过程。形成现代产业体系，需要从多个方面采取措施，其中最重要的是坚持走科技含量高、经济效益好、资源消耗低、环境污染少、人力资源优势得到充分发挥的中国特色新型工业化道路，以信息化带动工业化，以工业化促进信息化。当前和今后一个时期，应着力抓好以下三个方面的工作：

一是大力推进信息化与工业化融合，促进工业由大变强。当今世界，信息技术已渗透到经济社会发展的各个领域，信息化对工业化也有着极大的带动作用，而且还丰富和拓展了工业化的内涵。因此，必须加快信息技术在各个领域的应用，大力推广以信息技术为代表的高新技术，加快用高新技术和先进适用技术改造提升传统工业产业，提升其技术水平和市场竞争力。

二是从改革体制机制、加大资金投入、完善政策等方面采取措施，发展现代服务业。服务

业的兴旺发达是现代化经济的一个显著特征。通过加快发展服务业，可以促进国民经济协调发展，扩大劳动就业，加快城市化进程，改善人民群众生活等。目前我国的服务业与过去相比虽然有较大发展，但与整个经济发展阶段和人均收入应达到的水平相比，还有相当大的差距。其中既有总量不足、比重过低的问题（如2006年我国服务业在国内生产总值中的比重和从业人员占全部就业人口的比重分别只有39.5%和32.2%，不仅大大低于发达国家，也明显低于发展中国家的平均水平），也有内部结构落后、传统服务业比重过高以及整体服务水平较低的问题。因此，必须加快发展服务业，全面提高服务业特别是现代服务业在国民经济中的比重和水平。

三是要加大支农惠农政策力度，积极发展现代农业。农业丰则基础强。发展现代农业既是顺应我国经济发展的客观趋势、促进农民增加收入的基本途径，也是提高农业综合生产能力、夯实建设社会主义新农村产业基础的重要举措。用现代科学技术改造农业，用现代产业体系提升农业，用现代经营形式推进农业，用现代发展理念引领农业，用培育新型农民发展农业，提高农业水利化、机械化和信息化水平，提高土地产出率、资源利用率和农业劳动生产率，提高农业素质、效益和竞争力，提高农产品质量安全和农业整体水平。

2. 统筹城乡发展，推进社会主义新农村建设，从根本上突破城乡二元结构，逐步缩小城乡差距，实现城乡一体化。

推进社会主义新农村建设，要建立以工促农、以城带乡的长效机制，形成城乡经济社会发展一体化新格局。这是打破城乡二元结构、加快农业和农村发展、促进农民富裕的根本途径。具体来说，必须从以下几个方面重点推进：

一是应着力推进城乡发展规划一体化。统筹城乡发展规划和布局是形成城乡经济社会发展一体化新格局的前提。不少地方在发展过程中没有把城乡作为一个整体来通盘考虑，城市和农村各搞各的，其结果是虽然城市发展较陕，但农村发展滞后且乡村建设散乱无序，城乡差距越来越大。这种状况不仅使广大农村居民的生活水平提升较慢，而且使城市的发展特别是经济发展的后劲不足，这最终将制约整个国民经济增长。要改变这种状况，必须按照城乡发展规划一体化的要求，把农村和城市作为一个有机整体，在统一制订土地利用总体规划的基础上，明确分区功能定位，统一规划基本农田保护区、居民生活区、工业园区、商贸区、休闲区、生态涵养区等，使城乡发展能够互相衔接、互相促进。

二是应着力推进城乡基础设施建设一体化。城乡发展的差距在基础设施方面尤为明显。要形成城乡经济社会发展一体化新格局，必须在推进城乡基础设施建设方面统一考虑、统一布局、统一推进。要针对目前城乡基础设施差异大、各种功能布局不合理、设施共享性差等突出问题，坚持把城市和农村作为一个有机整体，着眼强化城乡设施的衔接、互补，加大对农村基础设施投入的力度。特别要增加对农村道路、水、电、通信和垃圾处理设施等方面的建设投入，提高上述设施的质量和服务功能，并与城市有关设施统筹考虑，实现城乡共建、城乡联网、城乡共享。

三是应着力推进城乡公共服务一体化。缩小城乡之间公共服务水平的差距，是扭转城乡发展差距扩大趋势的基础。近年来，随着中央一系列支农惠农政策的贯彻实施，农村社会事业有了较快发展，公共服务水平有了明显提高。但由于长期以来农村公共服务方面欠账太多，目前城乡公共服务水平仍然有较大差距，特别是教育、医疗卫生、文化、社会保障等方面的差距更为明显。为了促进城乡协调发展，必须按照有利于逐步实现基本公共服务均等化的要求，加快完善公共财政体制，加大公共财政向农村教育和公共卫生等方面的转移支付，尤其要加大中央和省级政府的投入力度。在大力提高农村公共服务水平的同时，还要注意从体制机制上推进城乡公共服务一体化。为了实现城乡公共服务一体化，必须从现在起就做好规划，留好接口，逐步靠拢，一待条件成熟，就真正实现城乡公共服务一体化运作。

四是应着力推进城乡劳动力就业一体化。近年来农民收入保持了较快的增长速度的一个重要原因是外出务工和从事二三产业的农民越来越多，农民的非农收入持续较快增长。农民在非农产业和城镇就业已成为当前农民增收最直接、最有效的途径。逐步实现城乡就业和劳动力市场一体化，不仅是增加农民收入的重要途径，也是发育要素市场、支持城市经济发展的必然要求。尽管与过去相比，现行的城镇户籍制度和就业制度已有了较大改进，但当前农村劳动力进入城镇就业仍受到许多不合理的限制。应将农民就业问题纳入整个社会的就业体系中，有关部门要逐步把对城镇失业人员在就业和培训等方面的优惠政策落实到农村富余劳动力身上，促进他们到二三产业和城镇就业。要进一步完善和规范对劳动力市场的管理，清理对农民进城务工的不合理限制政策和乱收费。加快建立适应农民工特点的社会保障制度。要把农民工及其所携家属在城镇的计划生育、子女教育、劳动就业、妇幼保健等工作列入有关部门和相关社区的管理责任范围，并将相应的管理经费纳入财政预算。

五是应着力推进城乡社会管理一体化。要建立有利于统筹城乡经济社会发展的政府管理体系，改变一些地方政府重城市、轻农村，重工业、轻农业，重市民、轻农民的做法，充分发挥政府在协调城乡经济社会发展和建立相关制度方面的作用。要加大户籍制度改革力度，进一步放宽农民进城落户的条件。要改革农村征地制度，引入市场机制并完善法规，切实解决好失地农民的就业和生活保障问题。

3. 促进区域协调发展、逐步缩小区域发展差距，是深入贯彻落实科学发展观、全面建设小康社会的重大战略任务。

区域经济结构是指国民经济中各个经济区域之间的发展关系和结合状况，它也是国民经济结构的一个重要方面。区域经济结构的调整是指生产要素在各个区域之间的合理配置，它能够使各个区域在国民经济的整体活动中充分发挥各自的优势，同时相互配合、相互补充、协调一致地发展，因而也是实现经济发展目标的重要条件。区域经济结构的调整对实现经济发展目标具有十分重要的意义。

缩小区域发展差距主要是要引导生产要素跨区域合理流动，这是在认真分析造成区域发展差距的原因的基础上提出的。从发达国家的经验看，经济总量聚集的地方也应当是人口相应集中的地方，是最终形成经济总量与人口大体协调的地方。而我国情况却与之相反，经济总量大的地区没能吸纳相当比重的人口，而广大中西部地区由于缺少资金、人才，经济发展相对较慢，增加就业和收入的机会也相对较少，经济总量比重比较低，而人口比重却大大高于经济所占的比重。例如，2005 年，东部比较发达的长江三角洲、珠江三角洲和京津冀地区集中了全国地区生产总值的36%，而人口却只占全� 1 人口的 15%；西部地区生产总值占全国地区生产总值的17.1%，人口却占全国人口的28%，这就导致区域人均收入的差距不断扩大。东部地区人均收入不断提高，对资金、资源、劳动力的吸引力也越来越大；而人均收入低的地区在招商引资、吸引人才等方面处于不利位置，影响了经济增长，结果人均收入的改善也不快。区域间人均享有的公共服务差距拉大的另一个原因是，目前我国每年有 1.3 亿多农村劳动力，其中外出务工的主要是中西部农村的劳动力，其赡养的人口依然留在中西部，而创造的税收却留在东部，成为东部改善公共服务的重要财源；而吸收外来劳动力的地区却不为这些劳动者及其赡养人口提供公共服务，这些流动人口及其赡养人口应享有的公共服务仍然由其户籍所在地提供。中西部地区由于能创造税收的人口已大量流出，财政状况改善慢，能够提供的公共服务水平有限。以上分析表明，促进人口与生产要素、经济布局的区域上的均衡，可以有效缩小不同区域民众的人均收入水平、享受基本公共服务的差距。

从国家现有经济实力和财力看，我国也具备了促进基本公共服务均等化的条件和能力。当前，特别需要加大对革命老区、民族地区、边疆地区、贫困地区的发展扶持力度。为此，要建立以促进基本公共服务均等化为目的的公共财政体系，加大对这些地区的财政转移支付，增强地方政府提供公共服务的能力，缩小中西部地区与东部地区在享有公共服务方面的差距，使不同区域民众享有比较均等的就业、住房、医疗、教育、基本公共文化的机会、公共服务水平和良好生活环境。国际经验证明，缩小区域间、城乡间收入差距最为有效的办法就是加快培育更加开放、更有利于自由流动的要素市场，通过劳动力和其他要素的自由流动平抑不同地区的工资差异。因此，要创造条件引导中西部劳动力向经济相对集中的地区转移，充分发挥这些地区的人口承载力；引导资金、技术等生产要素向中西部地区流动，增强中西部地区的经济实力。通过人口和生产要素的合理流动，促进区域协调发展，逐步缩小发展差距。

4. 改革开放30年来，我国对外开放迅速发展，对外开放的形式和战略发生了重大变化。在此基础上，我们还需要进一步拓展对外开放的广度和深度，提高开放型经济水平。坚持对外开放的基本国策，把“引进来”和“走出去”更好地结合起来，扩大开放领域，优化开放结构，提高开放质量，完善内外联动、互利共赢、安全高效的开放型经济体系，形成经济全球化条件下参与国际经济合作和竞争的新优势。深化沿海开放，加快内地开放，提升沿边开放，实现对内对外开放相互促进。

第一，经过30年的快速发展，我国人均国民收入已经超过2000美元。伴随着收入水平的提高和资本、技术等要素的积累，我国的要素结构发生了显著变化，不同领域中的比较优势有消有长，在全球分工格局中的位置相应地也在调整。随着我国对外贸易和外资流入在全球的比重不断提高，我国对外开放进入了商品和要素全面双向流动的新阶段，我国经济同世界经济的联系日益紧密，内外影响不断加深，经济利益互相交织。在这种背景下，我国参与国际分工的方式、层次和特点也将随之进行调整、拓展和提升。这些新的情况和变化要求我们在继续发挥好传统优势的同时审时度势，扬长避短，努力形成参与国际竞争和合作的新优势。

第二，利用外资方式、对外投资和合作方式创新。创新利用外资方式是提高我国开放型经济水平的迫切需要。当前我国利用外资的内外部条件都发生了质的变化，现有的引资方式不能完全适应经济发展的要求。要着眼于提高利用外资的质量，引导跨国并购向优化产业结构方向发展，放宽中西部地区外资进入的行业限制。完善并购环境，建立跨国并购的法律体系；继续优化软硬件环境，切实加强知识产权保护，支持外资研发机构与我国企业和科研院校开展合作，更好地发挥技术共享、合作研究、人才交流等方面的溢出效应；鼓励跨国公司在我国设立外包企业，承接本公司集团和其他企业的外包业务，提高我国承接国际服务外包的水平；有效利用境外资本市场，鼓励具备条件的境外机构参股国内证券公司和基金管理公司，逐步扩大合格境外机构投资者（QFII）的规模。

长期以来，我国对外投资的方式多以国际工程承包、劳务合作为主。现在这些传统方式已经无法满足我国对外投资进一步发展的要求。随着我国经济的发展，我国已进入对外投资快速增长的新阶段，创新对外投资和合作方式意义重大，是构筑我国参与国际经济合作和竞争新优势的重要路径。具体说来，对外投资合作方式创新可以从四个方面着手：一是开展跨国并购，有效提高企业在研发、生产、销售等方面的国际化经营水平。支持具备条件的企业在全球整合资源链，树立自己的国际知名品牌，打入国际主流市场。二是积极开展国际能源资源互利合作。推动在资源富集地区进行能源资源开发、农业项目综合开发和远洋渔业资源开发，建立多元、稳定、可靠的能源资源供应保障。三是开展境外加工贸易。通过加工贸易方式，可以有效释放我国已经形成的充足生产能力，规避贸易壁垒，带动相关产品的出口。目前，我国已启动八个境外经济贸易合作区的建设，从政策、资金、配套服务等方面积极支持企业“走出去”。四是有序推动对外间接投资。以国家外汇投资公司等方式拓展境外投资渠道，逐步形成以企业和居民为主体的对外间接投资格局。

第三，实施自由贸易区战略。自由贸易区是比多边贸易体制更高水平的开放，指一些国家和地区在多边承诺基础上，进一步相互开放市场，实现贸易和投资自由化。自由贸易区已成为大国开展战略合作与竞争的重要手段，正在加速改变世界经济和政治格局。在世界各国特别是大国竞相发展自由贸易区的形势下，如果置身局外或落于人后，发展空间就会受到挤压，在日趋激烈的国际竞争中就可能处于不利境地。经过30年改革开放，我国综合国力和国际竞争力大大增强，成为世界第四大经济体、第三大贸易国和最大外汇储备国。我国发展自由贸易区的条件日趋成熟。今后，我们应有步骤、有重点地推进自由贸易区谈判，积极稳妥地推进自由贸易区工作，逐步形成全球自由贸易区合作网络。

(四)自主创新，广泛采用节能减排技术，着力建设资源节约型、环境友好型社会

提高自主创新能力，建设创新型国家，是国家发展战略的核心，是提高综合国力的关键。

第一，提高自主创新能力，是确保到2020年实现全面建成小康社会奋斗目标的需要。要达到发展方式转变取得重大进展，在优化结构、提高效益、降低消耗、保护环境的基础上，2020年人均国内生产总值比2000年翻两番的目标，就一定要紧紧依靠科技进步和自主创新的有力支撑，一定要改变我国人均劳动生产率低、附加值低，单位国内生产总值物耗能耗高、生态环境代价高的现状。必须更加注重提高自主创新能力，加快科技进步，创造自主核心知识产权，创造自主世界著名品牌，提高制造产品的附加值、发展增值服务，鼓励发展跨国经营、具有国际竞争力的大企业集团。必须在发展劳动密集产业的同时加快振兴装备制造业、高技术产业和以知识和创新为基础的现代服务业，加快实现由世界工厂向创造强国的跨越，提升我国在全球产业分工中的地位，大幅提升自主创新对我国经济增长的贡献率，提高节能环保水平，实现人均高生产率、高收益率和单位国内生产总值低物耗、低能耗、低排放，提高我国经济的整体素质和国际竞争力。

第二，提高自主创新能力，是应对世界科技革命和提高我国竞争力的需要。国际竞争从根本上说是科技的竞争，特别是自主创新能力的竞争。当今世界，新科技革命迅猛开展，科技成果转化和产业更新换代的周期越来越短，科技作为第一生产力的地位和作用越来越突出。世界各国尤其是发达国家纷纷把推动科技进步和创新作为国家战略，大幅度提高科技投入，加快科技事业发展，重视基础研究，重点发展高新技术及其产业，加快科技成果向现实生产力转化，在国际经济、科技竞争中争取主动权。我国人均能源、水资源、土地资源稀少，生态环境十分脆弱，对经济发展构成日益严峻和紧迫的约束。在经济全球化进程中，企业面临着越来越激烈的国际竞争压力，坚持走中国特色自主创新道路、提高自主创新能力是根本

出路。

经过多年努力，我国科技创新能力不断提高，科技对经济社会发展的支撑能力大大增强，适应社会主义市场经济的国家创新体系初步形成，科技事业蓬勃发展。我国已建成世界上只有少数国家才具备的、完整的科学技术体系，拥有充足的科技人力资源，已经具备较强的科技实力。据测算，我国科技综合创新指标已相当于人均国内生产总值5000美元~6000美元国家的水平，在生物、纳米、航天等一些重要领域的研发能力已跻身世界先进水平。中华民族重视教育、辩证思维、集体主义精神和丰厚的文化积累，为我国未来的创新提供了有利条件。

中国共产党的十七大报告再次强调要加强能源资源节约和生态环境保护，并指出必须把建设资源节约型、环境友好型社会放在工业化、现代化发展战略的突出位置。党的十八大报告在坚持节约资源和保护环境的基本国策的基础上，又提出要大力推进生态文明建设。

建设资源节约型、环境友好型社会是深入贯彻落实科学发展观的需要。人类发展的历史已经表明，人类文明的发展和延续与资源、环境密切相关。资源缺乏和生态环境恶化会破坏人们的生存条件，甚至会导致人类文明的消亡。我们一定要深刻认识加强能源资源节约和生态环境保护的重大意义，以对国家、对民族、对子孙后代高度负责的精神，切实把建设资源节约型、环境友好型社会放在工业化、现代化发展战略的突出位置，推动经济社会全面协调可持续发展。

建设资源节约型、环境友好型社会要求建立科学合理的能源资源利用体系，其核心是：按照减量化、再利用、资源化的原则，以提高能源资源利用效率为中心，以节能、节水、节地、节材、资源综合利用为重点，通过加快产业结构调整，推进技术进步，加强法制建设，完善政策措施，强化节约意识，建立长效机制，形成节约型的增长方式和消费方式，促进经济社会可持续发展。具体来说，要重点抓好以下几个方面的工作：一是加快调整产业结构。大力发展服务业，推动高技术产业基地建设，培育一批新兴高技术产业群，大力发展生产性服务业，促进现代制造业与服务业的有机融合，提高资源配置效率，限制高耗能、高耗水、高污染产业的发展。二是加快发展循环经济。循环经济是一种新的经济发展模式。发展循环经济，既是缓解能源资源约束矛盾的根本出路，也是从源头上减少污染、减轻环境压力的治本之策。三是加快完善相关政策。要加快建立能够反映资源稀缺程度和环境损害成本的价格形成机制，促进生产要素的高效使用。对发展循环经济、推行清洁生产等成绩显著的企业，要给予税收减免等政策优惠。要切实加大对节约能源资源方面的科技创新的支持力度，大力推进节约能源资源技术的原始创新、集成创新和引进消化吸收再创新。

建设资源节约型、环境友好型社会与发展低碳经济的内涵基本一致。低碳经济是以低能耗、低污染、低排放为综合特征的新的经济形态。发展低碳经济是国际大背景使然，是一场全面的能源经济革命，将推进经济发展方式的两个转变：一是现代经济发展由以碳基能源为基础的不可持续发展经济，向以低碳与无碳能源经济为基础的可持续发展经济转变；二是能源消费结构由高碳型黑色结构向低碳型与无碳型绿色结构转变。这两个转变的中心环节，一方面是着力推进化石能源低碳化，另一方面是构建新的能源经济体系，发展低碳与无碳新能源，包括风能、太阳能、水能、地热能、核能、潮汐能等，使整个社会生产与再生产活动低碳与无碳化。这应是未来能源经济发展的根本方向，也是发展低碳经济的根本方向。

第三节 社会主义市场经济的发展理论

科学发展观是关于我国社会主义社会发展的世界观和方法论，显然，社会主义市场经济的发展理论是科学发展观在经济领域中的运用。

一、科学发展观的含义

(一)科学发展观的第一要义是发展

第一，坚持用发展的办法解决前进中的问题，是新中国成立以来特别是新时期以来我国的一条基本经验。我国的社会主义制度是在半殖民地半封建社会的基础上建立的，新中国成立后，完成了社会主义“三大改造”，建立了独立的比较完整的工业体系和国民经济体系。十一届三中全会以后，我国推行改革开放的政策，探索建立和完善社会主义市场经济体制，取得了巨大的经济成就。实践表明，坚持以发展为主题，用发展的眼光、发展的思路、发展的办法解决前进中的问题，就能把中国特色社会主义事业不断推向前进。正如邓小平同志所指出的:“中国解决所有问题的关键是要靠自己的发展。”“发展才是硬道理”①。

第二，发展对于我国新世纪新阶段全面建设小康社会、加快推进社会主义现代化具有决定性意义。虽然我国已经实现了小康社会，但是是低水平的，我国仍处于并将长期处于社会主义初级阶段的基本国情没有变，人民日益增长的物质文化需要与落后的社会生产之间的矛盾这一社会主要矛盾没有变。要解决这一矛盾，进一步提高人民物质文化生活水平，要靠发展;增强我国综合国力，实现中华民族的伟大复兴，要靠发展;坚持“一国两制”方针，实现祖国完全统一，要靠发展;履行维护世界和平与促进共同发展的责任，在风云变幻的国际局势中立于不败之地，要靠发展;解决我国经济和社会生活中的各种矛盾，维护社会稳定，要靠发展;增强国防实力，维护国家安全，要靠发展;解决人们的思想认识问题，说服那些不相信社会主义的人，坚定对社会主义和祖国未来前途的信心和信念，最终也要靠发展。

第三，科学发展观是与时俱进的马克思主义发展观。发展观是关于发展的本质、目的、内涵和要求的总体看法和根本观点。有什么样的发展观，就会有什么样的发展道路、发展模式和发展战略，就会对发展的实践产生根本性、全局性的重大影响。党的十六大以来，胡锦涛同志通过总结我国发展实践，借鉴国外发展经验，适应新的发展要求，提出了科学发展观的思想。科学发展观，强调抓住经济建设这个中心，坚持不断解放和发展社会生产力，把握发展规律、创新发展理念、转变发展方式、破解发展难题，提高发展质量和效益，努力实现以人为本、全面协调可持续的发展;实现各方面事业有机统一、社会成员团结和睦的和谐发展;实现既通过维护世界和平发展自己、又通过自身发展维护世界和平的和平发展。科学发展观丰富和发展了马克思主义的发展观。

(二)科学发展观的核心是以人为本

以人为本全面回答了科学发展观的一系列基本问题。为谁发展、靠谁发展、发展成果如何

---

① 《邓小平文选》，人民出版社，1993 年版，第 3 卷，第 377 页。

分配，这是任何一种发展观都必须回答和解决的基本问题。以人为本之所以是科学发展观的核心，就是因为科学发展观在对这些基本问题的回答上始终贯穿了以人为本的原则和理念。首先，在为谁发展上，科学发展观强调坚持发展是为了人民，发展的目的是满足人民需要、实现人民利益、提高人民生活水平。其次，在靠谁发展上，科学发展观强调坚持发展要依靠人民，尊重人民主体地位，发挥人民首创精神，充分调动人民群众的积极性、主动性、创造性。再次，在发展成果如何分配上，科学发展观强调坚持发展成果由人民共享，走共同富裕的道路，把改革发展取得的各方面成果，体现在不断提高人民的生活质量和健康水平上，体现在不断提高人民的思想道德素质和科学文化素质上，体现在充分保障人民享有的经济、政治、文化、社会等各方面权益上。

（三）科学发展观的基本要求是全面、协调、可持续发展

科学发展观所倡导的发展，之所以是科学的，就在于它是全面、协调、可持续的发展。

第一，科学发展观是全面的发展观。发展的最终目的是在实现社会全面进步的基础上实现人的全面发展，因此，发展应当是全面的。全面，是指各个方面都要发展。科学发展观所追求的全面发展，就是按照中国特色社会主义事业的总体布局，以经济建设为中心，全面推进中国特色社会主义经济、政治、文化、社会建设的进步。这四个方面是紧密联系、相互影响的。其中，经济是基础，只有大力发展社会主义社会的生产力，才能为政治、文化、社会建设提供坚实的物质基础；政治是经济的集中体现，对于经济、文化、社会建设有着重要的保证作用，只有积极发展社会主义民主政治，建设社会主义政治文明，才能为经济、文化、社会建设提供坚强政治保证；文化是经济、政治、社会的反映，又对经济、政治、社会建设有着重要的影响作用，只有大力发展社会主义先进文化，才能为经济、政治、社会建设提供有力的精神支撑；社会建设是经济、政治、文化建设在社会领域的综合体现，只有大力加强社会建设，构建社会主义和谐社会，才能为经济、政治、文化建设提供良好的社会环境。

第二，科学发展观是协调的发展观。唯物辩证法认为，世界是普遍联系的，任何事物的发展必然与其他事物相互联系、相互制约，只有协调好各方面关系，才能实现健康发展。要实现全面发展，就必须处理好由发展的阶段性特征所伴生的新矛盾和新问题，因此，协调发展是实现全面发展的正确道路和政策途径。协调发展，是指各个方面的发展要相互适应，现代化建设各个环节、各个方面相协调，生产关系与生产力、上层建筑与经济基础相协调。

第三，科学发展观是可持续的发展观。可持续发展是指发展进程要有持久性、连续性。人类的延续和代传是社会发展的基本前提和基本要求，每一代人的发展都应该为下一代人的更好生存与发展留下空间和条件。因此，推进发展，必须充分考虑资源和环境的承受能力，既重视经济增长指标，又重视环境资源指标；必须统筹考虑当前发展和未来发展，既积极满足人民群众现实的物质文化需要，又为子孙后代留下充足的发展条件和发展空间。科学发展观下的可持续发展，就是要坚持生产发展、生活富裕、生态良好的文明发展道路，建设资源节约型、环境友好型社会，实现速度和结构质量效益相统一、经济发展与人口资源环境相协调，使人民在良好生态环境中生产生活；实现经济社会永续发展。

（四）科学发展观的根本方法是统筹兼顾

从方法论意义上讲，科学发展观的最根本的是要正确认识和妥善处理中国特色社会主义事业中的重大关系，既要总揽全局、统筹规划，又要抓住牵动全局的主要工作、事关群众利益

的突出问题。党的十六届三中全会提出了“五个统筹”的思想，即统筹城乡发展、统筹区域发展、统筹经济社会发展、统筹人与自然和谐发展、统筹国内发展和对外开放。党的十七大报告进一步提出要统筹中央和地方关系，统筹个人利益和集体利益、局部利益和整体利益、当前利益和长远利益，统筹国内国际两个大局。这些方面的统筹，成为实现科学发展观的根本切入点和重要途径。

统筹城乡发展，就是应实现工业反哺农业、城市支持农村的方针，逐步改变城乡二元经济结构，加快社会主义新农村建设，解决好“三农”问题，逐步缩小城乡发展差距，推动农村经济社会全面发展，形成城乡经济社会一体化新格局。

统筹区域发展，就是应继续实施区域发展总体战略，推进西部大开发，全面振兴东北

地区等老工业基地，促进中部地区崛起，积极支持东部地区率先发展，逐步扭转区域发展差距拉大的趋势，形成东中西相互促进、优势互补、共同发展的新格局。

统筹经济社会发展，就是应在大力推进经济发展的同时，注重社会发展，加快科技、教育、文化、卫生、体育、社会保障、社会管理等社会事业发展，不断满足人民群众在精神文化、健康安全等方面的需求，提高人的素质和人力资源能力，实现经济发展与社会进步的有机统一。

统筹人与自然和谐发展，就是应重视资源和生态环境问题，处理好经济建设、人口增长与资源利用、生态环境保护的关系，增强可持续发展的能力。

统筹国内发展和对外开放，就是应处理好国内发展和国际环境的关系，既利用好外部的有利条件，又发挥好自身的优势，利用国际国内两个市场、两种资源，立足于扩大内需，把扩大内需与扩大外需、利用内资与利用外资结合起来，实现国内发展和对外开放相协调。统筹中央和地方关系，就是应尊重基层和群众的首创精神，正确处理中央和地方的关系，合理划分经济社会事务管理的权限和职责，做到事权与财权相匹配、权力与责任相一致，既维护中央的统一领导，又发挥地方积极性。

统筹个人利益和集体利益、局部利益和整体利益、当前利益和长远利益，就是要从全体人民的整体利益、长远利益和根本利益出发，做到个人利益服从集体利益、局部利益服从整体利益、当前利益服从长远利益，既维护好最广大人民的根本利益，又解决好人民最关心、最直接、最现实的利益问题。

统筹国内国际两个大局，就是应深刻认识国内大局和国际大局、内政和外交的紧密联系，善于从国际形势和国际条件的发展变化中把握发展方向、用好发展机遇、创造发展条件、掌握发展全局，做到审时度势、因势利导、内外兼顾、趋利避害，为我国发展营造良好国际环境。

二、经济发展方式的转变、可持续发展与区域协调发展

(一)加快经济发展方式的转变

加快转变经济发展方式的主要内容是:在需求结构上，促进经济增长由主要依靠投资、出口拉动向依靠消费、投资、出口协调拉动转变;在产业结构上，促进经济增长由主要依靠第二产业带动向依靠第一、第二、第三产业协同带动转变;在要素投入上，促进经济增长由主要依靠增加物质资源消耗向主要依靠科技进步、劳动者素质提高、管理创新转变。

党的十四届五中全会提出了经济增长方式从粗放型向集约型转变，党的十七大报告又提出了转变经济发展方式。从转变经济增长方式到转变经济发展方式，是认识上的一次飞跃。增长主要是指国民生产总值的提高，它以产出量的增加作为衡量尺度，而发展较之增长具有

更广泛的含义，既包括产出扩大，也包括分配结构的改善、社会的变迁、人与自然的和谐、生活水平和质量的提高，以及自由选择范围的扩大和公平机会的增加。经济增长强调财富"量"的增加，而经济发展强调经济"质"的提高。转变经济发展方式不仅包括经济增长方式的转变，而且包括结构、质量、效益、生态平衡和环境保护等方面的转变。

经济发展的理念、道路、环境，都是对经济发展具有根本性、全局性的战略问题，因此要深刻予以把握和理解。

在发展理念上要正确处理"快"与"好"的关系，不仅应继续保持国民经济快速发展，而且应更加注重推进经济结构战略性调整，努力提高经济发展的质量和效益。与转变经济增长方式相比，转变经济发展方式不仅要继续保持量的增长，而且更要注重质的提升，实现速度、质量、效益相协调，消费、投资、出口相协调，人口、资源、环境相协调。

在发展道路上要根本改变依靠高投入、高消耗、高污染来支持经济增长，坚持走科技含量高、经济效益好、资源消耗低、环境污染少、人力资源优势得到充分发挥的中国特色新型工业化道路，实现可持续发展。

在发展的国际环境上要主动适应经济全球化趋势，拓展对外开放广度和深度，提高开放型经济水平，提高经济整体素质和国际竞争力。随着经济全球化的深入发展，全球经济加快重组和国际产业加快转移，国际产业结构调整呈现高技术化、服务化、生态化的特征。一国高技术产业的发展、现代服务业的发展、生态环境的优劣，直接决定着这个国家在国际产业链中的分工地位和国际竞争力。我国还是发展中国家，经济发展整体上还处在"要素驱动型"而不是"创新驱动型"阶段，资源消耗过大，低劳动力成本投入，科技贡献率低，加工贸易占主导地位，服务贸易发展滞后，这些情况都表明我国经济的整体素质还不高。不转变这种发展方式，就不能从根本上提升经济的整体素质，就会直接影响经济的国际竞争力。

（二）建设科学、合理的能源资源利用体系

我国是一个幅员辽阔、物产丰富的国家，但是，我国人均拥有的耕地、草原、淡水、森林等资源数量却分别只有世界平均水平的2/5、1/3、1/4、1/8①。同样，我国许多矿物质和可开发能源的总量名列世界前茅，但人均占有量同样非常低，如人均石油占有量仅为世界平均水平的1/10左右。同时，我国正处在工业化和城镇化加快发展阶段，随着经济社会不断发展、人口数量不断增加和人民生活水平的持续提高，未来一个时期对能源资源的需求也将持续增加。因此，要增强我国可持续发展的能力，就必须节约资源和保护环境，加快建设科学、合理的能源资源利用体系。

科学、合理的资源能源利用体系的核心要求是：按照减量化、再利用、资源化的原则，以提高能源资源利用效率为中心，以节能、节水、节地、节材、资源综合利用为重点，通过加快产业结构调整，推进技术进步，加强法制建设，完善政策措施，强化节约意识，建立长效机制，形成节约型的增长方式和消费方式，促进经济社会可持续发展。建设科学、合理的能源资源利用体系应重点抓好以下几个方面的工作。

一是加快调整产业结构。要大力发展服务业，尤其要大力发展生产型服务业，促进现代制造业与服务业的有机融合，提高资源配置效率。完善服务业行业准入条件，引导服务业节

---

① 王诗成：《大力倡导海洋生态文明建设》，海洋财富网（www.hycfw.com）。

能降耗。提高服务业在国民经济中的比重和水平，做强高技术产业，制定和完善促进高技术产业发展的政策措施，推动高技术产业基地建设，培育一批新兴高技术产业群，加快淘汰浪费能源资源以及污染环境的落后工艺、技术和设备。加强宏观调控，遏制盲目投资、低水平重复建设，限制高耗能、高耗水、高污染产业的发展。

二是加快发展循环经济。循环经济是一种新的经济发展模式。发展循环经济，既是缓解能源资源约束矛盾的根本出路，也是从源头上减少污染、减轻环境压力的治本之策。应加快循环经济立法进程，开展循环经济示范试点，探索有效模式，研究建立循环经济指标体系，推动重点行业、园区、城市和农村循环经济发展，把循环经济的发展理念落实到规划编制、政策制定、制度设计、项目决策和法规规范制定等关键环节。应按照减量化、再利用、资源化的要求，积极开发和推广应用能源资源节约、替代、循环利用和治理污染的先进适用技术。按照循环经济理念，抓好工业集聚区或工业园区建设和改造，推进产业链延伸组合，实现能源资源循环利用。应大力发展可再生能源，在有条件的地区推动大型风电基地建设，加快太阳能光伏并网电站建设，继续实施绿色能源示范县和水电农村电气化县建设，加大实施农村户用沼气和畜禽规模化养殖场沼气工程力度，加强农林生物能源基地培育和利用。应稳步发展替代能源，组织实施以木薯、红薯、甜高粱茎杆等为原料的非粮生物燃料乙醇试点项目和煤炭直接、间接液化等示范工程。在抓好工业节能降耗的同时，应重视建筑业、交通运输业、公用事业、政府机构和居民生活等领域的节能降耗。

三是加快完善相关政策。应加快建设能够反映资源稀缺程度和环境损害成本的价格形成机制，促进生产要素的高效使用。对发展循环经济、推行清洁生产等成绩显著的企业，应给予税收减免等政策优惠。加大对节约能源资源方面科技创新的支持力度，大力推进节约能源资源技术的原始创新、集成创新和引进消化吸收再创新。

(三)建设生态文明

物质文明是人类在社会发展中改造自然的物质成果，它表现为物质生产的进步和人们物质生活的改善。生态文明是人类在发展物质文明过程中保护和改善生态环境的成果，它表现为人与自然和谐程度的进步和人们生态文明观念的增强。党的十七大报告第一次明确提出了建设生态文明的目标，党的十八大又把生态文明建设纳入到建设中国特色社会主义的总布局之中。

强调建设生态文明具有重大的现实意义。从全球范围看，自工业革命以来，人类在物质生产取得巨大发展的同时，对地球资源的索取超出了合理范围，对地球生态环境造成了破坏，其严重后果就是全球气候变化，以及过度开发土地、滥伐森林、过度捕捞、环境污染等所产生的其他负面效应。近些年来暴雨、高温等极端气候频繁发生，就是大自然向人类敲响的警钟。

就我国情况而言，强调建设生态文明，是贯彻落实科学发展观、全面建设小康社会的必然要求。一方面，我国人均资源不足，另一方面，由于长期实行主要依赖投资和增加物质投入的粗放型经济增长方式，能源和其他资源的消耗增长很快，生态环境恶化问题也日益突出。因此，提出建设生态文明，不论对于实现以人为本、全面协调可持续发展，还是对于改善生态环境、提高人民生活质量，实现全面建设小康社会的目标，都是至关重要的。

建设生态文明，必须加快转变经济发展方式，基本形成节约能源资源和保护生态环境的产业结构、增长方式和消费模式。当今的时代条件和国际环境决定了我国不可能走先污染后治理的旧式工业化道路，应走中国特色新型工业化道路，大力调整优化产业结构，加快发展第三产业，提高其比重和水平；并且优化第二产业内部结构，大力推进信息化与工业化融合，提升高技术产业，限制高耗能、高污染工业的发展。同时，要立足我国国情，正确引导消费结构升级，形成有利于节约能源资源和保护环境的城乡建设模式和消费模式。西方发达国家的消费模式，是建立在索取全球资源基础上的，人口众多，人均资源不足的基本国情决定了我国不应当也不可能模仿美英等发达国家以挥霍资源为特征的消费模式。比如，城市应以发展公共交通为主，适度发展私家车；建筑应大力发展节能省地型的，限制建设占地多的别墅、高尔夫球场，等等。

（四）缩小区域发展差距

实行改革开放以来，特别是实施西部大开发、振兴东北地区等老工业基地、促进中部地区崛起、鼓励东部地区率先发展的区域发展总体战略以来，各地经济社会发展水平有了很大提高，人民生活也有了很大改善，但区域间发展不协调、发展差距拉大的趋势仍未根本改变。其原因在于，一是区域发展差距是自然、历史、经济综合作用的结果，具有一定的客观必然性，解决起来具有长期性；二是区域协调发展也是相对的，不同地区发展条件的差异，有的是可以改变的，有的特别是自然条件是难以改变的，要使各区域经济发展总量大体相等是不现实的。所以，缩小区域发展差距不能只注重经济总量，还要注重不同区域的人民生活水平。

从这个意义上来看，当前缩小区域差距有两个方面的战略。首先，应注重缩小区域间基本公共服务的差距，实现基本公共服务均等化，使不同区域的人民生活水平的差距不断缩小。从国家现有经济实力和财力看，也具备了促进基本公共服务均等化的条件和能力。为此，要建立以促进基本公共服务均等化为目的的公共财政体系，加大对这些地区的财政转移支付，增强地方政府提高公共服务的能力，缩小中西部地区与东部地区在享有公共服务方面的差距，使不同区域民众享有比较均等的就业、住房、医疗、教育、基本公共文化的机会、公共服务水平和良好生活环境。

其次，通过引导生产要素跨区域合理流动来缩小区域发展差距。从发达国家经验看，经济总量聚集的地方，也应当是人口相应集中的地方，最终形成经济总量与人口大体协调。而我国情况却与之相反，经济总量大的地区没能吸纳相当比重的人口，而广大中西部地区由于缺少资金、人才，经济发展相对较慢，增加就业和收入的机会也相对较少，经济总量比重比较低，而人口比重却大大高于经济所占比重，这就导致区域人均收入的不断扩大。东部地区人均收入不断提高，对资金、资源、劳动力的吸引力也越来越大，相反，人均收入低的地区在招商引资、吸引人才等方面处于不利位置，影响了经济增长，结果人均收入的改善也不快。国际经验证明，缩小区域间、城乡间收入差距，最为有效的办法就是加快培育更加开放、更有利于自由流动的要素市场，通过劳动力和其他要素的自由流动平抑不同地区的工资差异。因此，要创造条件引导中西部劳动力向经济相对集中的地区转移，充分发挥这些地区的人口承载力；引导资金、技术等生产要素向中西部地区流动，增强中西部地区的经济实力。通过人口和生产要素的合理流动，促进区域协调发展，逐步缩小发展差距。

三、现代产业体系、中国特色的农业现代化道路与城乡经济社会发展一体化新格局

（一）发展现代产业体系

从一定意义上说，现代化过程就是在科技进步的推动下，经济不断发展、产业结构逐步

优化升级的过程。党的十七大报告针对我国经济结构中存在的突出问题，作出了发展现代产业体系的战略部署，党的十八大报告又进一步指出，要发展现代信息技术产业体系，健全信息安全保障体系，推进信息网络技术广泛运用。从而为推进产业结构化升级指明了方向。

形成现代产业体系，需要从多个方面采取措施，其中最重要的是坚持走中国特色新型工业化道路，以信息化带动工业化，以工业化推动信息化，使科技含量高、经济效益好、资源消耗低、环境污染少、人力资源优势得到充分发挥。当前和今后一个时期，应着力抓好以下三个方面的工作。

一是大力推进信息化与工业化融合，促进工业由大变强。当今世界，信息技术已渗透到经济社会发展的各个领域，对提高劳动生产率、降低能源资源消耗和生产成本、加快社会事业发展起到了巨大的推动作用。信息化对工业化也有着极大的带动作用，而且还丰富和拓展了工业化的内涵。因此，必须加快信息技术在各个领域的应用，大力推广以信息技术为代表的高新技术，加快用高新技术和先进适用技术改造提升传统工业产业，提升其技术水平和市场竞争力。振兴装备制造业，推动高技术产业基地建设。抓住当前产能过剩行业结构调整的契机，依法加快淘汰钢铁、有色、化工、建材、电力等高耗能行业的落后生产能力、工艺装备和产品，坚决关闭那些破坏资源、污染环境和不具备安全生产条件的企业。提升高新技术产业，发展信息、生物、新材料、航空航天、海洋等产业。

二是从改革体制机制、加大资金投入、完善政策等方面采取措施，发展现代服务业。服务业的兴旺发达是现代化经济的一个显著特征。通过加快发展服务业，可以促进国民经济协调发展、扩大劳动就业、加快城市化进程、改善人民群众生活等。目前，我国服务业与过去相比虽然有较大发展，但与整个经济发展阶段和人均收入应达到的水平相比，还有相当大的差距。其中既有总量不足、比重过低的问题（如 2006 年，我国服务业在国内生产总值中的比重和从业人员占全部就业人口的比重分别只有 39.5% 和 32.2%，不仅大大低于发达国家，也明显低于发展中国家的平均水平），也有内部结构落后、传统服务业比重过高以及整体服务水平较低的问题。因此，必须加快发展服务业，全面提高服务业特别是现代服务业在国民经济中的比重和水平。要开拓服务业发展新领域，大力发展金融、现代物流、研究与开发、电子商务、法律、咨询、会计等生产性服务业和医疗卫生、社区服务、文化休闲等消费性服务业，扩大企业、公共事业机构和政府的服务外包业务，努力提高服务业社会化和市场化水平。要消除生产性服务业市场准入障碍和政策限制，统一和规范服务业市场，推动事业单位改革，加快服务领域的非公有制经济发展。要扩大服务业的对外开放，促进服务项目、产品、方式的创新和服务质量的提高。加强服务业人力资源开发，积极承接国际服务外包。鼓励知识密集型服务业的发展，发挥其在产业技术进步方面的带动作用。加强基础产业基础设施建设，加快发展现代能源产业和综合运输体系。

三是要加大支农惠农政策力度，积极发展现代农业。农业丰则基础强。发展现代农业既是顺应我国经济发展的客观趋势、促进农民增加收入的基本途径，也是提高农业综合生产能力、夯实建设社会主义新农村产业基础的重要举措。近年来，我国农业虽然有了较大发展，但仍然是国民经济中的薄弱环节。由于耕地减少、淡水紧缺，部分农产品产需缺口正在扩大，农业发展正面临新的挑战和压力。要增强忧患意识，巩固农业基础地位，确保国家粮食安全。我国国情决定了今后农业的发展很难再靠增加自然资源的投入，出路只能是依靠科技进步和农民素质的提高。要增强发展现代农业的紧迫感，自觉把它摆在社会主义新农村建设的首要位置。落实最严格的耕地保护制度，巩固、完善、加强支农惠农政策，逐步做到用现代物质条件装备农业，用现代科学技术改造农业，用现代产业体系提升农业，用现代经营形式推进农业，用现代发展理念引领农业，用培育新型农民发展农业，提高农业水利化、机械化和信息化水平，提高土地出产率、资源利用率和农业劳动生产率，提高农业素质、效益和竞争力，提高农产品质量安全和农业整体水平。

（二）中国特色农业现代化道路

一般认为，世界范围的农业现代化进程是从20世纪初随着工业革命的演进和科学技术的进步而启动的。在推进农业现代化进程中，各国由于自然资源禀赋和经济社会基础不同，在实现农业现代化道路选择上也不同，主要有三种类型：一是如美国、加拿大等人少地多、劳动力短缺的国家，它们以提高劳动生产率为主要目标，凭借发达的现代工业优势，大力发展农用机械取代人力和畜力，通过扩大单位农场种植面积和经营规模，提高农产品的总产量；二是如日本、荷兰等人多地少、耕地资源短缺的国家，它们以提高土地生产率为主要目标，把科技进步放在重要位置，通过改良农作物品种、加强农田水利建设、增加化肥和农药使用量等措施，提高单位面积农产品产量；三是如法国、德国等土地、劳动力比较适中的国家，它们以提高劳动生产率和土地生产率为主要目标，既重视用现代工业装备农业，又重视科学技术的推广和应用。

世界农业现代化道路的发展历史表明，发达国家在实现农业现代化过程中都非常注重立足本国国情和发展阶段，积极探索各具特色的发展道路。结合我国农业发展现状和基本国情，我国农业现代化道路的主要决定因素是：第一，目前我国农业生产力水平还不高，与发达国家平均水平相比科技贡献率低20% ~30%。因此，实现农业现代化必须提高农业科技水平，通过增加资本投入、应用现代科技和装备、适度集中土地和强化组织管理等来提高农业效益。第二，现代农业是以市场需求为导向的，农民从事农业生产的主要目的是为市场提供商品，实现利润最大化。我国农户的经营规模普遍较小，农产品商品率和农业资源配置的市场化程度均较低，因此迫切需要加强市场机制和政府调控的综合作用。第三，以产业化方式经营农业已经成为现代农业的重要特征。我国大约有2.5亿农户，不仅数量多、规模小，而且结构、行为相似，要与千变万化的大市场有效衔接非常困难，因此，推进农业现代化，必须建成农工贸紧密衔接、产加销融为一体、多元化的产业形态和多功能的产业体系。第四，我国是世界上人口最多的发展中大国，吃饭问题始终是头等大事。如果吃饭问题解决不好，工业化、城镇化乃至整个经济社会发展都将难以持续进行。因此，必须把保障农产品供给、增加农民收入、促进可持续发展作为推进农业现代化的首要目标。

据此可以认为中国特色农业现代化道路的基本内涵是：以保障农产品供给、增加农民收入、促进可持续发展为目标，以提高农业劳动生产率、资源产出率和商品率为途径，以现代科技和装备为支撑，在家庭承包经营的基础上，在市场机制和政府调控的综合作用下，建成农工贸紧密衔接、产加销融为一体、多元化产业形态和多功能的产业体系。

实现我国农业现代化的总体思路和措施是：用现代物质条件装备农业，用现代科学技术改造农业，用现代产业体系提升农业，用现代经营方式推进农业，用现代发展理念引领农业，用培育新型农民发展农业，提高农业水利化、机械化和信息化水平，提高土地产出率、资源利用率和农业劳动生产率，按照依法资源有偿原则，健全土地承包经营权流转市场，使耕地向农村种田能手和专业大户集中，逐步实现多种形式的土地适度规模经营。

(三)城乡经济社会发展一体化新格局

建立以工促农、以城带乡的长效机制，形成城乡经济社会发展一体化新格局，是打破城乡二元结构、加快农业和农村发展、促进农民富裕的根本途径。为此要重点做好以下工作。

一是推进城乡发展规划一体化。统筹城乡发展规划和布局是形成城乡经济社会发展一体化新格局的前提。经验表明，城市和农村各搞各的，其结果虽然带来了城市的较快发展，但城乡差距越来越大，而且使城市发展特别是经济发展的后劲不足。要改变这种状况，必须按照城乡发展规划一体化的要求，把农村和城市作为一个有机整体，在统一制定土地利用总体规划的基础上，明确分区功能定位，统一规划基本农田保护区、居民生活区、工业园区、商贸区、休闲区、生态涵养区等，使城乡发展能相互衔接、相互促进。

二是推进城乡基础设施建设一体化。城乡发展的差距在基础设施方面尤为明显，要形成城乡经济社会发展一体化新格局，必须把城市和农村作为一个有机整体，着眼强化城乡设施衔接、互补，加大对农村基础设施投入的力度。特别要增加对农村道路、水、电、通信和垃圾处理设施等方面的建设投入，提高上述设施的质量和服务功能，并与城市有关设施统筹考虑，实现城乡共建、城乡联网、城乡共享。

三是推进城乡公共服务一体化。缩小城乡之间公共服务水平的差距，是扭转城乡发展差距扩大趋势的基础。目前城乡公共服务水平仍然有较大差距，特别是教育、医疗卫生、文化、社会保障等方面差距更为明显。为了促进城乡协调发展，必须按照有利于逐步实现基本公共服务均等化的要求，加快完善公共财政体制，加大公共财政向农村教育和和公共卫生等方面的转移支付，尤其要加大中央和省级政府的投入力度。在大力提高农村公共服务水平的同时，还要注意从体制机制上推进城乡公共服务一体化。

四是推进城乡劳动就业一体化。近年来，农民收入之所以保持较快的增长速度，一个重要因素是外出务工和从事第二、第三产业的农民越来越多，农民的非农收入持续较快增长。农民在非农业和城镇就业已经成为当前农民增收最直接、最有效的途径。逐步实现城乡就业和劳动力市场一体化，不仅是增加农民收入的重要途径，也是发育要素市场、支持城市经济发展的必然要求。应将农民就业问题纳入整个社会的就业体系中，逐步把对城镇事业人员在就业和培训等方面的优惠政策落实到农村富余劳动力身上，促进他们到第二、第三产业和城镇转移就业，进一步完善和规范对劳动力市场的管理，清理对农民进城务工的不合理限制政策和乱收费。加快建立适应农民工特点的社会保障制度，要把农民工及其所携家属在城镇的计划生育、子女教育、劳动就业、妇幼保健等工作列入各有关部门和相关社区的管理责任范围，并将相应的管理经费纳入财政预算。

五是推进城乡社会管理一体化。建立有利于统筹城乡经济社会发展的政府管理体系，改变一些地方政府重城市、轻农村，重工业、轻农业，重市民、轻农民的做法，充分发挥政府在协调城乡经济社会发展和建立相关制度方面的作用。改革农村征地制度，引入市场机制并完善法规，切实解决好失地农民的就业和生活保障问题。

四、完善社会主义市场经济制度

(一)从制度上发挥市场在资源配置中的基础性作用

经过多年改革，我国社会主义市场经济体制初步建立，市场在资源配置中的基础性作用得到越来越大的发挥。在市场准入方面，坚持和完善公有制为主体、多种所有制经济共同发展的基本经济制度，毫不动摇地巩固和发展公有制经济，毫不动摇地鼓励、支持、引导非公有制经济快速发展，国有经济的战略性调整和布局加快进行，非公有制经济快速发展。在市场体系方面，包括土地市场、资本市场、劳动力市场、技术市场在内的生产要素市场迅速发展，商品交易市场规模庞大，服务市场不断完善，同时消除行政壁垒，打破地区封锁，全国统一的市场体系初步形成。在市场运行方面，除了少数关系国计民生的工农业产品实行政府指导价外，价格机制在资源配置中发挥着主导作用。在宏观调控方面，以财税、金融和计划为主，辅之以用地审批、环境评价的调控体系逐步完善，调控的科学性、有效性明显提高。同时，收入分配领域的改革力度不断加大，社会保障体系进一步完善，政府职能加快转变，都为更大程度地发挥市场在资源配置中的基础性作用提供了条件。

但是，由于市场在资源配置中的基础性作用没有制度化的硬约束，在一些地方和一些领域，市场在资源配置中的基础性作用常常不能得到有效发挥。从资金资源看，我国长期实行低利率政策，加之间接融资占主导地位，造成利率和贷款的投向不能正确反映资金的市场供求，资金的市场配置常常被扭曲。从土地资源看，国家规定工业用地必须实行招标、拍卖、挂牌的市场方式出让，但一些地方为吸引资金仍然采用协议方式或“零底价”出让，土地资源被大量浪费，市场配置资源的基础性作用没有得到落实。从矿产资源看，一些关系国计民生的煤炭、金属等矿产，国家要求实行资源有偿使用制度，但一些地方任意采用变通的办法，无偿行政审批或低价承包，没有形成反映市场供求关系、资源稀缺程度、环境损害成本的资源价格形成机制，导致一些不可再生资源私采滥挖，挖煤开矿成了一个暴利行业。

市场在资源配置中的基础作用常常被削弱的根本原因在于，我国社会主义市场经济体制还不完善，市场在资源配置中的基础性作用还没有形成规范的制度，加之对市场资源配置影响最大的政府职能转变还不到位，政府配置资源的权利过多过大，直接影响了市场在资源配置中的基础性作用的有效发挥。这些情况说明，对市场在资源配置中的基础性作用，不能停留在一般性的要求上，而要让这种作用通过制度的方式体现出来、规范下来、运行起来。

党的十八大报告强调“建立公共资源出让收益合理共享机制”，就是要将那些经过实验检验、行之有效的经验上升到制度的层面，用制度加以固定，使之成为保证我国社会主义市场经济体制平稳运行、健康发展的基础。

(二)完善基本经济制度，形成各种所有制经济平等竞争、相互促进的新格局

要坚持和完善公有制为主体、多种所有制经济共同发展的基本经济制度，坚持平等保护物权，形成各种所有制经济平等竞争、相互促进的新格局。这是我国优化所有制结构的重要方针，是完善社会主义市场经济制度的重要举措。

第一，要巩固和发展公有制经济。为此，要深化国有企业公司制股份制改革，健全现代企业制度，优化国有经济结构和布局，增强国有经济的活力、控制力和影响力。国有经济和国有资本应继续向国民经济命脉的重要行业和关键领域集中，向大企业集中，而从一般竞争性企业中逐步退出来，加快形成一批拥有自主知识产权和国际知名品牌、国际竞争力较强的优势企业。此外，要深化垄断行业改革，引入竞争机制，加强政府监督和社会监督。加快建设国有资本经营预算制度。完善各类国有资产管理体制和制度。推进集体企业改革，发展多种形式的集体经济、合作经济。

第二，要鼓励、支持、引导非公有制经济发展。个体、私营等非公有制经济是我国社会主

义市场经济的有机组成部分，是我国重要的经济增长点，提供新就业岗位的主渠道，满足全国人民不断增长的物质文化生活需要的生力军，必须继续鼓励、支持、引导它们健康发展。今后，要继续破除体制障碍，重点是推进公平准入和改善融资条件，进一步促进非公有制经济发展。

第三，坚持和完善基本经济制度，形成各种所有制经济平等竞争、相互促进的新格局。要坚持平等保护物权，国际、集体、私人的物权和其他权利人的物权受法律保护，任何单位和个人不得侵犯。平等保护物权，是由我国社会主义市场经济的特点决定的，有助于完善我国平等竞争、优胜劣汰的市场环境，有助于完善现代产权制度和现代企业制度。

(三)加快形成现代市场体系

加快形成统一开放、竞争有序的现代市场体系，是完善社会主义市场经济体制的重要内容。新世纪新阶段，加快形成现代市场体系，重点有两个:一是发展各类生产要素市场;二是完善反映市场供求关系、资源稀缺程度、环境损害成本的生产要素和资源价格形成机制。

第一，发展各类生产要素市场。一是发展多层次资本市场，包括在海外上市的大公司回来发行A股，加快创业板和场外交易市场建设，大力发展公司债券市场等，完善市场结构和运行机制，提高直接融资比重。同时，稳步发展金融衍生产品市场，培育外汇市场，积极发展保险市场等。资本等各类金融市场的健康发展，对于提高我国资源配置效率，具有决定性意义。二是建立和健全统一规范的劳动力市场。劳动力资源丰富，是我国的一大优势。要形成城乡劳动者平等就业制度，使农村剩余劳动力平稳有序地向城市和向第二、第三产业转移，以提高我国的社会劳动生产率。三是规范发展土地市场。在工业化、城镇化过程中，严格限制农用地转为非农用地，提高土地使用效率。更多地用市场手段节约土地，杜绝浪费土地资源。此外，进一步发展技术、咨询等要素市场。

第二，要深化价格改革，并以生产要素和资源产品价格改革为重点。长期以来，我国高投入、高消耗、高污染、低效率的粗放型经济增长方式难以根本转变，一个重要原因在于我国生产要素和资源产品价格受政府管制，不能反映资源的稀缺程度，许多资源产品价格也不能反映环境损害成本。理论和实践都证明，在市场经济条件下，价格是最灵敏的手段，运用价格杠杆，能最有效地迫使生产企业和消费者节约使用生产要素和资源，并促进循环经济的发展。因此，必须深化生产要素和资源产品价格改革，使它们的价格能很好地反映市场供求关系和资源稀缺程度。对于损害环境和破坏生态的资源产品的开采和使用，它们的价格还要反映环境损害和生态破坏成本。

根据我国经济发展需要和社会承受能力，今后应按照价值规律的要求，逐步提高生产要素和资源产品价格。重点是提高能源价格，包括提高天然气和电力价格，尽快出台燃油税，提高汽油价格。逐步提高水价，水价应计算水资源价格，污水处理费要能补偿成本并略有利润。提高矿山开采的资源补偿费。资金的价格利率要逐步市场化，改变负利率或利率偏低状态，等等。在提高能源价格和水价等的同时，要考虑对农民和低收入群体的补助，包括适当提高最低生活保障标准、发放临时性补贴等。

第三，进一步发展商品市场，整顿和规范市场秩序。发展现代化流通方式和新型流通业态，促进营销方式转变，培育各类市场流通主体，降低流通成本和交易费用，提高国际竞争力。构建农村现代流通体系，支持龙头企业、农民专业合作组织和农户联结，提高农民进入市场的组织化程度和增收能力。在整顿和规范市场秩序方面，应特别注意维护食品、药品安全，打击各种商业欺诈活动和哄抬物价行为。建立和健全社会信用体系，加快建设和完善企业和个人征信系统，建立有效的信用激励和失信惩戒制度，强化全社会信用意识和诚信行为，营造诚实守信、公平竞争的市场环境。规范发展行业协会和市场中介组织。

（四）深化财税、金融等体制改革，完善宏观调控体系

深化财税与金融等体制改革、完善宏观调控体系是完善现代市场体系的重要内容。第一，建立和健全有利于促进科学发展和社会和谐、推动科技进步、节约能源资源、保护生态环境的财税体制。完善公共财政体系，围绕推进基本公共服务均等化和主体功能区建设，实现财政体系从经济建设型转变为公共服务型。主要内容包括：深化预算制度改革，强化预算管理和监督。逐步把政府收入（包括地方政府土地收入和各类基金、收费）全部纳入预算管理，接受人大和社会各方面的监督。积极探索政府间支出责任界定，健全中央和地方财力与事权相匹配的体制，加快形成统一、规范、透明的财政转移支付制度。完善中央与地方税收分配比例，适当提高中央财政收入比重，增强中央政府宏观调控能力。加大中央对地方财政转移支付力度，提高一般性转移支付的规模和比例，促进地区间财力均衡。加大公共服务领域投入，改善民生，逐渐做到在义务教育、公共卫生与基本医疗服务、基本社会保障、公共就业服务、饮用水安全、公路与公共交通、环境保护、廉租房供应、治安、法治环境等方面的基本公共服务均等化。完善省以下财政体制，不断提高转移支付的有效性，增强基层政府提供公共服务的能力。减少管理层级，在有条件的地区推进省直管县、乡财县管等管理方式。探索实行县级政府最低财力保障制度，做到保底。完善地方税收体系，清理、规范非税收入，取消不合理的收费项目，将收入稳定、具有税收性质的收费纳入“费改税”范围，增强税收收入在地方财政收入中的地位。

第二，推进金融体制改革，发展各类金融市场，形成多种所有制和多种经营形式、结构合理、功能完善、高效安全的现代金融体系。继续深化国有商业银行改革和政策性银行改革。深化农村信用社改革，使之成为服务“三农”的社区性金融机构。加大城市商业银行改革力度，发展地方中小金融机构。推进金融资产管理公司改革。鼓励和引导各类社会资金投资发展金融业。大力发展公司债券市场和多层次资本市场，优化资本市场结构，多渠道提高直接融资比重；积极发展保险市场。稳步发展货币市场和金融衍生产品市场，培育外汇市场。继续稳步推进利率市场化改革，实现金融产品和服务收费的市场化定价。完善人民币汇率形成机制，逐步实现资本项目可兑换。深化外汇管理体制改革，放宽境内企业、个人使用和持有外汇的限制。加强和改进金融监管，防范和化解金融风险。坚持国家对大型商业银行的控股地位，加强登记、托管、交易、清算等金融基础建设，确保对外开放格局下的国家金融安全。建立健全存款保险、投资者保护和保险保障制度。建立有效防范系统性金融风险、维护金融稳定的应急处置机制。

第三，推进国家规划改革，完善国家规划体系，使国家的发展规划和地方的发展规划相衔接。深化投资体制改革，减少审批，按照科学发展、节约资源和保护环境的要求，健全和严格市场准入制度。发挥国家发展规划和产业政策在宏观调控中的导向作用与协调作用，并综合运用财政、货币政策，不断提高宏观调控水平。在调控方式上，逐步做到主要运用经济手段和法律手段，并辅以必要的行政手段。以总量调控为主，努力保持总供给和总需求的基本平衡。

五、完善社会主义的收入分配制度

(一)初次分配和再分配都要处理好效率、公平的关系

初次分配和再分配是国民生产总值分配的两个环节。初次分配是指在生产活动中，企业作为分配主体，将国民生产总值在国家、企业、个人之间进行分配，生产要素的提供与报酬支付的关系是最基本的初次分配关系。在市场经济条件下，初次分配关系主要由市场机制形成，生产要素价格由市场供求决定，政府通过法律法规和税收进行调节和规范，不直接干预。再分配是指在初次分配结果的基础上政府对要素收入进行再次调节的过程。主要通过税收、提供社会保障和社会福利、转移支付等调节手段进行，重点调节地区之间、城乡之间、部门之间、不同群体之间、在职与退休人员之间的收入关系，防止收入差距过大，保障低收入者的基本生活。

国民生产总值分配的总原则，就是要正确处理好国家、企业、个人三者之间的利益关系，进行合理分配。在社会主义市场经济条件下，合理分配具有两层含义，一是收入分配有利于充分调动经济活动参与者的积极性，提高经济效率；二是收入分配相对公平，保证每个社会成员最基本的生活需要，保护合法收入，调节过高收入，取缔非法收入，防止收入差距过大。在自由竞争、优胜劣汰、价格机制、利益驱动机制下，初次分配收入存在一定差距是不可避免的，也有助于提高效率，但如果分配中存在的问题过多，再分配很难纠正过来。因此，初次分配的规则和秩序应规范，应保证分配过程的公平。同时还要注重机会公平，这涉及初次分配公平的基础条件，一是受教育机会的公平，一般来说受教育水平高的人收入也高；二是劳动机会的公平，劳动力自由流动是市场机制在保证效率的前提下保障公平、有效地调节收入分配的必要条件。再分配具有社会公平或者结果公平功能，当然，再分配也要注意促进效率，如果把再分配调节力度搞得过大，出现奖懒罚勤效应，就会既损害初次分配的公平性，从而也会损害效率。所以，初次分配要注重公平与效率的关系，再分配强调公平的作用。

(二)逐步提高居民收入在国民收入分配中的比重，提高劳动报酬在初次分配中的比重

逐步提高居民收入在国民收入分配中的比重，提高劳动报酬在初次分配中的比重是深化收入分配体制改革、增加城乡居民收入的重大举措，对于建立与健全合理、有序的收入分配格局、转变经济发展方式、改善人民生活特别是普通劳动者的生活都具有重要意义。

国民收入由居民收入、企业收入、政府收入三部分构成，合理调整这三者在国民收入中的分配比重关系，是社会主义市场经济条件下宏观经济管理的一项重要任务。近几年，居民收入在国民收入中的比重呈持续下降的趋势，企业收入的比重和政府收入的比重上升。居民收入比重下降，影响了内需中消费与投资的合理结构以及内需与外需的合理结构，使拉动经济增长的需求结构也相应发生了较大变化，不利于经济增长由主要依靠投资、出口拉动向依靠消费、投资、出口协调拉动转变。要改变这个局面，提高居民收入在国民收入分配中的比重以及提高劳动报酬在初次分配中的比重是重要的举措。提高居民收入在国民收入分配中比重的措施有：一要控制投资过快增长；二要调整鼓励出口的政策，控制净出口的规模；三要完善社会保障制度和最低工资制度，逐步提高标准；四要加强支农惠农政策，多渠道扩大农村居民

转移就业，增加农民收入；五要鼓励依法创业和投资，保护各类合法收入；六要创造条件让更多群众拥有财产性收入。提高劳动报酬在初次分配中比重的措施有：一要建立企业职工工资正常增长机制和支付保障机制；二要随经济增长适时调整最低工资标准；三要加强国家对企业工资的调控和指导，发挥工资指导线、劳动力市场价位、行业人工成本信息对工资水平的引导作用；四要通过完善法律法规、深化改革和宏观调节，规范初次分配秩序，使劳动报酬增长与经济增长和企业效益增长相适应；五要全面实行劳动合同制度和工资集体协商制度，确保工资按时足额发放。

（三）健全劳动、资本、技术、管理等生产要素按贡献参与分配的制度

第一，健全劳动、资本、技术、管理等生产要素按贡献参与分配的制度，是对社会主义市场经济条件下分配原则的不断完善。人类社会的任何生产活动都离不开劳动力、资本、土地和技术等生产要素。在市场经济条件下，使用这些要素不是无偿的，对每一种要素都必须支付一定的报酬，这种报酬就形成各要素提供者的初次分配收入。所以，生产要素参与分配是市场经济的内在要求。1992 年党的十四大确立了建立社会主义市场经济体制的改革方向，多种所有制结构决定了生产要素的多种所有制，在分配上也必须把按劳分配与按生产要素分配结合起来。在党的十四大提出收入分配要“以按劳分配为主体，其他分配方式为补充”的基础上，党的十四届三中全会进一步明确，“允许属于个人的资本等生产要素参与收益分配”。党的十五大提出，“允许和鼓励资本、技术等生产要素参与收益分配”。党的十六大强调，要“确立劳动、资本、技术和管理等生产要素按贡献参与分配的原则，完善按劳分配为主体、多种分配方式并存的分配制度”。党的十八大报告提出，“健全劳动、资本、技术、管理等生产要素按贡献参与分配的制度”。所以，把各类生产要素按贡献参与分配由确立原则上升为健全制度，是对社会主义市场经济条件下的收入分配制度的完善。

第二，健全劳动、资本、技术、管理等生产要素按贡献参与分配的制度，是完善社会主义市场经济体制的客观要求。党的十四大确立建立社会主义市场经济体制改革方向以来，随着所有制结构的变化，各类生产要素逐步开始以不同形式参与分配。这些都从分配制度、分配方式上为充分发挥各类生产要素持有者发展生产力和创造社会财富的巨大作用提供了体制条件，客观上也提高了市场配置资源的效率。因此，大力发展各类生产要素市场，完善市场机制决定生产要素价格的制度，使生产要素按贡献参与分配的成熟做法进一步规范化，就会推动资源配置效益最大化成为完善社会主义市场经济体制的重要基础。

第三，健全劳动、资本、技术、管理等生产要素按贡献参与分配的制度，是充分发挥科学技术作为第一生产力的作用、增强综合国力的必然要求。进入新世纪新阶段，如何应对新的科技革命的挑战是我们必须应对的重大课题。增强自主创新能力、推进科技进步已成为我国经济发展战略的核心。体制创新是科技创新的基础，必须从体制上特别是分配体制上为创新活动提供有效激励机制，生产要素尤其是技术和管理等要素按贡献参与分配的制度化就是其中的重要举措。

第四，健全劳动、资本、技术、管理等生产要素按贡献参与分配的制度，是逐步形成合理的收入分配格局的客观要求。形成中等收入者占多数的收入分配格局，是理顺分配关系、促

进社会稳定的需要，也是全面建设小康社会的重要目标。扩大中等收入者比重，关键是要完善劳动、资本、技术、管理按贡献参与分配的制度，使劳动付出的多少、资本配置效率的高低、技术的先进程度、管理的优劣，能够根据统一市场经济规则，按照对价值形成的贡献大小，获得相应的收益分配。这样，那些劳动付出更多特别是掌握复杂劳动能力的人，掌握一定的资本和先进技术、先进管理经验的人，就会逐步进入中等收入行列，壮大中等收入者队伍，他们创造的社会财富也会增加，社会的稳定性也会进一步增强。

六、增强国际经济竞争能力

(一)形成经济全球化条件下参与国际经济合作和竞争新优势

新优势是相对于传统优势而言的，深刻变化的国内外条件和环境必然提出形成新优势的迫切要求。随着我国对外贸易和外资流入在全球的比重不断提高，我国对外开放进入了商品和要素全面双向流动的新阶段，我国经济与世界经济的联系日益紧密，内外影响不断加深，经济利益互相交织。在这种背景下，我国参与国际分工的方式、层次和特点也应随之进行调整、拓展和提升，形成有别于传统优势的新优势。

不断完善我国市场开放法律体系，实现政府管理行为的法制化，增加政府行为透明度，这是形成新优势的根本保证。用世贸组织规则和国际标准严格管理输出商品质量、国际技术转让的合同签订、对外投资的资本运作、海外企业的资产评估及信用评级等，这是形成新优势的前提。提升我国传统产业水平，加快传统产业的改造和技术升级，发挥后发优势，实现跨越式发展，这是形成新优势的基础。增强我国企业的核心竞争力，鼓励我国企业坚持技术创新，参与国际标准的制定，这是形成国际竞争新优势的关键。具体来说，未来我国参与国际经济合作和竞争新优势至少应包括以下几个方面。

人力资源优势。发达国家的经验证明，人力资本是保持经济长期增长的主要动力。随着我国劳动力工资等要素价格的不断上升，单纯依靠廉价劳动力资源的发展模式难以为继，提升人力素质的重要性日益凸显。其核心就是要通过加强教育培训等培育更高质量的人力资源，并与其他生产要素更有效地结合在一起。

创新优势。在经济全球化背景下，创新能力日益成为国家竞争力的核心。形成创新优势，就是通过形成有利于自主创新的体制机制，推进理论创新、制度创新、科技创新等，进一步激发经济成长的活力。

品牌优势。知名品牌的数量，是一个国家综合实力的体现。缺乏品牌竞争力，已成为制约我国企业做大做强的重要因素。今后，打造品牌优势的重点就是要加强企业的自主品牌意识，以品牌资源整合企业的技术、管理、营销等优势，形成自身的核心竞争能力，不断提升在国际产业分工中的地位。

开放优势。我国对外开放的成功实践，推动了思想观念的解放和市场经济体制的完善。新阶段培育开放新优势，必须通过构建更加成熟的开放型经济体系，进一步加快对外经济体制及相关政策的调整，促进国内市场的进一步规范和公平竞争，持续降低经济运行的组织成本和制度成本，使开放在促发展、促改革、促创新等方面发挥更加积极的作用。

（二）利用外资方式、对外投资与合作方式的创新

资本的国际流动是生产力发展到一定水平的产物。在生产要素的流动中，最灵活、规模最大、作用最大的是资本流动，即国际投资。商品和服务的国际流动形成了世界市场，而国际资本流动形成了世界生产，从而使生产方式进入新的发展阶段。资本的国际流动能极大地促进生产要素跨国界优化组合，使生产要素在更高水平上得以配置。从国际看，间接投资已经超过直接投资成为国际资本流动的主导形式，特别是并购已成为当前跨国投资的新形式。

改革开放以来，我国利用外资主要采取直接投资方式，间接投资仅占外资总额的30%左右。当前我国利用外资的内外部条件都发生了质的变化，现有的引资方式不能完全适应经济发展的要求，创新利用外资方式是提高我国开放型经济水平的迫切需要，其主要方向是提高利用外资的质量，引导跨国并购向优化产业结构方向发展，放宽中西部地区外资进入的行业限制。完善并购环境，建立跨国并购的法律体系；继续优化软硬件环境建设，加强知识产权保护，支持外资研发机构与我国企业和科研院校开展合作；鼓励跨国公司在我国设立外包企业承接本集团公司和其他企业的外包业务，提高我国承接国际服务外包的水平；有效利用境外资本市场，鼓励具备条件的境外机构参股国内证券公司和基金管理公司，逐步扩大合格境外机构投资者规模。

我国已进入对外投资快速增长的新阶段，创新对外投资和合作方式意义重大。创新对外投资和合作方式是构筑我国参与国际经济合作和竞争新优势的重要路径。可从四个方面着手：一是开展跨国并购，有效提高企业在研发、生产、销售等方面的国际化经营水平。支持具备条件的企业在全球整合资源链，树立自己的国际知名品牌，打入国际主流市场。二是积极开展国际能源资源互利合作。推动在资源富集地区进行能源资源开发、农业项目综合开发和远洋渔业资源开发，建立多元、稳定、可靠的能源资源供应保障机制。三是开展境外加工贸易。通过加工贸易方式，有效释放我国已经形成的充足生产能力，规避贸易壁垒，带动相关产品的出口。四是有序推动对外间接投资。以国家外汇投资公司等方式，拓展境外投资渠道，逐步形成以企业和居民为主体的对外间接投资格局。

（三）加强自由贸易区建设

实施自由贸易区为以开放促改革发展提供了新的途径和方式。自由贸易区是世贸组织最惠国待遇的一种例外，指一些国家和地区在多边承诺基础上，进一步相互开放市场，实现贸易和投资自由化。自由贸易区已成为大国开展战略合作与竞争的重要手段，正在加速改变世界经济和政治格局。原因在于，自由贸易区已经超越了经济范畴，兼有外交、政治方面的战略意义。它通过更加优惠的贸易和投资条件，将成员的经济利益紧密联系在一起。经济利益的融合又加强了成员之间的政治、外交关系，形成各种利益共同体。在世界各国特别是大国竞相发展自由贸易区的形势下，如果置身局外，我国的发展空间就会受到挤压，在日趋激烈的国际竞争中就可能处于不利境地。

具体而言，自由贸易区的建设对我国具有多方面的意义。一是能拓宽经济发展空间。例如中国——东盟自由贸易区建成后，预计可拥有18.5亿消费者、每年2.5万亿美元贸易总额。二是保障资源供应。和资源大国商建自由贸易区有利于建立稳定、多元的战略资源供应渠道。三

是自由贸易区可以消除贸易投资壁垒，为我们把已经形成的生产能力更顺畅地转向国际市场提供了现实可能。四是有助于消除“中国威胁论”。通过自由贸易区框架下相互开放、互利共赢的有予有取，有助于化解国际贸易争端，树立我国开放、负责任的大国形象。五是有效遏制“台独”势力。我国与东盟、澳、新等周边国家和地区建立自由贸易区，有效挤压了台湾当局的“国际活动空间”、削弱了“台独”势力的经济基础。六是改善国际尤其是大周边环境。

我国发展自由贸易区的条件更加成熟。目前，我国已经成为世界第四大经济体、第三大贸易国和最大外汇储备国。我国运用国际经贸规则应对风险的能力明显提高，市场吸引力和经济辐射力不断增强。从产业来看，我国工业总体具备较强实力，对外开放空间增大；农业有强有弱，扩大开放总体有利；服务业具备进一步开放的基础。

思考题：

1. 试析经济增长、经济发展的决定因素。
2. 什么是经济发展方式的三个转变？
3. 怎样加快发展现代产业体系？

参考文献

1. 邓小平文选. 第1、2、3卷. 北京:人民出版社, 1983、1993、1994.

2. 江泽民. 论有中国特色社会主义. 北京:中央文献出版社, 2002.

3. 江泽民. 全面建设小康社会, 开创中国特色社会主义事业新局面. 北京:人民出版社, 2002.

4. 胡锦涛. 高举中国特色社会主义伟大旗帜, 为夺取全面建设小康社会新胜利而奋斗. 北京:人民出版社, 2007.

5. 胡锦涛. 坚定不移沿着中国特色社会主义道路前进, 为全面建成小康社会而奋斗. 北京:人民出版社, 2012.

6. 中共中央宣传部理论局. 科学发展观学习读本. 北京:学习出版社, 2008.

7. 蒋学模. 政治经济学教材. 第13版. 上海:上海人民出版社, 2005.

8. 张彤玉, 张桂文. 政治经济学(资本主义部分). 西安:陕西人民出版社, 2009.

9. 谷书堂. 社会主义经济学通论. 第三版. 北京:高等教育出版社, 2006.

10. 逄锦聚, 洪银兴. 政治经济学. 第四版. 北京:高等教育出版社, 2009.

11. 张绍焱. 政治经济学概论. 北京:中国经济出版社, 2004.

12. 刘诗白. 政治经济学. 第二版. 成都:西南财经大学出版社, 2010.

13. 王全火. 政治经济学(新编本). 北京:对外经济贸易大学出版社, 2007.

14. 邓海潮, 杜跃平. 政治经济学——基本理论及新发展. 北京:中国人民大学出版社, 2004.

15. 宋涛. 政治经济学教程. 第九版. 北京:中国人民大学出版社, 2011.

16. 成思危. 虚拟经济理论与实践. 天津:南开大学出版社, 2003.

17. 张维达. 政治经济学. 第四版. 北京:高等教育出版社, 2008.

18. 罗清河, 鲁志国. 现代经济学. 第2版. 北京:清华大学出版社, 2009.

19. 朱鸿伟. 跨国公司行为的政治经济分析. 北京:经济科学出版社, 2006.

20. 王元璋. 政治经济学概论. 武汉:武汉大学出版社, 2002.

21. 赵英鸽. 政治经济学(资本主义部分). 北京:科学出版社, 2012.

22. 刘熙钧. 政治经济学(资本主义部分). 厦门:厦门大学出版社, 2000.

读者反馈意见

亲爱的读者：

感谢您对《政治经济学》的学习和热爱！为了今后能给您提供更优质的服务，请您抽出宝贵时间填写下面意见反馈表，以便我们更好地对本教材做进一步的改进。同时如果您在使用本教材的过程中遇到了什么问题，或者有什么好的建议，也请您来信、来电告诉我们。

地址：北京市丰台区科学城南极星大厦108室

电话：010－83794590／83794403

电子邮箱：caikai6223@263.net　QQ：649319527　1694299827

网址：WWW.KFHWH.CN

教材名称：《政治经济学》

个人资料：

姓名：________ 年龄：________ 所在院校/专业________

文化程度：________ 通讯地址：________

联系电话：________ 电子信箱：________

您使用本书是作为：□指定教材、□选用教材、□辅导教材

您对封面设计的满意度：

□很满意、□满意、□一般、□不满意　改进建议________

您对本书印刷质量的满意度：

□很满意、□满意、□一般、□不满意　改进建议________

您对本书的总体满意度：

从语言质量角度看：□很满意、□满意、□一般、□不满意

从科技含量角度看：□很满意、□满意、□一般、□不满意

本书最令您满意的是：

□指导明确 □内容充实 □讲解详尽 □实例丰富

您认为本书在哪些地方应进行修改？（可附页）

____

____

您希望本书在哪些方面需进行改进？（可附页）

____

____